大众化的马克思主义

韦正翔 ◎ 著

Marxism

中国社会科学出版社

图书在版编目（CIP）数据

大众化的马克思主义/韦正翔著．—北京：中国社会科学出版社，
2012.2（2022.9重印）
ISBN 978-7-5161-0403-3

Ⅰ．①大…　Ⅱ．①韦…　Ⅲ．①马克思主义—研究　Ⅳ．①A81

中国版本图书馆 CIP 数据核字（2011）第 269972 号

出 版 人	赵剑英
责任编辑	李炳青
责任校对	李小冰
责任印制	李寡寡

出　　　版	中国社会科学出版社
社　　　址	北京鼓楼西大街甲 158 号
邮　　　编	100720
网　　　址	http://www.csspw.cn
发 行 部	010-84083685
门 市 部	010-84029450
经　　　销	新华书店及其他书店

印　　　刷	北京明恒达印务有限公司
装　　　订	廊坊市广阳区广增装订厂
版　　　次	2012 年 2 月第 1 版
印　　　次	2022 年 9 月第 6 次印刷

开　　　本	710×1000　1/16
印　　　张	23.5
字　　　数	382 千字
定　　　价	68.00 元

凡购买中国社会科学出版社图书，如有质量问题请与本社营销中心联系调换
电话：010-84083683

谨以此书献给
希望走出迷茫、追求崇高信仰、获得深度幸福的人们！

作者简介

韦正翔，出生于 1963 年 12 月，壮族。现为清华大学马克思主义学院马克思主义原理组副负责人、马克思主义理论专业外语课组负责人、中国马克思主义与当代课程组主讲教师，教授、博士生导师、博士后流动站专家、共家学派的倡立者。清华大学第十届学位评定分委员会成员。

曾为北京师范大学哲学系学士、中国人民大学哲学系硕士生和博士。英文曾达同传水平，能够用德文、法文、日文、俄文阅读，已录制了英语、德语、法语、日语、古希伯来语、梵语、阿拉伯语、古希腊语、拉丁语等 10 门外语语法的部分录音（可在 http：//www. tudou. com/home/_ 78781713 收听）。

曾在清华人文学院哲学系工作 8 年；曾为国际学术会议的口译、笔译和译审；全国妇联国际部美洲和大洋洲处和国际项目合作处工作人员、某进出口公司的出口部副经理。曾接受联合国的联系组织扶轮国际和美国南卡罗来纳大学的邀请，在美国用英文讲授了三年的《中国哲学》。曾在墨尔本大学应用哲学和公共伦理研究中心做了一年的交换学者。曾赴德国和意大利进行全球化问题的学术考察兼商业谈判顾问。曾为新加坡大型信息技术展外贸签约代理。曾随清华顾秉林校长和袁驷副校长率领的清华大型百年校庆访美团在美国的哈佛大学、斯坦福大学、哥伦比亚大学、芝加哥大学、麻省理工学院、加州伯克利大学、联合国大学做关于"马克思主义与中国传统哲学的现代化"的英文演讲和会谈。

正在写作《追寻幸福：马克思主义与世界文明的缔造（中文卷）》、《追寻幸福：马克思主义与世界文明的缔造（西方卷）》、《〈共产党宣言〉探究（对照汉、德、英、法、俄文版）》、《〈资本论〉探究（对照汉、德、英、法、俄文版)》。

　　主要代表作有：（1）独著《大众化的马克思主义》（约 38 万字）；(2)《有清华学生这样学习马克思主义》（韦正翔、张正东主编，约 35 万字）；(3)《马克思主义基本观点 18 讲》（赵甲明、韦正翔主编，约 45 万字）；(4)《博士生关注的当代问题探析》（赵甲明、韦正翔主编，《中国马克思主义与当代》课程辅助教材，约 50 万字）；（5）独著《国际政治的全球化与国际道德危机：全球伦理的圆桌模式构想》（约 35 万字）；(6)独著《逃离国际经济中的伦理风险》（约 36 万字）；（7）独著《软和平：国际政治中的强权与道德》（约 26 万字）；(8)独译《金融领域中的伦理冲突》（约 17 万字）；(9)独著《生活原来可以如此有趣：在墨尔本大学的思想笔录和生活体验》（约 23 万字）。以上 9 部作品有 8 部由中国社会科学出版社出版。

目　　录

序

谈中国特色社会主义理论的学术化

——共家学派的倡立

　　通过改革开放以来的成功实践，中国共产党总结出了一整套能够带领中华民族实现民族复兴的思想体系，即中国特色的社会主义理论。而要把这套思想体系变成全民族的思想武器，以便团结全国人民意气风发地自觉参与民族复兴大业，就需要人民对它产生坚定的信念。而目前存在的问题是有的人享受着这套理论的实践带来的物质成果，却对这套理论抱以淡漠甚至抵制的态度。那么，如何才能让这套体系深入人心，使国家能够长治久安呢？

　　本人认为中国特色社会主义理论体系具有很强大的政治权威，而学术权威性却相对较弱。政治权威只能管住人的行为和身体，却管不住人心。通过政治权威可以让人坐到教室里听讲，但是无法让听讲的人不开小差，也不能真正让听讲的人信服。你强制他，他就虚伪地在口头上应付你；你用糖衣炮弹引诱他，他就把糖衣吃了，把炮弹给你扔回来。

　　要真正想让这套理论深入人心，需要借助学术权威。而这些学术权威需要具有大众既认同又难以企及的真本事。本人认为，中国需要让全世界真正认同的意识形态学术大师。有了这样的大师，中国的意识形态在世界上的学术影响力才能与中国的崛起相匹配。那么，如何来培养这样的意识形态学术大师呢？本人将从两个方面来回答这个问题：

一　共家学派倡立的思路

　　本人认为中国应该创立一个称为共家学派的学术团体。所谓共家学派，就是共产主义学派。这个学派需要有真正具有共产主义理想、为人类的解放而奋斗终生的学者。这个学派的理论可以看成是中国特色社会主义理论体系的学术版。他们不掩饰自己的学术立场，坚定地维护中国特色社会主义理论的政治权威，但又不是在为某一届的政府做政策合理性的论证。它从宏观的、长远的角度来研究共产主义是什么，研究实现共产主义需要具备什么条件。它既是支持政府的又是支持人民的，因为中国共产党领导的政府是代表人民的，因此它坚定不移地站在人民的立场上，为人民的利益服务。对于离开人民的利益谋求特权的政府官员、对于腐败的政府官员、对于鄙视人民群众的政府官员、对于急功近利的和不顾民生的发展方式，持坚决的批评态度。它将以民间的方式存在，通过共家学派的倡立来促进马克思主义的学术化、中国化、时代化、大众化和全球化。

当大众有了关于什么是共产主义和实现共产主义需要具备什么条件的认同，它就可以成为衡量我们的社会到底是进步了还是落后了的标准，而不是像现在有的人把西方社会的指标作为一个衡量标准或简单地以 GDP 作为衡量标准。共产主义作为一个整体的实现是很遥远的事情，但是我们可以从现在就分析出实现共产主义需要什么条件，现在就可以为这个社会的实现准备条件。这样就预制了这个学派的研究内容，它可以吸收全世界各民族的优秀文化成果来构造一个中国的共产主义学派的理论体系。

本学派应该以孔子和马克思作为学术上的主要思想来源。中国不能没有孔子，也不能没有马克思。没有孔子，中华民族就没有了自己的家园；没有马克思，我们就无法说明为什么要信仰共产主义，中国的发展就失去了方向。没有了共产主义，中国共产党执政的合法性也就难以说明了。而如果我们只是把这两位思想家并驾齐驱地放着，只是把马克思主义作为指导思想，其实还是只把孔子作为一种摆设。而在马克思主义的中国化中，存在着两个问题：

第一，如何来解释马克思的文本的问题。德国学者总是认为他们解释马克思比中国学者更权威。西方其他国家的学者，包括日本学者在内都感觉他们对马克思的解释更正宗。这种情况下，我们在这个方面就失去了话语权。如果一个党把自己无法做出权威性解释的文本作为自己的指导思想，这种思想显然难以走向世界。第二，马克思主义的中国化问题。如果我们以我们的方式来中国化马克思，那马克思同意吗？这样做是不是会侵权啊？谁允许我们以我们的方式来中国化马克思呢？这样我们是不是会把不该由马克思享有的荣誉赋予他，这样的荣誉马克思肯要吗？这样是不是也会把不该由马克思承担的过错强加给他，这样做是不是也有点儿对不起他老人家呢？

中国在世界上要有自己的话语权，必须具有自己的学术理论标识。所以，我们必须要有一个我们自己说了算的学派，这就是共家学派。在这个学派中，我们可以说我们用了孔子的什么思想，用了马克思的什么思想，我们发展了什么思想。这种发展的思想是属于共家学派的，不需要别的人来评说什么更权威。就像有一次在中国参加宴会，我听一位西方人说我们的学生穿西服穿得不对。为什么他到中国来还能指责我们穿西服的方式呢？就因为在穿西服方面，他们感觉他们更正宗，更具有发言权。如果我们穿的是旗袍，是不是就该我们说了算了呢？

"共家学派"就是一件把孔子和马克思的思想及其他伟大思想家的思想融会在其中的旗袍，那是我们说了算的。"家"字借用了中国传统的说法，与儒家、道家等相匹配，而"共"则说明了这个"家"里最重要的概念，借这个概念可以完成中国传统哲学的现代化，也能融入马克思和其他中外学者的思想精髓。因为"共家学派"是一个全新的概念，就像一盆清水，如果我们把掉在其他的争论不休的盆里的珍珠拣出来，放在这盆清水中，更容易整合出一个相对完善和争议较少的体系，而且即便产生了争议，我们也更具有发言权。当初，禅宗对于印度的正宗佛教就是进行了这样的改造，使得中国人有了自己具备话语权的佛教形态。

我们可以通过整合孔子和马克思这两位思想大师的理论，从而形成一套理论框架。然后再通过这个框架吸纳中外哲学思想的精髓，最后真正形成一个中外融会、古今贯通的学术理论体系，并通过这个体系来不断地将毛泽东思想和与时俱进的中国特色社会主义等政治理论变成学术理论，用强大的学术体系来实现这种政治理论的学术化。之所以有必要建立这样一个具有统一学术意志的团体，主要理由如下：

第一，国家要用中国特色社会主义的政治理论征服大众，首先要用这套政治理论征服学界，因为大众是要靠学术界来教育的。而学术界是最难用政治权威征服的。征服学术界的人心的只能是学术大师。在学术界，引用政治讲话是不具备学术意义的。如果没有意识形态领域里的学术大师，就不可能真正使意识形态处于主导地位，从而出现只是教授政治理论课的教师在自说自话，学术界并不认同的状况。如果没有这样一个组织起来的学派，只是散兵游勇的单打独斗，就不可能具有真正的征服力。

第二，中国文化既不能丢，也不能全用。一个国家丢弃了自己的传统文化，也就相当于丢弃了自己的民族，也就谈不上民族的复兴。但是中国文化中确实存在精华，也存在糟粕，这就意味着我们要面对传统文化的现代化的问题。而且，如果只是复兴中国传统文化，西方文化就会被排除在外。中国学习了那么多西方文化的优秀成果，在自己的文化中不给西方哲学以一定的地位，是相当不厚道的。况且中国文化和西方文化各有所长，在对方的长处不能为自己全部吸纳，一方无法真正战胜另一方的时候，二者只能在对立中并存。按照否定之否定的规律来看，如果说中国属于正、西方属于反的话，真正能够超越二者的是合。如果中国人首先把握了合的制高点，就能够实现中国文化的全球性崛起。

第三，西方文化可以借鉴，但是不能照搬。如果说共产主义的建立需要整合两个方面，即：人对于人的自由和人对于自然的自由的话，中国文化首先通过儒家思想传承了原始共产主义的以"公"为上的道德观念，更能让人获得人对于人的自由；而西方哲学因为强调了私有制的以"私"为上的观念，在社会发展的一定阶段，更能促进生产力的发展，从而增加了人们征服自然的力量。这二者的结合才能真正实现共产主义。中国从西方学到了很多东西，不得不在自己的文化体系中肯定西方文化的贡献。但是如果中国照搬西方文化，就等于民族自杀。中国把西方文化做得再好，也只是个赝品，证明的只是西方文化的成功而不是中华民族的伟大。

第四，马克思主义同样不能完全适合中国的需要，它需要中国化。纯粹的马克思主义依然是一种西方理论体系。在马克思和恩格斯的思想体系中，没有把中国文化的精髓吸收进去，因为他们对于中国文化的了解有限。而且随着实践的发展，在新的社会实践中积累的经验也需要不断被提升为理论。通过中国化的马克思主义理论，能够整合中外文化的精髓，从而在合的层次上完成全球文明的融合和世界文明的缔造。虽然文化依然多元，但是相互认同的方面都能够在中国化的马克思主义体系中得到体现，而共家学派就应该努力以一种新的形式完成这样的整合。

另外，儒家思想的大众化过程值得很好地研究和借鉴，其中的整合用的是中国传统的"化"而不是"拼"的方式。比如，中国的京剧能够"化"各种戏曲的优点，成功创造出兼收并蓄和寓仁义礼智信于其中的剧种，并能让少数民族的京胡在其中担当重任，这充分说明了中国文化的包容性传统。马克思的理论在共家学派中所扮演的角色比京胡更为重要，但是它一旦被中国"化"了，就会成为中华文明历史发展长河中的一个有机组成部分，并引领中国走向共产主义社会。而且，中国传统的评书和戏曲在历史上的普及，把中国这个文盲大国变成了礼仪之邦。所以，只要采用了合适的形式，丰富些、通俗些、人情化些、含蓄些、政治隐形化些，少些僵硬的感情不到位的自吹自擂，中国的马克思主义不仅能够大众化，还能全球化。

第五，在学派中更容易产生深度的理论创新。理论家可以通过新的历史事实推导出新的理论。理论家陈述事实的目的是为了推导出新的论断，而不是就事实而论事实，也就是说，它是通过推陈而出新的。大理论家最具有创新能力。很多大理论家是联合起来，接续推导。如果有位理论家已经从一个前提开始推导到第100步，他的继承人先要学习推导到第100步，再往下推导出的就是继承人的创新了。如果他继续推导到150步，那后50步就是他的创新。第二位继承人先学习推导150步，再继续推导。如此类推，就能不断有理论创新。而这样的推导基本上是在同一学派中完成的，因此，没有学派就难以向深度挺进。而学派通常是继往开来和承前启后的，它应该是一条奔腾不息的河流，而不是一潭空前绝后的死水。

二 共家学派大师的基本素质

在人类历史上，成为人们真正信服的学术大师的人，通常都追求崇高的理想，能为全人类的幸福作出贡献，也就是我们所说的德才兼备的人。他们的人格和学识的深度和高度都让人有高山仰止的感觉。在中国历来就具有以德为先的传统。当人们否定一个人的德的时候，就不自觉地会鄙视他的学识。另外，任何一种太容易得到的学识，都不能成为服众的学识。如果能够达到如下标准，无论观点是否有分歧，人们都会真实地产生由衷的敬佩感：

第一，在相当长的一段时间内，人的存在方式还是民族性的，但共家学派大师的胸怀应该"天下"性的，具有坚定的共产主义信仰。他不狭隘、不偏私，其民族性表现在他尊重自己的民族，具有民族自尊心，他应当作为自己的民族的代表而对人类作出巨大贡献。孔子是关注天下苍生的；马克思是为人类谋幸福的。一个人的胸中要能够放得下人类、放得下宇宙，才能称得上大气。练就这种胸怀方式之一是练习颜体的楷书书法。这种书法中体现着"大气"和"正气"。它古朴、端庄、一丝不苟，在布局上讲究公正分配空间。表面上看是字、实际上它是气度、是胸襟，某种程度上可以映照人品的好坏。因此，共家学派的大师应该精通颜体书法。精通的目的不在于技艺，而在于修身。

第二，共家学派的大师应该是逻辑能力很强和想象力很丰富的人。这样的人既能以理服人，又具有趣味性和幽默感。而同时能够成就一个人的逻辑能力和想象力的很好的办法就是练习写格律诗。有人认为格律限制了人的思维，其实格律诗是要求我们把一些杂乱无章的内容合理地放到一定的规范中去，这既需要逻辑，又需要巧妙的想象力。因为有了格律，才会产生妙趣横生的唐诗宋词。诗言志。诗歌也可以映照人的心灵。美诗无邪。因此，共家学派的大师应该是精通格律诗的诗人。他们写诗的目的也不在技艺，而在于陶冶情操。

第三，大师应该是有创新能力的人，而他们一定是通过温故而知新的。现在往往一讲创新，人们就直奔创新而去，常常会把人类历史中早已存在的东西当成新东西提出来，贻笑大方。大师不是科学家，他们和科学家的主要区别在于，科学家主要探索的是真理，大师主要探索的是符合一定历史时期发展的社会秩序结构的价值观。这些价值观的载体可能是真的，也可能是假的。就像同样是编故事，《圣经》能够成为宗教，而一般人编的故事就成不了宗教，就因为《圣经》集中体现了那个时代认同的价值观念。比如说，《圣经》中说夏娃是亚当的肋骨变成的，而不说亚当是夏娃的肋骨变成的，就表明《圣经》诞生于男权时代。共家学派的大师应该精通全世界具有代表性的经典著作，其中包括马克思主义和中外思想文化的经典著作，尤其是哲学著作，这样才可能吸收全世界各民族的优秀的学术成果。

第四，大师应该是理论家，他们与舆论家的主要区别在于，理论家有超强的抽象思维能力。他们的理论是通过文字表达出来的逻辑方程式。看一篇文章的水平的高低，主要是看其前提的设定是否能站得住脚，推理过程的逻辑是否严谨。西方哲学高于中国哲学的地方就在于它能够用范畴、概念、判断、推理体系来写作，说理和论证透彻，容易讲授，不会出现像《道德经》中所说的"道可道，非常道"或禅宗第一义的"不可言说"。在西方哲学中，"常道"也是可以言说的。因此，共家学派的大师应该精通形式逻辑、辩证逻辑、数理逻辑和高等数学，也只有具备这些能力的人才能真正看懂西方哲学经典。

第五，大师应该至少能够用 10 门语言阅读，其中主要包括古汉语（含甲骨文）、希伯来文、古希腊文、拉丁文、梵文、阿拉伯文、英文、德文、法文、俄文。中国学者在国际学术界中常被他国学者用的原版的文本给难住，从而失去发言权，就更谈不上权威了。借助这 10 门语言，可以读懂世界文明中主要的经典著作的原版。学会一门语言，就等于打开了一扇文明之窗，可以增进我们的理解力和创造力。而且学懂这 10 门语言，本身就能说明一个学者是否是真的精心于学术，对大众就具有一种说服力，也能因此体悟到更多的文明的价值观。比如说，在每门语言中你能看到一个民族更重视什么，因为重视的东西总是放在前面的。只要学习方法得当，懂 10 门语言并不难。每门语言的核心单词就 3000 字左右。只要坚持每天学 8 个单词的听说读写，一年就能弄懂一门外语。

第六，大师应该精读《中国大百科全书》和英文版的《大英百科全书》。大师要"通"，而现在把图书馆里的书都读完是不可能的。而大师要"通"的不是"小术"，而是"大道"。而百科全书能把各学科最精粹的东西归纳出来，把握这些信息，就能打通各个学科之间的通道，对于大师研究经典著作，并从经典著作中阐发新思想具有至关重要的作用。大师要做到"有格局"，能把握"大道"，这样的修炼是事半功倍的。

第七，大师应该具有写作优美的散文的能力。优美的散文能够把说理和丰富的想象融为一体，使得文章具有通白晓畅又美感，读起来使人有愉悦之感。这样的文章风格独特，难以互相抄袭。同时散文也更能表现出一个学者的品格。共家学派的著作应该用散文体写成。笔端带着感情来表达严谨的逻辑思维，才应该是中西合璧的好文章。好的散文不仅能够通理，而且能够激发人的情感，使得人在阅读时情理交融，更容易产生说服力。共家学派大师的著作不用多，也不用长，每人能写出一本或一篇能传世的、深刻、严谨而优美的散文就足以了，最后选入《共家学派思想集萃》系列丛书。这对于统一学术思想，为学生提供有力的学术引证依据，将会产生很大的效用。学生将不会再把杂乱无章和断章取义的各种相互冲突的理论碎片硬塞入自己的论文中，以便造出貌似熟悉文献的作品了。

总之，共家学派的大师应该同时具有这样的基本素质：具有坚定的共产主义信仰、胸怀天下同时具有民族自尊心；精通颜体书法和格律诗；精通全世界具有代表性的经典名著特别是马克思主义的作品；精通形式逻辑、辩证逻辑、数理逻辑和高等数学；懂古汉语（含甲骨文）、希伯来文、古希腊文、拉丁文、梵文、阿拉伯文、英文、德文、法文、俄文，能够阅读用这些文字写成的经典著作；精读《中国大百科全书》和英文版的《大英百科全书》；会用优美的文字写出富有哲理和思维严谨的散文。共家学派的大师需要有这些素质，但不局限于这些素质

这些素质分布到很多人身上，很容易实现，但一个人要同时具备这些素质就比较难了。大师与科学家不一样，科学家的工作是可以带着一个团队来合作完成，而大师的思考则是独立的，无法合作进行。虽然学术也需要团体，但是他们的思想只能靠交流，每个人都不得不独立地完成自己的思考过程。从这个角度上看，培养一个大师比培养科学家要难得多。

培养科学家可有程序，而培养大师却无章法，需要诸多因素综合发挥作用才能产生，比如说天赋、悟性、知识结构、所处时代、机遇、个人境遇和经历、个人的道德境界，等等。每个时代的大师要解决的时代问题不一样，因此需要具备的基本素质也不一样。只是有一点是肯定的，好好学习的人不一定能成大师，但是不好好学习的人肯定是成不了大师的。

本人倡导共家学派，但并不是认为世界上只能有共家学派。"百花齐放，百家争鸣"才有利于学术的发展。从现实意义来说，共家学派的倡立会凝聚那些有真实的共产主义信仰的人，给予他们一个洁净的学术家园，让他们不是为了升官发财才学习马克思主义。他们不一定是共产党员，但必须是共产主义者，有真实的共产主义信仰，并愿意为之而付出自己的努力。让他们能够在这个学派中找到人生的大幸福，同时为人类的进步做出积极的贡献。

由马克思和恩格斯原创的马克思主义，主要是从总体上讲合理社会的构想，这样的构想需要通过从个体的角度人情化和艺术化后才能更好地成为个人行为的指南。共家学派的大师就应该在这个方面努力，把共产主义具象化，使得共产主义信仰具体化为可以指导人们为人处事的道理。也就是要说明具有共产主义信仰的人的行为方式应该与其他人有什么不同，他们应该具有一种什么样的生活方式。个人在生活中遇到的有阶级斗争，但更多的是好人与坏人之间的斗争、高尚的人与卑鄙的人之间的斗争、公正

的人与不公正的人之间的斗争，即便是在阶级斗争中也会交织着人与人之间的斗争。我们要说明在这样的斗争中，如何体现共产主义信仰的力量，这种信仰需要我们在这样的斗争中怎样行为。也要说明在一个非共产主义的社会中，具有共产主义信仰的人如何既能生存下来，又能保持住自己的信仰，以及如何与具有不同信仰的人和谐相处。

　　曾经有一个人，他认为犹太人要能找回自己的家园，就必须复活已经死亡了两千多年的古希伯来文。他这样努力了，他和他们的朋友们最先教他们的孩子说古希伯来语言，最后得到了犹太民族的普遍支持，最后实现了希伯来文的奇迹般的复活。据说，有个犹太小女孩，在她心爱的小娃娃被人拿走的时候，她用希伯来语说请把娃娃还给她。对方听不懂，她不惜失去自己的小娃娃，还是坚持用希伯来语说她的请求，尽管她会说对方听得懂的语言。中国则是需要用一种新的形式，使中国的传统文化在其中系统地复活，并能吸纳世界优秀文明遗产。这也是我们全民族应该来做的一件事情。有了这样的大师，中国的意识形态在世界上的学术影响力就能与中国的崛起相配。如果未来有一天，我们民族里的大多数人，都能像那个小女孩一样来捍卫我们的信仰，我们就有可能产生这样的大师了。

　　尽管共家学派的创始人和大师目前在世界上也还不存在，但是本人认为需要先提出一个设想，才能使得这样的需要练童子功的大师从小就能够按这种思路进行培养。这种大师需要从出生开始，也许需要经历一生的奋斗才可能造就。每个家庭都可以为自己的孩子设定这样一个培养目标，即使最后没有能把他们培养成这样的大师，他们拥有的素质也足够为国家做出很大的贡献了，而且这样可以带动全民素质的提高。这是为中国在世界范围内的崛起而做出自己的努力。

韦正翔

2012 年 7 月

　　（原载《有清华学生这样学习马克思主义》，中国社会科学出版社 2011 年版；《大众化的马克思主义》（第 1 次修订），中国社会科学出版社 2012 年版，于 2012 年 4 月 13 日在中国社会科学院主办的中国社会科学网的院"要闻"处全文转载；本书此次再版时进行了第 2 次修订。）

导　　论

做好思想工作

【画外音】同学们一般不喜欢上这门课，所以首先需要做思想工作。要做好思想工作，就要让学生接受老师的志向、品格和学识。如果学生很鄙视老师，这门课肯定学不好。因此，老师开始要花较多的时间来作自我介绍，先让学生们认同老师。人都喜欢向自己喜欢的人学习。这是一门帮助同学们建立信念的课，所以这一点就变得尤为重要。如果第一节课后，学生们喜欢上讲课的老师了，就意味着我们跨出了成功的第一步。同学们喜欢有真实的共产主义信仰、有真学问、幽默、低调，尊重他们并能够看到他们长处的老师。下面是这门课的第一讲，讲的是"为什么要追求崇高——我的人生经历"。在实际授课中，由于时间的限制，我只是讲其中的一小部分，其他部分发布在网络学堂，请同学们自愿阅读。

第一节　为什么要追求崇高？
——我的人生经历

一　老师的基本特征

各位同学，大家好，我的名字叫韦正翔。通常我在讲韦正翔的时候，一定要加上女，否则的话大家就会误会，因为没有一个人认为这是一个女生的名字，都觉得该是一个男生。这个事带来的麻烦非常多，我因此经常会被分到男生宿舍。因为我妈妈不太懂马克思主义哲学，给我取了一个不符合一般性原则的名字。听完这门课后，你们将来结婚生子，给自己的孩子取名字，就不会犯我妈妈的错误了哈。

人是由容器和生命组成的。那么老师这个容器有什么特征呢？最明显的特征是从小到大没有人说过老师漂亮，前不久好不容易有位老师说，韦老师像朵牡丹花，我听了后挺高兴。活到这么大，第一次听人说我和花有关系。结果后来那位老师补充了一句说，主要是看你很富态。我才明白，自己跟花还是没什么关系。因为长得不漂亮，所以老师从小就是一个相当"心虚"的人，注意不是"虚心"，而是"心虚"。如果说你们韦老师身上还有点可爱的东西的话，很多是同学们培养的，所以说在接下来这十五周的时间里，请大家继续培养我。

虽然很自卑，但老师却是一个很快乐的人。为什么呢，这和我的定位有关系。从小我就生活在边缘地带，谁都知道当今人类社会大家都在竞争，将对将，兵对兵，那么我是什么呢，我就是一条小尾巴，人类社会当中小尾巴就那么一根，尾巴和谁斗呢，尾巴只和空气斗。你想啊，跟空气斗你不就能百战百胜了吗？一个百战百胜的人，她能不开心吗？正因为如此，所以韦老师一直很开心。

老师还有一个本事，就是笨得出奇。如果大家要跟我比，有一点肯定比不上我，那就是笨。笨得跟韦老师一样那不大可能，而且韦老师的两条腿还做了全髋关节的人工关节置换，是一个残疾人，具有中华人民共和国残疾人协会颁发的三级残疾证书哈，这就更笨了。站在这里韦老师，没有任何值得炫耀的地方，只是希望诚心诚意地跟大家一同学习。老师可以保证的是什么呢？是不说一句假话，不说一句空话，不说一句自己不相信的话。我所说的都是发自内心深处的话。韦老师是一个非常勤奋的人，今天我能够在清华给大家上课，绝不是因为我的天赋好，而是因为我一直非常勤奋。即便是非常勤奋，要是让我来考清华的本科，我也是绝对考不上的。

你看人家马克思，坐在大英博物馆里，在地上踩出两个脚印后就写出了《资本论》，而你们韦老师就是把大英博物馆坐塌了也写不出《资本论》来。所以说我很羡慕大家，因为大家都有那么好的天赋。怎么才能把你们的天赋一点都不浪费地利用起来，真正地为国家、为社会作出自己的贡献呢？大家一定要找到一个自己能够对国家、社会和人类作出巨大贡献的点，这要比找到如何获得财富要难得多。下面我就结合自己的人生经历先给大家讲一个专题"人为什么要追求崇高？"

二　关于人生的大幸福

大家可能会感到奇怪，为什么要讲这样一个题目呢？其实马克思主义基本原理概论，就是我们这门课讲授的主要目的，也就是要让我们确立共产主义信仰。你可能会问，信仰是什么？我为什么要有正确的信仰？人是有意识的，因此他必须有一个追求目标，否则他就会无聊和迷乱。而人追求的最终目标是幸福。信仰就是人坚信的最终能给自己带来幸福的思想体系或行为指南，这种思想体系可以是哲学，也可以是宗教等，这种行为指南可能来自自己的模仿或从众行为。

以前我们可能认为追求到财富就能幸福，但当你看到很多富有的人并不幸福时，你彷徨了。以前我们可能认为当了大官就能幸福，但当你看到有的人当了大官也不幸福，你动摇了。以前我们可能认为自己有了名气就能幸福，但是当你看到了不少有名气的人也不幸福，你茫然了。以前我们可能认为拿到美国绿卡就能幸福，但你看到不少拿到绿卡的人也并不幸福，你迷茫了。那么什么样的追求才能确保我们的最终幸福呢？

马克思主义能够给我们提供一种正确的信仰，帮我们走出迷茫，获得一种深度幸福。可这种信仰如果不和我们追求崇高的情操相对应的话，我们是不可能了解人为什么要具有共产主义信仰的。同样，如果我们没有一种高尚的情操，一切都从自私的角度出发，是没有办法理解马克思和他的理论的，更没有办法确立共产主义信仰。好，既然一个人情操的提高，是他能够真正学习马克思主义的动力以及学习了以后能真的确立起共产主义信仰的一个前提，那么它也是我们要讲这门课的一个最基本的前提。

哲学是马克思主义的整个理论体系的基础，所以我们讲马克思主义就要从哲学的功能以及哲学与人们精神生命的诞生之间关系讲起。法国哲学家蒙田说过：学习哲学就是学习如何去死。韦老师怎么说呢？韦老师说：学习哲学就是学习让肉体有尊严地死去和让精神高贵地永生。为什么我们要有这样的追求呢？其实，终其一生，我们的学习只有两种方式：技能学科的学习帮助我们成为一种高级的工具；而人文学科的学习帮助我们成为一种高级的好人。我们的这门课主要是来帮大家做一个高级的好人。虽然它其中的一些知识和内容，也能够帮助我们做高级的工具，但那不是我们的主要目的，只是它的一个副产品而已。

所以如果学完这门课，你确立了共产主义信仰，其中讲到的知识你都可以忘掉。比如说，我们会讲到经济学的内容，但我们这里讲经济学的目的与经济学科讲经济学的目的不同。经济学要把你培养成一个职业人，主要是让你能靠经济学去"谋食"。而我们这里讲经济学，主要是帮助你确立信仰，帮助你去"谋道"。如果你通过这门课学到和记住了很多知识，但对你确立信仰毫无帮助，那么这门课就是失败的。

那么，人到底该如何追求崇高？这就要和老师的生活经历结合起来讲了。作为一个教信仰的老师而不是一个专门教技能的老师，如果我自己都没有共产主义信仰，或者说如果我假装告诉你们说我是信仰共产主义的，那就是一种欺骗，欺骗只会使大家产生更大的反感，它肯定不会有说服力，所以我们这门课要从老师的亲身经历作为切入点。在进入这个切入点之前，我想先讲一点抽象的理论。这个抽象的理论要从美国的心理学家马斯洛的需求理论讲起。马斯洛曾讲到我们人一生有几个不同层次的需要，第一个层次是生理的需要；第二个层次是安全的需要；第三个层次是对归宿感与爱的需要；第四个层次是对尊重的需要，最后一个层次是对自我实现的需要。

通常说来是这样的，但也不完全如此，因为个体的人通过教育是有可能超越某些层次的，并不是非得按部就班地升级不可。可以肯定地说，人生来首先要解决的一定是生存的问题，也就是经济方面的问题。目前绝大多数人还是在为生存而奋斗，父母通常是我们人生观的第一任教师。大多数人的父母都还在为改善经济状况而挣扎，还有不少家长，虽然他们说生孩子、养孩子的目的是为了孩子的幸福，但也还有的家长是为了给自己提供一个安全保障，还是期望着孩子能给他们养老。

有这种心理的话，父母在给孩子选择职业的时候，大多数先是要考虑孩子本身的经济状况，同时也要考虑这个孩子是否能帮助家庭改善经济状况，或者起码不会成为父母的经济负担。这些是无可非议的，因为我们人总要先活下来，才能言及其他，但是，人和其他动物不一样的地方在于，人活着，就要活得有意义。当人在生存状况基本稳定的情况下，就会去找寻一种有意义的生存方式。那么，人为什么要追求有意义的生活呢？

　　首先，我们要明白有意义的生活是指什么。有意义的生活与我们对社会的贡献是有关的，这种贡献又和我们的幸福有什么关系呢？一个对社会有很大贡献的人，就一定是社会需要的人。人都是在社会中生存的，如果我们被这个社会需要，被某个群体需要，我们就会有归宿感，也因为被需要而有被爱、被尊重的感觉。

　　另外，个人还有自我实现的需要，这个自我实现指的是什么呢？我们说生命都是短暂的，但大多数人都希望获得永生。在座的很多同学会说，我才不这么想呢！但我敢肯定地说很多人都是这么想的。你看人死以后，都会葬在某一个墓地，希望活着的人能常去看看他，这是一种什么需要呢？就是人不想死亡的需要。那么我们怎么才能够超越生命的有限性使自己获得一种永恒呢？那就是自我实现。

　　我们需要把我们的潜能、才能全部发挥出来，然后把它贡献给这个社会，让它在这个社会流传下去，人就会与历史同在。这些人在他们的肉体消失之后，灵魂还能永存，还能活在人们的心中。应该说我们只要有了足够的、正确的教育，应该都能把这种潜在的需求揭示出来。那么，我们为什么要追求这种自我实现呢？是因为在自我实现当中，有我们对于自我的人生完满、对于一种永恒的人生的需求，这种需求和社会的需要正好是吻合的。社会的发展需要我们贡献自己的力量，而我们的自我实现的需求也使得我们有贡献社会的动机。

　　在马克思的理论中，人民群众指的主要是历史上从事体力劳动的阶级。而我们今天理解的人民群众是推动历史向前发展的人们的总体，作为总体的人民群众的力量对历史的发展起决定作用。我们说社会的发展是靠人民群众来推动的，人民群众创造历史，但在人民群众中是分为两种人的：一种是普通人，一种是杰出的人。如果单个来比的话，单个的普通人相对于杰出的人来说，杰出人物对历史发展的贡献更大，他的人生更有意义，人类社会中作为单个的人能在历史上留存下来的，主要是这些杰出人物。

　　杰出人物也是人民，只不过他是人民当中的杰出分子，是对历史起到过更大促进作用的人。人类的最后解放，就是把所有的人都变成杰出的人，而不是把杰出的人都变成普通人。所以，当我们每一个人有成为杰出人才的机会的时候，就要杰出。这样的杰出人才的出现，能够在更大程度上推动历史的进步，从而为每一个人都有可能成为杰出的人提供条件。

每一个人的能力有大小，职业有区别，如果我们不管做什么，都能够从贡献的角度出发，把自己能做的事情做到最好，就能把职业变成事业，那就是在追求杰出。这样的人不一定会被历史书铭记，但一定会被人类的历史铭记，他们的贡献已经融入人类发展的整体中，作为一朵浪花或一粒种子，默默地存在着。只要我们的灵魂是洁净的，我们就能够自我肯定，就能获得清泉般的幸福。

人一旦有了这种自我实现的需要，也就是有了成为一个杰出人物的需要，有了想要过一种有意义的人生的需要的时候，就开始超越吃喝的需求，想要去寻求作为一个人的真正意义了。人生有两大焦虑：一个是肉体生存的焦虑；还有一个是精神生存的焦虑。肉体生存的焦虑主要来自于物质方面，精神生存的焦虑主要来自于人的贡献，而且是成功的贡献。幸福有很多种，而精神生存才是人类的深度幸福的来源。

丹麦哲学家基尔凯戈尔是第一位存在主义者，他曾做过一个比喻，来说明人的一生究竟应该怎么度过。他说我们人生来就像是坐在一辆马车上，因为马是运动着的，所以说，我们每个人生来也都是动着的，但有一个什么问题呢？坐在马车上的人，有的人是醒着的，有的人是睡着的。我们说的启蒙，就是要把人从人生的这辆马车上拍醒，让他可以驾驭这辆马车，进行人生的各种选择。不管是走大道也好，走小路也罢，由他自己选择走出来的路，对于他来说才是有意义的路。

可有的人睡在马车上，从来都没有醒过，那辆马车拉他到哪儿，他就到哪儿，他从来不思考。这种人等于睡了一辈子，这样的人的一生其实不是自己的一生，而是马的一生。这就涉及一个人的自我的主体性，人就是要把控自己的人生，对人生做出自己的抉择。我们这里讲的人的主体性，和自私不是一个概念。我们说一个有主体性的人，可以是一个非常自私的人，也可以是一个完全无私的人，是一个把自己的人生真正贡献给人类社会的人。

现在我们就来看一下人生的两类驱动力。你可以说我醒来了，坐在那辆马车上，可我为什么非要去赶马车，为什么一定要去走呢？这就要有一些驱动力了。人的驱动力到底来自于什么地方呢？一种是自然的驱动力。大自然在把人创造出来的时候，为了让人活着，就用两种东西来驱动人去活动或者去劳动。用什么来驱动呢？它先让人的身体有反应，如果是饿了，它就让你很难受，然后你一吃饭就会感觉很舒服，吃完以后很满足。这种身体的痛苦或满足或快乐，是促使人行动的动力。人要么为了逃避痛苦去活动，要么就为了身体快乐去行动，这是自然赋予我们的一种驱动力。

另外一类驱动力来自于我们的社会生活。这种驱动力又可以分为两种。一种是因为我们在社会当中生存，习惯与人比较。权力大小的不同，金钱多少的不同，名望高低的不同，还有我们对享受的期望在社会中也是有不同等级的。在这种情况下，人们就会相互比较，一比较，处于弱势的人的幸福感就比处于高处的人要低。社会的这种等级，会给我们的心灵带来不舒服的感觉。一旦处于低处，就要去跟别人比，比不过，自己就不舒服，就要去努力，尽量去获得一个更高的位置。所以社会中的相互比较是人的行动的一个驱动力，但这种驱动力让人非常痛苦，因为很多外在的东西，并不是通过驱动自我就能得到，得不到而你自己又不肯放弃这种追求的话，就会很痛苦。

还有一种追求，就是我们讲的积极进取，它是追求对整个社会的贡献。这种追求能给人带来源源不断的动力，而且还不会导致去和其他人进行比较后产生的那种痛苦。这种追求就是我们所说的对大事业的追求，用一句最常用的话来说：就是为全人类的幸福而奋斗。我要提醒大家思考的是：这种追求空洞吗？有的同学肯定会想，我自己还不幸福呢，为人类的幸福去奋斗，对我的人生不是更没有意义吗?!

可恰恰是在我们有了这样的伟大抱负的时候，我们的人生才能真正获得一种深度意义上的大幸福。下面老师会通过两个例子来讲这种深度幸福的驱动力的来源。在这门课当中我们会讲到马克思的追求。马克思在17岁时，写的那篇"青年在选择职业时的考虑"就已经提出了自己的人生抱负，他明确地说自己的人生目的，就是要为人类的幸福而奋斗。你们韦老师17岁时绝对没有那么伟大的抱负，我是很多很多年以后，经历了几次死亡的考验，才慢慢地开始体会到，原来那么大的人生目标一个平凡的人也是可以去追求的。

马克思的爱情也是建立在这样一个对于大幸福的追求之上的。马克思在事业和爱情上都获得了一种最高层次的幸福，尽管他和燕妮在生活中经常被贫穷折磨。其实，说到底，一个人的精神生活决定着一个人是否真正幸福。大家想想，我们说有人郁闷了，想去自杀，主要还是和这个人的精神需求有关。如果说我们吃不上大虾，我们会去自杀吗？肯定不会，但当吃不吃大虾成为一种精神上的比较，如果你因为没有吃上大虾而遭受别人的污辱，这个时候才有可能为此去自杀。

所以，我们说人有的时候吃不香、睡不着，通常是由于我们在精神上对自我的否定导致的。很多郁闷、自杀现象也与我们在精神上的自我否定相关。有时候我们并没有明确地把这个东西提出来，可能会觉得我怎么莫名其妙地就感觉难受呢？其实一个人不可能莫名其妙地难受，更不可能莫名其妙地自杀，你一定是有某种需求没有得到满足，而你对这种需求有一种强烈的渴望，这种渴望你既没有办法去消灭它，又没有办法去满足它，这个时候这个人才会变得特别不幸福。当然，如果有了精神疾患，那是另一回事。

所以我们说为了自己的精神幸福，你要去选择一份事业，这份事业和职业可以是合一的，也可以是不合一的。纯粹的职业是什么呢？就是如果无钱可赚，你连一分钟都不能忍耐，马上就会跑掉，也就是说如果没有人给钱，你绝对不会做那个事情，这就是纯粹的职业。如果有一种事情无论给不给钱，你都愿意做，甚至自己花钱去做，这个的事情就是你的事业。前面说了，每一个人都要面临解决生存这个很现实的问题。一个纯粹的职业人所做的事情完全是自己不喜欢的事，只是为了生存而做的事情，那会让这个人感觉很不幸福。因为我们的一生中大多数宝贵的时间都是在职业中度过的，所以说选择一份自己喜欢的能够当作事业来做的职业，对人的幸福来说是至关重要的。

当我们选择了一种事业，或是选择了一种职业，我们就选择了一种生活方式。我们接触什么样的人、做什么样的事、会获得什么样的荣誉，都和我们的职业或事业有关。作为一个人来说，他应该选择一个对社会意义非常大，能发挥自己的潜能，也能基本上解决自己的生存问题的职业来做，才能让我们感觉到幸福。

下面我就给大家讲一下我自己的人生。我个人觉得，当一个人把社会意义放在第一位，然后再来确定自己的事业选择的时候，就是在追求一种崇高的生活，这种崇高的生活不是人从来就会有意识地去追求的。

三 从庸俗到脱俗的转向

（1）庸俗的好人

我出生在 1963 年的 12 月 4 日。小时候的我，很笨，很丑。我记得小的时候，大人也会开玩笑，说这个孩子长得不好看，嘴大大的，鼻子扁扁的，反正小的时候父母从来没有夸过我漂亮。这是事实，不漂亮，人还笨。我从小做事情就非常慢，无论干什么都比别人慢半拍。这也是经常被别人取笑的一个方面。我们家六个孩子中我是最丑、最笨的。为什么这么笨呢，因为我是早产儿。我现在回过头去想一想，父母当时也挺不容易的，养了这么一个孩子，该多么忧虑啊！我自己没有孩子，但我带了那么多学生，经常会从一个母亲的角度去想问题。如果说这个孩子又丑，将来很可能嫁不出去，然后又笨，可能找不到工作，而家里又没有经济实力养活这个孩子，这会给父母带来多大的压力啊！

从小，我家里的经济状况就不好，我那时常想自己长大后一定要挣很多很多的钱。那时候，如果有人对我说，你要去为全人类的幸福而奋斗，我一定会感觉太可笑，太空了。还有一点，一个人一旦贫困，金钱就很容易被设定为自己的第一个追求目标。想想自己最初追求的东西，都很俗气。如果一个人长得不漂亮，追求的东西又俗不可耐，那就真是丑到家了。我那时很好强，很虚荣，而且也为了贪图享受去追求过金钱、名誉、权力。我当初以为得到这些东西，我就会得到幸福。当时自己去追求这些东西，绝没有为社会去追求这种东西的动机，主要是想获得一种自我享受。

其实，即使是追求金钱、名利或权力，也可以做得很高尚，比如说可以把这些东西都作为一种对社会作出贡献的手段，作为自己为社会作贡献的一种平台。可当初的我，追求这些东西完全出于自我的目的。而且有的时候感觉非常自卑，总觉得自己一无是处。因为自卑，就变得非常敏感，非常容易生气。既要掩饰自己的自卑又要自欺欺人，自欺欺人的时候表现得很自傲，目空一切，也会抬高自己去贬低别人，会把自己的优点说得尤为重要，把自己的不足说得尤为不重要。也会忌妒、会比较、会不满足、会后悔、会计较得失，会反感否定自己的人。

还有，老师在自己的人生当中，体验过残疾的痛苦、迷惘、焦虑、郁闷、绝望、空虚、无聊、发呆、矛盾、内疚、崩溃、丢脸、尴尬，而且也曾经受到过很严重的内伤，被欺骗过、被委屈过、被歧视过、被不公平地对待过，而且也曾处于一种非常无奈的处境当中，有种生不如死的感觉。而且，在得到了自己想要得到的认为值得炫耀的东西后，曾一度激动过，也曾经不自觉地吹嘘过。总之，当时我完全是一个很世俗的人，没有什么崇高的追求。在充满名利和不明是非的江湖上拼搏，个人的力量是非常弱小的。而且当你的自我意识太过强烈的时候，是很容易受伤的。但所有这些体验，后来都成了我人生财富，它们是怎么变成财富的呢？就是当你的人生走到另一个层面上，你转回头来，重新审视自己的人生的时候，这些东西就变成了财富。

为什么是财富呢？因为当我再看到和我有类似特征的人的时候，我非常能理解他们，知道他们的痛苦来源于哪里，而且他们的处境能够唤起我当年的那种感觉，这种感觉恰巧能够产生共鸣，使我能够更好地帮助他们解决问题。我感觉自己的人生是在不断地进化的，主要是心灵在不断地净化。刚才讲到了，从小因为早产，行动特别慢，给人感觉有点弱智。自己很丑，这种丑也给自己带来了自卑。我出生在云南的昭通，是个比较落后的地方。大家发现没有，越是落后的地方大家对长相看得越重，不管是男的看女的，还是女的看男的，大家都愿意从悦目的角度来看人，这是蛮重要的一个特点。那里还流行着一句话，叫做"丑人多作怪"，所以当丑人就更不容易。

这个特点是自然创造人的时候赋予所有动物的一种自然属性。你想，我们在大自然中选择的时候，男的肯定选健康漂亮的女性，女的也要选健康漂亮的男性，他们的结合使后代健康、漂亮、帅气的概率也就比较大。所以在自然界的竞争中，尤其在其他动物界，我们很难看到很丑的动物，大多数的动物都很漂亮。当然你要是把它们当作宠物来养的话已经违反了自然规律了。就是那些完全自然地在大自然当中生存下来的动物，你看人家老虎、豹子、狮子、斑马都是长得非常漂亮的。你看人家小鸟，小鸟的羽毛天生就那么漂亮，当它死后，就因为它的羽毛非常好看，人们还会留着。人家小鸟一辈子就穿那么一套衣服，都浑然天成，美妙无比。

所以说在纯自然界的动物里面，那种自然的美并不缺乏。但在人类社会当中，随着私有制的发展，有的人的智能非常厉害，他的事业比较成功，尤其是男性，在事业非常成功以后，就成为女性追求的目标。这个男性未必是漂亮的，但漂亮的女性为了找一个生存的依靠，找的未必是特别帅的男性，所以说结合以后，他们生出来的孩子有一半基因是不漂亮的。在人类社会当中，尤其是在男女不平等的情况下，女人又要找事业有成的男人来嫁的时候，最后会导致社会当中漂亮的人越来越少。

而且在社会中也不能说非常漂亮的人才能生存，不漂亮的人也要生存，所以在我们社会当中不漂亮的人就越来越多。但人又有一种自然属性，都喜欢漂亮。所以漂亮女子还是男子的主要追求对象。在找不到漂亮女子的时候，或者说是某些漂亮的人确实德性不太好的这种情况下才找有德性但长相一般的女性。但在一个不够发达的地方，周围的环境当中男的成功也成功不到哪儿去，穷也穷不到哪儿去，在这种情况下，男女之间更为平等，女性找男性、男性找女性的时候也还是要找漂亮的。

当时我生活在那种环境之中，就经常觉得自己不漂亮。当然也不是说别人天天说你丑，而是人家总是在你面前表扬某某漂亮，你就会去比较一下，你跟那个漂亮的人长得哪儿都不一样。这样的话，当然会产生一种自卑感。而且那时候也想过，长大了要找对象，那么丑是很难找到对象的。那时候就业机会又不能靠自己去争取，所以说，还是挺难受的。

小的时候，我妈妈经常给我吃猪脑，总说吃哪儿补哪儿，我记得小时候经常吃三七天麻蒸猪脑。直到我高考的时候，妈妈还在蒸猪脑给我吃。我后来反思这个猪脑，它是不是真的对人的智能发育有帮助，我现在也弄不清楚。我感觉自己在聪明程度上没有什么变化，明显能感觉到的是我特别固执，一旦认定的事情，我就算把那个南墙撞倒也不自己回头。在这点上，和有人形容猪的那种固执、倔强倒是蛮像的。在英文中有一个词叫Pigheaded（猪头）就是形容固执的。

我后来挺小就上学了。那时候人不能自由选择职业，所以学习好不好，其实也无所谓，但我妈妈还是很重视孩子们的学习的。我小的时候，妈妈会提前教我。一般在老师上课的时候，我已经提前把课本学完了。这个后来成为我学习中能一心二用的开始。因为你已经先学完了，听课的时候就只需要注意自己不懂的部分，可以边上课边看别的书，或者边想别的事了。

一个人如果能把课堂上的内容都掌握好，同时还能干别的事情，在课堂上也不影响别人，这种一心二用是可以提倡的。只是我们经常讲的一心二用和我刚才讲的不太一样。如果你同时做两件事情，你两件事情都能够达到百分之九十以上的效率，这才是真正的一心二用。如果你上课的时候，老师讲的课你没有听，在做另外一件事情，就算你的那件事情做到百分之九十或者百分之百的效率，也还只是一心一用，而且你的心没有用在你该做的事情上，这种做法还是不值得提倡的。因为我有了这么样的一种学习方式，后来客观上帮助了我去做一个比较好的翻译，因为做翻译需要把注意力分配得特别好，你要能够边听边说边组织边记录。

上学后，我一直处于一个小尾巴的位置。我为什么愿意管自己叫小尾巴呢？就是当时我在班上就是一个小尾巴，尤其是上体育课。体育课排队的时候我肯定是排在最后，因为我最矮。而且跑步从来都跑不过人家，人家都跑到前面去了，自己还是拖着的那个小尾巴，所以我现在愿意把自己叫成小尾巴，也是因为当初我就是这么一个角色。

这个角色后来挺有意义的。因为我总是处在小尾巴的位置，渐渐的就习惯了这么一种生活状态。不管到什么地方，我都愿意到最不醒目、最不重要的地方待着，在那种地方待着就觉得舒服。有的人当班长当惯了，就总是习惯在最鲜亮的地方待着，不在那个最鲜亮的位置上他就不舒服。我呢，不在那个小尾巴的位置上待着就不舒服，这就是从小养成的一种习惯。你自己一旦认同某个角色以后，潜意识就会受这种认同的影响，所以说，因为我的这么一种很自卑的生活状态导致了我很喜欢小尾巴的位置。

结果后来很多人看到了我的这种特征，都说小韦这人挺虚心的。其实我自己知道，那根本不是虚心，而是心虚。因为从小自卑，你要跟别人抢抢不过，排队你要排到前面去也不合适，所以只能让了，别人还误以为我是虚心。后来2010年9月的时候，我到中央党校去学习，中央组织部的副部长在作报告时讲到了一个干部任用的原则：德才兼备，以德为先。他举了一个例子说，假如一个位置两个人都合适，这个时候这个位置让谁上呢？谁谦让通常就是谁上。我当时就想，后来自己的事业上发展还算顺利，很多机会不是自己抢来的，而是让来的，我原来还不知道怎么回事，他这么一说，我才明白当时领导们可能误认为我道德高尚了。

其实那个时候我真没有那么高尚，就是一种行为方式，从小就让惯了。后来，在我工作过的几个地方，都发现了一些很有才气、业务水平很高的人没有被重用。而我发现他们的一个共同特征就是人很自私，好抢。他们喜欢拿着放大镜找周围人的缺点，试图通过坏别人来抢别人的位置。这样的人是不会给周围的人带来安全感的，因此恰好就是抢坏了他们的事。所以说，算来算去算自己。这是些有智无慧的人。最后都成了一些所谓怀才不遇又非常偏激的人。

偏激的人通常是一些不得志又感觉自己很有才的人。他们通过偏激来发泄自己内心的不满或引起别人的注意。当一个人在学习和工作上压力比较大，或自己也心怀不满的时候，就会不自觉地喜欢听这些人的讲座。而这些人是很毁人的。他们不仅用他们的偏激毁了自己，还会毁掉听信他们的人。人应该用慧来指引自己的智。

小时候因为自卑，有一个很大的特征就是不爱说话。一般自卑的人都不爱说话。那时根本想不到自己会成为一个老师，而且语言能力还不错。好多人都说我在语言上很有天赋，但说实在的，我到现在也不这么认为。我感觉自己很笨，又要活着，压力又大，只有一条出路，就是好好学习。很笨，很勤奋，是我的突出特征。

我现在还记得小的时候妈妈对我的教育。第一点就是要能吃亏，不要斤斤计较，往大点说，就是要有牺牲精神。妈妈管我们管得非常严，在个人的私德上，对朋友、对老人、对周围的人都是宁肯自己吃亏也不能让别人吃亏，这点我觉得是非常好的教育。到目前为止，我从来没有贪过别人的小便宜，更多的时候宁肯牺牲自己的利益，这点做得还是很好的。我感觉在这点上我们绝大多数的中国人都做得非常好，而且绝大多数的家庭的父母都会这么去教育孩子。所以说我们看到少数的总是算计别人啊，想占别人便宜的人大家都挺讨厌的。现在回想起来，中国人的这种私德，在亲戚朋友、熟人的圈子里还是非常好的。

再有一个，小的时候妈妈还教给我人生有得就有舍。当时在昭通的街上卖一种很香的牛肉，现在想起来还特别特别想吃那样的牛肉。师傅把牛肉插在一根木头上，用刀切成特别薄的片，上面撒上花椒粉、辣椒粉，拿一张黄色的油纸包着。记得妈妈有时候就会让我去买回来放在她的枕头下面，晚上给我们讲故事的时候就拿出来分给我们吃。边吃牛肉边听故事，现在想想那些日子还挺幸福的。

但有一次，妈妈给我钱让我去买牛肉，我回来把牛肉给了妈妈，妈妈问：钱呢？我说：你好奇怪啊，你有牛肉，就没有钱，有钱，就没有牛肉，怎么能又要牛肉又要钱呢？后来我才醒悟到，不是妈妈奇怪，妈妈是用这种方式来告诉我，人生无论得到什么东西都要付出代价，付出的东西就是舍。人不能什么都想要。要想得到什么东西，你就要相应地付出。不该得的，给也不要。

中学时，我们家搬到了山上。那个山特别美，天空也特别美，那就是云南寻甸。我在寻甸的云南农业大学附中度过了中学时代。当时，我跟同学们的交流非常少，有几个要好的朋友，都是女生，跟男生基本上没说过话。我们班上的同学多数都是讲昆明话，我呢，是一口昭通话，所以到了那里我还是不爱说话。而且这个班还有一个特点，同学基本上都是云南农业大学教职员工的子弟，父母相互也都认识，我在这里压力是比较大的。

还是自卑，因为总是觉得自己很丑，加上当时家里特别穷。像我们家这样有六个孩子的还比较少。人家别人也没有管你家穷不穷，但自己却忍不住会去跟别的同学比，一比自己就感觉很不好。而且当时我们班上也有同学开始谈恋爱了，谈恋爱的那些女孩子都很漂亮，当时我对她们是又羡慕又嫉妒。

我现在回想起那地方的山、天空，才意识到那是我之前待过的地方里最美的。记得山里有很多的宝贝，有蕨菜、蘑菇、山茶花、杜鹃花、杨梅，溪水里还有小鱼……但因为当时自己心情不好，就没有太多的美感。再加上当时学农，要去插秧、锄地、种土豆。当时我们家比较穷，要种一个菜园子。虽然别人家也都种，但我们家种菜园子要更卖力一些，因为我们家的生存更要依赖于菜园子。再有就是到了初中的时候，人就开始思考自己的未来了。人的痛苦很多时候是来自于对未来的预测，因为你不光要想我现在怎么样，还要想我未来怎么样。如果一个人对现状不满，对未来也不看好，就会比较郁闷，就会对活着不是很感兴趣。

中学时代的一个让我欣喜若狂的消息，就是恢复高考。其实我当时的学习成绩特别差，但高考给了我一个希望。当时总觉得自己生活的特别不幸福。当时毕业了也可以选择上山下乡，或者到工厂去当工人，可这样的生活我不感兴趣。那时还没达到就是去种地也能够种得很开心的境界。当时我非常不喜欢体力劳动，再加上自己又笨，做那些事情总做不好。如果换作是现在，无论干什么活，只要对社会有益，我都会很开心地付出自己的全部努力。

那么，到底要做什么呢？想学习，想当老师，这些之前都不是自己努力就能实现的。所以在听到恢复高考的消息后，我马上感觉自己有希望了。可是，自己的学习成绩又那么差，该怎么办呢？当时我就想了，反正现在这种生活我是不想过了，那就努力吧！能冲上去就给自己冲出一条活路来，如果冲不上去，死了也就死了吧。我还想，本来也就不想活了，你要是自杀了，还会给家庭带来一些负面的影响，如果学习用功用到死掉的程度，那还死得挺英勇的。

后来，我很能理解那些有崇高信仰的人。这样的人，如果你让他没有这样的信仰了，他会有种生不如死的感觉。他不怕死，所以你用死来威胁他是没有用的。为了他自己的信仰去死，他感觉死得值。有信仰，他的生活可能不幸福，但他还有幸福的希望；没有信仰，他不仅现在不幸福，就连对于幸福的希望都没有了，那就是绝望。信仰也有好坏之分，不好的信仰会把自己引上一条更加痛苦的路。所以，帮助年轻人确立一种正确的信仰非常重要。在不正确的信仰引导下，会产生亡命之徒；而在正确的信仰引导下，则会产生英雄。当然，那时我没有那么高尚的信仰，但毕竟也算是有信仰了，起码我相信考上大学能够帮我找到想要的幸福。

我就是抱着这样一种心态去学习的。但这时就遇到一个问题了，到底怎么来学呢？我用了从简单到复杂的这么一种方法，但当时不知道这是一种哲学方法。可见，很多哲学观念实际上是在我们还没有学习它们的时候就可以从我们的经验当中推理出来的。当时我就想，学习好的同学和我有什么区别呢？他们无非是把课本从头到尾都学好了，那我怎么才能一点漏洞都没有地从头到尾都学好呢？

最好的办法，就是从小学一年级的课本开始一直学到高中。我想把那些课本都买来，一本一本地学，不就能学好了吗？为什么课本要从小学一年级开始学呢？是因为虽然有的东西你觉得非常简单，但我是想补漏洞，毕竟小时候学的东西都忘了。还有以前学习并没有很强的目的性，很多东西是跳着学的，跳着学就会有漏洞。从头捋一遍，就可以把会的东西过掉，同时也能把漏洞补上，这样的话，基础就能够打扎实了。

我当时求妈妈把从小学一年级直到高二的课本都帮我准备好了，我就开始这么从头到尾争分夺秒地学习了。现在回过头来看，我们这一批人中的很多人基础并不是很牢固，而我的基础之所以还可以，和这种学习方式是有关系的。还有，当时也是因为高考，出了好多复习参考资料。我觉得只要抓住课本，就抓住最主要的东西了。后来在哲学当中学到抓主要矛盾的方法，我觉得我当时做的就是抓了主要矛盾，没有去抓边角料。

我当时学习的动机是什么呢？主要还是一种世俗的驱动力。想等自己以后上了大学，就能够买很好看的衣服穿，也希望能够在大学里找到自己的白马王子。我边复习边想的是什么呢？自己也要有一双高跟鞋，也要穿丝袜，也要穿短裙子，还想，到时候自己穿着这身行头，扭吧扭吧地感觉该有多好！当时还是为了一些很虚荣的目的去学习的，因为对这些东西的需求太强烈了，所以学习的动力还是蛮强的。

那个时候学到什么程度呢？两个眼圈都发黑了，每天也就睡两个小时。记得那时妈妈半夜总起来给我关灯，把我弄到床上去，等她一去睡，我又起来了，就这么学。边上还放着一盆冷水，特别困的时候就洗一把脸。后来有人跟我妈妈说，别让你们家那个孩子这么用功了，再这么下去命就要没有了，但我就打定主意一定要离开那个地方，一定要上大学。那时云南农大附中的各位任课老师对我的帮助都非常大，不会的东西我就会向他们请教。后来就学得比较好了。

我从高一就开始参加高考了，连考了三年，是第三年才考上的大学。前两年考的都是理科，第三年考的文科。后来在教清华美院的学生时，不少同学向我炫耀说，他们是复读了两至三年的，那是他们人生中一笔难得的财富。我说我也有这样一笔财富。只是在他们提起这件事之前，我还没有意识到这是笔财富，很多人会把复读看成是人生的羞耻，不愿意提及。

回想起来，复读是对人承受压力的考验，是对人的意志力的考验。承受不了这种压力的人，就会妥协。我们都是些为了理想不肯妥协的人。大学对一个人的发展来说太重要了，我感觉为了上自己理想的大学，如果自己有实力，那复读多少年都是值得的。因为大学时期人是有可塑性的，好的学风、好的老师、好的同学都会对自己的人生产生非常大的影响。

只是我当时并没有像美院学生那么豁达地来看待复读之事。所以说我刚到清华教书的时候，还是蛮自卑的。我想，如果让我来清华，不管是考文科还是考理科，复读多少年也肯定考不上。人除了勤奋，还是需要有一定的天赋。考美院就更没谱儿啦，我毫无艺术细胞。现在遭到美院学生们的喜爱，还是件蛮意外的事情。我在课堂上大肆发表自己靠想象得出的艺术谬论，供他们批判用。在他们的批判中，我学到不少东西。

我是在第三年的时候，考上了北京师范大学哲学系的。当时哲学系是个很冷门的专业，从来没有热过。当时哪些专业最热门呢？数理化比较热，有句话说"学好数理化，走遍天下都不怕"。所以说，当时最牛的人是学数理化的。考不上数理化的，才考文科。在文科当中，历史、中文，尤其是中文是比较好的专业。哲学一般是无人问津的。很多人认为哲学学的是假大空的东西，不能当饭吃，和政治的关系又比较紧密，所以家长通常不太愿意自己的孩子学哲学专业。

我进了哲学系以后，才发现学哲学专业的人，多数人不是报的第一志愿，是后分过来的。我报的是第一志愿，其中有一个原因是，我在高考补习班上遇到了一个哲学老师，那个哲学老师对我的影响非常大，我从他那里了解到什么是哲学，对哲学很感兴趣；另外，补习班上的英语老师对我影响也非常大，我对英语学习也非常感兴趣。当时从考分上看选择哲学专业能上一个比较好的大学。就这样，我就到了北京师范大学哲学系。

刚上大学时，因为从一个落后偏远的地方来到北京，加剧了我的自卑感。我那时还是一个比较爱和别人比较的人。如果一个人不爱跟别人比较，别人好不好对自己都没有影响，因为别人很少会来直接说你。都是因为自我总要去比，一比，比不过，自己就难受。我刚上大学时，很怕说话。当年从昭通到云大农大附中的时候，不敢说话，因为我不会说昆明话。等我好不容易把昆明话学会了，到了北京又只会说昆明话不会说普通话，所以入学大概有三个月左右，我几乎没怎么说话，尤其是班上要发言之类的，根本就不敢说。

后来，特别有意思的一件事情让我开始说话了。有一天，我在学校图书馆前面的大广场上散步背书，有个同学，过来问我几点，我就告诉了他。他又问我是哪个系的，我说是哲学系的。我问他是哪个系的，他说是中文系的。然后他就开始跟我谈尼采什么的，那时候尼采蛮时髦的。其实，那会儿我也不懂什么尼采，但我也是虚荣心膨胀，想自己是哲学系的，一直被你们歧视，怎么着也得显摆显摆，就和他胡说八道了一通。没想到，最后那个男生还表扬我说：我觉得你挺棒的！最关键的是，他说：你的普通话说得真好听，不像有的人说得那样生硬，特别温柔。就这样，我对说话一下子有了自信，后来就变得爱说话了，而且还特别喜欢自己的带有口音的普通话，我的这种云南口音的普通话一直保持至今，以后也不准备改了。

到了大学以后，我的第一个目标就是要考研究生。当时考研究生是非常难的，但我想，只要努力就能够实现。自己对自己在智力方面的天赋还不自信，唯一的出路还是要努力抓时间学习。在大学期间，如果说是智能方面的自卑在考上大学以后有所缓解的话，长相方面的自卑依然如故。虽然自己不漂亮，却奢望找到一个特帅的男朋友。

别人不是说我的鼻子塌吗？我那会儿就特爱照着镜子捏鼻子，把鼻梁捏肿了，肿了以后感觉会高一点，过两天它又塌下去了。后来还为了要证明自己长得还可以，去考校舞蹈队，没想到还真考上了，自以为证明了一下自己其实还挺漂亮的。不过后来听人说，舞蹈队不看长相，只看身材。后来看清华大学学生国标队的舞蹈，那才真叫棒！那些学生在台下都很不起眼，但在舞台上太耀眼了！从那里，我看到一个人在展示才华的时候，不管是什么才华，只要是对社会有益的，都会让一个人变得很有魅力！当年，我们校舞蹈队练功是在一个有舞台的食堂，芭蕾舞团的老师来教我们，穿着紧身衣。那会儿我们的感觉挺好，我的身材那会儿也确实挺不错。

芭蕾舞老师的眼睛特别有神，他教我们在台上的时候，抬手你要让下面的人看是 45 度角，但在台上，你的手要放得更低一些，从台下看上去才能看到你的脸，也才能从观众的视角上看是 45 度角。这点后来我在研究哲学的时候，也发现它讲的其实是现象与真实之间的关系。当然，那是次要的，最关键是当时在舞蹈队极大地满足了我的虚荣心。我开始披着长发，穿紧身衣、高跟鞋了，在校园里扭吧扭吧的。现在想起来挺可乐的，但当时觉得自己很美。

为了进一步建立自信心，我还参加了一系列的活动。在《摇篮》报参加了诗歌组和小说组。干那些事的动机还是为了满足自己的虚荣心，想让别人觉得自己什么都会。当时还参加了系里面的民乐队，弹中阮。小时候我们家里面有一种琴，叫斑竹，妈妈教过我。我看斑竹跟中阮有点像，就去弹中阮，其实我的水平是很差的。

记得当时我们系里的民乐队队长，是部队来的，他打扬琴，我们排练了一个曲子叫《雨打芭蕉》。合练的时候，队长让我跑到老远的地方去听听感觉怎么样，我回来说还挺不错的。等我合奏的时候，我有好多地方根本没有弹，结果还遭到了队长的表扬，说我的节奏感特别强，可能是节奏不对的地方我没有弹吧？后来我们的表演还获得了学校的二等奖，我纯属滥竽充数，没怎么弹还获得了个好名声，现在想来这都是些虚头巴脑的事。人可以有虚名，但虚名是带不来实名给人的幸福感的。每当回忆起这些经历，让我感觉到的总是愧疚。

后来发生了一件事情，让我突然意识到自己所做的这些事情挺无聊的。有一天，我正扭吧扭吧地走在校园里的一条小路上，有一个人从树丛里跳出来吓了我一跳，回到宿舍以后我就不会说话了。我们班的好多女同学送我到北医三院去。与我最要好的来自沈阳的同学，还拿军大衣给我裹上，把我弄到自行车上坐着，好多同学一起用自行车把我推到了北医三院。事后我一想，我又不是腿出了毛病，只是不会说话了大家干吗要用车推着我，我还公然坐在车上让大家推着。到了北医三院，医生让我张嘴看了看，说不是器质性的问题而是精神上的问题，然后就要拿电棒电我，我一下子就被吓得会说话了。那件事情对我影响很大。我反观了自己的行为，觉得挺可乐的，也挺无聊的。

接下来，就要考研究生了。在考试的时候，虚荣心进一步作祟。考了两天，第三天就不想去考了，因为自己感觉前面考得不够好，怕考不上遭人嘲笑。幸好那天我的另一位最要好的来自广西的同学把我叫起来去考了。考上了。后来有同学说我考上研究生以后有点傲气了，见到他们都不理了。其实是那时我把自己捂在被窝里用手电看书复习，把眼睛弄近视了。从此我开始戴眼镜了。

就在我快要毕业的时候，毕业体检查出有肺结核。重新体检时又说没事了。等到人民大学哲学系去读研再体验的时候，还是查出有肺结核，休学了一年。就在毕业前和休学的这段时间里，我有男朋友了。我现在的丈夫就是我的大学同学。他是长得蛮帅的男生，来自北京，家庭条件比较好，父母都是知识分子，人都特别好。

本来我跟他是不说话的。在中学，我和班上的男生基本上都不说话，但在大学，没说过话的男生也就他一个。到了大学三年级，还不说话。为什么不跟他说话呢？深层次的原因还是我很自卑，他很傲气。他是从不主动跟女孩子说话的，我也不主动跟他说话。到什么程度呢？就是他从前面骑车过来，我从旁边走过，我们俩就跟不认识一样。

后来是因为什么和他关系比较近了呢？也是因为当中发生了一些事情，最主要还是我得了肺结核以后，他老帮我出主意。我们就在这个过程当中有了比较多的了解。我们两个人的价值观非常一致，但生活方式非常不一致，他喜欢的东西是我非常不喜欢的。比方说，我们俩的衣着完全是不同的风格；我们吃的东西也是完全不一样的，他最爱吃的东西是我根本不吃的，我最爱吃的东西也是他根本不吃的。但是在对事业、对人生的看法，还有为人处事的态度方面我们还是蛮一致的。我那时就是有点小虚荣，但善良、勤奋、不损人利己、与人为善。

记得我那时在安贞医院住院，他每天都从王府井骑车过来看我，给我送好吃的。医院不让探视，他就敲窗户让我出去。有一次，医生说让我把长头发剪短，因为那是冬天，医院条件不是很好，怕洗完头发容易感冒。第二天，我男朋友就到邮票市场把他心爱的集邮册卖了，给我买了一个当时感觉很贵的菲利浦吹风机，挽救了我的头发。在我生病的那段时间我们两个人的关系非常好了，也就订了终身。

养了一年的病回到人民大学的时候，感觉很迷惘，很痛苦，因为那时我找不到努力的方向了。当时同学们之间的差别很大，有的同学已经非常有名了，而且我当时就感觉到，老师也常这么说，没有工作经验的人很难学懂哲学。我就属于没有工作经验，有的同学有丰富的社会经验，写东西、翻译东西都挺好的。我当时有一种倾向，就是自己没有别人有的东西，就爱去否定，自己有而别人没有的东西就爱去抬高。

当时最大的压力来自哪儿呢？到了研究生时代，好多同学都开始写文章了。当时我觉得要写一篇文章出来，那简直太难了。所以说现在我很理解那些写不出文章的学生。你要让他写文章，没思想怎么写啊，太痛苦了。当时让我写文章是件特别痛苦的事，现在让我不写文章是件很痛苦的事情。所以一个人还是要有积累，积累到一定时候，写作才是一件很愉快的事情。

我在大学包括研究生时代，英语一直比较好，在写作方面，文笔也还可以，就是没思想。没思想怎么能写出好东西来呢？那个时候非常想搞科研，但因为写不出东西，还是觉得挺痛苦的。当时我上的是研究生班，按规定毕业以后一年要把论文写出来再答辩，拿个学位。可我当时表面上说忙，其实是实在写不出东西。毕业以后，也就没有去拿硕士学位。到此为止，我感觉比较自豪的是，我从没想过走歪门邪道或弄虚作假。够资格的东西就要，不够资格的就不要，不管那对自己是多么重要。

毕业以后，我就到全国妇联国际部去工作了。当时到全国妇联工作的动机有这么几个：一个是想要有一点工作经验；还有，当时能跟外宾打交道，是件很荣耀的事情；再有，当时做外事工作相对来说社会地位、收入都还是比较高的。我是在快毕业的时候入的党。当时入党，还是功利性非常强的。要说共产主义信仰，那时还真是没有。没有真实的信仰，为了一种功利性的目的去入党，现在回过头来想自己的动机不纯，觉得自己这件事做得很不好。当时对共产主义只是知道一些皮毛。

我读大学和研究生时学习成绩总体上是不错的，但是我挂过两门课：一门是毛泽东思想；一门是马恩经典著作选读。这两门课都是后来补考及格的。那时我怎么也不可能想到，今天我会来研究马克思主义和中国特色社会主义。当时我的学习兴趣主要是中国哲学和西方哲学。西方哲学当时并没有真正学懂，因为时髦，所以比较感兴趣。马克思主义哲学当时自己也是受外在评价的影响，没有真正好好地学习。

（2）开始脱俗

毕业以后我到了全国妇联国际部的美洲、大洋洲处工作。刚到这个工作单位时，感觉虚荣心得到了极大的满足，因为当时这个工作单位是比较好的，也是同学们比较羡慕的，自己也能够接触到很多人。在全国妇联工作的这两年对我的影响非常大，我的人生从此开始转向。

第一件对我影响比较大的事情是到美国去访问。我们到美国访问的时间也就是半个多月，机会特别好，是美中友协接待的，我们走了十多个城市。最特殊的是我们去了以后，住的不是旅馆，而是美国人的家里。他们给我们安排的基本上都是比较上层人士的家，使我有机会跟他们进行比较深层次的交流。我们是去做友好访问。我们这个团只有我们国际部的副部长和我。副部长的英语特别地道，美国当地的报纸还有电视台、电台做了一些采访。我刚知道要去美国的时候，感觉又高兴又难受。那时我刚到全国妇联工作了三个月，还没有转正。

我当时适应工作比较快。因为我到那儿以后干了一件事，就是把学过的哲学用到实际工作当中了。一到单位我就开始做归纳、总结，把处里的档案都调出来了，到档案室去看档案，然后对全国妇联的整个架框、目的和各部门的功能以及我们部门大概都做些什么事情，每件事情的流程是什么，以及写得最好的各类文件是什么样子都弄清楚了。弄清楚这些以后，做起事情来就比较容易，领导也就比较省心，不用每件事情都来教你。

那还有什么事情让我感觉难受呢？就是在说英语方面没有自信。现在回想起来当时我的英语基础还算是比较好的，但因为刚到一个单位，需要有一个适应过程。那个领域里面要用的专用词汇，特别是专用的表达方式，我心里还没谱儿。再加上英语的听说方面还没有得到过实际锻炼，一下子就要去美国，当时我压力真是非常大。甚至想，要不就不去了，但大家都说机会非常难得。记得我坐在飞往美国的飞机上，特想跳下去。我想到时候听也听不懂，说也说不好，那多丢脸啊！而且那是我第一次坐飞机，晕得要死。

真到了美国，还好，因为毕竟基础还在，所以说交流起来问题不是太大。当时就是在美国人士的家里让我对美国有所了解，尤其是对那些比较成功人士的夫人有所了解。有些成功人士的夫人是不上班的，主要就是在家做家务。后来我在想，咱们先不说有没有这种可能，假设说有这种可能吧，你到时候嫁一个成功有钱的人，结果就落了一个做家务的角色，而且我还感觉到有些富人的夫人并不幸福。

后来我发现这些人之所以不幸福，是因为一个人，尤其是一个女性，如果你完全依靠另外一个人，心灵就会比较焦虑。其实就等于是找了一份照顾别人的工作，好多的自我意志都没有办法实现。而且我觉得在这种关系当中，根本无法保持真正的爱情，因为两个人不在一个平等的处境中。人只有在比较平等的层次上才能互相给予。离开你，我能过得很好，但我依然想念你，那才能真正表达出自己的爱恋。

当时，我一下就理解了《简·爱》中的女主人公为什么特别喜欢男主人公还要选择离开，因为那个男主人公非常有钱，而她只是一个穷家庭教师。她就觉得非常不平等，于是她走掉了。当然这个故事的结局有点太悲惨了，男主人公最后钱也没了，眼睛也瞎了，简·爱才又回到他的身边。小说之所以要搞这么一个结局，就是要说明当两个人相爱的时候，经济上的平等是非常关键的，因为只有在这种情况下你才能平等地给予爱。

　　我也因此能理解英国王妃戴安娜为什么痛苦了。戴安娜这个人，有地位、有金钱、有美貌、又有孩子，还捐了很多钱给穷人，但她为什么还是感觉不幸福呢？问题在于她捐的钱并不是她挣的，她是拿别人的钱在捐，所以虽然接受捐助的人非常感激她，但她自己是找不到感觉的。她没有属于自己的事业，没有真正能贡献给这个社会的东西，她所拥有这一切，并不能让她产生自信，相反，这种环境会让她感觉非常自卑，所以很难受。

　　在美国，我遇到的一些成功人士的夫人，在跟她们聊天的时候，发现有的人就有这方面的焦虑。这时我才开始想，我的人生目标不能是仅仅跟金钱、权力之类的外在的东西相关。如果自己有什么才能，还是要去发挥自己的才能，要让自己有贡献能力，而不光是有获得能力。仅仅是获得，想要得到的那种尊敬是得不到的。人为什么非要得到人们真正的敬佩呢？因为那种东西能够让你的心灵不再焦虑，是真正能让你感觉很开心很幸福的东西。我们说人的最终目的不就是为了获得一种深度的心灵幸福吗？对这个目的来说，一个人的贡献力远比他的获得力要重要得多，这就是我当时在美国的最深刻的体悟。

　　从美国回来以后，我开始重新审视自己的职业了。我问自己，你到底有多大的贡献力？我当时的角色是一个科员，虽然说那是一个权力机构，但我属于被权力支配的人，没有感觉到权力改造社会的作用。在一个组织中，人的角色不同，体验是不一样的。现在我鼓励有领导才能的同学去当领导，是因为后来我意识到，一个人去当领导的时候，能够发挥的作用就不再是单个人的作用，他可以组织很多人去做事。

　　还有，他可以保护那些公正无私的人，可以去制约那些走歪门邪道的人。一个领导对于一个组织来说是非常重要的，他有一种无权力者所达不到的改造社会的能力。当然了，人能在多大程度上改造社会，与他的本事以及这个社会发展的程度、自己占有平台的大小有关，但当时我还没有从这个角度去认识权力。

　　在全国妇联工作的时候，还有两件事对我影响也非常大。我记得当时我们国际部过一段时间就会请一位原来做得很好的老翻译来给大家讲课。他曾做过联合国组织的翻译，虽然已经退休了，但我们还是经常请他回来给我们讲一些翻译方面的东西。那位老专家回来的时候，我就感觉大家跟平时见领导时的表现不一样。因为领导有一种威慑力，实在遇到了，大家也会满脸堆笑地去应付一下，但是，多数人见到领导还是能避掉就避掉。像我，就是特别害怕见领导的人。

我记得有一次，我们单位的一位大领导，从我迎面走来，我只好赶紧躲到厕所里。结果这位领导正好在厕所门口遇到一个人，两个人就在厕所门口说了好半天的话，弄得我在厕所里面憋得特别难受。我想下次再躲的话，一定要躲到咖啡厅里。后来，我与我的领导说起这件事，他告诉了我一个秘诀，就是不管见多大的领导，都把他看成是自己的粉丝。我试了一下，还真管用！

这说明什么呢？一个好的领导，如果你能招人爱戴，大家就愿意跟你交流；如果说你作为领导，脱离群众，大家一般的是不爱见的，很多时候是实在不得已才见。但我记得那位老专家，大家对他是真的敬佩。每当他来的时候，大家忙着就端茶倒水，拿凳子，对他很尊敬。当时我就想，是去做一个领导呢？还是去做一个专家呢？最后我决定还是去做这样的一个专家。从另外一个角度去想，你要是做领导做得好，同样能和这位专家一样得到尊敬；你要是专家做得不好，也不可能得人们真正的敬佩。

这期间还有一个人对我的影响非常大，就是我们部里的一个很好的翻译。当时部里的很多大场合都是她去翻译。她在翻的时候那种优雅风度，那种语言才能，各方面都很完美地结合在一起，我非常敬佩这样的人。我开始想，我做的这个事情，一年的时间我就觉得特别熟悉了，以后做的事情也就是不断地重复，没有多大难度。这样的工作，即便它再重要，对很多人来说，只要得到这个机会，都能做得差不多。

我开始想，如果一个人在某个地方是可有可无，有你未必就做得多好，没你也未必做得多坏。周围的人确实会对你点头哈腰，尤其是到了地方上，但我想那种态度其实在很大程度上和那个位置有关，和我这个人本身的能力关系不是很大。记得有一次我丈夫来清华大学接我，那会儿清华六教门口还查学生证，有一个同学经常坐在门口的椅子上查学生证。那天我从教室里出来，看见我老公坐在那儿。有人把学生证给他看，他就在那儿看。我觉得很奇怪，我说你怎么在这里坐着看学生证，他说，他看到这地方没人坐，就坐下了。没想到谁进门儿都把学生证给他看，他也就顺便看看了。

我想这就是位子的作用，不管是谁坐在那地方，人家都会把学生证给你看。所以，我在那个工作当中开始找不到感觉了。一个人可能有好多事情都能做，但在这些事情当中，可能有一件事情难度比较大，很少有人能够做到，而你恰恰有这方面的天赋，这件事对国家、对社会的发展又非常有意义，人就该选择这样的事情去做，才能感觉更幸福。就是带着这种想法，我决定离开那个地方。

当时想到美国去学习，因为我上研究生的时候，学的专业是西方伦理学，但对西方真实的生活了解得还不够。所以想还是到美国去留学吧！去拿个博士学位。当时就准备出国了，但要出国留学没有钱，要先挣点儿钱，才能自费到美国去学习。就这样，我从全国妇联到了中关村的一个进出口公司。

在中关村工作的这段时间，我开始了解了一些关于商业方面的事情。当时在中关村创业的人很多，很多是高科技人才。当时整个社会还普遍比较贫穷，大多数人在那里工作的主要驱动力还是为了多赚点钱。在不同的职场，打交道的人不一样，打交道的方式也不一样。比方说，在学校的时候主要是教师和学生；到了政界，则主要是政府官员；等到了商界，就是各类的商业人士了。

客观地说，我很喜欢我们公司的同事，但并不喜欢那样的生活方式。在那里赚钱相对来说还是比较多的，而且那时创业的机会也比较多。我想，自己要真的是想创业，在那里做个公司，自己也能做到，但你能做到的事并不见得是你喜欢做的事，尤其是在衡量自己的职业价值的时候，还是想要从贡献力的角度，从自己的才华发挥的角度来看自己的工作意义。

再加上打交道的人主要是在进行利益上的较量，我不喜欢。在那里做了一段时间，我还是到美国教书去了。在那段时间里，我接触的人主要是商业方面的，我也学会了进出口业务。我个人感觉，我的智能依然很差，但是为什么适应工作能非常快，而且很快就能拿起来呢？主要是我觉得学完哲学以后，再学其他的东西就变得蛮简单了，很快就能做好，做好以后，那个工作本身挑战性就不大了。一种系统的哲学是最高层级的管理方法。它能帮你在"道"而不是"术"的层次上实施管理，可以让你的管理既有章法，又灵活多样。

后来离开中关村去了美国。本来是想去美国读博士的。在联系的过程当中，正好有一个到那里去教书的机会，用英文教中国哲学。因为有过一次到美国的经验，感觉自己外语基础还比较好，应该问题不大。美国朋友也说你若是到美国去拿了博士学位后再想找这样的工作也不是很容易，不如先工作一段时间，有这样的工作经验更容易到比较好的大学去读博士。

当时还有一个很重要的原因，这样的话我和先生可以一起去。那个时候我还是一个愤青，尤其是在中关村工作的那段时间，我看到了一些很负面的东西，感觉蛮郁闷的。当一个人把局部现象夸大到整体，信息把握不全，通过臆想来判断整体情况时，就很容易变成愤青。加上当时社会崇洋媚外得厉害，美国到底是什么样子也没看清楚。当然也不是说美国就完全都不好，只是当时中国有不好的地方，也有好的地方，我主要看的是不好的地方；美国有好的地方，也有不好的地方，但我主要看它好的地方。当时我出国，是准备去拿绿卡的，根本没有想要回国。而且走的时候连回国探亲的想法都没有。我就想，到那边去努力拿绿卡，再把双方的父母接过去。我就是抱着这样一种心态去的美国。

到了美国以后，接待我们的那两家人都非常好，他们都是跨国公司里的经理。我开始在那里工作，用英文讲中国哲学。第一遍备课非常困难，所有的讲稿都要全部写出来。写完了以后不能照着念，只好几乎全都背下来了，当时的记忆力真是好，这个课讲得还是不错的。在美国有什么体会呢？因为我就生活在美国人的家里面，又在美国教书，有机会真正地去了解美国的体制。在这个过程当中，我发现美国也有种种弊端，不像我原来想象得跟天堂似的。

美国是讲自由和平等的，其实，马克思倡导的共产主义最终要实现的也是自由和平等，和美国人所追求的自由和平等是一样的。只是马克思后来看到真正的自由和平等在资本主义社会体制下根本实现不了，所以他要用共产主义制度来保证实现人的自由和平等。美国虽然倡导自由平等，但实际上并没有真正实现自由平等。这一点在讲《资本论》时我会具体分析。

一个国家让人倡导自由和平等，并不是说这个国家就是有自由和平等的。我们通常以为这个国家只要讲自由和平等，它就有自由和平等。所以说我们想要自由和平等，我们就到那个国家去生活。其实，实际情况恰恰不是这样，一个国家往往是缺什么它才弘扬什么。西方社会缺的是自由和平等，所以它才要让人们把自由和平等作为一个社会目标来追求。西方的封建传统是不自由的，为什么这么说？在封建社会里，西方的农庄主要采用的是庄园式的管理。在庄园里，有一份公地，属于公共的地盘，自己的私地要抽时间去种，但你首先要保证公共的地就是庄园主的地要种好。

这个时候，它就要组织管理好公有地的耕种。这种管理方式使得西方的组织管理能力是比较强的，尤其是把那些没有血缘关系、亲属关系、完全是陌生的、只有工作关系的人集合在一起进行管理的能力比较强。由于这种管理使得人的自由受到了很大的限制，而且作为这种管理的群体来说，很容易侵犯个人自由，就因为在西方封建社会的传统中，个人一直是缺乏自由的，所以资本主义刚出现的时候才特别提倡自由和平等，并把这种传统保留了下来，因为这个社会目前依然是缺少自由和平等的。

因为西方的管理体制非常完备，就会形成一种对个人的制约，包括现在也是，它的强大的管理体制，很容易侵犯个人自由。所以说，西方社会才更强调个人主义。一个缺乏个人主义的地方才会大力倡导个人主义。到美国以后，我才发现因为它的管理体制太强大了，个人在其中是很无奈的。另外，在国外，因为它不是自己的国家，我才真正地体会到祖国对于个人的重要性。很多人在国外的时候，都会变得更加爱国，为什么呢？我们在国内要介绍自己，没必要说我是中国人。但是在国外，你首先要介绍的是，你是哪个国家的人，你必须先说我是中国人。当你说你是中国人的时候，中国的任何荣誉或屈辱都会映照在你的身上。

所以说，在这种情况下，祖国强弱，前途如何，对一个在国外居住的人来说有着非常直接的影响。人家可能不记得你的名字，但会记住你是从哪个国家来的。我有一种感觉，在国外你混得好，是个客人，混得不好，就是个外人，但是你很难成为主人。再有一个，就是文化的差异性。在国内的时候，你所认同的一些价值观，以及你自己的优势会得到比较多的认同，也就是你身上的很多东西只有在你的文化当中才会得到承认，在其他的文化中得不到承认。

比如说美女，在美国的美女是什么样子的呢？她是黄头发、蓝眼睛。你是黑头发、黑眼睛的中国人，在中国你是美女，到了那里就算不上是美女啦。在美国我们会看到有不少人把自己的头发染成黄色，但很少见黄头发的人把自己的头发染成黑色，为什么？就因为黄头发的美女处于优势地位。这就说明文化对于人的归宿感的影响是非常大的，所以很多人出国以后都有一种思乡之情。还有，就是容易没有安全感，因为在国外再怎么着都是属于一种边缘群体。尤其是后来我在那里生了一场大病，这场大病对我的影响非常大，那时我最害怕的是死了被埋在美国。

（3）追求崇高

这场病到底是怎么得的也不知道，头一天还是健健康康的，第二天就肚子疼，被送到医院去了。到医院以后，医生给做了检查。一开始说是阑尾炎，要做手术，接着就开始输液。没想到输完液以后，整个人变得全身水肿，脸一下子变得比现在要大一倍，眼睛也睁不开了，脸上全是大红疙瘩。查血的结果几乎每一项都不正常，连医生也不知道是什么病了。一会儿说是胰脏的问题，一会儿说是肾脏的问题，一会儿又说是阑尾炎。最后只能住在医院里，人肿得进了急救室，气都喘不过来了。

当时胸积水已经漫到胸腔了。急救的时候要用大管子从后背插进去，一大袋一大袋地抽水，真是危在旦夕了。每次抽水的时候我都能听到我丈夫在外面哭。我当时很绝望，因为不知道是什么病，住的那个急救室又特别贵。我们虽然买了保险，但有的费用是保险不支付的，经济负担非常重。当时我就想，我又是急救又是折腾，人又痛苦得要死，腿肿得皮肤就像保鲜膜一样，有的地方破了往外渗水，那简直就是顶级酷刑。

你们现在形容一个女生丑得像恐龙，但老师当时连恐龙都不如。你想，恐龙怎么说也还是大自然的产物吧，它是和谐的。而老师当时就是一个怪物，绝对处于一种极不和谐的状态。以前总觉得自己丑，但还没有丑那种程度。另外，到底能不能好，或者好了以后人会是什么样子，都是不确定的。还有我想，在急救室里面住上十多天，自己受了很多罪，最后还是死掉了，还给我丈夫留下很多的债务，所以当时真的是特别不想活了，一心想死。

我丈夫那个时候说了一句话救了我。我说："你看我这样，以后没有办法见人了，没有办法活下去了。"他说："我看你没有什么变化啊，跟原来一样啊。"这当然是谎言了，但这句话对我的安慰非常大。他还说，只要你努力活着，不管欠多少债我都在美国打工给你还上；如果你不活了，我也不活了。就这样，我开始努力治病。这件事对我的影响非常大。当时是直接面对死亡了，就会真正地去思考人生的意义。我这一辈子，到底有没有什么遗憾？我还想得到什么吗？

面对死亡，我想问题的方式完全不一样了，因为那时利益对我已经完全没有意义了。你会回想，一生中做了哪些值得回忆让你感觉幸福的事，也会想自己做了什么对不起人的事。除了突然死亡，人生的最后审判还是存在的，只不过不是由上帝来审判，而是自己审判自己。这个时候，你得完全孤立地直面自己的良心，半点儿假也掺不了，因为自己没有欺骗自己的能力。常言说："人之将死，其言也善"，说的就是因为人看问题的视角不一样了。活着的时候你总是想要多得，死前则会想自己能给这个世界留下什么。

当时我想，以前做过不少合同，写过不少项目书，但那些都是一过性的东西，自己真的有什么有价值的东西留给这个世界了吗？什么也没有。我想，或许我的努力是能够给这个社会留下点什么永恒的东西。比方说，留下一颗螺丝钉。我们现在不知道螺丝钉是谁创造的，但我们知道在这个世界上肯定有个人创造过这么一颗螺丝钉，这颗螺丝钉留在世界上还在为社会发生作用。我突然发现，当一个人面对死亡的时候，拥有什么已经不重要了，重要的是，你的人生是不是还有遗憾，你是不是还有什么潜能没发挥出来，你是不是还能为这个社会作出贡献，并把这份贡献留在这个世界上。

当时就想，如果自己还能活下来，自己的奋斗目标，就是怎么能够把自己身上能发挥出来的东西全部发挥出来，把它留在这个世界上，真的能为社会、为国家，乃至为全人类的发展而奋斗。这个就是当初我面临死亡的时候所想到的东西。这是我人生的一个大的转向。从此以后，我开始真正地换了一种视角来思考人生了。这个时候的我，不再去和别人比较，也不再去做一些很虚荣的事情，能够很真诚地面对自己，到底自己是谁，想要什么，已经非常清楚了。但当时还是处于一种很绝望的状态，不知道还能不能活下来。我就想，要是能活下来的话，我一定还要去学习，因为我的特长还是在学习方面。

后来上了大量的激素。激素上完以后，没多久我的病也就好了。但是因为激素上的量非常大，也造成了严重的后遗症。我感觉非常对不起我先生的一点就是自从我和他谈恋爱以来，我一直在各种各样、大大小小的病痛中挣扎，客观上给他带来了很大的压力，但他从来没有想过要放弃我，这一点让我非常感动，也让我知道了一个人对另一个人的爱可以达到什么样的高度。后来我再去读《马克思传》的时候，看到燕妮和马克思之间的爱情，我就更能真正地体会到人间确实有一种真爱，相爱的双方可以牺牲他们的一切甚至生命来捍卫他们的爱情。

后来我们俩又到了洛杉矶，在一个公司工作。当时想着在那里工作一段时间，他还是想要去上学，我呢，也想在美国读完博士，然后就回来。不像以前打算的是在那里拿绿卡，留在美国发展了。在洛杉矶工作时，我的病又复发了，我就回国了。我先回来的，我丈夫还在那里工作。回来的时候，我走路腿已经开始发软了。当时已经到了该要小孩儿的时候，我很想要小孩儿，但是由于身体状况不太好，我跟丈夫商量，我们要不就冒险生孩子；要不就离婚吧。我希望他找一个能够为他生儿育女的妻子。

他跟我说，孩子不要了，因为他觉得要是让我生小孩儿太危险。其实他是一个非常喜欢孩子的人，而且我公公婆婆也非常喜欢孩子，后来他们也都说因为我的身体不好就算了。不要小孩儿让我觉得很对不起这个家，公公婆婆对我都非常好，我呢，确实也不希望他们因为我没有孙子或孙女。当时我妈妈也提出来让我们离婚，主要是想成全我丈夫。但我丈夫坚持说，孩子不要了，还是好好治病吧。后来大概治了一年吧，原来的病没事了，但因为在治疗过程中，用了大量的激素，导致骨质疏松，走路就有困难了，后来我开始坐轮椅了。

当时股骨头坏死的迹象已经有了，但还没有变成现实。我想，该怎么办呢？这会儿要继续工作腿脚也不方便了，干脆写作吧。我就把《中国大百科全书》和《大英百科全书》买回来了。当时我想，你如果要写出能站得住脚的东西，一定要有一个常识体系做基础。我想一定要把现在已经有的人们达成共识的那些知识体系先储备到自己的大脑里去。

其实有段时间我是非常反对背诵式记忆的。现在有那么多书，你随时可以查，尤其是后来又有了电脑，需要什么知识就可以去查。但后来我发现不行，一些基本的知识储备还是得有，因为在思考的时候需要很多种知识同时起作用，如果你的脑袋里面没有存储这种信息，在用的时候知识的整合就会出问题，而且在写作中要求你提取某种信息的速度要特别快，所以一些非常必要的知识性的储备是需要的。

另外还需要一个哲学体系。如果没有一个哲学体系的话，知识会成为一些碎片堆在我们的脑袋里。就像你有一万本书，你有一个房间，你可以把这一万本书杂乱无章地堆在里面。如果能建造一个检索体系，相当于房间里有个书架，你就可以把一万本书很有条理地码放在书架上。你有条理地放了，检索起来就非常的快了。如果说一万本书只是堆在这个屋子里，你知道你有这本书，但是你很难找到，而且找到以后，你很难把它和其他的东西合理地联系在一起。那么用谁的哲学体系比较好呢？

这样，我就开始读百科全书了。这一次阅读为我的写作打下了基础。现在我觉得有好多东西，可以信口说出来，而且说得比较有自信了。在这个时候我的心已经变得非常安静了，就是想要做一个好的作家或者好的学者。我开始去思考一个作家到底是要干什么。大家认为作家都是在编故事，那为什么有的人编的故事就能成为经典，而有的人编的故事就成不了经典呢？后来我发现，任何故事都有其象征的意义，都要能去承载一种我们所说的"道"，或者帮助这个社会去传播一种道德，这样的话就可以把一种关于社会秩序的观念安装到人们的头脑中去，使社会成为一个有序的社会。在这点上，艺术与哲学的功能是一样的，只是安装社会秩序的观念的方式不一样。哲学通过抽象的方式来实现，而艺术通过具象的方式来实现。

后来我的腿好些了，准备去考博士。当时报考了中国人民大学哲学系，还是伦理学专业。我考博的那一年正赶上考博热，去考的时候还是很有压力的。另外一个压力是，当时我还坐着轮椅，走路要拄双拐。只是还没有被鉴定为残疾人。当时，我对如果被认定为残疾人，还能不能去参加考试是没有把握的。怎么办呢？特别害怕因为是残疾人而被取消考试资格。我并不想能给我优惠一点分数啊什么的，就希望如果是残疾人也能有参加考试的权利。当然也许本来就有这样的政策，我不知道。

2010 年 9 月我在中央党校学习的时候，袁贵仁部长说，如果残疾人能变得幸福了，我们这个社会就真的是很好了。我当时听了，真的特别想掉眼泪，因为我想起了自己考博时的顾虑。考博的时候，我到得很早，硬是扔了双拐，忍着痛走进了考场。记得当时有一个同学见到我还说，你怎么走路好像跟别人有点不太一样。我心想，确实跟别人不一样，因为我是在疼痛中行走。

读博士期间，我非常有幸得到自己的博士生导师的支持和指导，也有幸得到了来自中国社会科学院国际政治学方面的专家的指导，使得我能够从事国际政治伦理的研究。那么，国际政治伦理这个选题是从哪里来的呢？我在全国妇联国际部工作时，经常接触到两个研究方向，都是我比较感兴趣的。全国妇联国际部的工作是国家外交活动的一个补充，所以我们经常参加外事活动，为此读了一些国际政治方面的书。还有当时参与管理一些国际合作项目。一些国际经济援助是和国际政治有关的，包括我们做过的"妇女参与发展"的项目，还有加拿大使馆基金项目。

当时咱们国家还没有人做国际政治伦理方面的研究，我觉得这是个比较好的研究方向。另外，当时也接触到了一些关于女性主义的作品。从伦理学的角度来研究女性主义，这也是和全国妇联的工作联系比较紧密的一个方向。后来我还是倾向于做国际政治伦理研究，因为我就觉得，弱势群体或是边缘群体的问题，最终还是要到主流社会里来解决，而在主流社会中男性处于强势地位。

比如我觉得女性主义方面的问题最终还是要到男性的世界里来解决，不如干脆到男性世界里来杀出一条血路吧！而且我认为中国正慢慢地在国际社会中发挥它的作用，而它发挥作用的方式应该与西方霸权主义国家有所不同，最主要的不同还在于它的伦理特色，因此，我觉得国际政治伦理这个研究方向非常有意义。但选择这个研究方向做起来难度是比较大的，因为它需要国际政治和伦理学这两个专业并驾齐驱，而且两个方面都要比较强才能把这两种体系综合起来。这个时候，我开始走向马克思。

那么，是什么时候我开始有了共产主义信仰呢？就是在从事国际政治伦理研究的时候。关于国际政治研究的理论书特别多，流派也特别多，不同的观点就更多。这么庞大杂乱的一个领域，你要来分析它，就需要一个理论体系。理论体系起什么作用呢？就是给你建立一个推理的前提。什么样的文章才是好文章呢？首先它要有一个前提体系，这些前提之间没有矛盾。完全靠自己弄出一个崭新的理论体系来是不现实的。那么，这就需要去选择一种哲学理论体系。

其次，要有非常严谨的推理，这个推理主要是靠辩证逻辑、形式逻辑，有时还需要数理逻辑和高等数学。一篇好的文章，它应该是既有明确的理论体系作支持，而且推理非常严谨，严格地说，它是用文字来表达的一个推理的方程式。你自己没有能力去创造一种崭新的体系，就需要借用。你要借用的是什么呢？一定是有理论高度的哲学家的体系。所以，我开始把中国的大哲学家和西方的大哲学家的体系拿出来一个一个地试，看到底哪个哲学家的理论体系能够成为我用来分析国际政治伦理的理论体系；试来试去，最后我认为最有解释力的还是马克思主义的理论体系。

一个人，如果他的思想没有发生转向，没有从对全人类的贡献这个高度来看马克思的话，是很难理解马克思的。当我站在这个高度上来看马克思的时候，我开始敬仰他，而且是五体投地的敬仰。我感觉要看一个人是不是真正的马克思主义者，先不用看他的学问，你就看他的志向，看他的德行，一个自私自利的人，一个虚伪的人，绝不可能是真正的马克思主义者。那种拿着放大镜挑别人的毛病，用这种毛病来为自己的私利打击别人的人，也不可能是真正的马克思主义者。这个时候，我已经能够认同马克思的那种让人看起来那么空洞的伟大理想了。这个时候，我再来看马克思的著作的时候，看得我心潮澎湃。

在我了解的大思想家当中，马克思的总体思想体系是最具有说服力的。这个时候我也看到了，马克思的思想体系在发展的过程中，有的被政治化了，有的被误解了，有的被歪曲了，也有一些具体的说法、做法是过时的东西像《共产党宣言》的《序言》当中的有些观点，马克思和恩格斯还在世的时候，就已经承认它们是过时的。①

这样一来就出现了两个问题：一个是我选择了马克思的理论，觉得马克思的东西作为一个大框架是不错的，但怎么把正确的和已经过时的东西分开来呢？把正确的东西拿出来放在什么地方才合适呢？如果说我们有一桶水，这桶水本来是清的，但被人弄浑了，那么你把从浑水里拣出来的东西再放回去，它还是在看不见的浑水里。我个人认为，我们需要有一盆清水，把珍珠拣出来放进去。当你把各个体系中的好东西都拣出来放到另外一盆清水里的时候，就能够整合出一个更好的体系来。

第二点，毕竟马克思的哲学还是从西方哲学中发展出来的，对于中华文明了解并不多。那么怎么才能把中华文明的精髓也整合到这个体系当中

①　有把马克思和恩格斯连起来写成马克思恩格斯的做法，本人不是很认同这种做法，因为他们是有独立人格的。即使在写《资本论》时恩格斯帮了很大的忙，但最后的署名还是用的马克思一个人的名字。这就说明了，虽然他们在一起合作，但他们并不需要把别人的功绩放到自己头上，也不希望把自己的功绩放到别人头上，因为这两种做法都是不公平的。所以，在本人的所有作品中，本人还是把马克思和恩格斯分开来写。

呢？可以用马克思的理论来作指导，让中国的理论体系在马克思的理论体系当中复活。问题又来了，是你在用马克思的理论来解释中国的东西，马克思并没有这么解释过，你并不能把这个东西说成是马克思的，人家马克思也不会承认，怎么办呢？所以，我个人就觉得需要用一个新的学术流派来进行整合，就是把中外哲学中的好东西都拿出来整合到一个体系当中去。当时只想到要进行整合，需要有一个新的学派，但这个学派叫做什么学派呢？还不知道。

后来，我才想出应该有一个共家学派。我们可以把这个新的学派比作一盆清水，把好的东西拣出来放到其中进行整合。在我开始走向马克思的时候，共家学派的思路就开始萌芽了。当时我用了马克思的理论来分析国际政治伦理，分析中国的外交和中国的政治伦理。马克思并没有谈到现代的东西，你用它来分析，那么分析出来的东西肯定是你自己的。虽然用的是马克思的思路、马克思的理论，但你不能把这些东西强加在马克思的头上。

在从事学术研究的过程中，我对马克思的人格、爱情以及他的那种坚忍不拔的精神是非常认同的，马克思成了我的人生导师、学术榜样。从我当时的知识结构来说，中国哲学、西方哲学和马克思主义哲学基本上都了解了。中国哲学方面的东西主要是在大学期间学的。大学期间虽然比较崇洋，那个时候也把商务印书馆翻译的那套西方名著都买齐了，也看了，但是没怎么看懂。翻译出来的很多概念根本不知道指的是什么东西，尤其那会儿讲的那个"自在之物"特别难以理解。到后来看英文的时候，觉得挺好理解的。所以说，大学时期对马克思不感兴趣，西方哲学没真学懂。

我在美国教中国哲学的底子主要是在大学期间打下的。还有小的时候，我父亲对中国哲学、中国古典名著是比较熟，这对我也有比较大的影响。后来才明白，父亲身上有好多人文方面的知识都是我应该学的，但那时感觉是些没有用的东西，所以没有多学，现在挺后悔。小时候认为没有用的很多东西，大了以后都意识到非常重要，但已经错过学习的时机了。西方伦理学是我上硕士时候的主要研究方向，但没有真正学懂。真正学懂西方哲学是在美国教中国哲学的时候，读了西方伦理学的英文版经典。

在读博士之前，我已毕业十年了，这期间一篇文章都没有发表过，主要还是打基础。在读博期间，基本上能够把中、西、马融会贯通，用马克思的理论进行整合，再用来研究国际政治伦理了。在国际政治伦理方面，我写了《软和平——国际政治中的强权与道德》这本书，通过我自己的分析，得出了美国的多极化实际上是其称霸的战略布局的结论。这个结论到今天仍然还站得住脚。这个结论的得出真的得益于马克思的分析方法。在博士毕业的时候，我对用马克思的方法进行学术研究，这一点已经非常确定了。

从中国人民大学哲学系毕业，我到了清华大学哲学系任教。当时因为哲学系没有名额，所以系领导跟我谈的时候说，咱们走"两课"的名额进哲学系，条件是一定要教马克思主义哲学这门公共课。当时我考虑到了这么几点：一个是自己对于清华大学非常敬仰，能够到清华工作，对我来说是非常荣幸的事。另一个是清华哲学系有非常优秀的学者，与这些学者群在一起，工作环境将非常好，能够近距离向他们学习。还有一点，这个时候，马克思主义哲学对于我来说，我已经非常认同了。

但有一个问题在哪儿呢？就是你认同，别人不一定认同。当时，有的学者对马克思主义是不认同的。我自己虽然用了马克思的方法，也只是偷偷地用，而且有的时候还要尽量把马克思主义的痕迹抹掉。为什么要这样做呢？因为当时西化还是蛮厉害的，连中国哲学都还没有热起来，还是个相当崇洋媚外的时期。马克思主义哲学在当时不是一个很好的学术标识。作为一个学者，你明目张胆地说你自己是马克思主义的信仰者，在很大程度上会遭到一些学者的排挤。有的学者明着不说，但在暗地里会加以否定。那时我初涉学界，很容易在没有出头时就被灭掉。

再有一个原因是我当时没有信心能够让学生也接受马克思主义。其他方面的虚荣心是没有了，穿得好、吃得好、开什么高级车的虚荣没有了，但在学问方面，还是害怕被否定，自己还没有足够的能力和信心来应对这样的否定。如果有可能的话，自己还是不想进马克思主义的这个圈子里来。

但由于自己太想进清华了，尤其是想进哲学系，所以就决定来上马克思主义哲学课。到清华我最初上的两门课：一门是马克思主义哲学课。刚上这门课的时候压力是非常大的。我记得我是 2000 年 7 月到清华大学，2001 年春季学期开始上两个班的马克思主义哲学课。当时有一个班主要是以建筑学院的学生为主，另外一个班是计算机系的学生为主。当时我还上了另外一门课，叫伦理学与国际问题研究，那是一门选修课。一共三个课堂。

在这三个课堂中，最恐怖的就是建筑系那个课堂。那个课是周一的第一节上。当时我不知道建筑系的同学经常熬夜，熬夜以后缺勤现象非常严重。还有呢，星期一的上午，北京的同学有的还没有回学校，所以缺勤现象更加严重。作为一个新上这门课的教师，我站到讲台上，一点儿都不知道该怎么办。那会儿也好好地备课了，可第一次面对一群那么优秀的学生们，我还是相当缺乏自信。

当时也不知道该怎么讲，按教科书上的讲，看学生实在不感兴趣，然后我就开始提问，但当时提的问题是常识性的，学生觉得太小儿科了。本来人就不多，结果几次课下来，一百多人的课堂就剩下二十来人，迟到、缺席太严重了。我记得当时来班上听课的督导（好几位督导都到这个课堂上来听课）给我提出了很好的建议，但确实是自己当时的功力不足，教法也不对，而且教材也没吃透，所以这门课上得简直就是稀里哗啦的。

在我上这门课的时候，压力大到什么程度呢？先是在宿舍里躺着哭，躺在床上哭还不行，非得弄块毯子躺在地上哭，哭够了才去上课。有的时候宿舍里有人，就找个空厕所去哭。后来教务处已经跟我们系的领导说了，说你们这个老师得换了，不能让她再上了。当时我难受到了什么程度？在安静的地方已经哭不出来了。有一天晚上，我丈夫把我带到了一个迪厅里，舞厅里的声音特别大，我趴在桌子上号啕大哭。

那时我想，该怎么办呢？是不是要从清华出来呢？我想，如果不在清华的课堂上站起来，而是作为一个失败者，从清华撤走的话，我永远也找不到一个这么高的平台，来找回自己的信心了。而且我太喜欢清华了，真不想离开这个天高任鸟飞的地方。当时还有另外的两个课堂没有督导去听课，在那两个课堂上我已经开始用案例进行教学了，尽管那个时候还没有特别多地推行案例教学。我的那两个课堂基本都是围绕着热点讲自己熟悉的案例，那两个班就特别好，秩序也特别好，同学也特别地认同，出勤率非常高，后来我就想，恐怕只能靠这两个课堂了。

如果说这两个课堂立得住，那么我就还有机会在清华继续努力，我一定要找出一条适合学生、真的能让学生长本事的路来。现在想想，真的非常感谢当时哲学系领导们的支持，他们相信我能上好课。我请求他们不要听我的课，给我最后一次机会。最后他们让我把那一个学期的课上下来了。比较幸运的是，那会儿学生评分还是用纸版，马哲课就抽一个班来让学生评估。我抽的是计算机系的马哲课和伦理学与国际问题研究这两个班。这两个班的同学都给我打了特别高的分。如果抽建筑系这个班的话，我肯定是全校的最后一名。

有一次我们在学校体育馆听整顿学风的报告，王大中校长说，我们有一个课堂，学生的学风非常不好，说多长时间学生跑了多少，多长时间有多少学生缺席，最后到课的只有二十多个人。我想他讲的应该就是我的那个班。当时呢，王大中校长说还是学生的学风问题，我们的老师没有问题，因为这位老师讲的其他的课，课堂秩序都非常好。当时我真想站起来说，其实还是老师没有讲好。我相信，今天同样的课堂再让我去上，绝不是当时的效果了。现在我正在教比建筑系的学生要淘气得多的清华美院学生的课，感觉就很好了。

当时我还不知道到底怎么才能把理论讲活。从理论含金量来说，建筑系这个课堂的理论深度是够的，计算机系的马哲课和伦理学与国际问题研究这两个课堂在理论性上是很差的，是非常水的课。那么水的课，得了那么高的分。后来我就开始想，怎么才能够把深刻的理论与好的效果结合起来呢？

后来我终于找到了一条出路，就是用我在计算机系这个课堂的讲授方式来讲理论，尽可能把理论的东西形象化，把形象的东西抽象化。讲理论，就是要研究怎么才能在形象和抽象之间来回穿梭。只有这样，才能够保证理论的深刻性和含金量不被那些案例稀释掉，又能够有比较好的教学效果，我最终摸索出来的就是这么一条路。现在在清华美院的课堂上，我也并没有降低理论难度，但他们的学习状况是很好的。有的老师对美院学生有误解，以为他们是听不懂理论的。其实他们是些悟性极高的学生。

他们首先需要通过学习抽象的理论，把握事物的本质，然后再用具象的方式把事物的本质表达出来，这样学艺术的学生才能成大器。我非常反对完全用案例、笑话或图片这些东西来充斥课堂。这样做课堂效果貌似很好，但是它已经脱离了原来的教育目的，理论深度是欠缺的。看一门课好不好，首先要看内容的含金量高不高，学生听课状况如何，出勤率怎么样，然后再看学生的评分，一定要设定理论方面的难度系数。

　　我到清华以后的工资状况以及住宿状况是很差的。我不知道世界上还有哪所一流大学的教师会在这样艰苦的状态下工作。如果我没有经历过生死的考验、人生观没有转向，我对清华大学的物质待遇会非常不满。但是，当时我到清华的目的，已经不是来享受，而是来作贡献的。所以说，当我走到 18 宿舍楼 402 集体宿舍的时候，虽然生活条件差得让我惊讶，但是我没有因为这个产生离开清华的动机。我反过来想，清华有不少老师，就是在这样一种很恶劣的物质条件下在为国家做贡献的，因此让我感觉肃然起敬。后来听说清华要粉刷 18 宿舍楼了，我还专门跑回去拍了照片。

　　记得当时我的一个老同学到宿舍来看我，就说，你混了这么多年怎么混得这么惨呢！宿舍里的家具极端陈旧，墙壁都熏黑了，楼道的漆也是斑驳的，没有洗手间，只有一个公共厕所。因为特别陈旧，又属于文物，所以很多电器都不能用。但我有两本书，都是在这个宿舍里完成的。太热的时候我就接盆冷水，把脚泡在冷水里写作，条件是非常艰苦的。就宿舍内部的条件来说，与当年的西南联大也差不了多少，可能就是多了个日光灯和一个互联网插口吧！

　　我当时看中的是什么呢？是清华这个平台。清华在世界上排名多少我不管，就我个人看来，清华就是世界一流的大学，它的高度以及对中国社会所产生的影响力是非常大的。清华是一所没有屋顶的学校，在这个地方不管你有多大本事，一点都不会被浪费。一个人住在什么地方，其实是很小的事。你拥有的是一个很高的平台，是这么一个校园，是那么多优秀的学生，还有，你能和这么多优秀的学者并肩作战，这是一个人的事业发展的最重要的条件。

　　刚到清华的时候，压力非常大，无论教学上、科研上，包括在英语上，都在经受考验，都得通过你的实力来慢慢地得到周围人的认同。到了清华以后，我才知道这里为什么能够培养出非常优秀的学生。就是因为很多优秀的人聚集在一起，谁都不甘落后。学生的压力也很大。在我上第一门课的时候，就有同学写信跟我说，有自杀倾向。当时我安慰他们，其实我自己也在那个边缘徘徊。记得有一个同学跟我说，他已经在荷塘边转了好几趟了。我跟他说，你只要能从清华站着走出去，就很了不起。有人说清华的同学很脆弱，其实我感觉他们一点都不脆弱，他们非常坚强。很多人一辈子承受的压力加起来也不够他们一年所承受的压力。

　　清华学生太优秀了。我每年在讲授马克思基本原理课程的时候，会接触到各个院系的学生。学生不断地提问，就促使自己不断地思考，而且你要说服他们就要不断地挑战自己。从 2000 年到清华以来，直到现在，确实是清华的学生们在培养我，让我越来越自信，而且讲课也变得非常有特色，很多都是和学生问到的问题相关，他们给了我很多灵感。

　　清华的学术交流平台非常高，国际交往的面非常大。对我影响比较大的国际交流主要有三次。第一次是 2002 年应东京大学的邀请去做评议人。从那次出去开始，我的感觉已经不同了。我觉得我是代表清华的，不能给清华丢脸。而且从那时候开始，我不会管与会人员是怎么看这个问题，我要坚持我认为是对的主张，不妥协，也不迎合。

　　这也是我后来上课的一个特点，非常真实地表达我的学术观点，不会因为任何原因而作任何的妥协。有的话考虑到场合，我可以不说，但说的就一定是真的。当然了，在国际交流中我们只是交流，而不是去说服别人。我要讲我自己是怎么理解这个问题，尽量达成你对我的理解，你同意不同意我不在乎。我只要你能够理解我，我为什么会这么想，我们的国家为什么要这么做，我们的民族为什么要这么做，这么做的正当性和合理性在什么地方。这个就成为我在后来的国际交流中坚持的一个重要原则。

　　我在清华的外事活动基本上是政治性、外交性和学术性融合在一起的。我去讲的主题，一般都是政治性的，弄不好就会发生冲突。那怎么能防止冲突呢？就是我刚才讲的，用交流的心态，我只是交流，不是来说服你的，这样的话，对他人就没有压力。第二点，要有学术性，不是喊口号，也不是纯粹地维护一个民族的私利，要在学术上能站得住脚。第三点，它具有外交性。外交活动的目的主要是促进和平，而不是引发冲突。当冲突发生的时候，自己要想怎么能够以一种和平的方式去化解这种冲突，从在东京大学的讲演开始就有这样的想法了。以实力为基础，是可以和平解决争端的。

　　第二次就是去墨尔本大学做一年的交换学者。当时系领导让我去申请墨尔本大学的时候，我不太想去，因为我对那个地方不是很了解，也没有太大的兴趣。领导说让我去申请，我就想那就申请看看，没想到还真申请下来了。在墨尔本的那一年效率是非常高的，在那里我写完了《生活原来可以如此有趣——在墨尔本大学的思想笔录和生活体验》。

　　墨尔本的生活方式让我更加坚信共产主义是可以实现的，因为在那里很多东西都是免费的，也就是按需分配。比方说，公交车到了周末是免费的；到了节假日，在公园里有免费的芭蕾舞演出；还有沙滩上有很多烧烤设施也是免费的。平时公共交通很少查票，大家都非常自觉地买车票。我就感觉到在生活水平达到一定程度的时候，人们的觉悟是真的会提高的，社会冲突相对比较少，而且很多的社会资源大家可以共享，不一定要去拥有它。这个对我后来思考共产主义是有帮助的。

　　还有我的《国际政治的全球化与国际道德的危机》和《逃离国际经济中的伦理风险》这两本书的很多资料是在那里搜集的。在那里，我也体会到了清华大学在那个地方所受到的尊重。记得那时我住在国际学院，国际学院过一段时间就会邀请老师吃饭。吃饭时有的老师是要坐在台子上的，当时我很荣幸地经常被弄到台子上去坐着，这还是清华的这个牌子在那里撑着。后来在一次国际学生的聚会当中，选了三个种族，黑种人、黄种人和白种人的代表和校长照相，我被选为黄色人种的代表。可见清华这个平台客观上能够帮助我到一个更高的层次上进行体验。在同一个环境中，由于角色不同，体会也会不一样。当然它的压力也更大，经常会害怕自己的行为不当，表现不够格。

　　同时我也体会到，做访问学者这种方式出国或公费出国，能体会到的东西是非常片面的。我感觉以后国家送学者出去学习，要给他们提供到工厂去实习的机会。在工厂，才能看到马克思所说的工人阶级是怎么工作的，尤其是要派到跨国公司的食品供应工厂去工作，看看发达的资本主义国家的工人们还有他们饲养的鸡们生活在什么样的水深火热之中。

　　在墨尔本，我作了一个"全球化与中国未来五十年"的演讲。那个演讲我个人是非常满意的，我坚持在讲中国的制度和中国问题的时候，尽量从合理的方面来进行说明。有的学者肯定不喜欢，因为他们觉得中国是一个专制的国家。但我个人觉得，我不管他愿意不愿意听，我就是应该把自己的观点亮出来。那天去作演讲的时候，我是在心中唱着国歌去的。我想好了，不管遇到什么样的异议，自己都要坚持。

　　第三次是2010年4月，随清华校长和副校长率领的清华大型"百年校庆"访美团，在美国的哈佛大学、斯坦福大学、哥伦比亚大学、芝加哥大学、麻省理工大学、加州伯克利大学和联合国大学去作关于"马克思主义与中国传统哲学的现代化"的英文演讲和会谈。这是我人生当中最高层次的一次演讲，因为当时演讲和会谈的对象主要是老师和他们那里非常优秀的学者。在联合国大学作的那一次演讲，当时是联合国大学系统在它遍布全球的网上直播，来听的人主要是些外交官员，所以说那场演讲压力非常大，而且这次演讲又放在了快回国的时候。经过十多天的访问活动，那天已经非常疲倦了。

演讲的主题实际上还是"马克思主义与中国传统哲学的现代化"，但是当时为了适合那个系统的需要，就定题为"马克思主义在中国的政策制定中的作用"，应该说达到了预期的目标。讲演中，我始终坚持自己的观点，不妥协，不迎合，但是也要避免发生冲突。那天讲完，刚一关机，我的牙龈就鼓起一个大包。

经过这么多的考验，目前的我，不管在多重要的场面，都能保证为清华大学——更大一点说是能够为自己的国家增光了，不管是从英语水平上、还是从演讲的把握上，包括对内容的说服力上，我都比较有自信了。

（4）绝处逢生

在清华我又经历了两次死亡考验。从墨尔本大学回来的时候，我的学生参加了毕业论文答辩。我对学生的要求非常严格。对他们做的论文，一个是自己要给他们改，也让他们改，改了很多很多遍；所以他们答辩的效果比较好，更重要的是他们学到了真本事。他们答辩完以后，非常感谢我。有个学生知道我的家乡是云南，就托人空运了一大箱叫"见手青"的野蘑菇到北京，送给我作礼物。

遇到这个事情我感觉很难办，学生的礼物我要是不接受，学生也会很难受；接受的话，那么一大箱蘑菇，你要是把它扔了也很可惜；不扔，每年都有人因为吃这种蘑菇死掉，但这种蘑菇确实非常好吃，所以总有人冒死去吃这种蘑菇。我初中的时候曾经吃这种蘑菇中过毒，从此就不再吃了。

这个学生说：你上次中毒完全是因为炒得不好，可能是炒过火了，我给你炒肯定不会出问题。她还说：我给你炒完以后，你把它放到冰箱里冷冻起来，可以吃好多次。现在回想起来，这一劫迟早是躲不过的，你想那么一大箱蘑菇不断地吃，总有一天是要中毒的。当时我也有侥幸心理，觉得也许以前真的是炒得不好。后来那天下午，我们两个人就在家里用了一桶油，炒了一下午，总算把蘑菇炒完了。然后我们还试吃了，我吃了半盘子，她也试吃了一些。吃完以后，那天晚上我还是比较警惕的，第二天起来没事。我去上课的时候那个学生还过来看了我一下，哎哟，这老师还活着。她跟我说，你看吧，我就说我炒的没有问题，你今天回去可以放心大胆地吃了。

那天晚上上课回来，我就又吃了一大盘。第二天，我去学校开会，当时就已经有问题了，我就觉得整个人发软，老往地上倒。开完会以后，我走路的时候一下就坐到台阶上了。我记得当时还有一个老同学，问我你怎么了，我说可能是累了，根本没想到是蘑菇中毒。后来有一段我就不记得了，听我的同学说，我那天还请他吃饭了。

后来我就在学校里走，人总往后倒。走着走着就倒在一个学生身上了，他把我扶住了。如果是没有人扶的话，后脑勺就着地了。后来又走了一会儿，又倒在另一个学生身上了。第三次还是倒在一个学生身上……回到宿舍想睡会儿觉，一关灯，就看到这个屋里，什么山啊、水啊、月亮啊，都出现了。这时我才意识到是蘑菇中毒了。

我赶紧就往安贞医院跑，这人的生死有时也就是在一念之差。安贞医院是我比较熟悉的医院。出来打车的时候我就看到两边的树已经开始变成小人来抓我了。在打的路上我打电话给我老公，我说我吃蘑菇中毒了，现在正去安贞医院呢，你赶快到安贞医院。万一抢救来不及，反正我身上有的是病，你说我得什么病死了都可以，千万不能说我是吃野蘑菇中毒。当时我想，到时候记者发一报道，说清华大学某副教授因贪吃野蘑菇毙命，这不太好；另外是这个学生好心好意地来送蘑菇，万一知道我是吃蘑菇去世了，她会一辈子歉疚的。

到了医院门口，我看人已经分不出个儿来了，已经完全没有空间感，就是一个扁平的影像了。后来我回想起那段往事，我就想起康德所说的，人对外界事物看法还是依赖于我们的感觉器官的。我想小蚂蚁或其他动物，它们眼中的世界未必跟我们的世界一样。当时我看到的世界和我们正常人看到的世界就不一样。而且那种幻觉还非常真实，我想，以前人总说见到鬼了，可能就是吃了什么能产生幻觉的东西。

我老公看到我时，我已经辨不清方向了，他赶快带我到医生那里去。医生一看就说我的中枢神经中毒了，需要赶快打点滴抢救。打了一晚上的点滴。医生说如果抢救不及时的话，也可能就没命了。从那时候开始，我的记忆力受到了很大的影响。现在让我去说英语没有问题，再让我去做翻译，就做不了了。当然，也可能是老了的原因。这件事情让我感到人的生命真的是非常脆弱。那时候我就想，只要活着，就要争分夺秒地把自己的潜能全部发挥出来。

第二次死亡是怎么回事呢？2005 年的时候，我开始觉得腿特别疼，路都走不了。看病的时候一拍片子说是股骨头坏死。刚知道自己股骨头坏死的时候，心里特别地难受。当时就想，自己以后可能再也没有办法站在讲台上了。

当时我担任着三个班的马哲课的教学，因为走不了，只好请老师代课。在这个时候，我们的主管副院长打了个电话给我说：你好好养病，我已经想好了，要把你后半学期的课全部代下来！当时我真的很感动，拿着电话就哭了。我本以为领导会打电话来说：我很忙，你还让我代课。他确实特别忙，但他没说自己特别忙。从此我对他产生了非常大的信任感。

人一生当中可能会遇到很多让你感动的事情，它会影响你的人生。当时我瘸吧瘸吧地还能走，我坚持着把那个学期的课上完了。后来吃了一些中药，对这个病有缓解。到 2006 年 5 月的时候，我走路已经非常困难，只能坐着给学生上课了。

这时候就面临一个很大的问题了，就是要做手术。我是过敏体质，有的抗生素我是不能用的。再有一个我对麻药的耐受力是有问题的，到了一定的量我就承受不了。可在这个时候，腿部骨头已经变成齿轮状，人只能坐轮椅。怎么办？是冒险做手术，还是从此就坐在轮椅上，我的内心非常矛盾。做手术要冒死的危险，但内心又非常想活着。我想也许自己以后还能为国家作很大的贡献呢，但是到底自己会以什么样的方式来贡献，还不知道。此时和我第一次面临死亡的情况有所不同了。2006 年，我的几本书已经出版，我就觉得自己想要留在世界上的东西还是留下一些了，至于自己还能作什么样的贡献，当时并不是很明确。

最后，我决定接受手术，而且要两条腿一起做。按说，为了安全考虑，可以先做一条腿，休养一年，然后再做另一条腿。当时，我为什么想一起做呢？我感觉我丈夫、公公婆婆他们对我真是非常好，我不知道怎么来感谢他们，也不知道怎么来感谢我丈夫对我的爱。每次我觉得自己是他的麻烦和负担时，我提出离婚，他都不肯离。

当时我就想，我去闯，如果闯过来了，我既不会成为家庭的负担，又可以继续为社会作贡献。如果我闯不过去，我老公也才44岁，他调整一段时间，也许还可以再找一个夫人，还可以有自己的孩子，有一个完整的家，这样的话也没有太耽误他，我感觉会更好一些。

当时如果我丈夫、公婆和家人意识到我上手术台的这种危险性的话，肯定不会让我做手术，好在他们都觉得这是一个比较成熟的手术了，一般不会出什么问题。而且一开始要做麻药试验，如果过敏的话也能查出来。但我自己知道，做麻药试验，只能打一点儿麻药，看我过敏不过敏，它没有办法测试我对麻药的承受力到底有多大。我是带着一种去闯的心理，自己走上手术台的，那一刻感觉很幸福，就像一个战士为了他的信仰走上战场一样，一点儿都不恐惧。

记得第三天要上手术台之前我做了个心电图，我看自己的心电图做出来那种旋律，那曲线真美！当时我就想，毕达哥拉斯讲到过数的和谐，说大自然创造出来的数的和谐很美。当人处于一种不受干扰的自然状态的时候，显示出来的东西真的很美。当时如果我的心是处于一种焦虑状态，可能做出来的心电图就不会那么美了。

后来我意识到很多人可能觉得你要获得才能幸福，其实当人的心灵净化到一定程度，你从另外一个角度去审视人生的话，人在牺牲和奉献的时候，能体会到一种更深层次的幸福。上手术台之前，我写了遗嘱。我们家也没什么财产，只是说我这个身体以后怎么办？我想，虽然身体比较差，但有的器官毕竟还比较年轻，还是能够用的，我希望能把自己的身体捐掉，包括眼角膜也要捐掉。我老公当时没想到会出现这么严重的情况，还开玩笑说，就你那近视眼，人家换了你的眼睛，还得戴个眼镜，人家要换还不换一个好的。

为什么一定要把身体捐掉呢？因为我说过了，我是一个坚定的马克思主义者，是个无神论者，我不相信有灵魂的存在。人活着的时候，肉体也就是你的意识的载体；当人死去的时候，肉体已经完全属于大自然，和你这个人已经没有什么关系了。当然我也理解人们要去搞一个墓地，把自己埋在那儿的做法。这表现了人对生命的珍惜，还有就是活着的人也可以去纪念他们。在这些纪念活动当中，能够显现出人间的温暖，还有在这个过程中也可以进行尊重老人等道德方面的教育。

但就我个人来说，我认为可以不做这些事情。我去世以后不会留骨灰，如果身体还有什么可用的地方，就把它捐出去。就算这个肉体死后还属于我的话，我也不愿意把自己埋到坟墓里。我虽然已经是死人了，也不愿意和死人待在一起，还是希望自己身体的元素能够回到大自然当中，化作万物重新在宇宙中循环。

后来就上了手术台。这个手术比较大，有些人告诉我像我这种情况应该是全麻的，但我不知道为什么没有全麻。两条腿的手术时间大概一共用了6个小时。等到第二条腿缝针的时候，麻药劲儿已经没有了。当时我跟大夫说，我感觉到疼了。大夫说，麻药不能再打了，你的血压已经非常低了。再打就有生命危险。我说那还要多长时间啊，他说大概10分钟左右就完成了。后来的10分钟我就一直这么忍着，终于下了手术台。

下了手术台后，我听护士说，这个人太坚强了，我还问她，如果我不坚强怎么办呢？她说你不坚强你可以哭、可以叫啊！我说，我忘了哭了啊！为什么会忘了呢？因为生存的希望对我来说有把握的也就5%，所以，当他们告诉我再忍10分钟就可以活的时候，对我来说是一个很大的喜讯，这种求生的欲望帮我缓解了疼痛。后来我还想，我这个人也就是生活在和平时代，要是生活在江姐那个时代，把我送到渣滓洞，让我接受酷刑，只要有坚定的信仰，我也绝对不会投降。像我这个手术做这样的酷刑，是一般人都没有经受过的。你想，把那么大的钢管插到骨髓里边去，然后在没有麻药的情况下缝针，这种痛苦一般人难以想象。

我想到另外一点，我们经常说打人或折腾一个人，是杀鸡给猴看，可能是看的人想象的疼痛的程度比实际承受的人感觉疼痛的程度要大得多。为什么呢？因为肌体有一种自我保护能力，疼到一定程度就晕倒了。所以说，看的人会比实际经历酷刑的人感觉更恐怖。就是这次经历之后，我感觉自己成了一个很纯粹的人，我对现在的生存非常感恩。虽然生活中遇到了那么多的挫折、困难，但最后还是都走过来了。

好不容易活下来了，到底要用这条命来干什么呢？2008年，清华马克思主义学院成立了。当时我可以选择留在哲学系，也可以到马克思主义学院，我非常留恋哲学系，我是学哲学出身，在哲学系对于我个人来说，是一种非常高的荣誉，哲学系的领导和同事们对我也很好。尤其我又是学伦理学的，清华的伦理学发展得那么好，这个地方我是非常难舍的。

前面我讲到，我们人文学院的主管副院长到马克思主义学院来做我们的常务副院长，他曾经感动过我，我对他非常信任。还有呢，我们哲学系的两位老领导，从我到清华以来他们就一直帮助和培养我。后来我还认识了马克思主义学院的书记。他年轻有为，识才、爱才、护才，从细微之处和言谈之间，都能感觉到他在管理方面的精到之处。这些都使我到马克思主义学院来没有什么顾虑。

问题是到了马克思主义学院，我的专业怎么办？还有一个，是我要面对人们对于马克思主义学院的偏见。留在哲学系，可以继续研究伦理学。但是马克思主义哲学这门课，我上了这么多年已经非常喜欢它了，我现在最喜欢上的就是这门课。为什么呢？它对我来说非常有挑战性。因为学生一开始来的时候普遍不喜欢，你要通过你的教学慢慢地让他们喜欢。当他们有很大的收获，就会变得依依不舍。这种成就感，是在其他课堂上没有的。

再有就像我说的，这个时候我已经不仅是从人格上、学问上，而且从马克思的思想体系和共产主义理想上，都非常认同和信仰马克思主义了。这个时候，要让我放弃马哲课，我是舍不得的。当时还想着，到了马克思主义学院，我还可以做伦理学方面的研究，只是讲课讲马克思主义基本原理。当然我研究伦理学的角度已经马克思主义化了，但我的主要精力还是想集中在伦理学方面。

就这样我离开了哲学系到了马克思主义学院，有老师开玩笑说，我从人院到了马院。虽说是自己做出的选择，但走的时候还是非常难受，在家里哭了好长时间。到了马克思主义学院以后，在学院领导的倡导下，我作出了一个放弃伦理学专业的决定，找到了另一个学术归宿。我们都是从不同的院系、不同的专业到了马克思主义学院的，在马克思主义理论这个一级学科里，需要我们上主战场、打硬仗。

一开始自己还是有点舍不得放弃伦理学，后来我觉得，以前的伦理学尤其是自己做的国际政治伦理研究，在马克思主义学院来说属于比较边缘的研究方向了。再有呢，我觉得自己的伦理学研究已经达到了一定的高度，再往上走已经很难了。所以，我也很高兴有这么一个契机让我重新找到了要做的事情，我决定做《共产党宣言》和《资本论》的原版文本的解读。这就和我的特长联系起来了。我的英语学得比较好，对语言的兴趣非常大。所以到马克思主义学院以后，我开始准备自学几门语言，来解读《共产党宣言》和《资本论》。

2010年2月28日元宵节时我提出了倡立"共家学派"的设想；在清华大学2010年春季本科生素质课《追寻幸福：中国伦理史视角》的第一次课系统讲授了这个设想；2010年4月随清华顾秉林校长和袁驷副校长率领的清华大型"百年校庆"访美团，在美国的哈佛大学、斯坦福大学、哥伦比亚大学、芝加哥大学、麻省理工学院、加州伯克利大学、联合国大学作关于"马克思主义与中国传统哲学的现代化"的英文演讲和会谈时，就"共家学派"的倡立与美国学者进行了交流；在自己此后的学术交流和学术讲座过程中，关于"共家学派的倡立"的想法，得到了来自政界、学界和商界的不少有识之士的支持，特别是我义收的学生们的支持。

在清华园里有两种人，一种人是沾光者，一种人是争光者。我是作为清华的一个沾光者存在的。什么是沾光者呢？就是你对于这个园子来说是一个可有可无的人，有你多不了什么，没你少不了什么，你的位置是可以替代的，只是你得到了这个机会而已。有的人能够从沾光者变成争光者，而有的人则可能终身都是沾光者。我这个沾光者，永远也不可能成为争光者。本人自知天资很差，再加上醒悟过晚，身体也一直不好，不知什么时候生命就会完结，余生尽全部努力都不可能成为一个还算让自己满意的学者，当然就成不了清华的争光者，更不可能成为"共家学派"的创始人。

幸运的是，清华的大气、清华哲学系八年的培养、清华马克思主义学院领导集体营造的宽松的学术氛围、清华马克思主义学院前辈们的指点、清华马克思主义学院同事们的共同奋斗、清华马克思主义学院行政人员的悉心关顾、清华学生们的大力支持，都使得我敢于提出那么一个"天大"的梦想。如果说以后我对清华有什么贡献的话，就是在清华做了个自己无法实现的"梦"。我建议全民族的每个家庭，都从小就按共家学派大师的要求培养孩子。这样培养孩子，即便是失败了，他拥有的才能也足够让他对社会有很大的贡献了。

本人希望从现在开始，中国人都能从小就把自己的孩子作为"共家学派"大师来培养。这样我们才能真正具有实现共产主义的民间土壤，我们的国家才能够作为一个整体受到世界各民族的尊重，最后真正成为实现共产主义的领跑者。这样大的任务不是一个人、一个学术团体或一代人的努力就能完成的，需要整个民族一起努力，发扬愚公移山的精神，祖祖辈辈地努力，这样我们的民族才真正有希望最后实现共产主义，而不只是把共产主义作为一个抽象的符号。希望那时当人们提到共产主义，会有一种心灵上的敬仰，而不只是像有的人那样过嘴不过心地吐出的空话。希望家长们认识思考一下，自己的孩子有可能培养成这样的大师吗？如果有可能，那就启程吧。有了这样的目标，这些孩子们就不会再迷茫了。

现在的人，尤其是像韦老师这个年龄的人，想要去做一个创立者是不可能的，但从现在开始，我的人生目标已经非常明确了。后半生的人生，我还是希望自己在不糊涂的前提下，能够活得长一点，想要把《共产党宣言》和《资本论》用几门语言来解读清楚。现在对我来说学语言是一个非常大的挑战。即便是在学习语言上有点天赋，现在的记忆力也已经衰退得很厉害了，但我愿意这么去努力。前一段时间我已经能够用古希伯来语同声跟读《圣经》了，现在又忘得很干净了，好在我已经把我同声跟读的音录上载到了网上，这样可以帮助学生学习，自己复习起来也方便。

我觉得《共产党宣言》和《资本论》如果能以大众理解的方式解读出来，对于引导大众建立真实的共产主义信仰，肯定会有很大的作用。我对这一点是非常有信心的，所以，我现在就争分夺秒地做这件事情。另外，我也在尽量地努力把自己的学生培养成具有坚定的共产主义信仰的人，去追求崇高，上大舞台，追寻大幸福，为国家的崛起、为人类的幸福贡献自己的力量。最后，我相信我会带着幸福的微笑离开人世。

这就是我在讲这门课之前想要跟大家沟通的。第一点，韦老师现在已经是一个共产主义的真实信仰者；第二点，我的讲授是学术性非常强的，即便我讲到"共家学派"是支持中国特色社会主义的，但它并不是为某届政府来做注脚，它是想形成一种"共家学派"的文化，来作为全民族的文化，最后使中国真正能够在精神文明上崛起。希望我们的同学们都能站在一个追求崇高、为中国的崛起、为全人类的幸福而奋斗这个高度上来看待这门课，来看待马克思，来看待我们要讲授的原理。也希望同学们从现在开始就启程追求崇高，不要像韦老师这样，醒悟太晚，在过午时分，才成为一个追赶太阳的人。

下面是韦老师的自勉词，愿与各位同学共勉：

急景流年，但求以学术为本，以谦诚为道。谦能纳新，能达事，能容人。诚能入芝兰之室，闻先生之嘉训。不望文生义，求析薪破理，文约事丰。不追浮华缥缈之事，不做孤陋寡闻之人，不为兴傲衰馁之徒。为人以善为本，情不逾规，理不越轨，通权达变；为学纳人之识，持己之见，采百家之萃，入学派之流，不发无基之建言；行文不浮雕，不洋化，以简词巧搭配为美，任思想外溢；为业立乎其大，贵事不贵名，显功隐己，心视泰山小，行视沙粒大。形容婉约，风骨遒逸，可无言而言必真。终一生，格一物，通一理，足矣。

第二节　学习马克思主义有什么用？

【画外音】通过上面的讲授，学生会开始喜欢老师。人的生命是有限的。人不会把时间花在学习没有用的东西上。下一步就需要告诉同学们，学习这门课，对大家来说究竟有什么用。有一类课程是实用的，学完能使人有技能上的长进；而另一类课程是确立信仰的，可以通过确立人的正确的信仰而改变人的幸福指数。

这是一门确立共产主义信仰的课。我们要讲的所有内容都是为了说明什么是共产主义和共产主义的实现需要什么条件，以便使大家的人生能够有一个明确的奋斗目标。我们说共产主义即便是能够实现，也是要很多很多年后才能实现，与我们现在活着的人是没有关系的。既然如此，我们还有什么必要来学习它呢？

一　社会发展目标的设定

不仅个人需要信仰，一个社会、一个国家也是需要信仰的。国家的信仰就是国家确信向着什么方向发展能够使得社会安定、人民幸福。我们的社会发展需要一个目标，有了这个目标，我们才知道朝什么方向努力。如果一个社会没有目标，我们怎么来衡量这个社会是发展了还是退步了？包括像我们这个班上，我们到时候也会提出一个目标，因为有了这个目标我们才能衡量什么是优秀。讲共产主义社会是什么，就是要给我们的社会发展提供一种目标和衡量标准。设定不同的发展目标，得出的结论不同。如果中国把资本主义社会作为发展目标，那衡量标准就应该是发达的资本主义社会，而把社会主义作为发展目标，衡量标准就应该是发达的社会主义社会。因为社会主义是共产主义的初级阶段，因此必须知道共产主义是什么，才能衡量什么是发达的社会主义。

没有共产主义理想，就无法说明什么是发达的社会主义。没有社会主义，也就不能说明共产党执政的合理性。所以，有没有共产主义信仰是一个至关重要的政治问题，因此讲授共产主义信仰的马克思主义基本原理课才具有至关重要的政治意义，也才是大学生的必修课。有的学生把这门课称为洗脑课，也就是从政治意义上来说的。但本人不是从政治意义上而是从学术上确立了自己的共产主义信仰，所以虽然本课是门政治课，但我讲的是我从学术意义上理解的马克思主义，可以说是共家学派的第一本探索性学术著作。

二 领导力的培养

信仰课的最大特点是需要人学以致用。而当一个人有了共产主义信仰，通常会感觉个人的力量很有限，面对诸多的社会问题感觉很无奈。自己的人生是有限的，无法通过单个人的努力来实现共产主义；自己的能量是有限的，没有一批组织起来的公正无私的人，无法改变社会陋习。而要把公正无私的人团结起来改造社会，就需要有非凡领导才能的人。这门课不仅能够教给我们如何确立共产主义信仰，而且能够教给我们一种领导才能，让我们能够去为共产主义信仰而努力。大家想想，我们这个班上的二百多位同学，如果我们毕业以后，全都是单枪匹马，对社会能有多大的影响力？腐败为什么那么难以治理呢？就是腐败分子是一帮人在结党营私，你一个人怎么去治理他们？

所以说我们要有一种领导能力，要通过公正无私的领导凝聚和团结正义的力量。一个人一旦有了非凡的领导才能，就有了号召力。如果我们班的每个同学都能号召一百万人，那我们的力量该有多大？所谓的领导才能，就是看有多少人能够真正拥护你，也就是看你的号召力有多大。领导主要有这么几种：

一种是通过驱动人的自私的欲望，靠利益来驱动人的领导，这种领导是不会让人真正敬佩的，一旦无利可图，就不会有号召力了。而且这种领导通常不懂得公正无私地分配利益，因此会产生分配不公的矛盾。即使人民普遍受益了，仍然会骂领导。

一种是通过权力恩惠来驱动人的领导。这种领导喜欢重用乖的和能牺牲自己利益来维护领导利益的人，其中不乏强忍胸中怒火拍马屁的人。领导通常会给予特别的恩惠来报答他们。这种方式也会造成民愤，因为被重用的人的人品是有问题的。

一种是通过威胁来驱动人行为的。最没有本事的领导，职位越高脾气越大，因为发脾气能够给人以威胁感。即使你不想从领导那里获得好处，他会使你失去你现有的正常权利，会让你边缘化。这种人是属于人们天天盼着下台的领导。

一种领导是靠虚荣浮夸来维持自己职位的。自己没有真本事，就靠一些肉麻的吹捧和花架子来支撑自己的职位。

而真正好的领导，他本人是公正无私的，不以权谋私，他能够让人们建立一套公正无私的信仰，在此基础上建立公平地分配经济利益、公平地分配职位和名誉、公平地批评或表扬，这样的领导才能够真正让人们敬佩。而真正的马克思主义是能号召起人民的，以后我们将看这种理论的力量有多大。

我们平时学的那些具体的专业知识，给我们插上了一只有形的翅膀；我们这门课则会给大家插上一只隐形的翅膀，有了这两只翅膀，我们才能飞得起来。如果说天空中只有一只鸟在飞，就非常容易被打下来，可假如整个天空由你作为引航人，引领着一支铺天盖地飞翔着的队伍，那力量该有多大啊。那时你面对邪恶势力还会感觉很无奈吗？

三 心灵的进化

信仰有很多种。而要进化到有共产主义信仰这样的高度，我们必须要净化我们的灵魂。只有当我们的灵魂净化到不是以获得而是以付出为乐的时候，我们才可能真正感受到具有共产主义信仰这种崇高追求带来的深度幸福。马克思主义理论能够帮助我们把心灵进化到具有共产主义追求这样的层次。人的心灵在进化过程中，路是越走越虚的。我们来看看理论在一个人的心灵进化中会起到什么作用。如果每个人从头开始完全靠自己的经验来进行这种心灵进化，那进化的速度就非常慢了，因为每个人都要从原始社会开始走起，你想我们的生命才多长啊！没有一种好的人文课的帮助，我们很可能活到生命的尽头，还不知道崇高到底是什么。

好多东西我们感觉好虚啊！好像跟我们毫无关系，但为什么那么多伟大的人要去做这些我们看上去与己毫无关系的东西呢？其实是因为我们的心灵没有进化到那个高度，所以我们没有办法理解他们。有一个笑话说，父亲带着儿子去爬山，爬到山顶的时候，父亲说：你看，下面的景色多美啊！结果儿子说：下面的景色那么美，你在下面呆着不就可以了吗？其实，假如真的在下面，是看不到这些风景的。我们必须走到一定的高度，才能够发现更多更美的东西。

这门课能够帮助我们的心灵进化。我们通常是在学习两种知识：一种知识能把我们培养成一种高级的工具，拿出去很好用，在这个层面上的知识是为了谋生把自己当成工具来使用。另外还有一种知识，是直逼我们心灵的，人跟其他动物的最大差别就在于此。不同的人走到生命尽头的时候，心灵高度的差别是很大的。好多人度过了一生，但他作为一个人的特殊潜能并没有发挥出来。虽然长成人形，但他和其他动物过的是一样的生活。为什么会出现这种情况呢，就是有很多人没有机会来进行进化。

根据美国心理学家马斯洛提出需求层次表，人通常是从生理需要、安全需要、社会需要、尊重需要走向自我实现的。我们会发现它的基本特征是：越在下层跟经济利益的联系越密切。越往上走，人越能从心理上摆脱经济的束缚。这里说的人脱离经济束缚并不是完全抛弃经济，一个人完全抛弃经济是绝不可能生存的，但当他获得了一定的生存条件，再往上走的时候就越走越虚了。当然有的人不管财富有多少，他一辈子都在盲目地追求财富。这些人通常是因缺乏人文教育，心灵没有得到进化。人无法选择自己所处的社会，但是可以选择自己的生存方式。同样在一个社会中生存，人的处境是不一样的。总有一些人，他们比同时代的人思维要超前，成为社会发展的领路人。

你看那些伟大的人，他们走的路我们看上去是很空洞的。马克思17岁在他的作文里就说自己一生奋斗的目标就是为全人类的幸福作出贡献。

他说到了他生命结束的时候，高尚的人会面对他的骨灰洒下热泪。在我们一般人看来，他的目标多么空洞啊！这种崇高远大的目标只有在我们的心灵进化到一定层次的时候才能够理解。

其实我们都可以把它作为自己的奋斗目标，而且当我们有了这样的奋斗目标，我们的生命就与一种永恒的东西连在一起了，我们享受到的幸福，就是一种深层次的、属人的幸福了。如果每一个人的心灵都能进化到这种程度，那么我们就不再会有什么迷惘空虚了，更不会有什么抑郁了，当然这样的进化从总体上看只有到共产主义社会才能够完全实现。

我们每个人首先都要和经济打交道，因为我们首先要活下来才能做其他的事情，在生存条件还没有解决的时候不追求金钱那就真是空洞的了，不幸的是，很多人在金钱的欲望还没有满足的时候生命就已经结束，心灵的进化自然也就停止了，也就是说很多其他的价值根本还没有机会去尝试生命就完结了。

金钱追求到一定程度，人就会发现有金钱买不到的东西。以前我们会觉得权力好像是没有什么用的东西，后来才发现权力好像也有点儿用了。你看吕不韦，他以前是个大商人，后来为什么要去培养国君呢？就是因为他意识到了权力的重要性，觉得有的社会地位是他有再多的钱都无法得到的。

等到他进化到追求权力的时候呢，他又会发现，为什么同样拥有权力的人被认同的程度不一样呢？历史上那么多人当过总统，人们为什么会更认同那个总统而不认同这一个呢？这时候他就发现你光有权力、光有那个位置是不行的，还要有名望，那么这种名望又是从哪里来的呢？这就和一个人的道德、才能有关了。当然我们说的是实名，而不是徒有虚名。

等人再往上走的时候就会发现，其实对一个人来说，有时候别人认同的东西对于自己的幸福感是无效的。人忙忙碌碌一辈子追求的东西实际上是一种幸福。我们追求的一切最终都与我们的幸福感相关。但好多时候我们得到的金钱啊、权力啊、名望啊，这些东西根本给不了我们深层次的幸福。

真正深层次的幸福来自于一个人身上的所有潜能的发挥，这就是西方人所说的"自我实现"。为什么人要追求自己潜能的全部发挥呢？因为只有在那时候一个人才能够确认自己一方面为社会作出了很大贡献，另一方面因为感到人生无憾而得到了一种深层次的幸福。马克思就得到了这样的深度幸福。人生的最高境界是心灵美的境界，而心灵美是一种超越个人功利的境界，是当人把自己的心灵作为一种审美对象，能感受到自己的心灵纯洁无瑕的一种美好的感受。这种感受再伴随着一种思想如清泉般涌出的感受，那才是人生的至乐。我们可以通过学习马克思的人生经历，看看马克思是怎么一步一步走到这个层面的，它可以帮助我们实现心灵的进化和净化。

四　如何修身、平天下

人的心灵要进化到具有共产主义信仰的高度，还需要修身。我们通常不是出生在圣人家里，我们的环境中大多数人都不是圣人。我们通常出生和生活在一个庸俗的环境中。在我们还没有自己的自主意识的时候，我们就已经被环境庸俗化了。所以，我们要有一个圣洁的灵魂，需要我们有一个救赎自己的过程。从中国人的角度来说，我们的传统儒家文化追求的目标是什么呢？是"平天下、治国、齐家、修身"——知如何平天下，然后知如何治国；知如何治国，然后知如何齐家；知如何齐家，然后知如何修身。知如何修身，则能实现心灵的进化，从而得到深层次的人生幸福。

大家看我在这里为什么要把"平天下"放在前面呢？平天下、治国、齐家、修身，然后最终达到人生的幸福？我们是以什么标准来修身？你随便找一本书，随便找一个规矩能修成功吗？我们通过随意的修身方式，我们能够实现"内圣外王"的目标吗？什么样的人才能够做到"内圣外王"呢？你先要知道怎样平天下，你才知道怎么来修身。只有这样来修身，你修出来的和你所拥有的这些东西，才能够反过来外化成为一种"平天下"的能力。马克思的共产主义理论，就是教我们如何平天下的理论。它不仅教我们如何平现在的天下，还教我们如何平未来的天下。

总之，通过学习马克思主义，我们可以确立共产主义信仰和与这种信仰相配套的行为体系。我们会知道为什么中国要选择共产主义，从而知道为什么我们要坚持社会主义和共产党的领导。我们会知道为什么个人不能选择自己生活的社会形态，但是我们都可以让自己的心灵进化到追求崇高的高度。我们会知道怎么做一个好的领导，能够把公正无私的人团结起来改变社会弊病。我们会知道用一套什么样的理论来支持自己修身和平天下，为社会贡献出自己的最大潜能，使自己获得一种崇高而深度的幸福！

第三节 考核和公正无私课堂的建立

【画外音】通过上面的讲授，学生不仅开始喜欢老师，而且也想学这门课了。但是即使学生想学，这门课的推理部分也是非常枯燥的。要使学生一个学期的每堂课都能自始至终地专心听讲，就需要对课堂进行全方位的管理。本人设计出了课堂管理手册①，其中的主要特点是串写。那什么是串写呢？它怎么能够起到使学生专心听讲的作用呢？以下部分可以放在网络学堂请同学们自己阅读，不必占用课堂时间。

一 相对评分制

现在我们来讲我们的考核方式：咱们的评分制是一个相对评分制。什么意思呢？我们成绩的高低是通过比较而得来的。怎么比较呢？就是按排名来评分。助教是不参加评分的，大家的作业由我一个人来评判，主要是为了保证公平。我看作业的时候，会把我看过的第一份作业放在我手边，第二份作业如果比第一份好我就放在前面。第三份作业如果比第二份更好，我就放在最前面，比这一份差的就放在下面，最后的排序就是比较的结果。如果有缺勤、不交作业的情况，或者说作业的质量有严重问题，或者是有抄袭、作弊等问题，那你的排名就掉下去了，会掉到不及格。

二 公正无私的课堂

另外，老师按公正无私的观念来组织管理这个课堂，具体实施方法，请见课堂管理手册。我们要开展一项公正无私的课堂组织活动。下面我先讲一下我们为什么要开展这项活动。

在我们上人文课的时候，到底要学什么？我们学到的那些隐藏在人文

---

① 详见韦正翔、张正东主编《有清华学生这样学习马克思主义》，中国社会科学出版社2011年1月版。

学科里的东西其实就是一种价值观念、伦理体系和道德规范，而所有这些都是用来指导人的行为和调节各种各样的关系的，有的是用来调节同学之间的关系的，有的是用来调节家庭关系的。

那么公正无私这种道德是负责调节什么关系的呢？它教我们在社会当中怎么做人，是和我们的事业相配套的东西。有这种品质我们在社会融入中才能做得很好。我们有诸多的品德，而落实到社会融入中最根本的一条就是公正无私。

那么，如何来定义公正无私呢？我不想用很学术的话来定义，而是用我自己在人生中的体悟来定义它。我觉得公正无私包括两个方面：

第一个方面是对己的。对己怎么才能公正？就是自己不管对社会、对他人或朋友，凡是与其他人打交道的时候，只取与自己的贡献相配的那一份，不管它是荣誉也好，财富也好。我们所获取的，只能低于自己的贡献，而不能高于我们的贡献，也就是无功不受禄。高于我们的贡献的那个部分是虚的，属于贪的部分。一个人只有用自己的实力和贡献为依托来取得一种东西，他在社会上才不会侵犯别人的利益，这样的人才能获得大家的信任。贪的部分给人带来的是名誉上的败坏，或者遭到失利者的报复，而且会让自己感觉很可耻，从而感觉难受。自己要成为一个环境中的无公害的人，就要做到公正无私。

另一方面是怎样对待他人。在对待他人的时候，一定要保证别人得到与他的贡献相配的所得。如果你是一个领导，就一定要把他应该得到的东西分配给他。如果你是一个队员，在与别人竞争的时候，如果这份贡献是人家的，就一定要让给他。我们这里所说的无私，是说我们只能得和我们贡献相配的那部分；同时让别人也得到和他的贡献相配的那部分。如果一个人在社会上坚持这样做，在特殊的情况下再不惜做出自我牺牲，这样的人就是一个能带好队伍的人。每个人的能力差不多，为什么有的人能够当好的领袖，很多陌生的人都能被他感动呢？就是因为他有公正无私的品质。

有实力的人最希望以自己的实力来获得应得的部分。这个活动的意义是高于技能性的学习。我们现在所学的专业知识可能在以后会慢慢地老化，被新的东西所淘汰，或许有的专业以后根本用不着了，那么，以后真正凝结留存在我们身上的就是一些人文品质。我们在学习技能的过程中，可能养成了一种比较严谨的习惯，还有可能锻炼出一种意志力，这些东西沉淀下来，让我们不再只是一个高级的工具，还是一个高级的人。

一个人不管他的才能有多大，如果没有公正无私的品质，在社会融入时一定会出问题。我们到了一个单位以后，首先要做的是作为单位的一分子很好地融入这个团体，这就要靠你的公正无私。你以后要能很好地带领一个队伍，也同样要靠公正无私。

另外，有的同学可能说我到时候就出国了，又不在中国，干吗要接受这种训练？出国了也一样，你如果真的想在国外有很好的发展，同样也存在一个社会融入问题。一个公正的人到世界上任何地方都是有朋友的。做好这一点，到什么地方都会被大家热烈欢迎。如果这一点做不好，不管你的技能如何高超，所到之处都会被热烈欢送。老师希望大家要做一个被人热烈欢迎而不是热烈欢送的人。

再有，公正无私在我们将来的应聘中能起什么作用呢？我们去应聘的时候，你递交了证书、成绩单、个人简历……可为什么人家还要花时间来面试呢？一个风气好的单位，面试是看什么呢？不是看你的技能，而是看你在整个面试过程中能不能体现出包括公正无私在内的各种良好的道德品质。

我们写的东西是单向度的，它会掩盖一些东西；但面试就不一样了。要做假是比较难的，很容易露馅儿。为什么呢？人做假的时候容易不自然。心理学的一个研究成果显示，人的表情、神经、感觉之类的东西是不跟着自己编的谎言走的，也就是说人是很难自己欺骗自己的。你需要真有你说的东西，你的表情等神经系统才能配合，使你有相应的感觉。否则的话我们就没有必要去努力追求成功了，咱们想要什么，想怎么欺骗自己，相应的感觉马上就有了。人活也就是活个好的感觉。就像我本来想成为诺贝尔奖的获得者，却没有得到，我就欺骗自己，假装自己获奖了，但你的感觉不跟着你的假设走，只有你真获得了那个奖，你的感觉才会跟着走。人的感觉不跟着你的假设走，不受你的欺骗，所以说做假行为容易导致人的肌肉的僵直、表情的不自然。

再举一个例子，有的时候我们看到一个大人表现得跟小孩儿似的，咱们就会说那个人是在装嫩。大人的表情通常没有小孩子的表情好看，尤其是在电视上看到的那些大人。为什么大人的表情会变得越来越难看呢？其实那些大人经常不是在装嫩，而是在装老。其实好多大人非常认同自己人生中的某个阶段，他们的各种表现、各种向往的东西、各种幸福通常就会停留在那个阶段。为什么人长大了要装老呢？因为他受周围环境的限制。周围环境觉得你应该是什么样子，然后就得表现得像他应该是的那个样子，就会把内心的东西掩盖起来。你年龄大了，如果表现得还跟小孩子一样，大家会觉得你为老不尊，不稳当，难委以重任。

当老师的就更是这样。从小到大我们遇到的不管多小的老师，一般来说很少有老师能跟大家平等地说话。为什么呢？因为老师也有个自信问题。如果他没有足够的自信在学生面前树立权威，就只能靠他的表情来装大。当领导的，在不能靠自己的本事树立权威的时候，就爱用脸色或脾气来恐吓人。我们可以看到大人的面孔是很不一样的，在电视上和公共场合的表现和在家里的表现非常不一样，而且一个人的时候和很多人在一起时也非常不一样。装假会让人变得不自然，别人看着也很难受。大家看小孩子都是有人格魅力的，大家看着都高兴，为什么？他身上有种很纯真的东西。人越大越容易失去人格魅力，为什么呢？就因为他是在装，一装就不自然，一不自然表情就不好看。所以说我们平时就要养成一种公正无私的习惯，这不是临时装一下就可以的。

我们在做事情的时候，注意力都是集中在一个点上，但人的表现通常是全方位的。大家都说人啊不能翘尾巴，然后你就想着我不能翘尾巴，到我去应聘的时候一定要把那根尾巴藏起来，但问题在哪里呢？你不止有一根尾巴，你有好多根尾巴，你只注意到一根尾巴没翘着，其他好多根都翘着。为什么我们强调要养成一种品质呢？理由就在这里。要想不翘尾巴，最好的办法就是没有尾巴。

还有，同学们可能到二年级或三年级就要开始谈恋爱了。大家一定要珍惜谈恋爱的这段时间，而且谈恋爱的时间最好是稍微长一点，为什么？因为谈恋爱期间是最好的一个重塑自我的时候。当你喜欢上什么人的时候，最容易学会去关怀人。平时我们都独立惯了，尤其是现在独生子女比较多，父母多数时间里是以咱们为中心，你怎么能有一个契机来学会真正地去关怀别人呢？就是在咱们追求爱情的过程当中。这种追求最好不要只以一个人为中心，能够互追是最好的。在这个过程当中大家就能学会互相关怀。有了这种关怀以后再推广之，大家就知道怎么去关怀更多的人了。

在我讲这些的时候，有的同学可能还会有一种想法，别的人都在装，我就没有办法做一个真诚的人，我一真诚人家就不喜欢我了。为什么一个真诚的人会不被人喜欢呢？我们真诚的时候表现的完全是我们的心灵。什么样的人真诚以后才能让人喜欢呢？一定是他自己的心灵是洁净的。如果我们的心灵是块生锈的铁，你把它展示给谁看谁都讨厌。如果我们每个人都有一颗水晶心，你的真诚所透露出来的东西怎么会惹人讨厌呢？这一切都说明心灵以及行为方式的培养，能使我们每个人真诚舒服地活着，能够在社会上成为真正受大家欢迎的人。这就是我们开展这项活动的意义。

三 关于串写能力

在课堂管理手册中，老师还要教给大家一种串写能力，也就是每次课记下老师的两句课堂语录，最后把老师的 24 句话串写到一篇文章之中。抄一篇文章是抄袭，把 1000 篇文章的碎片抄到一篇小文章中，还能够做到不互相矛盾，这就是做研究。当年，青年黑格尔的成员之一，也是政治家的赫斯曾高度赞扬马克思的才能，他说道：设想一下，如果把卢梭、伏尔泰、巴赫、海涅、黑格尔结合为一个人，结果就是一个马克思博士。注意，他说的是结合而不是凑合，这种结合能力就是串写能力。如果马克思没有这种串写能力，他就写不出《资本论》。马克思的分解能力特别强，在大量阅读的基础上能够分解，分解完了还能再把他摘抄出的碎片整合起来，这种整合就是串写能力。

马克思原来不是学经济学的，按说恩格斯先接触了经济学，又在经济领域经营，《资本论》似乎由恩格斯来写更合适，但最后为什么是由马克思写成的？就是因为马克思有这种串写能力。我想把这种串写能力教给大家，其实这本质上是一种思维能力。

我看你串写的精彩程度，首先要看你记录下来的语录是不是精彩，不是随便记几句就可以的。其次，你不需要引证马克思主义的文献，但你写的东西不能与马克思主义的基本原理发生冲突。另外，要有深度。怎么来达到这个深度呢？如果句子选好了，课听好了，深度问题是可以解决的。

另外一个是要有幽默感。幽默感从哪儿来呢？有一种方法是与自己的专业结合，恰当地使用专业术语。举个例子，有一个世界冠军，因为是运动员，经常用世界纪录这个专业术语。有一天，他去看病，医生给他量体温，量完后告诉他40度。他脱口而出：世界纪录是多少？

我们通过做出好的作品来，可以把我们的才能标识化。为什么要把我们的才能标识化呢？你去应聘的时候，怎么才能证明你的才能呢？如果咱们有一个标识性的作品，就可以作为证明。你说你的英语好，但没有去标识化不行。如果你去考托福，哪怕你不出国，那个成绩也可以作为你英语方面的一个标识，这个标识能够快速地证明你在这方面的能力。咱们的作业，也是这样，你说你的理论论证能力强，串写的作业就可以作为一个标识。

从今天开始课堂讨论我不干预，大家完全自由。如果有同学提问，就由同学来回答，而且你也可以回答别人的问题，也可以提出新的问题。总的说是要乱起来，在乱中找寻真理。你自己有一个观点可能觉得很确信，但没有拿出来讨论过。当你拿出来的时候，如果有同学提出另外的看法，你虽然会坚持自己的观点，但你可以从中看到另外的东西，你就会去思考了。还有一个，我要在大家乱的过程中看到我们的思想问题到底出在什么地方。大家做串写，我来做串讲，我会把大家在课堂提出的问题都串到我以后的讲授中，这样我以后的课就有针对性了。

从我们小组展示的串写开始，大家就要向别人学习了。在我们看第1组、第2组是怎样做串写时，要看他们做得好不好，好在什么地方，他们是作为一个很具体的经验来让我们学习的。这是一种什么样的学习方式呢？严格地说任何一种经验都是无法推广的，它不像我们到超市去买衣服，买回来就能穿。

我们学习别人的经验，实际上是学什么呢？有点儿像你到超市去买了一块猪肉，这块猪肉怎么能变成人肉呢？那就要通过吃和消化，消化的过程就是分解的过程，分解完了以后再整合。如果我们没有胃，猪肉在我们身体里就不会变成人肉。一定要吃完了以后分解，分解了以后再整合，然后才能成为我们身体当中的一部分，所以说我们在学习的过程中是一定要分解后再整合的。

我们学习经验时一定要牢记，任何具体的经验都是不可模仿的。我们学习就是要把经验的东西加以分解，分解成元素后才能够学到东西。任何经验主义的错误都是因为它把很具体的经验拿去推广了。咱们好多同学爱看传记，看传记的时候就会不自觉地去模仿，喜欢谁就去模仿谁，模仿完了以后结果是不一样的。所以同学们不管是学马克思的经验、还是学别的同学的经验，都要去分解。马克思主义的体系，我们可以把它比作一个强大的消化系统。有了这个消化系统，我们就能把各种经验进行分解和整合。

　　咱们开始定下什么规矩，大家同意了，就要按规矩办。鼓励大家在课堂上发言，而且我们不要等到想好了再说，好多问题是想不好的，咱们想到哪儿就说到哪儿。之所以要讨论，就是咱们还没想清楚，拿出来老师就知道大家有些什么问题了，有的是老师帮你们解决，有的是需要你们来帮老师解决。通过大家的讨论也可以把老师的某些不准确的或错误的观念修正过来，咱们一同进步。

【画外音】到此为止，学生已经开始想学习了，而且不仅想学习课本，还想学习与本课程相关的课外读物。可以推荐一些书目给同学们。我通常推荐学生看《共产党宣言》和《资本论》。我会把这两本书的汉、英、德文版都放在网络学堂，供他们选读。还录制了《共产党宣言》的英文版录音，供学生学习。另外还选了一些西方哲学家的经典著作给他们看。下面就具体说明为什么要让他们读西方哲学家的著作。这个部分也可以放在网络学堂上进行，不占用课堂时间。

四　关于阅读书目

　　为什么讲马克思主义老师要推荐大家读一些西方哲学家的经典著作呢？因为马克思主义哲学是从西方哲学中发展出来的，好多观念，看上去是一个词，但马克思的理解和我们的理解是不一样的。不一样在什么地方呢？就因为它是西方哲学发展的产物。我还上过另外一门课，叫《追寻幸福：西方伦理史视角》。那门课主要是讲西方哲学是怎样一步一步地发展到了马克思主义的。如果同学们想看一些非主流的西方哲学经典著作，可以看尼采和叔本华的，这两个人在历史上起到过什么作用我以后会讲到；如果大家想要看主流的，就看柏拉图和亚里士多德的，这两位的东西稍微好懂一些；如果有同学想要看比较难点的，看看哲学到底难到什么程度，就去看康德和黑格尔的，康德的作品对我们来说是最难读懂的。

第一章

马克思之于中国的重要性

【画外音】到此为止，学生已经急着想学马克思主义了。让他们喜欢和敬佩马克思，更能让他们喜欢学习马克思主义。所以本课堂花了很大的精力来给他们讲狭义的马克思主义，即马克思和恩格斯是怎么一步步地确立起共产主义信仰和把他们的理论写出来的。实践证明，这样讲对学生们是非常有震撼力的。学生不仅在学马克思的理论，也在学马克思的品格。本部分讲授的资料依据主要来自〔德〕海因里希·格姆科夫等著的《马克思传》和《恩格斯传》，由人民出版社 2000 年 5 月出版，由易廷镇和侯焕良翻译。

我们从今天开始讲马克思和恩格斯的人生经历。说实话，第一次见到马克思和恩格斯这两个人的照片时我特别讨厌他们，因为我不喜欢留大胡子的人。我还想象，他俩吃饭的时候该多麻烦，有那么多的胡子挡着嘴。我对他们的第一印象并不好，那我怎么会喜欢上马克思，而且不仅是喜欢，甚至还很敬佩马克思了呢？这也有个转变的过程。我们先看马克思是一个什么样的人和将是一个什么人，他对我们到底有多大的意义？

第一节 中国为什么需要马克思？

一 中国崛起的精神领袖

马克思现在是我们的精神领袖，未来仍然会是中国崛起的精神领袖，而且以后会成为全世界人民的精神领袖。马克思作为一个德国人，对咱们来说是一个外国人；他又是一个犹太人，对咱们来说是一个少数民族；而且，他从来也没有来过中国，他有何德何能来做中国人的精神领袖呢？难道咱们的儒、道、佛、墨、法五个学派加起来还斗不过一个马克思吗？

为什么要选择马克思来做我们的精神领袖呢？通过我自己对马克思著作的学习，我发现中国共产党在历史上做了好几件伟大的事情，其中的一件事情就是选择了马克思，而且在全世界不少国家都抛弃马克思的时候还坚持马克思主义。当初苏联和东欧放弃马克思主义的时候，很多人想都没想就觉得这下子马克思要完了。其实我们转过来想，我们真该庆幸，当然不是幸灾乐祸了，因为苏联和东欧放弃马克思主义又不是咱们干的，但客观上说它们放弃了马克思主义，实际上给我们国家创造了一个非常难得的从精神上崛起的机遇。

同学们想想看，新中国建立初期为什么会犯急于求成的错误？为什么要搞"大跃进"？现在为什么总在讲伟大的复兴、总在讲我们的国家多么伟大？为什么会这样？这和中华民族的国民性有关系。中国在物质文明和精神文明方面都有过很辉煌的历史，我们中国人一直都为我们有过那样光辉的历史而引以为豪，但在近代被西方列强打得严重地伤了自尊。伤了自尊以后，整个民族在潜意识里都希望我们的民族能尽快崛起，恢复原来的历史地位。怎么才能尽快崛起呢？现在我们向西方学习，主要是学技能上的东西，中国的精神文明怎么才能够再一次引领世界潮流呢？

苏联给了我们一个难得的机遇。如果苏联不放弃马克思主义，那中国就没有这个机会，因为苏联比中国先接受马克思主义，而且中国的马克思主义也主要是从苏联学来的。如果说苏联依然在坚持马克思主义的话，中国在社会主义国家中就不是领头的，但苏联放弃马克思主义后，我们只要把社会主义搞成功，中国就独领风骚了，这种历史机遇恰恰符合了中国跨越式的发展需求。如果中国完全模仿发达的资本主义国家，那将永远只是个模仿者，怎么能够证明中华民族的伟大呢？

二　马克思主义对于西方和中国哲学的超越

中国的下一个思想热潮，一定会是马克思热。中国刚改革开放时的西方哲学热和现在的国学热都是虚热。为什么说是虚热呢？1978年后，出

现过西方哲学热。那时候学西方哲学很时髦，但是那个热热了半天，我这
个学哲学的人，当时也很时髦地买了商务印书馆翻译的那套书，说实在
的，还没真看懂。翻译出来的每个汉字都看懂了，但组织在一起说的是什
么不明白，所以说是虚热。你想我们搞专业的人都没怎么读懂，西方哲学
怎么能影响中国呢？

首先你得真懂了，才能对人产生影响。我们当时一看人家西方国家发
达程度，就归结为人家的哲学高明，然后我们连懂都没懂就把人家的哲学
奉为高级的东西。当然不是说西方哲学里没有好的东西，马克思主义哲学
也是从西方哲学中发展来的。我的意思是说当时的热潮是建立在一种很虚
的东西上的。后来等到中国干得稍微好一点了，这个时候就要找自己的标
识了，开始有了国学热，这也是一种虚热。

这种虚热的表现是什么呢？表现的是中国人慢慢地不再那么崇洋媚外
了，要找一种国民的尊严和标识了，一找就找到儒家那里去了。儒家真的
能肩负起现代意义上实现民族的精神文明复兴的重任吗？儒家铸就了中国
人的一种精神气质和高尚的品质，它的伦理思想和道德主张是非常好的，
但儒家在理论论证和全面性上是无法与马克思对垒的。

我们看一下我们读《论语》的方式。有人对《论语》崇拜到每一句话
都要去背，背完了一个字都不能改，因为那是老祖宗的话。大家想想看，
我们理解《论语》的时候，它只是一句一句的话，我们读它的时候知道这
句话为什么是对的吗？知道每一句话之间是什么关系吗？知道每一句话适
用的范围是什么吗？全都不知道。而这些东西恰恰是马克思那里有的。

三 共家学派的倡立

借用马克思主义，我们就能把儒、道、佛、墨、法都整合到一个体系
中来，从而以一种现代的方式来复活整个中国的传统文化。马克思主义的
高超之处在于它能够赋予中国传统文化一种统一的形式，而且把这些东西
全部激活以后能够使它们在全世界通行，马克思主义可以成为中国传统文
化的一种翻译器。当然，当我们用马克思主义来复活中国传统哲学的时
候，我们就应该把它叫"共家学派"了，因为是我们这么来解释的，不
能戴在马克思的头上，否则对马克思来说是不公平的。

还有一点，马克思主义本身是西方哲学发展的产物，其中又融合了西

方优秀的精神遗产。借用马克思主义实现中外融会和古今贯通之后，那么我们在精神方面引领世界的才能就有了。所以说马克思对中国来说，绝对不只是具有政治上的意义，他能帮助中国的精神文明在全球崛起，使我们有一种新的能够"平天下"的能力。

有的人觉得共产主义根本不能实现，为什么呢？就是因为有些关键的信息他们没有理解，对马克思的理论的误解妨碍了我们建立共产主义信仰，我们这门课解决的就是这个问题，就是要看看我们在哪些环节上出现了误解，使得我们没有办法相信它。

第二节　是什么让人变得伟大？

一　马克思17岁时的抱负

我们来看一下，这是马克思在17岁的时候写的，他说：

> 在选择职业时，我们应该遵循的主要指针是人类的幸福和我们自身的完美……如果我们选择了最能为人类而工作的职业，那么重担就不能把我们压倒，因为这是为大家做出的牺牲。那时我们所享受到的就不是可怜的、有限的、自私的乐趣，我们的幸福将属于千百万人，我们的事业将悄然无声地存在下去，但是它会永远发挥作用，而面对我们的骨灰高尚的人们将洒下热泪。

这是一个17岁的人写的东西，他真的用自己的一生做到了，做到了在他去世的时候高尚的人为他洒下了热泪。马克思一辈子就做了一件事，就是实现了他17岁时立下的伟大抱负。他用他的生命、用他的友谊、用他的爱情成就了自己的品格。马克思这个人的人格魅力太厉害了，本来你只是想把他作为一个有成就的人去研究，但是最后你不得不为他的爱情、友谊，为他的那种把生命完全融入自己事业中的那种精神所感动，以至于不得不去敬佩他。

二　清华精神是什么？

我们看，一个伟大的抱负在他17岁的时候就已经诞生了，同学们肯定要问了，他是怎么样变成那么一个伟大的人的呢？为什么我在 17 岁的时候就写不出那样的东西来呢？我怎么就没有那样的抱负呢？在这里我们要引入一位大师，他就是梁启超。我们知道，清华的校训"自强不息，厚德载物"源自梁启超的演讲。它教我们要学习天德，天因为总是在运行着，所以才使得它康健。我们在学业上就是要学习天的自强不息的精神，天天向上。它也教我们要学习地德，地因为甘居万物之下，所以能够成为万物之母。我们在品德上就是要学习"厚德载物"的谦虚精神，天天向下。他的《少年中国说》也表达了他的伟大抱负。

那么梁启超的精神又激励了谁呢？激励了毛泽东。在湖南师范学习的毛泽东、蔡和森他们这些人，为什么在那个地方会涌现出那么多杰出人物呢？这就跟校风和学校提倡的精神有关了。他们都受到过梁启超的《少年中国说》一文的激励。

在中国危难的时候，总是有一些杰出的伟人，来引领这个民族走向光明。如果这些优秀的人不立大志，很自私，他们有多高超的才能，也成不了人们敬仰的伟人。这些伟人的共同点是他们都有非常伟大的抱负。抱负与野心的区别在于，抱负是为人民谋利益，野心是为自己谋利益。那么，这种伟大的抱负是从哪里来的呢？

我们每个人的具体的社会意识都是由我们所处的具体的社会存在决定的。什么意思呢？我们每个人都生活在一定的社会关系之中。马克思在《关于费尔巴哈的提纲》中说：在其现实性上，人的本质是一切社会关系的总和。什么意思？就是说个人是受各种社会关系左右，是生活在一种社会关系当中的。我们人是不是也有动物性的一面呢？当然有，我们人还有物理性的特征、生物性的特征，但那些并不能决定人的本质。

决定人的本质的东西是人的社会性。我们每个人在成长的过程当中为什么需求会不一样呢？为什么每个时期他的幸福感会不一样呢？就因为他所处的社会关系是不同的。小的时候和长大以后所处的社会关系是不同的。人的社会需求来自于社会关系，所以好多社会需求在小时候是没有的，但等到你长大就有了。

在特殊环境中生存就会产生特殊的需求，还有与这种需求相应的社会意识，这时你所关注的东西就不一样了。在不同的社会群体中会产生不同的社会需要。如果说人类共同体已经形成，那么对于这个共同体来说，什么东西是最能够促进人类的生存和发展的，什么东西就具有最大的价值。

在国家这个共同体里，能够促进国家生存和发展的，就是国家赞许的价值观。你在一个单位，这个单位也有一个价值观体系，而判断这个单位的价值观体系的好坏还是看它是否能促进社会的发展。清华人的特殊的生活环境决定了清华人的特殊的存在方式。清华人要么比别的人更幸福，因为你们更有条件为国家作出更大的贡献；要么比别的人更痛苦，因为如果你们不作出与自己条件相对应的贡献，你们得承受更大的非议。

我们看过一个倒霉熊爬山的视频。小熊在爬的过程中不怕挫折，也不怕失败，最后终于爬到了山顶，结果山倒了。小熊爬山的本事是很厉害的，而且也具有勇往直前的品质，但是它爬错了山，爬上山本来是想享受幸福的，但最后山没有了。马克思爬的那座山，叫人类的幸福，人类在他就在。那是一座常青的山，所以说我们首先要选对山才去爬。下面我们就来看马克思和恩格斯是怎样立志和怎样实现自己的伟大抱负的。

第三节　马克思的人民情结

一　为什么他会钟爱自由和平等？

首先来说马克思。上中学之前的马克思是个什么样的人呢？马克思曾经是法国资本主义社会的崇拜者，这和他出生的地方有关系。马克思于1818年5月5日出生在德国莱茵省的特里尔市，这个地方曾经被法国占领过。虽然法国人撤走了，但法国在这个地方产生了很大的影响，使得这个地方的老百姓对法国资本主义很向往。如果马克思不是出生在这个地方，他受法国文化的影响就不会有这么大。他的父亲特别崇拜法国文化和法国的资本主义，马克思作为这个家庭的长子，他父亲非常喜欢他，他小的时候也非常认同他的父亲。

二　为什么他会同情人民？

人一般会向他认同的人学习。比如我们在家里，受爸爸的影响大、还是受妈妈的影响大呢？主要是看我们更认同爸爸还是更认同妈妈。如果我们认同妈妈多一些，那么妈妈的价值观就对我们的影响大一些。反之亦然。咱们的价值观的第一个版本，通常是你的爸爸或你的妈妈留给你的。马克思是犹太人，出自一个犹太的律师家族。在德国，犹太人是受歧视的。

犹太人在德国的遭际是马克思后来同情劳动人民的原因之一。还有一点，马克思家属于市民阶层，这在德国也是受歧视的。马克思家虽然不穷，但当时那个地方占统治地位的是容克地主。他们是有特权和有社会地位的。马克思家属于市民阶层，没有社会地位，而且还存在着市民阶层和容克地主之间的冲突。从以上分析我们可以看到马克思同情弱者的两个因素：一个是作为犹太人被歧视；另一个是作为市民阶层被歧视。

马克思最初不是一个共产主义者，他推崇的价值系统的第一个版本是法国资本主义社会。那么，他是怎么慢慢地变成一个共产主义者的呢？马克思是资产阶级的自由和平等的坚定支持者，一直到后来这个价值观也没有变，只是后来他认识到了资本主义是无法真正地实现自由和平等的，因此需要由共产主义社会来取而代之。

有一个人对马克思的影响甚至超过他的父亲，就是他未来的妻子燕妮的父亲，他未来的岳父路德维希·冯·威斯特华伦是当地的一个行政长官。他们家属于贵族。马克思和燕妮是青梅竹马，父母都是认识的。马克思在很小的时候就认识了他未来的岳父。

他未来的岳父有什么特点呢？一般的贵族对平民是非常鄙视的。可他未来的岳父家原本也是平民，后来是因为他的长辈有战功才成为贵族。因为有着平民情结使得这个人跟其他的行政长官不太一样。他不只在资本主义所倡导的自由、平等的层面上看问题，而且已经对社会主义非常感兴趣了。马克思从他未来的岳父那里第一次接触到了社会主义的思想，当时接触到的是圣西门的思想。

可当时马克思觉得社会主义虽然好，却是实现不了的空想，不过帮助他转变了看问题的视角，使他同情人民，这为他成为伟人打下了基础。我觉得康德在智能上、思想体系的严谨上与马克思是不相上下的，但康德为什么没有成为像马克思这样的伟人呢？因为康德没有能超越资产阶级的局限性。我们现在回过头去想一下，咱们看过的那些图片，咱们国家的那些弱势群体，有小孩子在捡剩饭吃、有老人躺在马路上。

在看这些图片的时候，我们会想什么呢？不同的人看到他们，想法是不一样的。有的人会同情他们，有的人则会很麻木，有的人则觉得他们很脏离他们远远的，希望永远不要跟他们来往。马克思当时看到这样的人的时候，是充满了同情的。马克思在上课的路上会路过贫民窟，每次路过都会看到一些贫苦的人们。他就在想，怎么才能够让这些人获得幸福呢？一个人只有站在人民的立场上看问题，才有可能成为伟人。马克思的这种同情人民的立场，使他走上了成为伟人的第一步。

三　怎么他会有为人类的幸福而奋斗的志向？

再一个对马克思影响比较大的人是他就读的中学校长。马克思非常聪明，他的各门功课都非常优秀，正因为他有非凡的智能，他父亲才对他寄予厚望。他父亲觉得马克思以后一定能继承他们家的传统，而且马克思他们家之前只出过大律师，还没有出过大法学家。他父亲觉得马克思很有天赋，所以不仅期望马克思能成为一位大律师，还期望马克思成为一位大法学家。

如果没有这个期望，马克思可能走不到哲学这条路上来。马克思的第一爱好并不是哲学，而是法学。他的目标是要成为一个法学家。他的中学校长是有点相当于我们国家的孔子味道的人物，是一个鼓励学生们为人类的幸福而奋斗的校长。因为有这样一个校长的鼓励，另外还有一些非常出色的科学家在他就读的那个中学，这就形成了一个氛围，使马克思有可能去追求一种很大的抱负，而不会被嘲笑。

我们可以想想，如果你在中学的时候，校长鼓励你们去开宝马车、穿名牌衣服，全校的风气都是这种样子，作为一个学生，你说你将来要为人类的幸福去奋斗，那你肯定得到的是嘲笑而不是鼓励。

四　为什么他是一个特级愤青？

马克思从小就特别调皮，直到晚年，也是一个很调皮的人。已经很大了，他还带一帮人在伦敦的街上打街灯，被警察追着跑。各种小坏事做了不少。他是一个非常有天赋的人，但他的家庭所处的社会阶层是受歧视的，那么，怎么来反抗这些歧视呢？就靠讽刺。马克思写出来的东西，非常有讽刺意味。如果按目前的愤青级别来衡量的话，他应该属于特级愤青。他具有非常高超的讽刺能力，对社会弊病批判的尖锐程度很少有人能企及。后来上大学的时候，他之所以出名很早，和他的这种特级愤青的尖锐讽刺也非常有关系。只是他后来不仅是一个旧社会的摧毁者，还是一个新社会的构建者。

第四节　马克思的本事是怎样炼成的?

一　组织能力的展现

中学时代的马克思做的最重要的一件事情，就是立了一个大的志向。如果没有点自信的话，哪敢立为人类的幸福而奋斗的志向啊! 在马克思立下这个志向的时候，他的父亲都觉得他有点儿狂。他父亲认为他虽然优秀，但还没有优秀到那个程度。到了上大学的时候，马克思跟他父亲已经慢慢地开始有分歧了，尽管父亲还是很疼爱他，他也非常喜欢父亲。

17 岁的时候，马克思进了波恩大学，读的是法律系。当时的波恩是个大学城，主要是以大学为主。你想一个以大学为主的地方，它最怕的是什么呢? 当时德国还处于封建社会之中，那时怕的不是共产主义思想，因为还没有多少人信，容克地主最害怕的是资产阶级思想的盛行。所以说，在这个大学城是严禁结社的。而马克思是个非常有魅力又非常有组织能力的人，非常喜欢组织人一起做事。当时不是别的不能弄吗? 马克思就弄了一个同乡会的主席当着。当时他比较郁闷，因为好多事情想做不能做。

二　串写能力的形成

在波恩大学，马克思一个学期就选了 9 门课。他父亲说: 你能行吗? 不要那么贪多。结果马克思选了 9 门课还轻轻松松地学好了，从那个时候起马克思就开始自学了。因为心情比较郁闷，他开始喝酒，有一次还因为醉酒而被学校关了禁闭室。他的朋友到禁闭室去看他，他又跟朋友在禁闭室里继续喝。他父亲一看这样下去不行，就让他转学了。

这个时期，马克思的一个学习习惯已经养成。在看书的时候摘、感、评是马克思最常做的事。他觉得好的东西就摘录下来;有感想就写下来;他还喜欢进行评论。马克思把好的东西摘出来，串起来，他的串写能力非常强。在波恩大学的时候，马克思常翘课，但他翘课干什么呢? 争分夺秒地读书，马克思曾把自己比喻成一个消化书本的机器。

三　想象力的开发

马克思转学到柏林大学的时候，还是在法学系。那一年，他 18 岁，也就是在这一年，他和燕妮私订了终身，燕妮比他大 4 岁。马克思到了柏林大学以后，不像在波恩大学时那样可以经常回家，那就看不了燕妮了，怎么办呢？他为燕妮写了厚厚的两大本诗，叫《爱之书》。马克思虽然很有天赋，但他在诗歌方面的天赋不是很突出。他写了两本诗集，没有一首是成名的诗。都留下来了，却不成名，这充分说明了马克思在诗歌方面的才能很一般。

马克思谈了一场轰轰烈烈的恋爱。燕妮是当地的贵族小姐，而且是特里尔市的舞会公主，非常漂亮，有很多贵族子弟追她，结果最后她选择了马克思。她为什么喜欢马克思呢？其实就是喜欢马克思的志向和才能。有这样的感情体验做基础，应该说马克思写诗的条件是非常好的，但他就是没能写出好诗来，可他却有本事指导别人写好诗。后来，他指导海涅写诗，结果海涅写出了《德国，一个冬天的童话》这样一首名垂德国历史的诗篇，海涅也承认马克思对他诗歌的影响。如果马克思选择一辈子做诗人，我相信他不会有那么大的成就。所以说，我们一定要选自己有天赋的那个方面去努力。需要说明的是，虽然马克思的诗歌天赋一般，但对诗的爱好培养了他的想象力。

四　学以致用的方法

柏林大学是哲学家云集的地方，黑格尔、叔本华都曾在这个地方任过教。黑格尔虽然当时已经去世，但他的很多弟子还在这里。在柏林大学，马克思依然爱翘课，他主要靠自学。在柏林大学，直到现在依然有这样的传统，它不管你的知识是从哪里来的，它不管学习过程，就看最后的学习结果，它设立了非常难的考试制度。马克思非常努力，变成一个不修边幅的人，一天到晚只顾读书。他妈妈曾写信批评他，要他整洁一些。

虽然柏林大学是哲学家云集的地方，但马克思刚到这里时，并没有想当哲学家，还是想做法学家。法学家跟律师最大的区别就是一个法学家要能够建构自己的体系，所以说马克思就开始建构他的体系了。在建构他的体系的时候，就发现问题了。就跟我们串写一样，现在我们是串写 24 句话，如果有 5 万句散着的句子让大家来串写的话，是不是就要有问题了？如果你要把这些句子整合、串写成一本不自相矛盾的书，你该怎么办？

五 严谨的推理能力的培养

马克思当时要串写，只有一个办法，就是找一个体系，但当时他找到的那些法学家的体系，他都觉得不够完备。他开始到哲学家那里去找思想体系。对马克思产生巨大影响的第一位哲学家是康德。他学习康德的方式和我们一般哲学系的同学学康德的方式不同，他学了他是要拿来用的。他把康德的体系学完了，根据康德的体系建构了一个法学体系，结果这个法学体系他自己都觉得站不住脚，于是他就把它全部推翻扔掉了。虽然把康德的体系扔掉了，但是马克思从康德那里学到了严谨的思维方式。

所以说，马克思写出来的东西也是相当难懂的。因此后来，我们很多人引证时多引用恩格斯的。同样是马克思的理论，恩格斯阐发得就比较清楚。但康德赋予了马克思一种很严谨的推理能力，这是他优于恩格斯的地方。马克思也不是随便就能让恩格斯与他合作的，恩格斯也要从内心服气才行。恩格斯在创建唯物史观的时候，开始时和马克思达到的高度差不多，但是到了写作《资本论》的时候，恩格斯就退下来了，让马克思主攻。

而且是马克思来写《资本论》，不是恩格斯来写，最关键的一点是因为康德的影响。虽然马克思扔掉了康德的体系，但留下了他的推理能力。这有点像我们同学做数学题。一道很难的数学题，在演算过程中，你可能把前提搞错了，结果也错了，但在演算过程中培养了你的论证能力。

第五节 马克思的理论何以能够在中国扎根？

一 辩证法——踏上中国领土的第一只脚

马克思推翻了自己的体系，还是需要一个哲学体系为基础来构建他的法学体系。怎么办呢？他又找到了黑格尔。黑格尔对马克思的主要影响是什么？黑格尔的理论体系比较完备。而黑格尔体系中最精彩的就是辩证法，辩证法被马克思拿出来了。大家要记住，马克思刚走到康德那里的时候，他还不具备在中国立足的可能，是什么让他迈出踏上中国领土的第一步的呢？就是他的辩证法。

为什么辩证法有这种能力呢？黑格尔在建构了辩证法体系以后，曾自豪得不得了。黑格尔曾经说过中国没有哲学，我估计黑格尔那时候肯定没有看过老子的《道德经》，他只看到了《论语》。《论语》中都是些经验性的东西的直接归纳，一小条一小条的，没有体系可言。而西方哲学的传统是不仅要提出观点，而且要对这个观点进行论证才算哲学。黑格尔在把辩证法弄出来以后很高兴，他认为那是自己的一个创新，以前西方的辩证法思想没有那么系统。我想如果黑格尔看到老子的《道德经》，肯定就自豪不起来了，因为中国的先秦时代老子就已经有了辩证法体系的整体思路了。

也正是因为黑格尔的辩证法被马克思吸收进他的思想体系中，使得我们中国人去读马克思理论的时候就有了相通的地方。中国人通常是用《道德经》去理解马克思的辩证法，所以从学术上来说，在马克思吸收了黑格尔辩证法的时候，他的一只脚就踏上了中国的土地。

为什么黑格尔踏不上马克思就能踏上了呢？因为在黑格尔的体系当中，有的东西是中国人难以接受的，他还没有把基督教完全去掉。虽然中国也有宗教，但和西方的基督教是很不一样的。而且从中国的哲学学术的发展总体情况来看，中国有着明显的无神论传统。

在马克思 20 岁的时候，他的父亲去世了。他在 21 岁的时候开始写博士论文，23 岁获得了耶拿大学的博士学位，主题是关于德谟克利特和伊壁鸠鲁的自然哲学的区别，主要研究的是关于自由和必然的问题。这个时候马克思依然是法国资本主义的支持者，他的论文选题虽然看上去那么古远，实际上他是要来论证资本主义社会推崇的自由。这里又出现了一个问题，马克思那么聪明的一个人，为什么他在柏林大学读书，博士论文没有送到柏林大学去通过，而是拿到了耶拿大学去评审呢？

评价一篇论文好不好主要有两个方面：首先是他的观点是不是被认同；另一个是他的论证是不是严密。马克思的论证能力是非常厉害的，但在柏林大学，他的好多观点是不被认同的，这样就难以通过。所以马克思的博士学位是在耶拿大学拿的。那时，马克思已经成了一个青年黑格尔者。那个时候的马克思并没有自己独立的思想体系，但是在学康德、黑格尔的过程当中，他对哲学的兴趣已经远远超过了对法学的兴趣，马克思就这样从法学转到哲学上来了。当他父亲知道他有这种倾向的时候，很不高兴。他父亲去世后，他妈妈对他的选择很气愤，觉得他是长子，不去挣钱养家糊口，维持家里的中产阶级地位，那么聪明的一个人去学了哲学；在西方，要想变穷的话，就去学哲学；学习人文学科的人，主要是些衣食无忧的人。比较贫穷的家庭，主要要解决生计问题，所以通常选的是毕业后能挣比较多的钱的学科。

那么这个时期和马克思后来写书、创立唯物史观相关的事件是什么呢？当时他和青年黑格尔派的鲍威尔兄弟是好朋友，马克思第一次见恩格斯时对他比较冷淡，与这两个人有关系。当时马克思在以青年黑格尔派为主体的博士俱乐部里还是个学生，其中大部分人是老师，但马克思在那里面非常有名，因为他的风格独特，那就是：敏锐和尖刻。马克思是个非常勇敢的人，从不隐瞒自己的观点。他的这种风格和他思想的敏锐性在这里得到了充分地表现。马克思在写博士论文的时候就已经很有名了，当时的恩格斯还是一个没有名气的人。

二　无神论——踏上中国领土的第二只脚

马克思 23 岁博士毕业，当时本来想去波恩大学当哲学老师。凭马克思的思辨能力做大律师一点儿问题都没有，但他就想当哲学老师。结果马克思在波恩大学求职没有成功，他没有成功不是因为他的才能不够，而是因为他的观点太偏激。

马克思在波恩的时候，读了一部费尔巴哈的著作，叫《宗教的本质》。如果马克思还继续是一个基督教徒的话，即使有辩证法思想他也不会成为中国的精神领袖。为什么呢？因为基督教文化和中国传统文化的差异太大了，让少数中国人接受基督教还比较容易，但如果要把中国的主流文化变成基督教文化那是比较难的。

看完《宗教的本质》以后，马克思成了一个无神论者。中国的儒家还有道家思想从学术形态上来说都是偏无神论的。虽然说我们有道教、儒教、佛教，但是儒、道、佛作为一种哲学形态的影响比作为宗教的影响要大。在儒、道、佛作为一种哲学形态的情况下，它们更接近无神论，所以当马克思变成无神论者的时候，他的第二只脚就踏上了中国的土地。

后来有人认为马克思的哲学要么是黑格尔的，要么是费尔巴哈的，没有他自己的东西，这也是促使马克思来写自己的著作尤其是《德意志意识形态》这本书的动机之一。1842 年，24 岁的马克思就在科伦担任了《莱茵报》的主编。他在那里做了三件事，这三件事情对他后来的影响都是非常大的。第一件事，他写了一篇关于书报检查令方面的文章。当时的马克思是个极端的愤青，一个赞成绝对自由的人。在这篇文章里他把他的博士论文里所讲的自由推到了极端。

第六节　马克思这个共产主义者的诞生

一　关注经济问题

另外一件事情是，他写了一篇关于林木盗窃法的文章，是为农民辩护的，这篇文章为马克思创立唯物史观提供了一个元素。马克思以前是不怎么研究经济问题的，而且他之前的哲学家都很少关注经济问题，因为他们认为经济问题很低俗，而哲学是一门很高雅的学问。马克思恰恰是在这个地方接触到了经济利益方面的问题，他发现法律当中的好多东西实际上都是在维护某个阶层或某个阶级利益的，使得马克思开始对经济问题产生了兴趣。大家一定要注意，马克思在这个问题上的认识是比恩格斯稍稍落后一些，但后来为什么是马克思成了唯物史观和剩余价值论的主创者，而不是恩格斯呢？

第三件事情对马克思的思想转变也产生了很大的影响，就是在他办这份报纸的时候有人来批驳他，说这份报纸是一份共产主义的报纸，而马克思当时还不是共产主义者。前面我们讲过，小时候马克思受到过他未来岳父的影响，接触过圣西门的社会主义思想，但他当时觉得那是一种空想。在《莱茵报》被人家说成是一份共产主义的报纸的时候，他就要辩驳，说自己不是共产主义者。这时候他去读了一些空想社会主义的作品。这是马克思第一次系统地接触空想社会主义的作品。虽然当时他接触了，为他以后的思想转变潜在地产生了作用，但这时的马克思还不是一个共产主义者，而是一个激进的资产阶级民主主义者。

这个时候，恩格斯就出现在马克思的生活中了。恩格斯的出现并不是因为马克思缺钱了，因为他要来资助马克思，他们从此就变成了终身的合作伙伴，马克思是个心高气傲的人，一般人他是看不上的。而且马克思是个很有自尊的人，他是不会简简单单地去接受他人援助的。他全家人都要靠人家的援助来生活，对马克思来说，如果没有特别的信任和忘我的牺牲精神，是不可能做到这一点的。

二　志同道合的合作伙伴

那么，恩格斯是怎么获得马克思信任的呢？恩格斯最初也是一个资本主义社会的崇拜者。恩格斯 1820 年 11 月 28 日诞生于德国莱茵省的巴门市，和马克思是同乡，但出身于典型的资本家家庭。那恩格斯怎么会变成一个共产主义者呢？这也和他的志向是有关系的。恩格斯开始想当诗人，他就看了很多文学作品，结果当时的文学作品主要是一些启蒙思想家写的，这些启蒙思想家一般都是同情人民的。在这期间，恩格斯产生了一种要做杰出的人、伟大的人这种动机。

一个人当他真的要想去做一个伟人的时候，他的精神生命就诞生了。精神生命比肉体生命要珍贵得多，凡活着的人都有肉体生命，但不一定有精神生命。恩格斯在看这些文学作品学习写诗的过程中，开始同情人民。恩格斯在看待资本家和工人之间的关系的时候，他开始站到工人的立场上看问题。同一件事，立场不一样，看法就不一样。另外，在这些文学作品中，也有一种反基督教的倾向。这种倾向也对他有很大的影响。不过他的家庭是非常虔诚的基督教家庭，反基督教的思想被看成是叛经逆道的，所以恩格斯在质疑基督教的时候是非常痛苦的。虽然恩格斯的家庭非常富足，可他在精神上是很痛苦的。

恩格斯是个非常聪明的人，他们家并不是没有条件供他上大学，但他父亲很早就逼他去学习经商。后来恩格斯成了一个资本家，做得很好，但他经商的目的是服务于实现马克思和他的伟大抱负的，因为他要生存，马克思的全家也要生存，恩格斯才被迫做了好多年的商业。

恩格斯长得比马克思帅多了。我原来说过不喜欢他们俩的大胡子，有同学说这是犹太人的习惯，但恩格斯他们家不是犹太人，他怎么也有把大胡子？我就不知道了。他家里有钱，人又长得很帅，那时的上流社会里的人玩的东西（游泳、射剑、骑马）他都玩得很好，马克思没失恋过，恩格斯却是一个失过恋的人。为什么会失恋呢？他要找的那个人要认同他身上的很核心的价值观才可能走到一起。谈恋爱其实就是在谈价值观，两个人价值观一致，就能谈得来。

恩格斯曾结过一次婚。他结婚前一直跟英国爱尔兰的一个女工同居。我想，恩格斯不结婚也是为了保护那个女孩子。当时社会上的等级观念非常严重，恩格斯他们家不可能接受一个女工。如果两个人结婚的话，还要对付恩格斯家的所有亲戚，这只能给那个女工带来很大的痛苦，所以说恩格斯当时只是与那个女工单住在一套房子里，直到这个女工去世，他们都只是同居关系。

恩格斯对她是非常认真的，虽然只是同居关系，但完全和婚姻关系是一样的，只是没有结婚证而已。当时马克思对恩格斯的爱情判断有点失误，他没有意识到这个关系对恩格斯有多重要。这女工去世的时候恩格斯是非常伤心的，他写信给马克思告知这件事的时候，因为马克思慰问的程度不够，他们俩还因此闹了一次别扭。后来那位女工的妹妹一直照顾他，过了一段时间他们同居了。这个妹妹在去世前要求跟他结婚，当时她病得非常严重，恩格斯为了满足她的心愿跟她结了婚，但是刚结完婚，她就在恩格斯的怀里去世了。

恩格斯中学还没毕业就被迫去经商了，属于没有大学文凭的人，在当时那个社会中同样也会有一种人家觉得他谈哲学不够格的感觉。所以恩格斯这个人其实是很可怜的。你想他有那么大的抱负，被逼迫着去经商。后来他去柏林服了一年兵役，在那一年里，他跑到柏林大学去当旁听生，旁听的时候穿着一身军官服。大家可以想象一下，在咱们这个教室里，有一个穿着笔挺军官服的人坐在这里听课，是不是很有意思？马克思在柏林大学老翘课，恩格斯没机会上大学却跑到柏林大学来听课。恩格斯的最大的问题是他的哲学启蒙者不是康德，这一点太重要了，所以后来恩格斯的学问到了一定程度就深入不下去了。

恩格斯的特点是什么呢？他的语言能力特别强，文笔比马克思要简洁、明快，而且写东西比马克思快。但马克思的数学能力比他强，推理能力比他强。在柏林大学的时候，马克思在博士俱乐部跟鲍威尔兄弟是好朋友，恩格斯跟鲍威尔兄弟也是好朋友，这是他们刚见面时产生误会的根源。恩格斯不仅跟鲍威尔兄弟是好朋友，而且还和鲍威尔兄弟之一合写了一首诗赞美马克思，说马克思的思维很敏捷。恩格斯是在 1841 年读了费尔巴哈的《宗教的本质》这本书后接受了无神论。

恩格斯和马克思的思想在此时已经非常接近了，恩格斯也接受了黑格尔的辩证法和费尔巴哈的无神论，这是他们的思想比较一致的基础。1842年10月，恩格斯到科伦去见马克思，没有见到。同年11月下旬，恩格斯要到英国曼彻斯特的"欧门—恩格斯"纺织公司去当办事员，这是他父亲合伙投资的公司，途中再次去见马克思，这次见到了。但是第一次见恩格斯时，马克思对他的态度相当冷淡。为什么冷淡？马克思到《莱茵报》工作以后，和鲍威尔兄弟的关系越来越疏远，因为他们的思想观念越来越相左了。他觉得恩格斯跟鲍威尔兄弟是一伙的，所以就比较冷淡。但是马克思答应了恩格斯给《莱茵报》写通讯稿，这一点非常关键，让他们之间有了进一步了解的可能。

恩格斯离开马克思以后，去了英国。为什么我要说这时是恩格斯的思想走在前面了呢？因为恩格斯和马克思当时都是资本主义的崇拜者，但恩格斯一到英国以后，对资本主义的希望就破灭了。英国当时已经是一个比较发达的资本主义社会了，但那里工人的生活状况，社会的两极分化，资本家的虚伪，诸如此类的东西都让恩格斯感到非常失望。他发现在英国对于人民来说，自由和平等只是一句空话。

这个时候恩格斯就开始想了，造成这种状况的原因到底是什么呢？如果一个社会中只是少部分人变成这个样子，你同情这些人，可以去做慈善。但是当一个社会中的大多数人都处于贫困状态的时候，那就是制度问题了。而且这种状况是在不断地生产着的，一端是在生产着巨大的财富，另一端是在生产着巨大的贫困。在这种情况下，恩格斯对资本主义制度就开始失望了，那就需要用一个更好的社会制度来替代它。到底什么是更好的社会制度呢？

这个时候，恩格斯才开始认真地去读空想社会主义的作品。在读的过程中，他在空想社会主义的作品中已经发现了是私有制在不断地造成贫富分化。那么私有制到底是怎么产生这种贫富分化的呢？恩格斯因此对政治经济学产生了兴趣。所以，大家要记住，恩格斯不是为了经商去学政治经济学，他是要来解决社会问题，是想建构一个新的社会才开始看大卫·李嘉图和亚当·斯密等人的政治经济学著作的。

恩格斯已经在想要怎么来建构一个新的社会的时候，马克思还没有走到这一步。问题是恩格再继续深入就遇到困难了。按说恩格斯的写作条件上比马克思要好。设想一下，如果恩格斯能独立地论证唯物史观和剩余价值论，就不用牺牲马克思一家了。恩格斯反正只是一个人，而且也没有经济上的困难。但让马克思来做这件事，马克思因此做出了多大的牺牲啊！他的家庭长期处于贫困之中，而且因为贫困，马克思的健康状况恶化，他的 6 个孩子中有 3 个因病死掉，他的夫人燕妮最后得了癌症。

三 大无畏的牺牲精神

如果恩格斯能独立地做这件事情，何必要马克思来做呢？马克思为什么伟大呢？他并不是不想要自己的家庭幸福啊，他心疼妻子、心疼孩子，他的每个孩子去世时马克思都哭得撕心裂肺。但就是在这样的情况下，马克思牺牲了小我保住了大我，而且他的妻子燕妮就是在他们家到了最危险、最困苦的时候，都一直在支持他。他的三个女儿也一直都支持他，给他做秘书。他们全家人都是这么牺牲自我来做这件事的。恩格斯在这段时间写出了一篇文章，这篇文章奠定了他和马克思合作的基础。这就是《政治经济学批判大纲》。

四 永久的爱恋

1842 年恩格斯就已经开始做这件事了，1843 年马克思退出了《莱茵报》，1843 年 6 月开始流亡。他是在流亡之前跟燕妮结婚，燕妮等了他 7 年。结婚时，马克思 25 岁，燕妮 29 岁。燕妮的哥哥这时候已经走上仕途了，后来做了普鲁士的高官。如果燕妮是为了享福，她肯定不会嫁给马克思，而且马克思如果没有这么伟大的理想，燕妮也不会一辈子心甘情愿地跟他过苦日子。马克思在跟燕妮结婚的时候，普鲁士政府曾想收买马克思，因为马克思的思想太尖锐了，但被马克思拒绝了。他开始写《〈黑格尔法哲学批判〉导言》。他写这篇文章时，就把他在写关于林木盗窃法的文章时遇到的经济问题拿过来了，他要从经济层面上解构黑格尔的法哲学。在《政治经济学批判大纲》和马克思的《〈黑格尔法哲学批判〉导言》中已经有唯物史观的萌芽了。

五 对资本主义的失望

1843 年 10 月，马克思到了巴黎。他本来是想和卢格一起出版《德法年鉴》的，卢格当时也答应他，要资助这份杂志。当时的马克思对资本主义还没有真正理解透。他以为自己想要的自由在德国没有而在法国是有的，因为法国已经是一个相当完备的资本主义国家了。

马克思没有想到他在经济上会遇到困难，因为当时卢格说好可以资助这份杂志。马克思办《莱茵报》的时候销量很高。如果是自由地让马克思来办杂志的话，他是不会有经济困难的。他的全家不仅不会贫困而且还会生活得比较好。恩格斯的《政治经济学批判大纲》和马克思的《〈黑格尔法哲学批判〉导言》都在《德法年鉴》上发表了。

跟恩格斯一样，马克思到法国后，看到资本主义社会和他想象得很不一样。在法国，马克思发现他要拯救的人民依然生活在水深火热之中，而且不是个别现象，不是可以通过慈善能解决的，所以他也意识到资本主义制度是有问题的，马克思对资本主义也失望了。此时，他开始系统地研究经济问题，开始写着手写《1844 年经济学—哲学手稿》，其中谈到了劳动异化问题。

六　无产阶级的历史任务

1844 年 6 月，德国发生了西里西亚纺织工人起义。在表态的时候，马克思完全站在工人阶级的立场上，而且他从中看到了工人阶级的力量，意识到工人作为单个的人是微不足道的，但工人阶级一旦联合起来，其力量是足以推翻现有制度的。马克思当时就觉得哲学只停留在理论上是无力的，他需要的是掌握这些理论后能拿起这个理论武器推翻这个制度的人。马克思就找了工人阶级，他认为工人阶级能承担起这个历史任务。为什么呢？他觉得当时的德国资产阶级害怕自己的利益受损，他们的革命是不能彻底的。无产阶级有什么作用呢？无产阶级自由到只剩下脚上的锁链了，他们在革命中失去的也只是锁链。除了生活用品外，他们没有私有财产可以失去。他觉得这些人联合起来是一股了不起的力量，而且他们一直从事大生产劳动，具有前所未有的组织性，这种组织性使他们产生了一些新的品质。

七　与过去决裂

这个时候，卢格和鲍威尔兄弟都反对和贬斥工人阶级，马克思就跟卢格和鲍威尔兄弟彻底公开决裂了。这一决裂马克思的财路就断了，从此陷入了经济困境。如果说马克思是一个投机的人，完全为自己着想的话，他是可以不跟这些人决裂的，但马克思在理想上的追求是毫不妥协的。马克思写了《神圣家族》这本书，一方面赞扬人民群众的力量，一方面表示跟鲍威尔兄弟坚决而公开的决裂。

就在马克思写《神圣家族》的时候，1844年8月28日，恩格斯来到了巴黎。这次马克思对他的态度很不一样了，为什么呢？因为看了恩格斯写的《政治经济学批判大纲》，马克思觉得这个人还蛮有水平，而且他们的价值观是相同的。马克思对人没有偏见，他主要是看一个人的真才实学和立场及价值观。当时鲍尔威兄弟在学术背景上超过恩格斯很多，马克思依然看不上，对恩格斯这个连中学没有毕业的人，马克思却很看得起。

恩格斯从英国回德国，途中在巴黎见到了马克思，呆了十多天。恩格斯参写了《神圣家族》的一小部分，这是马克思和恩格斯合写的第一本著作。我是怎么来看他们的这次合作呢？我个人推想，《神圣家族》之所以要合作，应该不是马克思提出来的，因为马克思完全没有必要让恩格斯来写这一小部分，我觉得是恩格斯主动要求来写这个部分的，为什么呢？

《神圣家族》这本书是用来讽刺鲍威尔兄弟的，马克思要表明他跟鲍威尔兄弟的决裂。我推想，恩格斯参写《神圣家族》的主要目的是为了公开表示自己也要与鲍威尔兄弟决裂。这之后马克思跟恩格斯的真正合作就开始了，那时候恩格斯还没有经济能力来资助马克思。有的人以为恩格斯就是一个赞助者，马克思接受了他的赞助，所以他们就合作了。其实，不是这样的。恩格斯家虽然有钱，但他本身是拿不到多少钱的，也就是有点生活费，还资助不了马克思。

八　组建共产党的必要性

跟卢格决裂后，马克思家的生活状况开始出现危机。他的大女儿在巴黎出生。马克思这时主要接受哪些人的资助呢？主要是"正义者同盟"的一些工人。后来，"正义者同盟"在马克思和恩格斯的帮助下改造成了"共产主义者同盟"。马克思觉得这些工人阶级中的单个的人是没有多大力量的，必须要通过政党联合起来，才能形成一种改变社会的力量。从这个时候起，马克思已经不是一个单纯的理论家，而是一个政治家了。他的所有的理论都是为他的政治理想服务的。

九 全世界无产者联合起来

1845 年，马克思被驱逐出巴黎。在驱逐的时候警方跟他说，你只要不再反普鲁士，就可以留下。马克思的回答是："我马上动身。"当时他已经穷到什么程度呢？被驱逐的时候身上已经没有钱带全家走了。他是只身和另外一个人坐着邮车从巴黎被驱逐出去的，当时他的妻子和大女儿都留在了巴黎，后来才离开的。就在这样的处境下，在被驱逐的时候，马克思还在邮车上唱歌。就这样马克思到了比利时。

恩格斯离开巴黎以后，回到了德国。在德国，他写出了《英国工人阶级状况》一书。这本书主要是描述性的，他把英国工人阶级的处境、状况都写出来了，但是他没有总结出唯物史观。如果恩格斯能独自创立唯物史观，在这本书中就应该能创立出来。写完这本书，恩格斯就迁居到了比利时，因为当时马克思在那里。在跟马克思合作后，恩格斯跟自己的父母闹了很大的矛盾，他的父母认为马克思是恩格斯一生当中遇到的罪魁祸首，毁了他们儿子的前程。恩格斯却认为他遇到马克思是一生的幸运，如果没有马克思，他会过得很郁闷。可见，人的价值观冲突有多大啊！恩格斯跟马克思在一起奋斗，虽然要克服好多种物质上的困难，但是他在精神上是愉悦的。马克思去世以后，恩格斯觉得非常孤独，尽管那时他很有钱。

1845 年 9 月，他们开始一起写《德意志意识形态》。有的学者认为《德意志意识形态》是由恩格斯主导完成的，他们的依据是：《德意志意识形态》的书稿是恩格斯的手迹。这本书他们在世的时候没有出版，到 1932 年才首次出版。由于这本书稿是恩格斯的手迹，有的学者就据此认为创立唯物史观的主导者是恩格斯而不是马克思。

我本人认为主导者应该是马克思而不是恩格斯。我们前面提到了，如果说恩格斯自己有能力做，他完全没必要来麻烦马克思，没必要让马克思一家那么辛苦，做出那么大的牺牲。那为什么是恩格斯的笔迹呢？我在研究时注意到一个细节，马克思写的字简直就跟天书一样，很少有人能够认出来。当时只有燕妮能把他的字认出来誊清，马克思不自己誊稿，他写的稿都是让燕妮来誊。

燕妮把誊写马克思的稿子作为自己人生中的最大乐趣。那恩格斯是在什么时候学会誊写马克思的草稿的呢？应该是在他们合写《德意志意识形态》时学会的。肯定不是在合写《神圣家族》的时候，因为那段时间非常短。而且那时马克思还带着他去参加工人组织的活动，他是没有时间学习誊写的。恩格斯学习辨识马克思的字迹只能是这个时候，恰恰这个时候是燕妮怀孕和生孩子的时期。所以，我推断，恩格斯是在誊清《德意志意识形态》的时候学会辨认马克思的笔迹的。

《德意志意识形态》是唯物史观的诞生之作。在这本书写出之前，什么生产力决定生产关系，经济基础决定上层建筑，社会存在决定社会意识等理论这个世界上还没有。这个时候，马克思还继续贫困，这本书写了半年多，最后也没有能够找到出版社出版。马克思当时完全是靠写书过日子，恩格斯就把他的《英国工人阶级状况》的稿费给了马克思，严格地说，恩格斯是从这个时候才开始资助马克思的。

当时马克思和恩格斯开始帮助"正义者同盟"把它改造成了"共产主义者同盟"。马克思不只是一个理论家，他还具有非凡的组织才能。马克思当时总写一些批这个、批那个的东西，像反普鲁东、反拉萨尔什么的，为什么要写啊？第一国际为什么会分裂？就是因为思想分裂了。一个组织能不能长期存在下去，就在于它有没有一个很合理的、大家都普遍接受的思想体系。也就是说，思想上的分裂，必然导致组织上的分裂。我们今天学习马克思主义，可能还没有感到它的威力。等到哪一天你要去成立一个组织的时候，你就需要这么一套体系了。这个体系咱们自己没有能力创造出来时，咱只能选择一个体系，然后再去阐述它，用它来号召你的这个群体。

咱们国家要把全社会的力量组织起来，就必然要选一个体系，来作为团结党、凝聚民族的思想武器。这里同学们要注意的一点就是"全世界无产者联合起来"，这是马克思和恩格斯把"正义者同盟"改造"成共产主义同盟"的时候提出来的，用它来代替前者的"人人皆兄弟"这个口号。《共产党宣言》就是共产主义者同盟宣言。马克思通过八个晚上的论辩，最后同盟一致通过了宣言。后来，革命处于低潮期。马克思在大英博物馆写作《资本论》，恩格斯为了养活自己和马克思一家，被迫经商。如果说恩格斯有能力写《资本论》，他就不用那么着急了。恩格斯怕马克思完不成《资本论》，因此催他说，让他不要太过严谨性，尽快完成。

最后，恩格斯在《马克思墓前的讲话》一文中写道：

> 正像达尔文发现有机界的发展规律一样，马克思发现了人类历史的发展规律，即历来为纷繁芜杂的意识形态所掩盖着的一个简单事实：人们首先必须吃、喝、住、穿，然后才能从事政治、科学、艺术、宗教等等。所以，直接的物质的生活资料的生产，从而一个民族或一个时代的一定的经济发展阶段，便构成基础，人们的国家设施、法的观点、艺术以至宗教观念，就是从这个基础上发展起来的。因而，也必须由这个基础来解释，而不是像过去那样做得相反。

不仅如此。马克思还发现了现代资本主义生产方式和它所产生的资产阶级社会的特殊的运动规律。由于剩余价值的发现，一切都豁然开朗了，而之前无论是资产阶级经济学家还是社会主义批评家所做的一切都只是在黑暗中摸索。

马克思的两大发现：即唯物史观和剩余价值论就是我们这门课要学的核心内容。而对于这个核心内容的学习，会帮助大家在学术高度上建立起共产主义信仰。当大家有了共产主义信仰后，就不会再迷茫了，会生活得充实、幸福。从马克思和恩格斯的合作过程中，我们也可以看到，这两位伟人是有个性的，不能把他们的名字连在一起写。

以前听过一个笑话，说有个男人，为了与妇人争功，当女子生孩子的时候，他就蹲在一个鸡蛋上，表示那孩子是他生的。你说，这样的人，如果人家生一双胞胎，他还得蹲在一双黄蛋上。马克思和恩格斯的品格都不允许他们蹲在鸡蛋上。虽然恩格斯在马克思写《资本论》时提供了很多资料，而且在资助马克思，但《资本论》的作者著名只有马克思。这样的不争功和不图虚名的品格就是一种公正的品格，这是我们的同学要学习的品格。对于一个追求公正的人来说，你把不属于他的功劳戴在他头上，对他是侮辱而不是尊重。

第七节　马克思主义为什么是一块整钢

【画外音】到此为止，学生们对马克思主义是怎么产生的，已经有了比较具体的认识，而且已经被马克思的品格和对事业的执著追求深深地震撼了。这就到了可以来认真学习比较枯燥的《马克思主义基本原理概论》的时候了。这个时候要告诉学生，抽象思维能力的培养一定是枯燥的，不能以是否有趣来决定学什么不学什么。很多经典哲学著作之所以看上去枯燥，那主要是因为我们还不具备抽象思维能力。等我们培养出了抽象思维能力，就能从枯燥的哲学经典中读出妙趣横生的味道了。要先讲总体结构，再讲细节，使得学生能以小见大。所谓大就是大的结构，所谓小就是小的细节。"马克思主义是一块整钢"讲的就是大的结构。中学时代学生们已经学过马克思主义，但是不少同学没有真懂。老师努力的目标就是要让学生真懂。

　　通过上面的讲授，我们就很好理解为什么马克思主义是一块整钢了。它的整个体系都是用来证明为什么共产主义是科学的和可以实现的。现在我们来看《马克思主义基本原理概论》的目录，看看这个体系的各个章节之间是什么关系。马克思主义有两个概念：一个是广义的，一个是狭义的。广义的马克思主义体系是什么呢？它包括了马、恩、列、斯、毛、邓、三、科。什么是狭义的马克思主义体系呢？狭义的马克思主义体系只包括马克思和恩格斯所创立的理论体系。我们这门课讲授的重点是狭义的马克思主义体系。这个体系包括几个部分，这几个部分到底是一种什么关系呢？

一　《资本论》证明了资本主义必然灭亡

　　从逻辑上说，马克思是通过政治经济学，也就是通过他的《资本论》证明了剩余价值的存在，从而证明了剥削的存在。他为什么要证明这个问题呢？目的在于要说明：资本主义社会是一个不道德的社会，而且必然要产生经济危机。经济危机必然导致对生产力的破坏，这个社会最终是要灭亡的。这个社会要灭亡的话，我们肯定要代之以另外一个社会。资本主义不合理，共产主义合理，那么，如何实现共产主义呢？

二　唯物史观证明了共产主义必然实现

马克思和恩格斯认为共产主义是能够克服资本主义弊病的。我们现在先假设资本主义是不合理的，共产主义是合理的，可怎么能证明共产主义是必然能实现的呢？共产主义是未来才能实现的，我们现在又没有办法用实践来检验它，那马克思是用什么方法来证明的呢？就是他的唯物史观。唯物史观讲的是什么呢？讲历史发展是有规律的。那他是怎么来证明唯物史观是合理的呢？

三　自然辩证法证明了唯物史观的正确性

自然辩证法可以用来证明唯物史观的合理性。唯物史观认为，生产力决定生产关系，而生产力是一种物质力量，物质的东西所遵循的规律都是一样的，这样，凡是适用于物质的规律都适用于生产力。而物质的规律是通过自然辩证法来概括的，也就是自然界发展的规律。自然辩证法的质量互变规律、对立统一规律、否定之否定规律，因为生产力是物质的，它也符合这些物质规律，所以就可以把自然辩证法的规律拿到唯物史观中来。因为自然界里的规律是为人们的实践所证明了的，所以说这些规律在社会历史领域中从实践检验的这个角度来说就也是合理的了。

四　物质第一性的证明维护了科学的权威

自然辩证法里面还有一个问题，到底是唯物辩证法还是唯心辩证法的问题。这就关系到我们学马克思主义哲学的时候为什么总是从物质第一性还是意识第一性切入了。为什么要从这一点切入呢？马克思当时要面对的一个很大的问题就是基督教。当时的基督教和封建势力是结合在一起的。在这种情况下，要反封建，就要消除基督教的影响。而唯心主义是上帝存在的辩护律师。消除唯心主义就能让上帝死去。如果物质是第一性的，上帝就没有了存在的余地。所以说物质第一性还是意识第一性对我们中国人来说，是很脱离实际的问题，而在马克思那里，它却是一个非常现实的问题。另外，西方哲学论证的方法通常是从一个非常抽象原点开始切入的。从一个非常抽象的概念出发，然后不断加内涵，最后才具体化到要讲的现实问题上。这就是从抽象到具体的论证方法。物质和意识这对范畴就是我们出发的原点，我们的原理就从这里讲起，一直可以推出共产主义必然能够实现的结论。

五　教科书的目录解析

这时我们再看教科书的目录就比较清楚了。世界的物质性及其发展规律、人类认识世界和改造世界这两章是在讲什么呢？这两个部分就是在讲哲学，讲的是唯物辩证法和认识论部分。马克思当初主要用此来消除基督教的影响。第三章讲的是什么呢？是人类社会及其发展规律，也就是唯物史观的部分，马克思和恩格斯把自然辩证法引入了社会历史领域。他们主要想证明什么呢？证明历史的发展也是有规律的，也是有必然性的，他们用这种必然性来证明资本主义必然灭亡和共产主义必然实现。

资本主义的形成及其本质、资本主义的发展历史进程，这两个部分讲的是政治经济学，就是马克思的《资本论》部分，主要内容是讲资本家无偿占有剩余价值是不道德的，而且这种经济体系因为无法解决生产和消费两大部类之间的平衡问题，必然导致经济危机，经济危机则会极大地破坏生产力，致使社会处于一种衰退状态，所以说资本主义必然灭亡。而社会主义社会及其共产主义这一章，实际上就是全书要来论证的东西，包括共产主义是什么和为什么它是可以实现的。马克思这么大一个体系就是用来论证共产主义是必然实现这一结论的。在这个论证过程中，马克思把整个宇宙的结构都纳入了他的理论框架当中，我们只要掌握了这个体系，任何东西都可以从中找到它的位置。由此你们可以看到，本教科书是一个整体。当我们把握了这个整体后，就能够把任何零散的句子，通过加入中间环节，合理地联系起来。

第八节　哲学的特殊学习方法

一　从简单到复杂的论证方法

狭义的马克思主义是从最简单的物质第一性、意识第二性的范畴出发，然后一步步把认识与实践、真理和价值、社会存在和社会意识、生产力和生产关系、经济基础和上层建筑、劳动力商品和剩余价值、自由竞争和垄断、社会主义和共产主义等概念引出，通过定义内涵和说明外延，通过不断地判断和推理在概念和概念之间推移，最后形成了一个合理的概念体系网。当我们的脑袋里概念明确、判断清晰、推理合理时，头脑中的各种信息就会被安排得井井有条。一个理论家只有拥有这样的概念体系，他才具有了分析工具。这是理论家与实际工作者的区别。一个教马克思主义基本原理的老师，只有有了这样的概念体系，才能把它讲懂。

二 在坐标系中解决现实问题

有了概念体系，我们就有了坐标系；有了坐标系，我们才能确定什么是好，什么是不好。如果我们把现实问题都放到概念体系中，就很好解决。这就是为什么同学问我问题的时候，我说我们会在课堂上在逻辑推演中讲，而脱离大坐标系是讲不清楚的。以后大家可以看到，我们一次课可以解决 30 到 40 个"天大"的问题，这就是坐标系的功能。

比方说，马克思讲资本家是在剥削，我们同学就会产生困惑了，因为好多同学以后立志要去创业的，要去当民营企业家。那如果我们说民营企业家是在剥削工人，你又不想做剥削者，那该怎么办？还有，中国是提倡宗教信仰自由的，但唯物辩证法把宗教存在的理由全部去掉了，那么我们有宗教信仰的人，又该怎么办呢？我们怎么来看待自己的宗教信仰呢？在我们的逻辑推演的大线索中，我们每往前跨越一步，都能解决好多现实问题，这些现实问题不仅是来自知识领域的，还有来自我们当下的处境或来自我们的心理上的。我们将把所有这些问题都放到一个逻辑框架和坐标系中去解决。如果缺乏坐标系，任何问题都是一个浮动的点，结果是公婆说的都各有自己的道理。

我们平时争论问题争得脸红脖子粗，也还是不能说服对方，就是因为我们不在坐标系中谈问题。所以，对经常需要沟通的团体，一个好的领导需要先花时间把一套概念体系安装在大家的头脑中，这样沟通起来就省力了。目前国家要在大家的头脑中先安装马克思主义的体系，这样领导们要与大家沟通，就不容易发生误解。过去，中国的各个学派讨论问题是不会互相邀请的。如果儒家开会，邀请了道家或佛家的人来，他们在一起只能打架，因为他们各自有自己的坐标系。现在我们的学术讨论会无法深入下去，就是大家安装的坐标系不一样，很多坐标系是不兼容的，所以大家在一起只能吵架或变成聊天的联欢会。安装了同样的坐标系的人比较容易互相认同，解决思想问题也就比较容易。如果同学们谈恋爱时两个人总吵架，那就是坐标系不兼容的表现。

三　立场决定观念

即使安装了同样的坐标系，如果立场不一样，观念也会不一样。同样在一个坐标系中，你从无产阶级的立场出发和你从资本家的立场出发，产生的观念就不一样。所以，我们不能随意地不分立场地使用民主的方法。你想啊，如果说我们现在再"打土豪，分田地"呢，你采用民主的方法，一票否决制，那土豪肯定是投反对票的。一个自私的人，他的观念会根据他是否得到好处来改变，所以我们会看到他今天一个观念明天一个观念。人只有立场稳了，观念才能稳。我们只有从人民的立场出发，才能看到大局，才能公正。如果我们不把个人利益抛开看问题，我们就会很敏感和很小气，也经常会很受伤。

比方说韦老师吧，韦老师是女性，以前有人说著名的女哲学家历史上根本没有，女的就是不适合做哲学研究。别人这么说的时候，很可能是抽象地在说，但是我可能就会对号入座，会觉得这个人当着我的面说，说的是不是我呢？或者说老师身体有残疾，有人在说残疾人怎样怎样，老师也觉得我就是残疾人，人家是不是在说我呢？我们在听课的过程当中，因为每个人都有不同的处境，在讲到某些问题的时候可能就会敏感，敏感的时候我们就会产生抵触情绪。

有的时候，为什么老师并没有直接与同学交流，有的同学就会对老师产生反感，甚至愤怒呢？就是因为那些同学对号入座了，认为老师是在说自己，让自己感觉不舒服了。我们看电影的时候也会产生类似的情感。如果你看到一个人，在电影中被刻画得与自己差不多，但是在电影里被狠批了，你就会感觉是在批你呢。这也就是为什么一个缺德的人看电影或看文学作品时会比较郁闷，因为与他对号入座的人通常都是没有好下场的。文学作品通常都是扬善抑恶的。

所以说，同学们听课的时候，如果感觉不舒服了，要分析一下自己为什么不舒服了？是老师说错了，还是老师戳到了你的痛处，而这个痛处是需要自己改正的。这就是我们说的要正确处理好情感与理性之间的关系。出于自私的情感与出于公正的理性之间进行对决的时候，我们要站在正义的一面，来勇敢地面对我们自己的负面情绪，让我们在心灵上能够升华。

有一次，我的一个观点被一位哈佛大学的老师批评了。我后来才觉得很有道理。当时我的第一反应是什么呢？别以为你是哈佛老师你就了不起！你看！一下子就把问题转移到那个方面去了。为什么会这样呢？就因为在当时的那个处境中，我还没有准备好来接受批评，我自认为超好的观点，突然被他批评了，一时接受不了。接受不了的原因完全因为我是从维护自我的立场出发来反抗别人的。所以说，一个人的品格会影响到一个人的学问。如果品格不够，就只能在知识的山脚下徘徊，知识不仅不会帮我们看得更远，还会阻碍我们的视线，使得一般人能看明白的事，我们也看不见了。所谓一叶障目，不见泰山，那一叶就是自私。道德情操高尚的人，大智若愚；道德情操低下的人，大愚若智。所以说，我们只有站到马克思的道德情操的高度上，才能真正理解和掌握他的理论。

四 学文史哲为什么容易学成高级小人？

我们的课先从唯物辩证法开始讲起，在讲唯物辩证法之前，我先来讲一下什么是哲学。上一次老师讲过马克思读康德的体会之后，有的同学已经借来康德的书看了，他借的是康德的《纯粹理性批判》，结果他说：老师啊，我看不懂。现在肯定还看不懂，但上完这个课以后就容易看懂了，就像咱们做串写作业一样的，现在串不起来，等听完这门课咱们的串写就比较容易了。

同学们之前也可能多少接触过哲学，但是肯定觉得哲学这种东西乱七八糟的，任何一种行为都可以在哲学家那里找到论据。作为一个愤青，你可以从哲学家那里找到愤青的理由；作为一个自由主义者，你也可以从哲学家中找到支持者。不管你想做什么样的人，你总是能从哲学家那里找到一些论据。也就是说，如果不在历史中学习哲学，就会感觉很乱。如果没有高尚的情操，学文史哲，很容易学成高级小人。因为那样的话，哲学会教你说假话，文学会教你编故事，历史会教你玩手段。这也是为什么我们在学习文史哲之前，尤其是在学习哲学之前，必须先正心的理由，否则的话，学了还不如不学。

如果让一些情操低下的老师教你们文史哲的话，他们毁掉的人才会比他们培养的人才要多。所以，我们的同学在选择文史哲老师的时候，要远离那些自私自利和虚伪的老师，也要远离那些只会当愤青而无法给同学们指明正确出路的老师。我们的国家现在是存在不少问题，但恰恰就因为存在问题我们才需要好的人才，需要同学们掌握一套正确的方法，成为社会弊病的改造者。这个时代更需要英雄，也更能出英雄。所以不要告诉老师你很无奈，只要你努力，你总是能够或多或少地改变你周围的环境，使它变得更好。从我做起，从我能做主的事做起。还是应该大力提倡的。

第二章

哲学及其社会功能是什么?

【画外音】到此为止，学生们把握了狭义的马克思主义的大的框架。接下来要开始讲其中的细节了。细节的讲授是有重点和难点的。我的原则是：学生能看懂的少讲，学生难看懂的多讲。马克思对共产主义必然能够实现的论证是从哲学开始的，所以就要先说明哲学是什么。任何一种在历史上存在下来的东西，都是有其社会功能的。那么，哲学的社会功能是什么呢？这里我采用了自己的原创性成果来加以说明。这就是哲学的"社会秩序说"。这个观点可以作为共家学派的一个基石性的观点。通过这个观点，既可以很好地解释马克思主义哲学的科学性，也可以给历史上出现过的哲学流派留下存在的依据，不会导致把马克思主义哲学孤立地作为一种绝对真理提取出来，并完全否定历史上出现的哲学流派。通过"社会秩序说"，可以拟出一个中外融会、古今贯通的哲学体系。在本书中主要说明"社会秩序说"的原理，在我即将出版的《追寻幸福：马克思主义与世界文明的缔造（中国卷）》和《追寻幸福：马克思主义与世界文明的缔造（西方卷)》中，会按"社会秩序说"的思路对中国哲学家和西方哲学家的思想进行比较全面的梳理。

第一节　谁来找寻社会秩序?

一　大哲学家都谈社会秩序

如果不在历史中系统地学哲学，你猛地一下子跳到哲学的汪洋大海里，那很可能就学邪乎了，就像把气功学坏了走火入魔一样。对于哲学，不同的人有不同的理解，我是怎么来理解哲学的呢？哲学可以体现出大智慧，但哲学不是研究智慧的。马克思主义哲学可以探索关于自然界、社会和思维的规律，可以探索世界观和方法论，但它的目的不是探索世界观和方法论，也不是探索真理或规律，而是要构建一种社会秩序。大的哲学家们总是在谈自然辩证法的问题，老是在谈天、谈自然，咱们学物理学的同学也在谈物质运动的规律，那么，哲学家和自然科学家在谈自然界的时候究竟有什么区别？

我们不会看到任何一个物理学家，在他的书中会提出一个社会建构，他也绝不会谈政治问题，但是任何一个大的哲学家，像柏拉图、亚里士多德这些人，他们在讲完自然观和形而上的东西之后，都会归结到社会秩序的建构问题上来。为什么？因为我们人都是生活在社会中的，而社会必须按一定的方式组织起来，形成一定的社会秩序。为什么大的哲学家谈半天宇宙自然，最后都要讲到社会秩序？

二 逃离自然界的奴役

我们人的自由解放要从两个方面着手：一是摆脱自然界对人类的奴役。人类在没有把握自然界规律的时候，在生产力水平特别低下的时候，虽然说在原始共产主义社会中人与人之间的关系是平等的，大家没有受人的奴役，但是却在受自然的奴役。在人类发展的初期，所有的人都受自然界的奴役，这个时候我们人类的发展，就有一个先进的问题。注意，先进和人道并不是一个概念。先进与落后的衡量标准是生产力的发展水平，而人道则注重说明一个社会是不是以人民为本。所以一个先进的社会并不一定是一个人道的社会，而一个人道的社会也不一定是先进的社会。

最美好的社会是既先进又人道的社会。而在人类历史上，这两个方面并不是同时实现的，它是先解决先进的问题，再解决人道的问题。人道的核心是公平和公正。我们现在说的先把蛋糕做大，然后再分蛋糕，就是说先发展生产力，再考虑分配问题。因为分蛋糕关系到是否能把蛋糕做大的问题，所以在私有制社会中采取了通过不公平分配、利益向统治阶级倾斜的方式来把蛋糕做大的方法。这种方式实际上是牺牲了人道来发展生产力的，所以说虽然社会先进了，但总体上还是不人道的社会。而人类的最终发展目标是人类的幸福，要实现人道的先进才是有意义的。

三　发展生产力的需求

我们为什么首先要解决先进的问题呢？先进是指在和自然界作斗争的时候，人类作为一个总体，越来越多地能从自然的奴役中逃离出来。这种先进是以生产力的发展为标志的，所以说要首先把生产力解放了，才能使人从自然界的奴役状态中解放出来。马克思是从这个角度来说明奴隶社会要比原始共产主义先进的。在原始共产主义社会当中，大家虽然是平等的，但是大家都平等地当自然界的奴隶。在人类进入奴隶社会的时候，人征服自然的力量就大得多，人类获得的整体性逃离自然界的自由就大多了。

从这个角度来说，生产力的进步是人类社会追求的一个目标，因为它关系到人类社会总体上多大程度地摆脱自然界控制。任何社会都是有其追求目标的。社会的进步是要以生产力的发展为基础的。在摆脱了人对自然界的奴役以后，再摆脱人对人的奴役。私有制之所以有它合理的一面，就是因为它是比较先进的，不管是奴隶社会、封建社会还是资本主义社会，私有制存在的理由就在于它促进了生产力的发展。

那么同学们就会问，难道人道就不能促进生产力的发展了吗？在生产力水平低下的情况下，如果没有人压榨劳动人民，就不会有那么多的剩余劳动。没有剩余劳动，人都得从事生产劳动，人就没有机会来发展文化和科技。剩余劳动的大量集聚，能够实现大范围的劳动分工和批量生产，从而使越来越多的人能够从体力劳动中解放出来，从事精神产品的生产活动。过度的体力劳动是不能给人带来幸福的，因此是人们逃离的对象，从这个角度上，人都是好逸恶劳的。而生产力的发展就是靠用各种方式强迫人过度劳动和承受单调劳动来实现的。

在私有制的条件下，皇帝或国王就是通过给统治阶级好处，让他们有利可图，通过他们来尽可能地压榨劳动人民，从而维护它的统治。因此，在私有制社会中，劳动人民的劳动是被迫的，如果不能成功地压榨他们的人，他们是不会那么努力干活的。而要让统治阶级来压榨他们，皇帝或国王就需要给统治阶级以压榨的动力，如果他们无利可图，压榨劳动人民也是件很麻烦的事情，他们也不愿意干。这就说明了，为什么私有制国家是为统治阶级服务的，其意识形态也是维护和美化统治阶级的剥削的。所以说，劳动人民是靠统治阶级的组织来形成一个整体，来创造历史的。如果劳动人民没有被他们组织起来，是散状的，那就无法形成一个整体来推动历史发展。所以说，在私有制社会中，一个社会是否有活力，还得看统治阶级是否有活力。当统治阶级腐败和没有压榨动力的时候，这个社会的生产力发展速度就会受到影响。

那同学们又会问，我们就不能让人自愿劳动吗？在生产力低下的时候，是很难让劳动人民作为一个整体来自愿劳动的。因为那意味着长年累月的过度劳动，而且剩余劳动的大部分要被拿去发展精神文化，怎么拿？拿多少？如果你告诉劳动人民，他们的剩余劳动被无偿拿走了，他们会同意吗？所以私有制社会一方面需要给统治阶级好处，另一方面还要掩盖劳动人民的剩余劳动被无偿占有的事实，所以这样的社会就需要一整套理论来论证统治阶级统治的合理性，这套理论就是意识形态。一种意识形态是否有效，不在于它是真还是假，最关键是要让劳动人民信以为真。即便是真的，如果人民不信以为真，也是无效的。如果意识形态不能让劳动人民相信，劳动人民的总体就会感觉不公平，社会的稳定就会出问题。

四　建立社会秩序的需求

从上面的分析中，我们可以看到，在私有制社会中，一个社会是需要分成统治阶级和被统治阶级的。那什么阶级能够处于统治地位呢？因为私有制存在的合理性依赖于它促进生产力发展的作用，所以哪个阶级更能有效地压榨劳动人民，更能把劳动人民的剩余劳动用于促进社会的发展，哪个阶级就能处于统治地位。那这样的社会就是需要社会秩序的。一个适合生产力发展的社会秩序，就是先进的社会秩序。而这样的社会秩序并不是显而易见的，需要有人发现它。而发现这种先进的社会秩序，并对它进行美化和论证的人，就是意识形态大师。这些意识形态大师都是哲学家，但并不是所有哲学家都是意识形态大师。

在哲学领域里存在的人主要有这么几种：

第一种，意识形态大师。在私有制社会中，这些思想家的理论揭示了一定的社会形态的促进生产力发展的社会秩序，并对此进行了使人们能够信以为真的论证或美化。当这种哲学理论被统治者选为统治思想后，它就成为一个国家的统治思想，并不断被统治者根据统治需要进行裁剪和修改，成为这个国家的精神外衣。当劳动人民对这件外衣表示认同时，这个社会的统治就基本上是稳定的。

只要这种社会形态还没有完全发挥其促进生产力发展的作用，这件外衣就会不断地被修补，而且弄得越来越花哨。在历史上，中国的儒家思想、西方的柏拉图思想等都曾经发挥过意识形态的作用，所以他们都可以称为是意识形态大师。他们的思想不一定是最深刻的，但却是统治阶级最好用的。这是最具历史影响最大的哲学家，也是不可或缺的哲学家，它体现着哲学的主要建构社会秩序的功能。

第二种，社会形态的摧毁型大师。当经济结构发生变化的时候，社会必然要出现混乱的现象，伦理道德也需要变化，这时就比较乱。像我们现在的社会变革比较快，就会产生社会的伦理秩序混乱的现象。当一个社会出现变化，尤其是出现社会形态转变的时候，比如从原始社会到奴隶社会的转变，或者从奴隶社会到封建社会的转变，它的经济结构会发生根本性的变化。这就需要有一种东西来攻击、摧毁那个旧的社会秩序，摧毁以后才能建构一种新的社会秩序。

对一个建构型的哲学家来说，他就要先来解构旧的秩序，把它解构成很多元素，然后再以新的方式来整合那些元素，形成一种新的社会秩序。但是在社会大变革期就会出现一些摧毁性的哲学家，他们并不起建构作用，但是他们很敏感，能够敏锐地感受到新社会的需要和旧社会秩序的腐朽，这个时候有些哲学家就会以非常极端的方式来否定原来的旧社会。

当一个新的阶级更能促进生产力发展，社会形态需要发生根本性变革时，会出现一些用特别极端的方式抨击旧的意识形态的解构性大师。他们通常是以特别愤青的方式否定一切旧事物。他们的思想不一定是理性的和合理的，很可能剑走偏锋，但对于摧毁旧的意识形态，扫清新社会发展道路上的障碍是功不可没的。尼采就是这样一位哲学家。他在恰当的时候恰当地提出了"上帝死了"的口号。

如果在中世纪基督教盛行的时候，他提出这样的口号，那死的肯定不是上帝而是尼采。这种摧毁型的大师在历史上的作用是暂时的，只适合在社会转型的那个时期。所以，我们的同学如果不分青红皂白地把这些哲学家的思想作为自己的行动指南，那就会变得很疯狂。有的哲学系的同学说他们学哲学把自己给学疯狂了，那多半是因为受这些思想家的影响。这也就是为什么学哲学需要好的哲学老师引导的原因了。

第三种，不关心政治的对哲学的某个片段或某个学科进行深入研究的人。这些人通常居于一隅，做纯学术研究。当你问这些学者，哲学是什么的时候，他会告诉你，哲学就是满足人的好奇心的，哲学是非功利性的，哲学是无用之学。他们对哲学的某个专题的研究非常深入，对哲学发展的贡献也很大，但他们基本上是在哲学的门外对哲学的发展作出贡献的人。哪有一个国家会仅仅为了满足你的好奇心来养着你？尤其是在社会还没有发达到来观照人的好奇心的时候。当然正因为他们有那么一种超然的态度，所以他们看问题会比较客观，也容易看到事物的实质。但他们的研究成果只有被纳入意识形态理论中，才能真正被人重视，否则就会生活于社会的边缘地带。

第四种，只看到哲学的只言片语的智慧，从而喜欢哲学的哲学爱好者。这些人通常是因为被哲学的某些深刻精彩片段吸引，而到哲学的百花园里来采摘的人。他们把自己喜欢的话全部收集集中起来，但是由于大多数人缺少一个整体的思想体系，因此无法把这些话整合成一个体系，因此往往越学越乱。而且因为自己是以有名的哲学家的话为依据，所以还非常自信，这样的学生是最难教的。我们教哲学的都有一个普遍的感觉，就是教理工科的学生比较容易，而教原来有点人文学科底子的人就比较难，因为有的人已经学乱了，而且还非常自信，拒绝听老师讲的道理。

由于不同的国家生产力发展的水平不同、所处的社会发展阶段不同、文化传统不同，所以它安装的秩序和安装秩序的方法就不同。我们要入乡随俗，就是要随那个地方的秩序或规矩。中国人到美国去，为什么会感觉水土不服？因为中国和美国安装的秩序不一样。等我们在那里水土服了，回国又水土不服了，为什么？因为你潜意识里受了那里的秩序的影响，而你又无法把那种秩序带回来，所以"海归"们回来都存在一个再融入的问题。

第二节　哲学不一定是真的

一　成为意识形态的哲学

通过以上分析，我们可以说，哲学的主要功能是揭示与一定的生产力发展水平相适应的社会秩序，并对这样的社会秩序进行论证和美化。意识形态是被统治者选为统治思想的哲学体系。由于我们无法选择生产力的发展水平，因此我们不能选择社会形态。如果你生活在奴隶社会中，你看别的国家已经发展到了封建社会，你想选择进入封建社会，如果你的国家的生产力发展水平没有达到那个水平，你是无法选择的。

由此可以类推。我们看有的非洲国家，在生产力还没有达到资本主义国家的水平，被揠苗助长，变成资本主义社会，结果不仅没有促进生产力的发展，反而导致很严重的经济和社会问题。一个国家的发展脚步是要与生产力发展水平同步的，超过或落后都要出问题。所以说心急吃不得热馉馉，欲速则不达，我们的发展要稳扎稳打，来不得半点虚假，空中楼阁肯定是呆不长的。

每一个国家都要有自己的本土化的意识形态，这种意识形态需要具有这么几个特征：第一，它必须与适合本国的生产力发展水平的社会形态相适应，因此不能盲目借鉴先进国家的意识形态。第二，它必须是本国人民信以为真的，所以必须符合本国人民的文化习惯，因此如果我们借用一种外来的哲学理论，必须要进行本土化。第三，它需要借用一种行之有效的权威。中国古代曾借用过天的力量，西方曾借用过上帝的力量。原始社会还借助过神话、图腾，还有占卜的权威。这种权威不一定是真的，关键是要使人信以为真，只要达到把相应的社会秩序观念有效地安装到人们的头脑中就达到目的了。这些假的东西，虽然大家现在已经意识到是假的了，但是它在历史上曾经发挥过作用，所以成为人类的文化保存下来。

二 传播的载体不一定是真的

任何一种意识形态都是需要传播的，也就是我们现在说的需要大众化。我们生下来并没有任何关于社会秩序的观念，要把这种意识形态安装到我们的头脑中，就需要一个人们能够接受的传播载体。这个传播载体不一定是真的，最关键的是要有效。比如说，我们现在的主旋律电影和电视剧，故事不是真的，但是它们能有效地安装社会秩序观就可以。比方说同学们小时候吃药，你不想吃的时候给你讲真理，告诉你药里有什么成分，根本不起作用，但如果妈妈给你讲一个童话，你就把这个药吃了，治疗的目的就达到了。

　　所以，衡量一种文化的价值标准不在于它是不是真，而在于是不是在人类历史上曾经有助于人类的生存和发展，所以我们才说"文化大革命"把一切假的东西都摧毁的做法是很没有文化的做法，也才把那种不顾场合揭示真实的人看成是无知的人、较真儿的人和冒失的人。所以在学哲学的时候，我们即使发现有的哲学是不真的，但它们是有文化价值的。西方唯心主义哲学家的很多思想是不真的，但并不妨碍它们具有很大的文化价值。无知的人才会完全否定唯心主义的作用。

　　但必须指出的是，以假当真的做法，是人类在一定的历史发展阶段的无奈的做法，可以包容，但不能在能够以真当真的时代，还要以假当真，而且当科学发展到一定的阶段，要再让人以假当真也不可能了。现在还出现了更大的问题是以真当假了。在马克思主义的学习中就存在这样的问题。由于哲学的功能主要是拿来安装秩序的，所以它的核心理论还是伦理学，其他的学科都是服务性质的。哲学求善顺便求真。当然，真理具有权威性，所以哲学虽然有时候会把假的说成是真的，但在通过坚持真理能够实现目的的时候，还是应该首选真理。这样也就不用那么费事儿了，免得说漏了，还得不断地圆谎。

第三节　中西方的"天人合一"观

　　不同的国家会用不同的方式安装社会秩序观。从哲学上来说，不管是中国还是西方的哲学家，一开始都是走"天人合一"的路子。

一　对于权威的需求

　　什么是"天人合一"的路子呢？本来一个社会采用什么样的秩序，是由那个社会形态的经济结构决定的。这是马克思和恩格斯后来发现的，一开始人们对此的认识只是模模糊糊的，只知道社会需要有一种秩序，什么秩序才是最符合社会的经济结构呢？只有把各个哲学家提出的理论拿来试。试用得不错的，就继续用了，这种理论就成为意识形态。然后你还要来证明它所提出的社会秩序的合理性。在狭义的马克思主义还没有诞生之前，人们无法用经济基础决定上层建筑的理论来论证。这就出现问题了，生活在社会中的每个人都是一样的，你怎么能说你弄一个秩序让我来遵守，而不是我弄一个秩序让你来遵守呢？哲学家最初证明一个社会需要一种什么样的秩序的时候，通常是用天的秩序来证明的，因为哲学家需要借助天的权威。

二　天的权威性

中西哲学家为什么最初都对天那么感兴趣呢？中国传统社会的哲学家和古希腊的自然哲学家一开始都在讲天，也就是他们说的自然。在人类发展的初期，不管西方人还是中国人，都是靠天吃饭的，所以天就有了一种人们公认的权威。这个时候哲学家们就把天的自然秩序拿过来，说明社会秩序的合理性。靠天的权威来说服人遵循社会秩序。

不同的是，古希腊人还真是去探索自然界的秩序，真的按自然界的秩序构造社会秩序，本着天为人立法的思路来进行论证，所以在西方哲学中包含有更多的自然科学的因素。而中国人则是先把社会秩序构建好，然后把它说成是天的秩序，再用天的权威来说服人遵守这种社会秩序。它利用了人对天的无知，把先构想好的社会秩序说成是天的秩序，说是天在为人立法，而实际上是人在为天立法，然后借助天的权威来安装社会秩序。所以说最初的哲学家才会对自然科学和自然界产生兴趣。

古希腊人很较真儿，力图去探索真理，并且不仅是用天，而且是用天的真理作为权威来说明社会秩序的合理性，所以只要真出问题，人们对社会秩序的看法就会动摇。而中国人则比较省力，天到底什么样并不十分重要，只要老百姓信就好。中国哲学家用的概念是模糊的，只要人们感觉似乎是和天有联系就可以了，并不去界定概念的内涵，也不去进行严格的推理。因为他们的主要目标是要安装秩序，真假问题没那么重要。

比方说，中国汉代的董仲舒似乎是把天的阴阳秩序拿到社会当中来了，其实他是先想好社会中应该有什么样的秩序，然后再拿天和阴阳来说事儿而已。所以，有的中国人有这样的习惯，一个事儿只要自己能自圆其说，达到自己的目的就行了，具体事实到底是什么样并不重要。由于中国人完全按实用性来选择哲学，所以思维比较灵活，也才同时能够容纳多种不同哲学体系在一个头脑中存在，而这些哲学不可能同时都是真理。

第四节　安装社会秩序观的不同方式

一　寓教于乐

由于社会中的每个人都要安装好秩序才能很好地融入社会，所以所谓成人的过程就是安装秩序的过程。当一个人的头脑中安装好了秩序，他就不需要监护人，就可以自己在社会中行为了。那要把秩序普遍地安装到一个社会中的所有人的头脑里，就需要采用多种方法。你没有办法通过讲授西方哲学给四岁的小孩安秩序。主旋律的电影是干什么用的？国家为什么花那么多钱来让你娱乐啊？那就是在给大家安秩序呢，让大家觉得那个电影好看，不知不觉中那个隐藏着的秩序就安到你的脑袋里面去了。

所以这样的电影才需要中宣部审查，因为你不能把秩序安错了。如果里面隐藏着的是美国的秩序，你脑袋里安的是美国的秩序，但是你在中国生活，那可能就会水土不服了。就像我们的电脑装了不兼容的系统一样。"寓教于乐"中的"教"指的是什么？不是给你讲自然科学的知识，而是在教化，所谓教化就是把这种秩序安到你的脑袋里去。人就是因为有接受秩序的能力，才能在社会当中获得自由。老虎为什么要被关在动物园里啊？因为你没法儿给它安秩序。如果也能给老虎安上社会秩序，它到超市买东西也知道排队，它就不用待在动物园的笼子里了。我们人从小开始就是要安秩序的，安秩序的方法有很多种，音乐的方法、绘画的方法都可以。

乖孩子属于安装秩序比较容易的，所以他们很早就能自律，而自律的人才能在社会中获得自由。调皮的孩子就是难安秩序的孩子，经常要挨打，就因为他经常自由到破坏秩序的程度。父母打孩子通常不是要往死里打，而是打听话了，打乖了就行了。所谓打乖了，就是打得懂规矩了，也就是懂秩序了。秩序划定了人的自由的限度，突破秩序的人，只要被逮住，要么是挨骂挨打、要么是被惩罚，更严重的就要被关起来，甚至被判死刑。当我们去说服一个人，告诉他为什么会挨罚时，就是要给他讲清楚秩序是不能被破坏的。而一个社会的秩序就是通过伦理道德和法律来维护的。所以破坏秩序的人，通常表现为对于伦理道德和法律的破坏。但是法律维护的通常都是道德维护的，但道德维护的不一定是法律强制执行的，因此一个守道德的人通常是不会触犯法律的。

二　中国主要用哲学安装秩序

在中国的封建社会中，儒家哲学是安装秩序的主要方式。儒家思想实际上主要是偏重道德。道德就是在讲秩序。那道德是什么呢？当一种秩序成为一个社会中大家公认的秩序时，我们就叫它伦理秩序。按这种伦理秩序形成的关系，就叫伦理关系。把这些伦理关系的维护具体化为行为规范时，就是道德规范。所以传播一种秩序，可以具体化为传播某种道德规范。一个有道德的人，就是符合这个秩序的人。这个秩序就是人间正道，所谓人间正道是沧桑，就是说你走在正道上就是光明的，因为能够得到这个社会整体的认同。

当一个社会乱了，人就找不到正道走了，即便走在正道上也无法沧桑了，所以就开始走歪门邪道了。当走正道的人遭遇灾难，走歪门邪道的人很风光的时候，社会风气就不正了。社会风气不正带来的必然是社会的混乱。人们就会不按规矩出牌，不按规矩行事，投机取巧的人就能得逞，走在正道上的人就会很郁闷。这时有风骨的人也就只能是一剪寒梅傲立雪中了。木秀于林，风必摧之。这个风是邪风。没有邪风的时候，木是可以秀于林的。再有，木不要独秀，大家齐秀，那邪风就摧不倒了。

儒家哲学的经验性使得它比较容易懂，而且它也有比较容易给小孩子读的版本，比如说《三字经》，还有在中国的诗歌等其他艺术形式中也有所体现，而且在它渗透到我们社会生活的方方面面，就具有很强大的安秩序的系统。所以想根除这种体系也是非常难的，它已经也成了很多中国人的生活方式。从移民到国外很多代的中国人的身上，我们还能够看到儒家的影子。中国人是应该保留儒家思想的，但是在儒家思想传播的过程中，确实染了病毒，而且社会形态不一样了，儒家思想也是需要现代化的。

三　西方人主要用基督教安装秩序

中国人过去一直都在用儒家哲学来安装秩序，当我们接受了马克思主义之后，就要用马克思主义来给大家安秩序，这就遇到了一个很大的问题，为什么呢？西方人一般不是用哲学来安装秩序，它是用基督教来安的。在西方的封建社会中，哲学是上帝的奴仆，这是什么意思？西方人要借上帝安秩序，上帝是个虚构的神话般的人物，但是为了让人们信以为真，只有信以为真才能使产生信仰，所以西方人要把社会需要的秩序观附着在上帝身上，让人们学习，这样就能安上秩序。而要把虚构的上帝论证成真的，靠的就是哲学，而且不是唯物主义哲学，是唯心主义哲学。就在把上帝论证成真的过程中，西方哲学家的思维能力得到了最好的锻炼，所以西方的形式逻辑和数学的水平很高，客观上为科学技术的发展提供了基础。

但西方人主要不是靠哲学，而是靠基督教的故事来安秩序的，而且从人生下来就开始到教堂去安秩序，对于不同年龄的人有不同层次的安秩序的方法。所以，在资本主义战胜了封建社会后，还是得把被尼采杀死的上帝复活，用上帝这个旧瓶装上新酒来安新的秩序。虽然上帝是假的，但西方社会要安秩序离不开它。康德到后来已经证明不了上帝的存在了，但他还是说基督教一定要存在，为什么呢？因为道德需要它，安装秩序需要它，所以他提出了"道德神论"。什么叫道德神论？就是安装道德秩序需要上帝的存在。康德就是靠把被尼采杀死的上帝复活，给了上帝新的生命，才在西方哲学中有了独特的位置。除非找到另外一种有效的可替代上帝来安装秩序的工具，否则基督教在西方是不可能被消除的。

国家需要一种有效的方式安装秩序，哪种方式最有效，它就会采用哪一种。很多假的东西为什么有价值？因为我们可以从中了解当时那个社会的价值观和秩序。比如说，《圣经》里面讲的亚当和夏娃的故事，那不是假的故事吗？但为什么咱们编一个故事就编不成《圣经》呢？人家编一个故事就成宗教了呢？而且在人家编的这个故事中，为什么说夏娃是亚当一根肋骨做成的，而不反过来说呢？实际上它表达了当时的一种社会价值观，当时是一个以男性为主体的社会。如果是个母系氏族社会产生的东西，这故事就要倒过来编了。为什么西方人不采用哲学来作为普通的安秩序的工具呢？因为西方哲学的概念体系必须有抽象思维能力后才能真懂，这是很难普及或者说难以大众化的。

四　用马克思主义安装秩序时的困境

现在我们国家在强调学习型政党，其中最主要的学习内容就是要安秩序。学马克思主义原理课，主要目的也是安秩序。所以如果学习的内容主要是养生和技能性的，那是达不到这个目的的。如果一个讲马克思主义基本原理课的老师，讲了很多知识，但与安秩序没有关系，那这门课就没有达到其目的。而在用马克思主义安装秩序的时候，我们出现了几个困境：

第一，什么是社会主义？什么是马克思主义？总设计师邓小平从实践中发现我们并没有真懂马克思主义。现在依然存在没有完全真懂的问题。这也就是为什么我认为马克思主义的中国化、时代化和大众化的前提是马克思主义的学术化。现在不是学生没有真懂的问题，而是学术界也没有完全真懂，所以首先学界需要下大力气真把马克思主义弄懂。学界不完全真懂，老师就无法完全真懂，老师不完全真懂，学生怎么可能真懂呢？我做了几次老师基本功大赛的评委，发现老师们的口才都是很好的，主要问题还是没有完全真懂马克思主义。而一般老师主要是传道者，现在主要问题是学界没完全真懂，所以他们无法找到真经来传。我自己也感觉自己没有完全弄懂，所以读马克思和恩格斯的经典著作时，会明显感到有误解了的地方。

第二，马克思主义哲学是马克思主义基本原理概念的基础。而马克思主义哲学也是从西方哲学中发展而来的，有严密而抽象的概念体系。这样的体系是需要先具有抽象思维能力，才能真懂的。一个好的哲学教师，首先需要具有百科全书式的渊博的思想体系，然后还要有非常严密的推理能力。我们不能讲什么就到什么地方就单挖一块东西来讲，这样很容易讲偏。

第三，在学生的抽象思维能力没有得到开发之前，还是采用形象思维的方式安秩序比较合适。马克思主义的思想体系，即使老师完全懂了，要讲明白也是相当难的。中国哲学和西方哲学在表述上差别很大。比如说像孔子和孟子的，中国人从几岁开始就可以学了，但马克思的东西几岁的时候是没法儿学的。

比如"实践"这个概念，中国人的表述是：人用锄头挖地。马克思主义哲学的表述则是：主体应用工具作用于客体。人用锄头挖地＝主体应用工具作用于客体。第一句话人在三四岁就可以懂，后一句咱们到了大学也未必能懂，但它们表达的是一个意思，后一句话比前一句话有优越性，为什么呢？后一句话可以用来进行推理，主体、工具和客体是可以代入相应的具体事物的，替代以后它就可以变化无穷。但是前一句话就没有这个功能。这里我们就说明了两个问题：一是不能在人还没有抽象思维能力的时候用哲学安秩序；二是马克思主义的概念体系在学术上是优于中国的儒家哲学体系的。

第五节　马克思主义为什么具有科学性？

一　教科书绪论的结构

上面我们讲了哲学是什么，在这个基础上我们来讲马克思主义哲学有些什么特点？我们先来看教科书的绪论部分。我们已经通过讲马克思主义是如何诞生的，把绪论部分的思路勾画出来了。一部书的绪论就相当于咱们去应聘的时候所作的自我介绍。书的绪论其实就讲了这么几个问题：第一，我是谁；第二，我是怎么来的；第三，我有什么特点；第四，怎么用我。第一，马克思主义是关于无产阶级和人类解放的科学体系（我是谁）；第二，马克思主义的产生和发展（我是怎么来的）；第三，马克思主义的科学性与革命性的统一（我有什么特点）；第四，努力学习和主动应用马克思主义（我有什么用）。

二　以前的哲学为什么要说是为全人类服务的？

首先，我们说马克思主义是无产阶级的科学体系。前面讲了，哲学不一定是科学，但为什么说马克思主义的这个体系是科学体系呢？这就和马克思的立场有关系了。如果一种哲学体系本身是为少数人，也就是为统治阶级服务的时候，如果它直接说出来，而它又要所有人都接受这种体系，那就肯定会出问题。所以在马克思之前，没有哪个哲学家说自己是为某个阶级服务的，他一定要说他是为全人类服务的，强调它的普世性。

为什么呢？因为他要安的这个体系实质上是要赋予统治阶级一些特权的，如果他直接这么说多数人就不听了，那就实现不了给一个社会普遍安装秩序的作用。我们的外交辞令好多也是这样，有的国家的领导人到咱们国家访问主要是为他们国家的利益来的，但他们会说是为了与中国人民之间的传统友谊而来。如果你的政治立场是代表少数人，而你又要用你的思想来统治所有的人，那是肯定要掩盖为少数人服务的实质。所以说，当一种哲学成为意识形态之后，如果有人揭露这种哲学是为少数人服务的，国家就会打压揭露的人。

当然，我们也说过，有的哲学家属于在哲学的门外对哲学作贡献的人，他们强调哲学的非功利性和非政治性，他们不是故意隐瞒自己的哲学立场，因为他们研究的只是哲学中的一个小部分，可以不涉及阶级立场问题。也有的人是从认识上没有意识到这个问题。但是不管人意识到没意识到，即便是做纯学术研究，无心过问政治，如果研究结果的公布会对一个国家的意识形态起破坏作用，政治就会来过问他。所以说，有的不懂意识形态的科学家不知道有的时候为什么自己明明在揭示真理却会遭到迫害。马克思也是因为揭示了真理而遭到迫害的人，但他不是不懂，而是他很勇敢，他为了人类的解放事业而不惜牺牲自己。

比方说，如果我心里只想着自己的阶级，我是个大地主，在统治的时候本来只是为我自己服务，但现在我要来建立一个体系说服大家都来为我服务。如果我说你所做的一切都是为我们地主阶级服务的，而这个地主阶级在整个社会当中属于少数，现在我要让大多数的农民为地主阶级服务，还告诉他们地主阶级无偿占有了他们的剩余产品，农民怎么可能去劳动呢？所以在这个时候我虽然心里想的是让大家为我劳动，但我一定要把这个体系说成是对所有的人都有利，这样的话才有号召力。当然，无论是奴隶社会还是封建社会，都是一定要给劳动人民一定的好处的，起码要让他们能够维持最低的生活水平。这样地主阶级就需要把本阶级的利益隐藏起来，所以说要去揭露的人就会被统治阶级迫害。

人世间就是这样的复杂。有的自私自利的人，他行为的目的本来是为自己，却要装得是为大家，你还不能去戳穿他。当他被揭穿的时候，就会感觉很没有面子，会恼羞成怒。所以，人想的不一定是他说的，他说的不一定是他做的，他做的不一定是能说的，他想的也不一定是能被揭穿的，所以孔子说识别一个人要听其言而观其行。不能人家说什么你就信什么。所以说，为什么与一个人打过交道后，才更能够认识那个人的本性。一般不懂世故的小人才会显露其真本性，很世故的小人常常装得比真好人还好。

在西方哲学史上，康德比马克思差吗？马克思从康德那里学到了他的严谨的思维能力，才能够创造出这么严谨的科学体系。黑格尔比马克思差吗？也不差。那康德和黑格尔的问题出在哪儿呢？就是因为他们的阶级立场。康德和黑格尔的阶级立场决定了他们不能把基督教完全灭掉。基督教在中世纪代表着整个封建势力，你否定基督教，就会触及当时的地主阶级的利益。而且后来地主阶级和大资产阶级又混在一起了，让他们前怕狼后怕虎。所以当他们不能完全站在人民的立场上看问时，他们的思想就无法彻底，他们的哲学中就会有阶级立场带来的局限性。

三　马克思主义靠科学建立权威

马克思主义为什么能够坚持真理呢？这和它最鲜明的政治立场是有关系的。马克思因为把自己的体系说成是为无产阶级服务的，给他带来了很多的麻烦，但他属于得道多助的人，他不怕。他把自己的体系建立在无产阶级的利益之上，因为坚持科学与维护无产阶级的利益是一致的，他越讲科学，就越有利于无产阶级的利益，所以他就没有必要去隐瞒了。我们平时要隐瞒什么，肯定是有动机的。

比如说，咱们在外面打了架回来，自己先把别人打了，自己的眼睛也被打青了，回到家怕父母骂，就编一个故事，说自己学雷锋为同学打抱不平了。如果自己做的是好事，没有必要隐瞒，隐瞒和说谎多麻烦哪！有的时候，你会听一些爱说谎的人，他的目的达到后，他会说现在我也没有必要撒谎了，为什么呢？撒谎是件很累的事，在没必要的时候，谁肯费那劲啊。

所以说，我们要理解马克思主义，我们必须站在无产阶级的立场上才能理解。而且马克思的时代，是高扬科学和民主的时代，马克思是借助科学来树立他的理论权威，所以他才把自己支持的共产主义称为科学的共产主义。马克思把他那个时代的科学发展的成果吸收到他的理论体系之中，因此他的体系越科学，力量越大。

也正是因为这样，我们今天学的马克思主义，才可能拿来用。如果是假的东西，肯定没有办法用。现在我们说马克思主义可以指导我们自然科学和社会科学的研究，就因为它具有科学性。有的哲学只能拿来说，说得很好听，但是没法拿来用，因为其中有假的成分。而马克思主义则是既可以拿来说，也可以拿来用的哲学。等到老师讲自然辩证法的范畴体系的时候，会教大家如何用。当然，我们要注意的是，我们学习马克思主义的最终目的是为了建立共产主义信仰。

四　马克思主义是一张真实的世界地图

马克思主义揭示的自然、社会和思维发展的普遍规律就是科学真理。大家看，我们这一小本教科书，怎么能包括那么大的一个体系呢？它把整个的世界体系都包括进来了，就因为它是在讲规律。如果它讲的是细节，哪有可能只这么一小本书就写得完呢？哲学是一种浓缩的真理，所以才能体现出智慧。智慧就是用尽量少的语言表达尽可能多的真理。但浓缩的东西是很难消化的，所以要真懂的人才能体会到这种智慧的高超，看不懂就会感觉十分枯燥。哲学是由范畴体系构成的。通过这种范畴体系我们来进行归类，归类以后就能把整个世界的结构揭示出来。

我们来看一下哲学的范畴是怎么来的。比如"韦正翔"是一个专有名词，这样的名词表示它所指的是独一无二的。如果咱们起个名字，在谷歌搜索引擎一查，很多人都叫这个名字，它虽然是专有名词，但实际上已经成为一个普通名词了。学英语的时候我们讲抽象名词，那个名词是怎么来的，就是因为人在记忆时需要归类。具体的个人，在世界上有好多亿。这么多亿的人全都要记住那多难啊！如果你写一本书把这些人的细节全都写进去，那还了得。所以说就要进行归类，怎么归类呢？咱们把具体的事物按类抽象化。比如说，"韦正翔"是个女人，"韦正翔"是生物，"韦正翔"是会思想的物质。抽象到最后，老子的那句话就出来了："道可道，非常道。"还有禅宗的第一义："不可言说。"为什么？就是因为抽到一定的时候，内涵就已经抽没了。

范畴是什么？范畴就是最抽象的哲学概念。范畴通常是成对的：物质与意识，形式与内容等都是一对一的。成了对以后有一个好处，我们是根据它的对立面来进行定义的。在这个时候必须用什么方法来解决？就要用辩证逻辑，形式逻辑不行，因为形式逻辑不允许循环定义。而物质的定义里面包括意识，意识的定义里面又包含物质，这就是循环定义了，但辩证逻辑就可以。当我们抽象到"范畴"的时候，我们就能把整个世界分成几大类了，接下来我们再来把握这几类的特征，就容易把握事物的一般性了。

在有了范畴以后，我们就可以通过把握"类"来把握一个事物的一般性了。在这点上范畴与普通的概念是一样的，概念也是在分类，只是抽象程度没有那么高而已。从概念中我们可以看到一般性，并把一般性默认为正常现象，而把特殊现象看成是怪现象。比方说，你今天要去见一个女的，你不知道这个女的具体是什么样子，但你肯定知道这个女的大概是什么样子，为什么？就是因为女人的特征你是掌握了的。或者说你是要去见一个人，如果你看到这个人只有一只耳朵，就会感觉很奇怪，为什么呢？因为在我们的概念当中，人通常情况下都有两只耳朵。你就会想，这个人为什么会只有一只耳朵呢？如果你到一个村里，那个村里大多数人都是一只耳朵，你在那里呆惯了，就见怪不怪了。所以说，正常现象通常指的是一类现象中的大多数情况，而怪现象指的是一类现象中的个别情况。

我们通过范畴体系，把世界中的万事万物都分成了大类，再归纳出这个类的一般性，我们就把握了事物的正常情况。然后我们再归纳出范畴之间的关系，这样就能把整个世界乃至整个宇宙都写到这本薄薄的书里了。它的作用就是通过归类、简化来弥补我们记忆力的不足。当我们找到这些范畴间的必然联系的时候，就把握了事物之间的本质关系。这种联系不是随便联系的。虽说世界万物是普遍联系，但有的联系是必然的，有的联系则是偶然的。哲学要揭示的是事物的一般性和事物之间的必然联系，而事物的特殊性和偶然性通常不是哲学关注的主要对象。

另外，不是每一个哲学家的哲学都可以作为人的世界观的。世界观指的是人们对世界的总的、根本的看法，也叫宇宙观。有的哲学家关注的只是世界的某一个方面，但我们看历史上的大哲学家，他的思想体系一般都是非常完整的，包括我们整个世界观的各个部分，那就是一张世界地图。咱们一般的学科是什么呢？是一张地方地图，比方说一张我家乡，云南省的地图，就算你把它画得跟世界地图一样大，它也不能成为世界地图。世界观必须得是一张世界地图，所以大哲学家的知识一定要渊博，否则他无法构建出一张世界地图。

如果这张世界地图是靠我们的脑袋臆想出来的，那也无法拿来用。古代有的地图就是人臆想出来的。如果是臆想出来的不符合实际的地图，就不可能作为一种方法论。什么是方法论啊？方法论是指人们认识世界和改造世界的一般方法。能够变成实际应用的有效的方法论的世界观必须是真理才行。比方说我要到非洲去，我拿着这张地图我就能够找到非洲。可如果地图画错了，你就无法根据这张地图找到非洲。哥伦布当年就是拿错地图了，所以他把美洲当印度了。马克思主义哲学就是一张真实的世界地图。它既可以当世界观，也可以当方法论。

虽然说马克思的目的并不是要提供一种方法论，但我们说某种东西不是为某个目的创造的，但它并不是说它不能有别的用途。比方说，一个铁杯子，它本来是用来喝水的，哪一天你砸核桃没有工具，拿那个铁杯子来砸也可以。只是我们现在的问题是，我们在用马克思主义的很多方法的时候，却忘了其本来是要让人有共产主义信仰的目的。我们可以看到，有的人用马克思主义的辩证法用得很好，但他却没有共产主义信仰。这就像我们把那个铁杯子用来砸核桃砸惯了，忘了那个杯子的本来的用途是盛水的了。所以说，我非常赞同要把我们这门课从教材体系变成信仰体系的提法。

第六节 马克思主义的时代性和继承性

一 时代怎么具体地影响了马克思？

在马克思主义的产生和发展这个部分，讲到了马克思主义是时代的产物，是在实践中不断发展的。马克思主义是时代的产物的问题，其实我们已经通过讲马克思的思想转变时讲清楚了。比方说，咱们讲到了西里西亚工人起义当时是怎样影响到马克思的，讲到了它是如何导致了马克思跟卢格的决裂，这就是以一种具体的方式来讲时代对马克思的具体影响。不是每一个时代发生的任何事情都会对我们产生影响。今天清华园里发生什么事情或咱们国家发生什么事情，不一定会对韦老师产生影响。我们经常有一种做法，就是交代时代背景。那个时代发生了什么什么事情，然后就直接说那件事情对某个思想家产生了巨大影响。这种说法不一定对。同学们以后要研究思想家的思想转变的时候，一定要以具体的历史资料作为依据。

二 空前绝后的理论一定没有生命力

另外，学东西都存在一个继承前人的优秀思想遗产的问题。任何一个理论家，尤其是哲学家如果他想创造一个空前绝后的理论，那么他的理论注定是没有生命力的。一种有生命力的理论，一定是既有源又有流的，前面他要继承别人的东西，后面要有人继承他的东西，这才是真正的有生命力的理论。当一种理论形成一个流派，就会有人不断地去发展它了，它就拥有了自己的生命力，但别人怎么去发展它，就不是原创者所能控制的了。

　　马克思还在世的时候，就有人戴着马克思的帽子去做不符合马克思原意的事情，所以马克思会说他不是一个马克思主义者。马克思是站在巨人的肩膀上往前走的。在我们的教科书中忽视掉的是康德对马克思的影响。我们在前面讲过，马克思高于恩格斯的主要原因在于他一开始学了康德的哲学，虽然他后来把康德的东西扔掉了，但是他从康德那里学到了超强的串写能力。

第三章

哲学的基本问题到底在讲什么?

【画外音】这个部分的难点在于比较抽象，学生们不知道物质第一性与意识第一性这个问题到底有什么现实意义。这个问题对中国人来说是没有直接的现实意义的，但是它对西方人来说却具有直接的现实意义，因为只有说明意识是第一性的，上帝才有存在的余地。而在马克思的那个时代，为了推翻封建制度，就必须推翻维护西方封建制度的基督教，所以需要先把上帝消灭掉，而要消灭上帝就必须要论证清楚物质是第一性的、意识是第二性的。马克思借用了科学研究的成果来消灭上帝，因而使马克思主义的哲学具有科学性。讲授这个部分容易产生冲突，因为学生中有信基督教、佛教和伊斯兰教的，需要以探讨的方式来加以阐述。

第一节 哲学的基本问题与宗教

一 哲学基本问题在西方的现实意义

　　教科书的第一章主要讲的是自然辩证法。这个部分主要学的是这么三句话：世界是物质的，物质是不断发展变化的，物质的发展变化是有规律的，把这三句话学透了，这个部分就掌握好了。这是用来回答哲学的基本问题，即物质第一性还是意识第一性的问题。在西方的封建社会中，基督教相当于咱们中国的儒家，它在当时是封建社会的意识形态，而且西方封建社会的整体体制通常是以基督教为前提来构造的。如果不把基督教的影响先清除掉，封建社会的特权就没有办法消除。在马克思的时代，灭掉基督教就相当于是反封建，是推动封建社会过渡到资本主义社会。

二　中国人学习哲学基本问题的用途

咱们学习哲学的基本问题也有咱们自己的目标。共产主义信仰是无神论的信仰，有宗教信仰的人是不可能有共产主义信仰的，所以要确立共产主义的信仰，也需要消除宗教的影响。有的人说，一个没有信仰的民族是个胆大包天的什么事都干得出来的民族。这点我同意，但信仰不只是包括宗教信仰。一个民族必须有信仰，否则即使衣食无忧，这个民族作为一个整体也是不会幸福的。

一个完全没有信仰的人，不如一个有宗教信仰的人，而一个有宗教信仰的人，不如一个有共产主义信仰的人。因为宗教信仰是用虚幻的上帝的威力来教人遵守秩序，人是为了上天堂才行善，因此还是有个人的功利心在其中。人世间最让人幸福的生活是纯洁的、美的生活，而只有超越个人功利心的人才能体会到纯洁的美。共产主义社会会让人感觉幸福，就在于在这个社会中，每个人都有条件来超越个体的功利心，从而获得一种心灵的洁净之美。这样的美在宗教信仰中是体验不到的。

但是，我们这里也要说明，宗教信仰在一定的社会历史发展时期是有历史贡献的，也是无法被消除的。而且宗教在安装秩序上是有功劳的，因此即便人类不需要宗教了，即便我们大家最后都承认宗教是假的了，它依然具有文化意义，依然应该作为文化遗产放到人类历史的博物馆里。间谍是不是也在说假话？是的，他们经常满口谎言，但为人民服务的间谍是人民的英雄，即使他们说了谎话，但是他们对人民的事业是有帮助的，是善的，因此他们的功绩是不可磨灭的。

在人类社会的一定的历史发展时期，宗教起到了引导人向善的作用，而且这种效果是通过其他的方法无法达到的，因此宗教是有一定的历史功绩的。今天，我们的社会依然需要宗教的帮助，需要包容宗教的存在，但一个共产党员是不能信仰宗教的。这并不是不自由，你可以选择信仰宗教，你不要入党就可以啦。如果一个人既信仰宗教又加入共产党，那说明他既没有宗教信仰也没有共产主义信仰，只是想得到两种信仰的好处而已，这对两种信仰都是亵渎。

在当代社会中，咱们也会面临好多宗教问题，咱们可能会跟伊斯兰教和基督教等宗教信仰者打交道。随着全球化的进一步推进，国际交往越来越多，我们接触宗教人士的机会也就越来越多。大家以后要是到美国去，你是不是要信仰基督教？如果你不信基督教，又该如何看待基督教呢？怎么与有宗教信仰的人交流呢？下面我就结合我接触基督教的经历和哲学的基本问题来谈一下无神论为什么是真理。

第二节 老师接触基督教的经历

> 【画外音】这个部分可以不占用课堂时间，可提前把这个部分放到网络学堂上，请学生们先看。这样可以比较柔和地与学生们，尤其是信教的同学进行交流，使得他们能够正确地看待宗教。

一 对死亡的恐惧

我先给大家讲一段我在美国接触基督教的经历。我本人小的时候特别害怕死，经常会想死到底是什么样的呢？妈妈说死了就会被埋起来。我还问过妈妈，死了给埋起来那怎么喘气呢？反正挺恐惧死亡的。而且我出生在昭通，当地还是比较信鬼神的。我在寻甸吃野蘑菇中毒的时候还见了鬼呢！我亲眼见到很多红色的鬼从红色的棺材里爬出来。所以说我自己应该说是有信教的可能性的。如果说那时有一个教徒去引导我，我很可能就信教了。

一个清华学生跟我说，他到大学的时候还特别怕死，想到死还哭了好多次。由于他学化学，发现人的物质形态是不会消失的，只会转化为别的物质形态，才不怕死了。我在大学学习马克思主义的时候，没有确立共产主义信仰，倒是变成了一个坚定的无神论者。如果学习马克思主义只是变成了无神论者，天不怕地不怕，又没有确立共产主义信仰，那是件很恐怖的事情。当人什么都不信，就可能会破坏底线为己干尽坏事。我还好，还是恪守了儒家思想的基本道德规范。

二　美国的道德教育

我第二次去美国是去讲学的，去的是美国的南部。有位白人朋友一到周末就来叫我，说是带我去教堂。我不信教，但总觉得对宗教还是应当有所了解。所以跟着那个人上了好长时间的基督教堂，去体会这种宗教的价值观和组织方式。从中我体会到了什么呢？为什么人们爱去教堂？教堂具有特殊的组织方式，他跟你在工作单位不一样。在工作单位你会比较紧张，因为同事之间会存在利害冲突。当一个人在工作单位中搞不好关系时，人会非常焦虑，很多工作也无法顺利开展。所以，在工作单位工作时，人们都是小心翼翼的，怕得罪人。美国人也一样，也怕得罪人。但是到教堂，就不存在这样的利害冲突，而且换教堂比换工作容易。

但是到了教堂跟你所属的社会阶层有关系，你是属于哪个阶层，就上哪个教堂。一般黑人有黑人的教堂，穷人有穷人的教堂，富人有富人的教堂。教堂生活是美国人的一种生活方式，尤其在南部。小孩子从小就在教堂里接受道德教育和安装秩序。咱们是通过思修课要教你们道德和安装秩序的，但美国人的道德教育主要是在教堂里进行的。在美国南部，大多数人都是信教的，在那里如果不信教是很容易被边缘化的。

所以选择去教堂的人，有很多人是很虔诚的，但也有一部分人属于害怕被边缘化而去的。有的小孩子非常害怕上教堂，是家长上午从床上给揪起来去的。有的同学问我，说为什么很多美国的科学家是信基督教的？他们从小就接受基督教的教育，如果没有一种很强大的力量来改变他们的信仰，他们不会轻易改变小时候就确立起来的信仰。从小就要确立一个人的信仰，这样更难以改变。小时候人不是很功利，容易被感动，并且容易在信仰的基础上形成行为习惯。当他习惯后，有了情感方面的体验，以后要改变就会产生情感上的抵触。所以，我们的信仰教育也要从娃娃抓起。而娃娃们的第一任道德教师主要是父母，父母的迷茫往往会导致娃娃们的迷茫。

三　功利性选择与自愿性选择

人在一生的信仰抉择中，你可以做功利性的选择，但功利性的选择会让你很难受的。比方说，你加入中国共产党是功利性的，你根本就不信共产主义，那这就意味着你在开 N 多个会中，在学习文件的时候，在发表讲话的时候，你的内心是抵触的，你不得不说口是心非的话，不得不伪红，不得不做自己特烦的事。在没人的时候扪心自问，不能不觉得自己有点卑鄙，靠伪装有共产主义信仰来谋得自己的发展机会。你有足够多的选择，并不是非要靠入党才能活着，才能发展，那为什么就不能有点骨气，不信就不入呢？据说现在在有的地方，入党还需要开后门。

我们扪心自问，我们是不是真信共产主义呢？在这种伪红的状态下生活，人怎么可能幸福呢？这样的人怎么可能在前途无望的时候，在伪装共产主义信仰已经得不到好处的时候，还不撕下脸上的面纱呢？这样的生活是痛苦的根源，而不是幸福的来源。而且如果一个人长期做功利性选择，内心一定是抵触的，大家也能看出你的功利性，你本来想是从中获取利益的，你还要假装融入这个群体，其实难受了半天也未必能得到什么功利。

所以说，要入党就真入，只有真正地有信仰才能给你带来幸福。而我们这门课的学习，就能帮我们从学术高度上入党，把我们的自愿性选择与功利性选择结合起来，这样我们才能拥有一种真红的和舒心的幸福。国家现在最需要的就是真红真专的接班人。现在我们中央的很多政策是好的，但是落实不下来，就是因为我们缺少一大批真红真专的执行者。

咱们再回过头来讲基督教。刚开始的时候我去教堂觉得很有意思，很有新鲜感，觉得挺开心的，大概去了几个月吧，就开始厌倦了，因为我没有基督教的信仰，但来邀请我去的又是好朋友，我也不好意思不跟着去，去了自己还是挺难受的。后来我就把这件事转变思路想了一下，当成了一个学英语的地方了，才感觉好受了。

第三节 康德与马克思主义的宗教观

一 康德的"道德神论"

现在我们来看马克思主义是怎么看待宗教的。宗教到底是真的还是假的？即便我们说它是假的，也不一定要去消灭它，因为在一定的历史时期，如果宗教对整个社会的道德教育有好处的话，国家是不会把它消灭掉的。康德认为，虽然在科学领域论证不了上帝的存在，但是上帝是有必要存在的，因为道德教育需要它。康德的这个理论就叫"道德神论"。其实不少人都是从道德教育的角度去讲宗教存在的意义的。

康德是用实证的方法来论证他的不可知论的。你想啊，如果用实证的归纳方法，你要穷尽所有的事物才能归纳出一个全称判断。宇宙是无限的，而我们的认识是有限的，我们无法穷尽所有事物来进行归纳，那你怎么能证明全部的宇宙都是可知的呢？所以说，康德通过实证的方法得出了不可知的结论。他留出这么一块地方，主要是为宗教信仰提供一个存在的空间。

其实上帝的力量不在于它是否是真的，而在于它身上聚集了西方人认同的特性，是人们所有希望的集中体现。它就像一个美丽的童话，上帝是主人公，是西方人心中的偶像和英雄，人们宁愿相信它是真的。通过信仰它，来给予自己力量，来造成一种道德舆论，使得做违反上帝倡导的道德的人得到最高等级的批评。你想，一个人信仰上帝的人，被上帝批评了，那是多严重的一件事啊，弄不好上不了天堂不说，活着就会遭到众多信徒的非议。

二　马克思主义的历史阶段论

从马克思主义的角度来看，宗教只是在一定的历史阶段有它存在的合理性。宗教是假的，但假的东西不一定是没有用的。当宗教的安装秩序的作用无法被更有效的方式替代时，它就有存在的必要性。当它有必要存在的时候，唯心主义哲学家就会千方百计地利用他们的智能把假的上帝辩成真的，所以唯心主义哲学家的理论思辨性都非常强，而唯物主义哲学家则不用费那么大劲。你想，唯心主义要论证的东西是人们一听就不信的，他们要绕啊绕啊的，用逻辑把人给绕晕了，最后信了，那得要多大本事啊。而唯物主义者要讲的东西，人们一听就信了，那也就没有必要论证了，所以从思辨性上来说，唯物主义比唯心主义差远了。因此我们说读大唯心主义者的著作，更能锻炼自己的抽象思维能力。

在漫长中世纪，西方一直是需要基督教来安装秩序的。而封建社会是人类历史发展长河中的一个环节，曾起到过进步的作用。那时西方需要基督教的存在，需要上帝的存在，因此用唯心主义的哲学体系来进行论证，所以在西方历史上有很多著名的唯心主义哲学家。唯心主义哲学家是上帝的辩护律师。你想，他们要把人们看不见摸不着的上帝辩得让大家相信，把假的硬是辩成真的，而且辩得让大家相信那么长时间，那得需要多大的智慧啊！这种长期的辩护，培养了西方人的逻辑思维能力和辩论的能力，更培养了他们的想象力。这在客观上为西方的科学技术的发展和创新能力开发起到了很重要的作用。当论证上帝存在的逻辑能力和想象上帝存在的想象力被用到科学技术领域时，它就变成了西方科技发展的基础本领和创新思维。

这也就是老师明明告诉大家，康德的结论是有局限性的，还是建议同学去读他的作品，跟着他绕绕，就能把我们的抽象思维能力培养出来。中国的儒家哲学不绕，就是因为它经验性强，人们很容易就能从经验层次上产生共鸣，一说就信，不用多费口舌，所以思辨性就差。我特别喜欢上马克思主义哲学这门课，就是同学们先是不信、不懂的，我得想尽办法让大家信，让大家听懂，所以就非常有挑战性。挑输了特别难受，但挑赢了就特别幸福。同学们都应该学习讲授这门课，真的很有意思。很多我自己本来也不明白的事情，是在讲课的过程中突然弄明白的。我们现在很多时候无法把人组织起来做事情，就是不会做思想工作。你怎么就能恰好遇到思路与你一样的人一起工作了？你做领导，你下面的人想法不一样，你要通过统一思想来统一意志，以便更有效地互相配合，你就需要有做思想工作的能力。你会讲这门课了，就有了系统的说服方法了。

为什么马克思主义要证明宗教是假的呢？因为有宗教信仰就不可能有共产主义信仰。而且，如果马克思主义要给人一个科学的世界观和方法论，那就必须是真的和能用的。下面我们就来看马克思主义怎么通过解决哲学的基本问题来论证宗教是假的。

第四节　对于上帝是否存在的证明

一　自然界和人类是怎么来的

基督教有这么几个假设：第一，自然界是怎么来的？是上帝创造的。那么怎么证明自然界是上帝创造的呢？这就引出了物质第一性还是意识第一性的问题了。如果物质是第一性的，这世界本身就是物质的，不需要上帝把它生出来，上帝就没地方待了。所以说要让上帝存在，必须要证明意识是第一性的，在这个物质世界没有之前，已经有一种意识存在，是这个意识来创造的这个物质世界，这样的话，上帝才能够存在。所以说，如果我们认为物质第一性的，就是唯物主义的；如果我们认为是意识第一性的，就是唯心主义的。

列宁说，物质是标志客观实在的哲学范畴。什么是客观实在呢？客观实在就是物质的不以我们的意志为转移的特征。大家看，中国历史上，有的搞封建迷信的人，恨谁就做一个小布人，用针扎那个人，想着要把那个人给扎死。其实那个人是不以他的意志为转移的，他不是想那个人死那人就死了的，他必须用武器才能把那人扎死，这就是物质的东西必须要用物质的东西才能消灭。古时候，人面对强大的会损害自己的东西，打不过，就诅咒，就骂，想把那东西骂死，其实是骂不死的，因为它是一种客观实在。

马克思主义认为，意识是物质世界发展到一定阶段的产物，是客观实在在人脑中的反映。这里说明了几个问题：第一，物质在先，意识在后，在物质之前没有意识，所以物质世界不需要上帝创造。第二，人类的脑袋里的信息是来自客观实在的。人想象不出客观世界里面没有的东西。人通过学习他人的信息或从实践中获得信息，没有信息来源，人的脑袋再聪明也是一台空电脑，所以说，你再聪明，不学习和不实践最后也什么都不懂。人的意识世界的丰富多彩是靠反映客观实在的广度和深度而来的。

所以，一个孤陋寡闻的人的意识世界是非常单调的。所以说，我们要刻苦学习，该背的东西小时候就要背，那是童子功，那些关键信息是我们的意识世界能够丰富多彩的基础，也是我们的思维需要借助的信息。聪明主要体现在记忆力和灵敏度上，这主要是靠天赋而来的。人的脑袋里主要需要装上这么几种东西：驱动系统（价值观和信仰系统）、信息系统（知识系统）、检索系统（哲学系统）、推理系统（逻辑系统）。人是根据他的驱动系统来选择在脑袋里输入和存储什么信息的。装上这些系统的脑袋就很好用。

马克思主义认为世界是物质的。怎么证明的？就是说自然界本来就有，不需要什么上帝来创造。那么是用什么证明的呢？就是能量守恒定律。如果物质是不生不灭的，你还需要什么神来创造呢？因为以前我们的经验性思维，就像我们是妈妈生的，妈妈又是妈妈的妈妈生的，妈妈的妈妈又是妈妈的妈妈的妈妈生的。这样推导到头，就需要找到最开始是谁生的谁。也就是蛋生鸡还是鸡生蛋的问题。唯心主义哲学家就是这样把上帝给推导出来的，认为最初的自然界是上帝生的。

所以当我们讲这个物质世界是不生不灭的，是能量守恒的，这不就完结了嘛! 马克思那个时代科学界已经发现了能量守恒定律，可以用来解决世界是物质的这个问题。世界是物质的，自然界就不要上帝生了。如果同学们不服，那你就试着证明一下，上帝是怎么创造自然界的。那人类是谁生的呢? 根据基督教的教义，人类也是上帝生的。那么马克思主义用什么来证明人类不是上帝生的呢? 那就是达尔文的进化论。我们人类是进化而来的，不是上帝生的。

二　世界为什么是运动的

还有一个问题，如果从物理学的机械运动的角度来看，这个世界的运动肯定要有第一推动力。是什么力量推动了这个世界使它运动起来的呢? 唯心主义者说世界运动的第一推动力来自于上帝。那马克思主义又是用什么原理来说明事物的运动是不需要第一推动力的呢? 它认为所有事物的运动靠的是事物内部的矛盾运动。这对我们中国人来讲特别好理解，为什么呢? 咱们说万物的内部都是有阴阳两极的，阴阳理论就能帮助咱们理解矛盾运动的问题。

比方说，我们看到的太极图，为什么白的部分当中有一个黑点，黑的部分当中有一个白点呢? 这个太极图之所以能够动起来，就是因为黑的当中有白点，白的当中有黑点。当白点增长到一定程度时，事物的性质就发生了变化，反之亦然。运动是事物内部矛盾斗争的表现。事物的运动是来自它的内部矛盾，这就引出了唯物辩证法。唯物辩证法的核心就是在讲事物内部的矛盾运动的规律。

第四章

唯物辩证法有什么用?

【画外音】讲到这里，学生们开始对抽象思维的解说能力感觉比较服气了，对宗教信仰问题也心里有数了。在马克思主义的体系中，唯物辩证法部分也是服务于消解宗教和论证共产主义信仰这个目的的，这个部分我们在现实中运用得比较多，可从方法论的角度来讲授，这样学生们就能认识到马克思主义确实可以作为一种指导自然科学和社会科学研究的方法论。当他们相信了这种方法论的真理性，再借助这样的方法论来论证共产主义是必然实现的，就有了说服力。

第一节 唯物辩证法概述

一 唯物辩证法与自然辩证法

唯物辩证法是关于自然、社会和思维的最一般的规律的科学。从这个定义中，我们可以看到唯物辩证法在马克思主义基本原理中是一个总体的方法论，其中强调了科学。我们说马克思主义主要是以科学来建立它的权威的，而科学的方法也就是唯物辩证法就是它论证共产主义必然实现的武器。马克思的《资本论》就是通过运用唯物辩证法写成的。而唯物辩证法的规律首先是来自自然界，指的是自然界客观存在的规律性，因此也可以叫自然辩证法，是马克思主义把它从唯物主义的角度推广到社会和思维领域的。

恩格斯在《自然辩证法》一书中归纳了自然辩证法，但这个方法是马克思和恩格斯早就已经使用的建构他们理论的根本方法。由于唯物辩证法的规律是从自然辩证法中来的，因此我们要特别注意在社会和思维中的辩证法中存在的主观能动性问题。唯物辩证法可分为：自然辩证法、唯物史观和辩证逻辑。这里面的内容太丰富，以后同学们无论想做大政治家、大学者或大企业家，都需要把握这个部分的方法。

二 主静和主动的哲学

与唯物辩证法相对的是形而上学。它用孤立、静止和片面的观点看世界，认为一切事物都是孤立的，永远不变的。如果说有变化的话，也只是数量的增减和场所的变更，而且变化的原因在事物的外部。大家一看形而上学可能就会感觉这明显是错误的，那为什么还有人这样想呢？而这样想的人恰好是西方历史上最牛的唯心主义哲学家。柏拉图当时看到事物的现象的流动性和变化性，就想从事物背后找到一种本质的和永恒不变的东西，为什么要找这种东西？因为他要为社会秩序找到一个稳定的基础。我们说了，中国和西方历史上都曾用天的秩序来建立社会秩序的权威，因此董仲舒在《举贤良对策》中说："道之大原出于天，天不变，道亦不变。"

一个社会的政策是可以与时俱进的，而社会秩序却是需要稳定的。所以无论是西方还是中国，在社会趋稳时期都要为社会秩序的稳定找到根基，只有一个社会的秩序稳定了，社会才能实现大治。因为形而上学的方法，强调静，强调稳定，有利于对社会需要稳定的秩序进行论证，所以在社会处于稳定的时期，历史上的哲学家就更倾向于用主静的形而上学的方法来论证社会秩序的稳定性。

而在社会需要变革的时期，社会秩序需要更新的时期，就更倾向于用主变的辩证法来说明社会秩序变动的必要性。在西方哲学中，主静的以柏拉图的哲学为代表，而主变的以黑格尔的哲学为代表。在中国，主静的哲学以儒家为代表，而主动的哲学以道家为代表。通常主动的哲学都会被用来作为革命的工具。由于历史上稳定的时期超过变动的时期，因此主静的哲学家的理论通常能成为长期的意识形态，处于主导地位。

马克思主义哲学是主动的，因此也具有很强的革命性。但是马克思主义哲学并不否定主静的方面，只是它主张在不同的时期强调不同的方面。形而上学的方法，如果加以一定的限定，是可以纳入马克思主义的哲学体系中的。现在中国需要主静了，因此也开始从静的方面来中国化马克思主义了，更多地强调马克思主义哲学中的静的一面，和谐社会的提出就具有这样的倾向。

三   普遍联系和永恒发展

唯物辩证法认为世界存在的两个总的基本特征是：普遍联系和永恒发展。这两个特征对消除上帝的存在余地也是至关重要的。如果事物之间不是普遍联系的，就不可能互相转化。我们可以通过能量守恒定律来说明自然界是不生不灭的，不用上帝来生。那人是不是需要上帝来生呢？如果自然界与人之间不是相互联系的，中间是断的，那就无法从自然界中生出人来。那人是不是还需要上帝来生呢？如果世界不是永恒发展的，那是不是有世界的末日呢？在发展的尽头是不是又有上帝可以存在了呢？

再有，事物的发展如果是杂乱无章的，那就不可能有科学。没有科学，怎么来论证科学共产主义必然实现呢？所以只有通过对事物的发展规律的把握，才能证明未来的共产主义社会为什么是必然可以实现的。那我们要把握的规律是什么呢？规律就是事物本身所固有的、本质的、必然的、稳定的联系，是事物发展的必然趋势。规律作为一种客观实在，也是不以人的意志为转移的。所以说，种瓜得瓜、种豆得豆。我们种了瓜，在瓜还没有长出来的时候，我们就能判断，只要条件合适，它肯定会长出瓜来。因此，我们说通过对规律的把握，就能够通过现在预见未来。

从事物发展的规律性中，我们可以看到世界为什么是普遍联系和永恒发展的。我们说由于世界是普遍联系的，因此任何两句话，只要我们把中间环节把握好，就能够合理地串起来。而写文章，就是在写句子串。唯物辩证法的基本规律有三条：即对立统一规律（矛盾规律）、质量互变规律和否定之否定规律。这三大规律是黑格尔在《逻辑学》一书中提出的，恩格斯在《反杜林论》和《自然辩证法》中加以了论述。这三大规律咱们中学时代都学过了。老师就不再把重点放在讲概念上，而是帮大家弄懂，使大家真正理解。老师也会选一些唯物辩证法的概念和范畴来给大家讲解。下面我们先讲三大规律。

第二节 三大客观规律

一 对立统一规律

(1) 矛盾的观点

唯物辩证法的核心是矛盾即对立统一的观点，具体归纳为对立统一规律。对立统一规律是唯物辩证法的根本规律，内容主要包括矛盾的同一性和斗争性；矛盾的普遍性和特殊性；主要矛盾和非主要矛盾；矛盾的主要方面和非主要方面等。矛盾指的是事物自身所包含的既相互排斥又相互依存的关系，既对立又统一的关系。对立指的是矛盾双方互相排斥、互相斗争。统一指的是矛盾双方在一定的条件下互相依存，一方的存在以另一方的存在为前提。在一定的条件下，矛盾双方各自向其相反的方向转化。矛盾存在于一切事物中，并且贯穿于事物发展过程的始终。这里我们只是提纲挈领地说一下矛盾观及其用法。马克思主义最初用这个观点来干什么？来排除上帝存在的空间，来说明事物运动的原因来自事物内部的矛盾。如果矛盾不是无时无处不在的，有的地方可以没有矛盾，那上帝就可以在那里出现。

(2) 自然辩证法的视角

唯物辩证法的矛盾观认为，矛盾无处不在、无时不在，指的是客观事物和人类思维内部各个对立面之间互相依赖又互相排斥的关系。从自然辩证法的角度来看，任何一个事物内部都是分成两股对立的势力，彼此根据实力的强弱进行斗争，此消彼长。当力量对比发生变化的时候，事物的性质就发生了变化。强胜弱衰是事物发展的规律。新生事物必须具有旧事物没有的优点才有资本与旧事物进行对立，最后当它把旧事物的优点都吸纳了，又有旧事物无法具有的新的特点，它就能由弱变强，成为旧事物的掘墓者，最后成为强者。事物总体上是向前发展的，是由简单到复杂、由低级到高级的，就因为新事物总是有新东西才能与旧事物对立，而又必须吸纳完旧事物的全部优点，因此才更复杂和更高级。

(3) 唯物史观的视角

从唯物史观的角度看，一个社会中也总是存在着两股对立的势力的，主要是先进和落后两股势力。同学们可能会说，也会同时存在几股势力。

是的，在力量对比势均力敌的时候，会短暂地存在中间派或骑墙派，但是当势力对比明显分出强弱的时候，骑墙派通常就会被消灭，或投靠其中的一方。这样剩下两股势力主要是在进行力量的较量。这种较量的目标主要是维护各自的利益。世界上不是任何利益冲突都能找出双赢的方法，有的时候只能是单赢，所以才会有你死我活的斗争。在力量对比中，最强大的力量是道德，所谓得道多助，失道寡助就是这个道理。

说到这里，大家可能会质疑，道德能有那么大的威力吗？有！因为道德是一种凝聚力量的武器，通过道德可以改变力量对比，使得站在道德一方的力量能够大过不道德一方的力量，所以最后在力量对比时能够获胜。大家看，一个无道昏君，虽然他拥有军权，但军队的人也是人，他们是生活在社会中的，他们是有父母、有亲朋好友的，他们不是生活在真空中的。即使皇帝满足了军队的利益，军队的人也是有辨别力的，昏君的无能和腐败会祸国殃民，所以当他以人民为敌，失去民意的时候，人民就会形成一股整体的反抗昏君的力量，军队这时也会反戈一击。齐宣王曾就武王伐纣一事请教孟子，孟子说："闻诛一夫纣矣，未闻弑君也。"得道者昌，逆道者亡，说的也是这个意思。

所以同学们一定要站在道德的一方，也就是站在人民的立场上，才能真正造福一方，也才能使自己在进行力量对比时获胜。不要以自己在一个小团体中是否占优势来衡量自己是否孤立。如果你不慎进入一个腐败的团体中，即使你在这个腐败团体中属于孤立的人，只要你站在正义的一方，你就能得到人民的支持。在社会处于危难的时候，明哲保身是没有出路的，这种危难迟早会危及到你或你的家人和朋友。有人会说，改革者没有一个有好下场。什么是好下场？一个人为了人民的利益而死，即使是被坏人五马分尸，也死得其所，死得光荣，他们是作为英雄而死去的，他们由于他们的英名而永远光荣地活在人类历史上。可悲的倒是那些臭名永远载入史册，想从历史上死去也死不掉的人。

（4）辩证逻辑的视角

从辩证逻辑的角度看，思维的主体是个体。社会是无法思维的。我们说的社会意识并不是说社会能有意识，而是有的个人意识是能代表社会的，有的个人的意识则只能代表他自己。伟大的思想家的意识就是代表社会的，而他们的意识之所以能够代表社会，是因为他们从社会的利益而不是从自私的利益出发考虑问题。你可能会说，我是从自私的利益出发，结果我提出了一个恰好符合社会利益的观点，我是不是也很伟大呢？不伟大。

哥伦布是为到东方来探宝才发现的新大陆，在客观上是有益的，但是他没有那么崇高，因此他不是伟人。一个伟人的动机一定是不自私的。一个人主观上是为自己，顺便造福于他人，这样的人是不伟大的。他们在出现关键性的利益冲突的时候就会显露出自私的本色，不可能为社会的利益去牺牲自己的利益。那些在民族危难之际能够牺牲自己的生命的人，绝不是因为自私而顺便造福于他人的人。

在个人意识中是会反映出社会矛盾的。由于社会矛盾无处不在无时不在，因此人也肯定会纠结于这种社会矛盾之中。如果一个人完全从明哲保身的角度出发，在一个社会谁胜谁负不明晓的情况下，就会坐山观虎斗，唯恐选了会负的一方，因此也就会迷茫，不知道该支持哪一方。如果我们有分析事物的矛盾的能力，就能分清楚什么是正义的，什么方是先进的和有生命力的，我们坚定不移地选了这一方，肯定不会迷茫。

而且，人的生命是短暂的，我们并不是以自己有生之年选择了一个暂时获胜的一方来支持，自己就必然是对的。如果你支持的这一方是把一个国家带向危难的一方，你的子孙后代都得扛着你选择的后果生存下去。所以在大是大非问题上，我们是不能含糊的。有的同学们会说，现在已经没有大是大非了，大是的人遭殃，大非的人飞黄腾达。要我说，大是大非还是明确的，我们的主旋律电视台没有支持大非的，而且大非的人如果被抓出来了，人们是深恶痛绝的。

（5）在矛盾群中抓主要矛盾

现在大家都爱说"纠结"，而"纠结"其实就是矛盾在我们的心灵中的反映。个人是生活在一个矛盾群中的。如果一个人，没有信仰，没有生活目标，就无法抓出主要矛盾，矛盾群中的矛盾都是同等重要，这样人就理不出头绪，就会崩溃，就会把人给烦死。我们一定要有一个追求目标来支撑我们，因为一旦有了这个目标，就能在矛盾群中抓出主要矛盾，按部就班地去解决矛盾。人要消灭矛盾是不可能的。你把这个矛盾解决了，那个矛盾又出现了。人一生都是在不断解决矛盾的过程中度过的。当自己在矛盾双方对立的时候，处于优势地位就会感觉有安全感，否则就会感觉焦虑。而通过不道德的行为暂时处于优势地位的时候，心中不会踏实，所以有"君子坦荡荡，小人常戚戚"之说。

（6）"和而不同"

而你要与什么人产生矛盾，你必须与他处于一个同一体中。你们两个人不认识，你根本不知道另外一个人的存在，你就不会与他产生矛盾。而你们因为任何原因到了一个共同体中，都必然有矛盾。比方说，你跟一个同学住在一个房间，是不是就容易产生矛盾？你们在一个统一体当中，如果住在上铺的兄弟总在捣乱，你们之间不就容易产生矛盾吗？如果他不住在你的上铺，而是住在隔壁就跟你没关系了。

因为矛盾总是发生在统一体当中，统一体不在了，矛盾就没有了。所以，有一种解决矛盾的方法就是你去找辅导员，要求调一调屋子，这个矛盾在你这里就解决了。但是没有根本解决问题，就是因为他又去祸害别人了。而你在一个新的统一体中生存，肯定会有新矛盾，只是矛盾的种类不同罢了。你避开了一个袜子臭的，可能又来了一个鞋臭的。就像世界上没有同一片树叶一样，世界上也没有同样的人。人不同在一起肯定会有矛盾。

那么，怎么才能处于一种和谐状态之中呢？这就是我们讲的"和而不同"。你不可能把两种东西弄得完全一样，所以我们说互补型的搭配最好，互补是指什么呢？就是说我们俩虽然不同，但你跟我不同的地方，正是我需要的，我跟你不同的地方，也正是你需要的，这两个人在一起就舒服了。有的矛盾是可以通过改正自己、改正他人或宽容他人来解决的。这就是我们讲的矛盾规律。再强调一下，这个规律主要说明了事物是靠自身内部的矛盾运动的，不是由上帝推动的。唯物史观中的阶级斗争的理论，也来自于对立统一规律的应用。

二　质量互变规律

（1）生死对决

对立统一规律说了，事物是运动的，运动的原因来自事物内部的矛盾。一个东西如果只是处于绝对的静态中，那么事物就不会运动变化了。世界如果全部是静止的，就不会有新东西产生。我们周围的事物一直在发生着变化，我们看到的暂时的静止状态只是一种量变状态而已。我们每天都在生着，同时也在死着。如果我们只是生着，就永远也不会死掉。只是一开始的时候，我们生着的那个方面比较强壮，死着的那个方面比较弱小，所以我们在总体上处于一种生的状态。

等到死的方面变大，大到压倒了生的那个部分的时候，那就真的死掉了。而且我们的死也是一种物质形态的变化，咱们要真的从物质的意义上死掉是不可能的，因为我们的物质组成部分不是变成这个就是变成那个物质元素了。比方说，咱们死了变成了灰，那个灰被小兔吃了，变成了兔肉。那咱们不就变成兔子了吗？所以说，我们所说的死是某种特殊物质形态的消失，本质上是变成另外一种物质了。

那么事物内部为什么要有矛盾？因为任何一个事物都是一个复杂的事物，也就是说是无限可分的，它都有组成部分。它要维持自己的平衡或存在，就需要有中国传统哲学说的阴阳两部分的搭配。而阴之所以为阴就是它不具有阳的属性，而阳之所以为阳，就是它不具有阴的属性，但是它们双方要存在，因为它们都有对方所不具有的优点，又有对方所长的缺点，所以它们需要互相结合才能存在和发展。而在存在的过程中，它们为了让自己更强大，就都要增强自己的势力。在一个矛盾体中，就有矛盾的主要方面和矛盾的次要方面。矛盾的主要方面处于优势地位，而次要方面必然处于劣势地位。

比如说，当人生着时候，同时也是在死着，只是在我们活着的时候，生的方面处于优势地位，当死的方面处于优势地位时，人就会慢慢死掉。矛盾双方为了获得自己的存在，都在积蓄自己的力量。这个积蓄力量的过程就是量变的过程，当量积蓄到一定的时候，突破了关节点，那这个事物的性质就会发生变化，旧事物就会灭亡。而旧事物灭亡指的是一个事物死掉了，并不能产生新事物。新事物的产生会在否定之否定规律里讲到。我们这里先讲生死对决。

任何一个具体的事物都会是灭亡的，就是因为它生着的同时在死着。死的方式有两种，一种是它变成了新的事物，一种是它被解构了。被解构就是死了。那怎么就死了呢？死的对立面在不断积蓄力量，生的方面则会在对立中不断加强自己，使自己的潜能得到最大的发挥。当它发展到极限，精力耗尽，没有发展前途了，死的部分慢慢占了上风，等死的部分完全战胜生时，事物就死了。死的对立面的存在，使生的方面能够把自己发展到极限。

生的方面或死的方面通过量变、突破关节点、实现质变的规律，就是质量互变规律。那什么是质呢？质指的是指事物成为它自身并区别于另一事物的内在规定性，任何一种事物的质都是一个矛盾体，有它的特殊的矛盾。而质是通过各种属性表现出来的。怎么来看一个事物的属性呢？就是要与不同的事物比较，只有在比较中才能显示出它的属性。因为可以比较的事物很多，所以一个事物会显示出多种属性。那什么才是它的本质属性呢？就是当这种事物与它的对立面比较，与能够置它于死地，而又不得不纠结在一起的对立面的比较显示出来的特性。所以这种特性一般是它的所长，是它的特性。

（2）在类特性上努力

一个事物或一个人都不是一无是处的。而人有的时候会感觉自己一无是处，就是因为他找不到自己的特性，发现自己具有的都是别人具有的。那么我们又怎么说世界上存在的任何事物都是独一无二的呢？就是可能你身上的任何一个属性都是别人具有的，但这些属性的整合方式是不一样的，这就是你的个性。一个没有特性的人也是可以有个性的。而且人首先是作为一个类具有类特性的。一个能把类特性发展到极端的人才称作人。因为肉体享受不是人的类特性，所以无论你怎么会享受，都不称作人。

小猫猫小狗狗也很会享受，好多你会享的福它们也会享。吃好、喝好、玩好，它们也会。你给它们按摩按摩脚，它们也会感觉很舒服。而高尚的情操它们就没有，制造电脑的能力它们就没有，论证共产主义必然实现的逻辑能力它们就没有。所以，作为一个人，我们要在人类有特性的方向上努力，这样才配做人。一个没有本质特性的人，是一个徒有虚名的人。

质变就是一个事物失去了它的质的特性的过程。一个事物首先是因为它有某种质才存在，而当这种质不存在了，这个事物也就不存在了。人死了，它的肉体还在，但变成一个缺少人的质的特性的存在了。人脑对于人的心脏来说更具有类特性，因此脑死亡应该是人死亡的标志。

（3）乱量变产生不了质变

量指的是事物的规模、程度、速度以及构成要素在空间上的排列组合等可以用数量来表示的规定性。这里我们要注意的是，我们通常脑袋里面所想的量只是指规模。规模的增加不必然导致质变。乱量变导致不了质变。我们国家在发展的过程中，如果只是扩大规模，低水平重复，就产生不了发展上的质变，而且会因耗尽资源而导致倒退甚至死亡。我们学英语，为什么有的人学三年就质变了，有的人学十年还不质变？那就是因为他一直处在乱量变当中。

从这里我们可以看到，量变是要有合理的布局、合理的解构、合理的步骤，要分清轻重缓急、达到一定的程度、把握好关节点，才能实现不飞则已，一飞惊人的效果。所以说，量变是积蓄力量和打基础的阶段，基础不扎实，硬飞的结果只会摔得更惨。人可以借助外力来把自己的平台垫高，但是大家想想，如果你不具备飞的能力，现在把你放到30层的楼顶，硬让你飞，那是不是会摔得很惨啊！爬得越高，摔得越惨，就是指那些不踏实地进行量变，硬把自己拔高，结果经不起实践考验的结果。

另外，在量变的过程中也会不断发生小质变。量变方法得当的人，走一段、飞一段，就会很快达到要总体质变的程度。而只是一直在走的人就没有那么快达到那个程度。我们平时说的那些爱耍小聪明的人，就是不踏实地积累量变的人。人生没有目标，乱看书、只读自己有兴趣的书，都是在乱量变，最后虽然看了很多书，还是会一事无成。贪多的人，不舍得放弃的人，满处打井的人，也会因为量变积累的深度不够，最后虽然涉猎了多个领域，但每个领域都打不出水来。

韦老师就是因为笨，所以不管什么东西都系统地去学。你们说韦老师能做到每节课都去听吗？也不是。但我从来没主动逃过课，因为生病或者是特殊原因会有缺课的时候，但是所有的缺课我都要补上，否则这个地方就会成为一个漏洞。有漏洞地学习一门课，留下一些碎片在脑袋里，自己又没有整合能力，学习效果会适得其反。现在，我觉得自己每过一小段时间就会有一个小飞跃，就是这种小飞跃把老师从一个笨蛋变成了一只笨鸟。笨蛋和笨鸟的区别在于，蛋只会滚动，而鸟会飞。滚动得再快的蛋，也没有笨鸟飞得快。

（4）把握住关节点

度指的是事物的质和量的统一，是事物保持自己质的数量界限、范围或幅度。度的极限就是关节点，有向上变成一个新事物的关节点和向下死亡的关节点。人在追求发展的时候，就是要在量变的高度接近关节点，把握好时机进行质变，实现发展上的飞跃。而要使腐朽势力灭亡，就要把它的力量削弱到向下死亡的关节点，把握好时机促使腐朽的事物尽快死亡。在关节点上尤其要注意。我们说成功需要很多种条件，而失败只要一个细节就够了，如果在关节点或我们说的节骨眼儿上掉链子，那就会前功尽弃。所以我们说到事物发展到关节点上的时候，不能松懈，要坚持到最后。这个时候最容易出问题，因为你感觉量变打得基础已经很好了，已经胜利在握了，就差这最后一哆嗦了，而小概率事件可能就在这个时候出现了。

（5）如何飞起来

质变是量变的前提，说的是我们知道我们要去追求什么样的质变，才知道我们要去进行什么样的量变。人生很迷茫，我们怎么知道要怎么去量变呢？量变的时候跳着学、跳着走，基础打得跟渔网一样，那又怎么可能在上面建高楼大厦呢？我们大学时的专业就定了我们质变的目标，而课程体系就是一个量变的体系。好比说，我们三年级要教计算机系的每位同学装电脑，一、二年级就要准备好 10 个电脑零件，这 10 个零件就是十门课。

而我们三年级要教汽车系的同学装汽车，一、二年级要准备好 10 个汽车零件，结果你按兴趣选学了 5 个电脑零件，5 个汽车零件，三年级老师教你装电脑的时候你电脑零件不够，教你装汽车的时候，你的汽车零件也不够。所以，我们看，你在三年级要追一些学习好的同学就难追上了。为什么？因为他们能飞起来，你飞不起来。

如果大家在进行持续一生的马拉松赛跑，你在球场上一圈一圈地绕啊绕的，大家都并肩跑的时候是不是感觉很累啊！怎么才能不累呢？你比人家跑得多两圈不就不累了嘛！你还可以跑一会儿散一会儿步，还可以看看观赏一下后面人跑的状况。同学们可能会说，怎么可能呢？现在优秀的同学都那么努力，都在争分夺秒地跑，能跟他们并肩跑就已经很不错了，还想跑得比人家多两圈，这怎么可能呢？因为你是在跑才不可能，你如果飞起来不就可能了吗？你跑一段飞一段，跑一段再飞一段，不就能超过那些纯跑着的人了吗？

我们平时合作的时候也一定要注意，不是说你做的事情多，功劳就一定大。很多人都可以做量变的工作，而赋予这些量变以一定的结构，使之发生质变,这个难度系数要大得多。比如在马克思和恩格斯的合作中,恩格斯做的很多事情是可以替代的,而马克思做的很多事则是难以替代的。所以恩格斯一再说明,自己只是个阐发者,主要功劳是马克思的。

(6)富裕不一定先进

马克思主义用质量互变规律来证明资本主义必然灭亡,共产主义必然胜利。资本主义在进行量变的情况下它是不会灭亡的,只有量变积累到一定程度时才会发生质变,在它要发生质变的时候,才需要革命。并不是说你在任何时候都能把资产阶级消灭掉,因为量变没有积累到一定程度是不可能发生质变的,这个时候就算有质变也有假质变。如果量变没有准备好就提前质变,是必然会失败的。质量互变规律也能说明社会发展形态的不可逾越性。

生产力的一步步发展是需要量变为基础的。量变的火候没有到,是不可能产生一个新社会的。即使我们硬把一个社会命名为一个高级的社会形态,也是名不副实的。当一个社会形态的潜能还没有完全发展到一定的程度,这个社会是不会灭亡的。即使你通过外力把它推翻了,不把生产力发展起来,在实质上依然会恢复到原来的社会形态。一个国家不是富有了就先进了,先进不先进是以生产力的发展水平作为衡量依据的。

现在中东地区有的国家很富有,但它们并不是先进的国家。有的非洲国家,它们的生产力水平没有发展到资本主义的水平,你硬把它们弄成资本主义社会,那就是揠苗助长。中国现在之所以把自己称为社会主义的初级阶段,就是因为我们的生产力水平发展得不够,我们国家的总体富有了,但是还不够先进。我们即使把人均生活水平提高了,也不意味着我们国家就先进了。

我们有可能实现跨越式发展,是因为有发达的资本主义国家在发展生产力,我们可以通过改革开放学习它们的先进成果,完成补课的任务,否则中国也不可能超越资本主义的发展阶段。我们要记得的是,在生产力的发展方面,还是要老老实实地量变,否则不可能成为一个真正先进的国家。中国现在在很大程度上是靠卖资源赢得的繁荣,不会持续很久,因此必须很好地落实科学发展观,把财富用在刀刃上,不能把这些财富吃光喝光和在弄虚假的项目上浪费掉、腐败掉,否则中国下一步的发展就令人担忧了。

三 否定之否定规律

（1）解决一个矛盾的三个环节

否定之否定规律是由黑格尔第一次明确提出来的，马克思主义对它进行了唯物主义的改造，通常认为它表明的是事物自身发展的整个过程由肯定、否定和否定之否定诸环节构成，其核心环节是否定之否定，这个环节是事物自身矛盾运动的结果。到此为止，一个矛盾得到解决，同时意味着一个新的矛盾的开始。任何一个事物都是一个矛盾体，都包含着肯定方面和否定方面。当肯定方面处于主导地位时，事物保持现有的性质、特征和趋势，而当否定方面战胜肯定方面并处于主导地位时，原来那个事物的性质、特征和趋势就会发生变化，使一个事物转化为另外一个事物。所以，我们说任何事物都是一个矛盾的体现，而这个矛盾需要走过三个环节才能解决。

（2）公与私的矛盾的解决

我们举历史发展中的原始社会的公有制—私有制—共产主义的公有制这三个环节来说明。在原始社会，存在着公与私的矛盾，而公处于主导地位，体现为原始公有制。在这个过程中，各种公有制的管理都是用来克制私的。而那个时候公有制是与当时的生产力发展水平相适应的，这体现为肯定阶段。当生产力发展到一定程度时，公有制在与私的对立中，走到了尽头。由于它是在与私的斗争中发展的，因此公有制得到了很大的发展，但是因为它是具有一定的局限性的，所以最后私占了主导地位，体现为私有制代替了公有制，这就是否定阶段。

而在私有制的发展过程中，由于它也是片面的，因此总有公与它相对立，在与公的对立中，私发展到了很高的程度，但是私的弊病也表现了出来，它需要公的一方面，因此又出现了仿佛回归到原来的肯定阶段的对否定阶段的否定，也即在更高的层次上回归到肯定阶段。这个阶段实际上是合的阶段，也就是说它吸收了肯定和否定阶段发展出来的有益于社会发展的要素，克服了这两个阶段的片面性，最后解决了公与私的矛盾，社会向更高的层次上发展。

（3）反复现象的出现

在这三个阶段中，任何一个阶段发展不充分都会出现反复现象。比如说，当原始公有制还没有发展到必须衰亡的程度，不能人为地让它衰亡，一个原因是因为私有制对它的否定还没有准备好，另一个原因是公有制的长处还没有得到很好的发挥，因此还会出现反复现象。这个时候的反复，不属于真正的否定之否定阶段。而当私有制的长处还没有得到充分的发挥，它促进生产力发展的作用还没有完全发挥出来，人为地进行公有制改革，也会导致向私有制的反复，而不能真正进入否定之否定阶段。而当社会进入否定之否定阶段时，如果它没能充分吸收肯定阶段和否定阶段发展出来的有益于社会发展的因素，也还需要不断地去吸收。

(4) 为什么不能完全否定历史?

从一个矛盾发展的这三个环节中，我们可以看到历史继承的重要性。没有继承，完全否定前一阶段，必然导致社会原地踏步、停滞不前。所以，不懂得继承的民族，是一个没有历史的民族，也不可能站在巨人的肩膀上继续前进。所以，无论是完全否定原始公有制还是完全否定私有制的做法，或完全肯定原始公有制还是完全肯定私有制的做法，都是偏激的和不利于社会向前发展的。但是如果乱来，该肯定的被否定了，该否定的被肯定了，也会造成人们思想的混乱，从而导致社会的混乱。而对于什么是真正的共产主义的研究，就可以给我们提供一种肯定和否定的标准，让该肯定的得到肯定，该否定的得到否定，这样才能使得社会风气很正，人们才不会迷茫。

(5) 终生学习的必要性

我们再举一个非常具体的例子，这个例子是不准确的，但是能帮助大家理解这个规律。假如现在有一个组织，需要一个专业的英文翻译，这个翻译需要具备两种素质：他的英文要特别好，专业也要非常好。

如果这件事由两个人来做，甲的英语特别好，乙的专业特别好，在一开始，甲把所有时间集中在英语学习上面，他把英语学得特别好，并积累了学好英语的经验；而乙把所有精力集中在学习专业上，他把专业学得特别好，而且积累了学好专业的经验。现在甲的英语特别棒，乙的专业特别棒，那么我们怎么做才能把这两个人顶替掉呢? 这时丙出现了。丙把甲和乙的好的经验吸纳了，他的英语比甲的还好，专业比乙的还好，甲和乙是不是就能被替代了呢?

那甲和乙开始存在的必要性在哪儿呢? 甲的存在是有必要的，因为他积累了学好英语的经验；乙的存在也是有必要的，因为他积累了学好专业的经验。他们俩为丙的优秀奠定了基础。丙的出现就解决了英语和专业之间的矛盾。

同学们参加工作后，你会发现，如果你拥有的工作必需的本事，其他人只拥有一半，这个时候你是有存在的必要性的。如果你拥有的本事别人都有，你不拥有的工作必需的本事，别人却有。那你就是可有可无的了。吃老本的人最后可能没饭吃了，就是这样。你刚去的时候，你是有存在的必要的，但是人们都在学习，你还在原地踏步，你可能就没有存在的必要了。甚至会成为多余的，所以就会被顶替掉。因此人要与时俱进，要终生学习，否则就会落后。

第三节　概念和范畴体系

范畴是人们用来反映客观世界某些最普遍和最本质的联系的思维形式。哲学范畴是最抽象的概念。现在我们就来说明一些重要的唯物辩证法的概念和范畴。列宁在《唯物主义和经验批判主义》中说："世界上除了运动着的物质之外，什么也没有。"而物质的相对静止的性质可以通过范畴来分类和说明，物质的运动和变化则可以通过唯物辩证法的规律来说明。也就是说，性质是表达相对静止的状态的，而规律则是表达绝对运动的状态的。

一　相对与绝对：不一定与肯定如此

唯物辩证法认为世界上的任何一个具体的事物都既包含相对的方面，又包含绝对的方面。事物的相对的方面，指的是宇宙中的任何具体事物和具体的过程都是暂时的、有条件的、有限的，它存在于一个特定的空间和一段特定的时间中。它总是有生有死，条件具备了，它不得不生，失去了存在的条件，它不得不死。一个人不能在娘胎里永远不出来，不管他在里面感觉有多舒服。一个人最后也不得不死，不管他多么希望继续活着。

所以说，我们可以有预见性，只要一个人怀孕了我们就能预见，那个孩子必然是要出生的，除非夭折。而一个活着的人，我们就能预见他必然是要死的，但怎么个死法我们预测不了。而事物的绝对的方面指的是整个宇宙的存在和发展是无条件的、无限的、永恒的。物质的存在是无条件的，它不可能被消灭。物质的运动是永恒的，它不可能被终止。物质存在于一定的时间和空间之中，时间和空间都是无限的。

不会消失的东西就是绝对的，会消失的东西就是相对的。具体的事物的运动性、空间性、时间性、物质性是无法被消灭的，因此它体现着绝对性的一面，而事物的具体形态是会消失的，这就是它的相对性的一面。每个具体的事物的存在都是相对的，而绝对性就存在于相对之中，并通过无数相对的事物体现出来；在相对中也有绝对，离开绝对则相对的具体事物无法存在。比方说，不可能存在一个没有时间、空间和不运动的物质实体。所以，我们分析任何一个具体的事物，我们都要说明它存在的时间和空间，它是如何生，经历了什么样的过程和如何死的。

有的同学问，怎么才能简便地判断什么是绝对的、什么是相对的呢？在任何条件下都可以做出确定无疑的判断的就是绝对的，比如说，物质在任何条件下都是存在的。而没有前提条件的情况下你只能回答不一定的就是相对的。而相对的只要你设定了适合的条件就可以进行确定的回答。比如说，我说共产主义在任何条件下都是能实现的，你就会说，不一定吧？但是当我们说共产主义在具备了必要条件的时候就必然能实现，这就确定了。具体事物都是相对的，所以我们都要放到一定的坐标系中才能做出确定的判断。你把一个事物放到一个流动的坐标系中进行判断，坐标系流动了，肯定就不确定了。你只有把一个事物放到相对稳定的坐标系中，才能做出相对稳定的判断。坐标系流动了或改变了也就要重新判断了。

脑筋急转弯的题，经常与回答相对与绝对的问题有关。比如说，上帝在什么条件下是真的？上帝在你信仰它的时候是真的。1＋1在什么情况下是等于3，在一个男人和一个女人加起来生了一个小孩的时候。那个不漂亮的女子在什么情况下是漂亮的？她在我心中是最漂亮的。

通常的坐标系就是由时间和空间设定的坐标系，这个坐标系适用于世界上的万事万物。在同一时刻可以有同样的事情发生，而这些事情发生的空间点肯定是不一样的，因为任何一个事物都要占用一个空间点。由于我们的肉体是在特定的时空中存在，所以虽然世界中存在着多元的价值体系，你接受评价的价值体系只能是你当下存在的那个特定的时空中的价值体系。中国的封建社会有一夫多妻的做法，你生活在那个时代，你就可以心安理得地娶几个妻子，而现在则不行。你在美国，你在宴会上不喝酒，人们不会认为你不厚道，而你在中国这样一个以喝酒来看你是否厚道的国度，你不喝酒就会被认为不厚道。

　　还有其他的条件也可以设置坐标系。律师要为犯罪嫌疑人进行辩护，也需要立坐标系。比如说，横坐标是适用的法律条款，纵坐标是犯罪事实，要把犯罪嫌疑人辩成有罪的，就要捍卫这个坐标系，找出确定无疑的法律条款和犯罪事实。而要把犯错嫌疑人辩成无罪的，就要攻破坐标系，要么说明他没有适用的法律条款，要么说他没有相应的犯罪事实。我们在辩论赛中，四位好的辩手就是在立自己的坐标系和破对方的坐标系，而不是跟着对方的观点乱跑。捍卫了自己一方的坐标系，在坐标系中谈问题，才能找到确定性，才能下死判断，攻破了对方的坐标系，才能攻破对方的判断，把对方的观点变成是浮动的点。一个浮动的点是没有确定性的，而没有确定性就无法下判断，无法下判断就输啦。

二　运动与静止：现实中没有完美

　　唯物辩证法中所说的运动指的是世间的一切变动和过程。世界上没有不运动的物质，也没有脱离物质而存在的运动。整个世界的运动是无条件的、无限的、永恒的，因此是绝对的。怎么证明？从经验上说，任何一个绝对性的判断只要举出一个反例它就被推翻了，所以我们才说，人说话不要太绝对，给自己留下一点余地。而在哲学高度上，当我们说到整个宇宙的特征时，有的是可以做绝对判断的，比如说，运动无时不在，因为矛盾无处不在。

　　矛盾无处不在的例证是事物是无限可分的，从数学上看，就是我们可以无限趋于零，但无法变成零。任何事物都是不完美的，因为它总是有对立面存在，只是我们有的时候对立面太弱小，我们没有意识到而已。人都是有缺点的，只是有的缺点我们没有意识到，有的缺点我们能够包容而已。人在追求完美，而现实中是不存在完美的。我们可以无限地趋于完美，但完美永远都是实现不了的。当一个主要矛盾解决的时候，我们会暂时体验一下瞬间的完美感，其实只是对于这个主要矛盾的解决的完美感，在这时你忽略了其他次要矛盾的存在，让我们感觉很愉快，但次要矛盾马上就会变成主要矛盾，我们又会踏上征服新的主要矛盾的征程。

完美作为一种瞬间的状态是幸福的，而持续下去就会很无聊。人最充实最有聊的生活总是在征服矛盾的过程中体验到的。你看爱情电视连续剧最精彩的部分就是相爱的双方对立最厉害的时候，你感觉最难受的时候是两个相爱的人误解最深的时候，你看着干着急，但是最吸引你。当他们幸福地在一起的时候，故事就完结了，再演下去你就会感觉很无聊。你最喜欢看的就是他们怎么从感觉难受变成幸福的，至于他们到底怎么个幸福法儿，就无聊了。

所以说，在每个矛盾之中都有一个礼物，就是在解决矛盾时的那个完美感的瞬间。虽然它是瞬间的，但是当你每次回忆时，都会唤起你的体验完美的感觉，让你能够不断去品尝它的滋味。所以人最爱回忆和分析自己的那个幸福的瞬间。但毕竟那是过去的事情，要有新的真实的完美体验，还需要去征服更难的矛盾。所以人要去勇敢地面对矛盾，去追求完美，但是不要奢求万事完美。

由于人都是不完美的，所以如果你旁边有个人拿着放大镜挑你的毛病，总是能挑出来的。你不要以为鸡蛋里就挑不出骨头来，他可以放点骨头在里面，然后再挑出来啊！爱挑毛病的人主要有这么几种：一种人是争强好胜，挑毛病主要是为了表现自己的水平高，想舒服一下而已。一个人的水平越是得不到大家的认同，就越爱挑别人的毛病，而且是受着难以遏制的冲动支配着的，有时挑完他也后悔。这样的人只有当他真正自信了，并确认了周围的人确实承认他的水平了，才能变得宽容。

你越不认同他，他会挑得越厉害，而且挑的对象主要是被别人认同的人。一种人是想通过挑毛病，打击被挑的人，获得被挑的人的位置，这种人是动机很坏的人，通常是些为达目的不择手段的人。还有一种人，挑毛病是出于爱。因为爱你，所以挑你。因为他希望你特别优秀，就希望给你提个醒儿。因为人都是有盲点的，有的地方自己注意不到，提醒一下很容易就能改掉。如何判断一个人挑毛病的动机呢？爱你的人当面挑你，背后夸你。而坏的人当面夸你，背后挑你。

自然界有一种倾向，就是争强好胜，事物内部的对立面双方都不放弃自己，都在尽最大努力获得自己一方的存在。就在这种对立中，双方都把自己的潜能最大地发挥出来，除非遇到外力的干涉。人找不到对手的时候缺乏斗志，就因为对方如果不堪一击的话，你就没有与他对立的斗志。所以，人若下棋，最愿意找与自己旗鼓相当的，只有通过对决才能知道谁胜谁败的对手，这样人才有征服感和成就感，在这个征服的过程中，让自己的技能得到更大的提高。弱者当感觉自己有一定实力的时候，爱去挑战强者，而强者是不屑于挑战肯定会输的弱者的。

游戏抓住的就是人争强好胜的特征，游戏分级也就是基于高手不屑于挑战低手特征的。所以，爱玩电脑游戏的同学其实不是不在乎成绩，而是在成绩上拼不过人家，失去了信心，又要满足自己的好强心，才迷恋游戏的。而且用玩游戏的方式还可以掩盖自己的失败。人宁愿承认他成绩不好是因为他不努力的结果，却难以承认他尽了最大努力还失败了的结果。人在道德上不精明被称为傻，在道德上突破底线被称为坏，在智能上不精明被称为笨，分别被称为傻瓜、笨蛋和坏蛋。人要避免当这样的瓜和蛋，因此当自己有可能沦为这样的瓜和蛋的时候，就会采用一些方法来掩盖。

输不起的人，就会用虚荣的办法来维护自己的尊严。而真正的强者是会承认自己输了，找出输的原因，不断去努力。如果最后尽到了最大的努力，还是赢不了，那也没有什么大不了的，此生无憾足矣，而且我们还可以去欣赏真正的赢者的精彩，也可以获得一种别样的幸福。人的默认体系是争强好胜的，但我们人是有思想的，我们可以通过改变生活态度来改变我们的幸福指数。比方说，你嫉妒一个人多难受啊，当你改变了态度，去欣赏一个人时就会幸福得多。

每一个具体的运动形式又是有条件的、有限的、短暂的，因此是相对的。绝对的运动存在于相对的特殊的运动形式之中，而每一运动形式和每一发展过程都是绝对运动着的宇宙的不同方面、部分或阶段。绝对运动在一定的条件下表现为相对静止，而相对静止则是绝对运动的一种表现形式。相对静止指的是物质运动在一定条件下和在一定范围内处于暂时稳定和平衡状态，一是指某种特定物体在空间上相对于其他物体没有发生位置移动，二是指事物处在量变阶段。

比方说，宇宙中有好多面团，这个面团今天变成包子，明天变成花卷，后天变成饺子。世界就是在不断变花样。做包子的这个过程就是量变，做成了包子就是质变。包子暂时存在着，就是相对静止。包子被放坏了，变成非包子了，就是质变。在质变中最能看到显著的运动。任何具体事物都要么是在量变着，要么是在质变着，因此都是处于运动状态的。

爱美的人年纪越大，越依赖于化妆品，就是在掩盖量变。量变不管人愿意不愿意都是在变的。有的人40岁了，把自己整容整成20岁，但是她改变不了她已经量变到了40岁的这个事实，她的体力已经不如20岁了。这些人都是属于想与规律对着干的人，而规律是谁啊？塞涅卡说："愿意的人，命运领着走；不愿意的人，命运拖着走。"我们可以把其中的命运改为规律，改后很适用。

人的事业在处于相对静止的时候，就是在进行量变的时候，也就是在积蓄力量，为事业的成功准备质变的过程。人很懈怠，不去积极准备量变，那质变永远不会发生。如果你有一个梦想，你努力不一定能实现，而你不努力就肯定实现不了，这就是天上不会掉馅饼的道理。而你不积极量变，对立面在量变，就会出现逆水行舟、不进则退的状况。你没有量变的基础，开后门质变，那是虚假的质变，当你进入那个状态的时候，会让你痛不欲生的。你没有当同传的本事，你硬开后门获得了到联合国当同传的资格，真把你放到那个位置上，在全世界人民面前丢大脸，那是不是最高级别的痛苦啊？

所以说，明智的人在自己没有准备好的时候，有机会也不能要，不是所有的机会都会给人带来幸福的，也就是我们常说的，没有金刚钻，就别揽瓷器活。由于现在社会风气有不正的地方，你时而会遇到有些没有真才实学而靠开后门和溜须拍马得到职位的人，这些人其实经常会处在尴尬痛苦的困境中，所以同学们不用去羡慕那样的人。小人得志爱发火，就是因为能力不足，那是他的痛苦的表现，那就是对小人的惩罚啊。

有的人本来不是小人，但因为业务能力不强，害怕公平竞争，就容易靠别的手段来保证自己的位置或得到更好的职位，就容易变成小人了。能力不强而被边缘化的人，这些人会心理不平衡，但倒未必是坏人，因为他们不走歪门邪道或没有机会走歪门邪道才会让自己处于那样的处境中的。所以，能力不行还混得很好的人，通常都是小人，要远离这样的人。马克思说："在科学上没有平坦的大道，只有不畏劳苦沿着陡峭山路攀登的人，才有希望达到光辉的顶点。"这句话很精辟，我们就应该有这样的学习态度。

三 时间与空间：爬楼梯和搭梯子的晋升

宇宙是由占有无限空间和无限时间的物质构成的。宇宙的时间和空间与物质一样是不生不灭的，没有脱离物质的空间和时间，也没有脱离空间和时间的物质。宇宙的时间和空间是无限的，因此是无法量化的。任何具体事物都是占有一定的可以用数量精确衡量的三维空间，也就是具体事物的体积。时间描述的是物质运动的过程或事件发生的过程，是用来描述具体事物的寿命的长短的。

时间具有一维性，即它只有从过去、现在到将来的一个方向，一去而不复返，即不可逆性。一个具体事物肯定占有一定数量的具体时间和一定数量的具体空间。一个具体的事物有多大，能存在多久，就是在讲它的空间和时间特性。任何一个具体的事物都是能够用数量来表示的，就是因为它的空间和时间特性都是可以数量化的。

任何一个事物都是具有体积空间的，其内部的组成部分都按一定的结构处于一定的空间位置中。它也同时处于宇宙空间的某个特定位置里。具体事物的不停歇的变化导致了时间的流逝。此一秒的事物已不是彼一秒的事物，它必定至少发生了量变。时间的变化也必然导致事物的内部和外部空间的变化。所以说，如果我们的测量仪器足够精确的话，我们会发现具体事物每一秒都是新的，只是我们的感觉没有那么灵敏而已。

由于具体事物和具体事件都是发生在具体的时空之中的，而具体的时空是永恒变动着的，因此任何事物发生的经验都是无法模仿的。在一定时空中能发生的事情，换个时空就发生不了。所以，我们无法模仿一个具体的成功人士的具体经验，因为他的人生就是让他自己重新按他原来的样子走一遍，结果也会大不一样。在一定时空中会出现的机会，在另外一个时空中就不一定会出现。

中国人常说，一件事情需要天时、地利、人和的因素搭配在一起，才有可能成功，指的就是这个意思。同样是孔子，放在春秋战国时期和放在唐宋时期是不一样的。同样是一个人，在中国和在美国的发展也是不一样的。树挪死，人挪活，也说明了空间对人的发展的影响，当然这个判断不一定是正确的，因为树挪了不一定会死，人挪了也不一定会活。所以，我们分析一件具体的事情或说明一个具体的事物，都要把它具体地放到一定的时空中或我们说的一定的时代背景中去具体分析或说明。抽象地谈的东西只能是类特征而不是单个的具体的事物。

由于时间不能倒流，因此人生无法重来的，所以我们才需要靠把握事物发展的规律来引导我们，让我们不要走弯路或感觉后悔。年轻的时候，你可能都会想，我什么都闯闯再说，其实人生难有回头路，想回头的代价是很大的，经常是一步错步步错。老人们经常会告诫我们，该干什么的时候就干什么，别错过。

比如说，该谈恋爱的时候就谈恋爱，该谈的时候你不谈，错过了，成剩女剩男了，就成了社会问题。该生孩子的时候就生孩子，你说我还没玩够呢，我还是小孩呢。等你玩够了，可能又错过了。我们该干什么的时候，大家通常都在干这件事，就会有相应的规章制度、习俗和社会舆论来支持你，使得你很容易就把这件事情解决了，也不会招致非议。而当你成了特殊情况的时候，事事都要特殊处理，做起来就很烦人，就会经常感觉要花更大的力气去做同一件事。

有的时候，时间和空间就能在很大程度上决定一个人的命运。比如说，在中国时兴长子继承制的封建社会，你早生一年成为长子和晚生一年成为次子，命运就不一样。同样是在一个家庭，你在这个家庭结构中的位置不一样，决定了你的生存方式和体验也不一样。你决定移民到美国去，你的子孙后代生活的空间就不一样了，他们就很难生活在那个社会的主流社会里。

你的祖国的生存空间丧失了，你就不得不流离失所，生活在别的民族的空间里，过着没有根的日子。所以，当我们要决定换一个空间生活的时候，我们一定要想清楚这种转换对个人意味着什么。我们要选择横着尝试不同种类的工作的时候，我们也要想清楚这种平行移动可能会让我们丧失向上移动的可能性，尤其在中国这个每向上移动一步常常需要有一定的年限作为前提的社会。你的每一次移动常常都需要重新排队。

现在中国的很多管理方法都是爬楼梯和搭梯子结合的。你没有什么特别的优势，那就排队爬楼梯，你如果有特殊的贡献可以搭梯子加塞儿，这是为优秀人才尽快成长提供条件的。只是中国人还是习惯按排队爬楼梯的方式来评论公平不公平，因此搭梯子加塞儿要承受比较大的舆论压力，人们常常会问，他有那么优秀吗？怎么就能那么加塞儿呢？所以处理不当的话，领导和加塞儿者都会招来麻烦。一个人生活在一个环境中，是有口碑与之相配套的。

一个被人们认同的很优秀的人，如果他去考试，考了第二名，那大家会说他没有发挥好，他可以考得更好。而一个平时没有得到优秀认同的人去考试，考了第一名，人们要么会说他瞎猫碰上了死耗子，运气好，要么怀疑他可能作弊了。所以，一个人平时的口碑也是很重要的。先有口碑，再提拔就会比较让人服气。所以，一个领导要培养什么人的时候，先是给他创造机会，让他先有大家公认的贡献。这里也就出现了一个贡献的机会是否公平的问题。

四 内容与形式：西医补内容中医调结构

内容指的是事物的一切内在要素的总和。构成事物的材料，比如说：中药的配方、食品的原料等都是内容。形式主要指的是这些要素的构造和表现出的样子，有时我们把外包装也称为形式。也就是说，形式包括要素的结构、事物的外形和外包装，从哲学上说主要是指要素的结构。事物内部的各要素是通过一定的数量按一定的空间结构搭配成的。同样的要素，可能因为数量和结构的不一样而显示出不同的特征，甚至成为不同的事物。

西医验血，主要是看血里的内容。而这些内容是什么结构，这样的结构在运动中按什么顺序运动，呈现出什么规律性，这是普通验血看不到的。我感觉中医的很多原理是来自内容的一定数量的搭配和结构的运动的。煎药的方式就是在让其中药的要素以一定的方式搭配好。只有特定的搭配才能产生特定的效果。这样，有的时候我们验血看指标是正常的，但人就是感觉不舒服，那可能就是内容的结构或结构的运动中出现了什么问题。中药的调理可能就是在调结构和运动顺序。

把一些内容放在一起，能不能成为一个事物，就要看它们放在一起是否能够产生一个具有活性的矛盾体。比如说：一个事物中有阴阳两个方面的对立。如果我们只是把类似的具有阳性的东西放在一起，没有对立面，这些相同的东西不会结合起来，只会同性相斥，它们就是散着的堆，形不成一个系统。而现在阳的对立面，阴出现了，阴对阳有相克的作用，也就是阴的强大会导致阳的衰落和灭亡。阳为了与阴对抗以保持自己的存在，阳中就会出现一相对强大的领导人，它会根据有效对付阴的方式，选拔自己的阳队员，并把它们组织起来，与阴方进行对抗。它们要抢占最有利的空间位置，因为空间位置的重要性是不一样的，这从围棋的原理和从《孙子兵法》的布局中我们都可以看到。阴方也会做同样的事情。

当它们成为一个矛盾体对立的时候，它们就组织成了一个事物，在对立中运动起来，就是我们所看到的活起来了。当矛盾对立解决了，就死了。所以，一个事物的内容不是任意的，有的东西你把它们放在一起，它们不反应。事物的主要矛盾显示为阳方和阴方的领导人之间的矛盾，占优势地位的一方显示为矛盾的主要方面。没有被阳方或阴方领导人选择的元素就是多余的元素，会遭到双方的排斥。阳方和阴方的对立，是要有原因的，比如说，它们都在争夺对自己具有生死攸关意义的原料或空间位置。两个总打又总分不开的人，就是他们有什么共同要争取的不能放弃的目标或他们只有在一起才能得到对方拥有的对自己的生死存亡有关的东西。

我们的创新活动，就是认识事物的要素，把它们分析出来，再认识它们的结构和运动规律，有的时候要进行活体解剖，就是要看运动规律。这样，我们就可以根据需要把一定的要素放在一起，让它们产生活性结构，从而造成自然界没有的新事物来满足我们的要求。为了看我们的认识是否正确，我们通常是把原来的事物制造出来。比如说，我们根据我们对人的要素和构造的认识，我们制造出人来。从这里可以看到，人的分解和整合能力对于我们的认识和创造活动有多重要。分解主要把事物分成元素，使得我们对每个元素具有深刻的认识，而整合就是要通过认识事物的结构和运动规律来把元素整合起来，否则我们就只会拆不会建。

而在人的创造活动中，就出现了一些自然界中原来没有的现象。比如说：某种鸡的供应商，他们大量地生产形式上的鸡。这些鸡主要是吃玉米加激素长成的。玉米的成分构成了鸡肉的主要成分，激素则缩短了鸡长大的时间。这样就可以产生出形式上的鸡。为什么说是形式上的鸡呢？因为我们吃鸡的目的主要是想吃自然的鸡的营养成分，那是鸡肉的内容。但你喂什么鸡就长什么。

所以说，我们为什么多要吃不同地方的土特产，就是同样的东西，长在不同的地方，因为土质不一样，长成的东西的营养元素就不一样。你喂鸡的是玉米，那鸡肉里主要就是玉米的成分，只是组合方式不同而已。所以说，我们想吃的是鸡的内容，实际上吃了个鸡的形式、吃了个鸡的样子，其实吃的还是玉米。而且这些鸡生活在极端恶劣的环境里，它们的心情很不愉快，在它们的体内就会产生与不愉快相对应的激素，这吃了是不是也会让人郁闷呢？所以我们要少带孩子们去吃快餐。

那么形式上的鸡为什么能够存在呢？供应商能用很低的成本生产出这样的鸡来，人又想以低廉的价格买到鸡来吃。看这样的鸡工厂，人就能感觉到这样的鸡是多么的不幸。人是把自己的幸福建立在这些鸡的极端的痛苦之上的。从这里可以看到人的残酷性的一面。人能不能以造福于动物界的方式存在呢？能不能让它们也生活得快乐幸福一些呢？这样对待动物，会培养出人的残忍的恶德。

通过吃这样的概念化的食品，我们今天吃了鸡肉样的形式、明天吃了牛肉样的形式，感觉生活水平还挺不错，每天都能吃上肉，还换着样儿吃，其实吃的都是玉米，或者还不如玉米，因为里面有大量的激素，吃了还会畸形地胖，吃多了还会得些怪病。中国人的一些残忍地烹饪和食用动物的方式，也应该反思。据说在某国有一种牛肉特别好吃，主要是饲料质量好，而且工人每天还要给这种牛按摩。当然这样对待牛的目的不是要让它们舒服，而是为了吃它们的好吃的肉，而且这样的肉普通人是吃不起的。

有的鸡的营养成分被做成了药片的样子，你看上去是在吃药，但你吃的是真的鸡。而有的鸡，你看上去是在吃鸡，实际上是在吃鸡的样子。在美国还有一种安慰药，你看上去是在吃药，实际上是在吃糖片，主要解决人的心理问题。有的人感觉自己吃了安眠药，就能睡着了，其实吃的是糖片。在形式上做文章，指的就是把材料的质量降低，利用结构、外形、外包装来吸引人，最后我们感觉我们拥有很多东西，其实可能就是几种材料的不同的表现方式而已。一个艺术家看一件工艺品，他要看材料、结构、做工、功能、美观这么几个方面。

材料来自物质世界，它的数量有限，有的材料非常稀少，因此价格就比较贵。所以，人主要在结构、做工、功能和美观上做文章。假冒伪劣商品，主要也体现在材料的假上。中国出问题的食品，也主要是体现在材料的假上，不是真货。组成材料的各种元素的重要性也是不一样的。在调料包里，最重要的调料是盐。小的时候父亲曾告诉我，"山珍海味，无盐无味"，我还不以为然。可是我有一年因为水肿，不能吃盐，我才感觉到真是这样。

任何一个事物都必须有形式和内容两个方面。没有能够离开内容而独立存在的形式，所以即使要造假，也必须是有材料的，只是偷换了材料而已。也没有不具有形式的内容，形式就是内容存在的空间的方面。同一种内容可以以不同的形式表现出来，而同一种形式也可以应用到不同的内容上，因此产生了扑朔迷离的现象。现在我们就来看什么是现象和如何通过现象看本质。

五　现象与本质：人通过说谎来造假象

任何事物的存在都会通过现象表现出来，现象就是人可感知的具体事物在存在、变化发展过程中表现出来的外部形态。任何一个事物都是有一定形状的，因为它都占有一定的空间。我们通过感知一个事物轮廓即它的空间边界，就能感知到这个事物的外部形态。任何事物又都是以一定的色彩表现出来的，所以也是可以被人感知的。我们通过感知事物的轮廓和色彩，感知它的变动和发展，就可感知到有一种具体的事物存在着。但可感知并不一定是能感知。没有眼睛感知不到某些色彩，色盲也感知不到某些色彩，太近视了就感知不到一些细微的事物。看事物就是看它的轮廓和色彩，事物还会通过声音、气味、味道被人感知。精密仪器可以帮我们感知到微小物质的存在。

现象表现的是它像什么，而本质则表明的是它到底是什么。一个现象是什么，是通过它的物质性、空间性、时间性和规律性来界定的。从物质性上来说，我们要知道这种现象的物质基础是什么，是什么材料或物质元素的表现。这种物质的空间结构是什么，它的寿命通常有多长，它是如何产生、发展和消亡的。人为什么非要知道事物的本质呢？就是因为人要利用和改造事物。有的事物是直接可以用的，那我们要知道怎么用和能用多长时间。有的事物不能直接用，需要改造一下才行，我们要通过把事物分解后重组，这就需要认识事物的本质。那本质到底是什么呢？本质就是一个类事物区别于与它最相近的另一类事物的特性。它只有具有这种特性才属于这类事物，没有这种特性它就不是这类事物了。

比如说，人的本质是在与它演变来的那种高级动物的比较中来界定的。人和石头相比，也会有区别，但那样比较出来的特征，不是人的本质特征。一类事物的存在是以它的特殊性为依据的，一个个体的存在又是以它在这个类中的特殊性为依据了。没有类的特殊性，就没有这个类的存在；没有单个人的特殊性，就没有这个人的存在。特殊现象就是一个具体的特殊事物的特殊表现，而普遍现象就是这个类的特殊性的表现。我们要通过一个类的普遍现象来找到类的本质，而要通过一个类中的个别现象来找到一个个体的个性。

如果我们需要再造一个特殊的个体，我们就不仅要分析出它的类本质，还要分析出它的个性。如果我们需要认识一个具体的个人，我们就不但要知道他作为人类的普遍性，还要知道他区别于其他人的个性。任何一类事物都是以个体的方式存在的，个体处在不同的量变阶段，因为它的元素、空间、时间特征都不同，所以世界上没有任何一个完全相同的东西。同样是嘴，也有大嘴和小嘴的区别。

由于与表现事物的本质的现象经常被假象所扭曲，因此给人们认识本质带来了不少困难。假象是什么呢？假象是以各种方式扭曲表现事物的现象。为什么要扭曲？弱小的事物为了自己的存在和发展，害怕被强大的事物发现，就要伪装自己。比如说，动物的伪装色。有的昆虫的颜色和树叶相似，就是为了让树叶来掩盖自己。人是最会造假象的动物，因此要识别人是非常难的。

人为什么要造假象？他为了获得他的生存和发展的机会。他很自卑，怕人看出来，他就要表现得很狂。他很狂，怕得罪人，就要表现得很谦虚。他很自私，怕人看出来，就要表现得很高尚。人造假象的主要工具是嘴。人通过说谎来造假象。谦虚或狂妄都是在说谎，都不是实事求是地表达自己的本性，但是谦虚的人可以让周围的人感觉无害和舒服，因此成为被提倡的一种品德。

真谦虚的人通常是实力很强的，因此没有一定的牺牲精神与之相搭配，他也是会给周围的人带来危险的。一个团体真正欢迎的人是不仅对这个团体无害，而且还能够造福于这个团体的人。实力强的人如果真能为一个团体的集体利益服务，能作出更大的贡献，才能真正地能被这个团体认同。如果一个非常有实力的人，只是平时表现得谦虚，让人们感觉不到他的威胁，而到关键时刻，完全自私自利，不顾他人的利益和情感争夺自己的利益，这样的人最终也是会被一个团体唾弃的。

在当今中国的国家机构中，很难真正解雇人，因此人际关系就会非常复杂，表现出来的现象也会扑朔迷离，让人很难知道真假。如果一个领导心胸狭隘，容不得别人比自己强，那他手底下的人就会普遍地夹着尾巴做人，都表现得很谦虚，但其实是耿耿于怀的。再有领导实力不强，特别害怕别人说他的不足，因此人们就会看到明显错误也不指出，还反过来指鹿为马，使得领导也被假象迷惑了。人倾向于听好听的，倾向于信好话，因为好听的让人感觉舒服，所以如果不是真的亲朋好友，你让人家说真话，人家也不敢说。所以，同学们如果一旦遇到真心为你好，看你的缺点看得很准，与你说真话的人，一定要珍惜。

一个人如果能有这样一个朋友圈，那就非常幸运：大家在一起的时候，都能客观地把各自的优点和缺点暴露出来，在内部大家互相帮助，尽量克服自己的缺点，在外的时候，遇到恶意攻击，朋友就出手护短，让自己的短处不被敌人攻击到，这就是很好的朋友团体。比方说，现在你要去比武了，你的腿部是你最软弱的地方，假如允许两个人结队去比武，那这个团体就会派腿上功夫强的人去帮你护腿，而平时你还是要注意加强腿部功夫的锻炼，因为有的时候你必须独自去比武啊。那种大家经常在一起吃吃喝喝、互相吹捧、互相利用的群体，在自己有利可图的时候，他们可能不仅不去护短，还可能故意把你的短处暴露给对手。

人类社会的现象真真假假，很复杂。人类社会的总体与自然界的争强好胜的特点是相同的，人类为了自己的总体生存总要鼓励强者，因此自强不息的人在总体上是得到肯定的。但是在人类的内部，总体上占主导文化的不是弱肉强食的文化，不是趋炎附势的文化，而是同情弱者的文化。为什么？作为个体的人，再强大也无法自己抵御大自然的灾难。个人刚出生时是弱者，需要在他人的呵护下才能活下来，死前为弱者，需要人把自己送医院和料理后事。保不齐什么时候受伤了需要其他人的照顾。而且在社会中，真正一时强大的人占少数，多数人是弱小的。当一个人完全没有爱护弱者的同情心，完全按弱肉强食的原则处理事情，所有弱小的人都会成为他的敌人。单个弱小的人可能斗不过他，但所有弱小的人加起来肯定力量是大过他的。人民群众中的个体可能是弱小的，但他们结合起来的力量是强大的，因此社会舆论基本上都是同情弱者的。

意识到应该同情弱者的强者，才是有大智慧的人。他的仁者风范就体现在他能同情和保护弱者，他能给周围的人留下作为弱者生存的空间。不把弱者当弱者来对待，而是给他们足够的自尊。真强的人是不需要鼓励的，而真弱的人才需要鼓励，但不能让他们感觉到你是在可怜和怜悯他们。不要企图说服真弱的人他是弱者，那样会适得其反。人在感觉自己没有活路的时候，除了道德上会忏悔外，面对是否是弱者这个问题，即使面临死亡嘴可能还是硬的。

人什么时候表现得强什么时候表现得弱，通常是由怎么更有利于他的生存和发展来决定的，而内心中不允许把自己当成弱者这点基本上是不变的。弱者通常需要调整心理，而强者通常不用，就是因为通常弱者是好强的。当人被指出缺点或处于挫折时期或失败的时候，最容易感觉到自己弱，但自己并不想承认自己弱，所以这个时候，不会安慰他的人就会继续分析他的错误，惹得他更加烦，更加走极端，甚至愤怒，而会安慰的人则会举出诸多事实来说明他多强，帮他把心理从弱调到强。心理上弱到一定程度的人会崩溃。

那什么武器是戳穿假象的最有效的武器呢？试一下。看一把刀是否真刀，那就用它砍石头看看。看一个人是否伪善，把至关重要的利益放在他面前，看看他的选择。在历史上，真正得到皇帝信任的大臣，通常是那些在关键时刻能够用生命来保护他的人。看人要看动机，一贯动机自私的人，在自己利益与社会利益发生严重冲突的时候是很难放弃自己利益的。有的虚伪的人，在利益面前假意推辞，但你要真是不把利益给他，他就与你结仇了，以后有机会就会给你点颜色看看，给你双小鞋穿穿。

这样的人得势的时候，他征求大家的意见，是要大家在他推辞的情况下硬把利益推给他，这样他可以名正言顺地享受这种利益。所以说，有的时候民主协商是自私的人找准敌人的方式，因此才有"沉默是金"和"祸从口出"的说法。这样的人即使通过大家匿名投票，大多数人都认为应该把利益给他，当领导的也不敢得罪他，会隐瞒民意或通过其他方式满足他的利益。所以说，小人得势，大家就会遭殃。即使小人也逃脱不了他的整治，除非这个小人被他认可，是他一伙的。所以，一个团体要有正气，需要真正为公的人掌握领导权。

六　共性与个性：每个人都是有个性的

共性就是一类事物与其他事物相比较而具有的共同属性，而个性就是一类事物中的个体具有的不同于其他个体的差异性。一类事物与不同的事物相比，呈现出的共同属性是不一样的。比如说，人与石头相比，人都有会吃饭的嘴，这就是人的共性。而共性中有的属性是人的本质属性，而本质属性就是这类事物与它最相近的一类事物相比较而显示出的特性。本质一定是共性，但共性不一定是本质。比如说，人都有会吃饭的嘴，那是不是没有嘴就不是人呢？只有没有那个属性这个类就没有存在的依据了，那样的属性才是本质属性。本质属性不一定就是一种，可以是很多种。比如说，人有劳动的潜能，人有遵循伦理秩序的潜能，人有学习哲学的潜能。让其他动物来拿个哲学博士学位，那不可能。而人只要智能健全，有适当的教育条件，都有可能拿哲学博士学位。

马克思和恩格斯强调劳动，主要是与他们要强调劳动人民在历史上的伟大贡献有关。那么同学们会问，是不是不劳动的人就不是人了？我们说的是劳动潜能，而不是说要实际一定要去劳动。人病得在床上动不了，失去劳动能力，他还是人，因为他有劳动的潜能。石头不管病不病，都没有劳动的潜能。你可能会说，猴子也会劳动啊，它也会用工具去实现自己的一些目的呢。人不是今天是猴子，明天就变成人了的。在从猴子到人的转变中，经历了很长的时期。在这个时期中，会存在非猴非人的一段时期，而且劳动的萌芽也应该是在猴子身上就有了的，而且与人类的劳动能力相比，猴子那点功夫是非常简单的。

任何一个事物内部都有自身的主要矛盾，但不是每个矛盾都是很纯粹的，还有其他的次要矛盾或杂质。一个类中的个体，因为它内部矛盾发展的程度不一样，量变的程度不一样，所处的环境不一样，内部的次要矛盾不一样，杂质不一样，存在的时空不一样，都会使它具有不同于其他同类中的个体特征。我们是要认识某个个体身上的共性还是个性，要以我们认识的目的而定。如果我们就想知道这个人是不是人，那你看看他是否有本质的属性就可以了。如果我们想要嫁人，要一辈子与这个人生活在一起，我们就不仅需要知道他的共性，还需要知道他的个性。谈恋爱的过程，就是互相认识各自的个性的过程。只有两个人的个性能够合得来，价值观能够谈得拢，互相能够包容对方的缺点，这样才能和谐相处。

大家通常会说学艺术的人很有个性，这不是说只有他们才有个性。一个人想要没有个性是不可能的，因为没有个性的事物是不存在的。只是学艺术的人个性更鲜明而已。艺术家的伟大作品只能是独一无二的。这种追求映射到他们的生活方式上，就会追求独一无二性。而他们的情感比较丰富，感情上容易走极端，因此容易产生浪漫的爱情故事。他们最怕的就是与别人一样。从这里我们可以看到，人是有职业特征的。具有同样职业的人，会形成一些类似的习惯。所以，我们还要学会总结某个特殊职业或某个特殊群体的共性，这样能够更好地了解他们。

个性就是人的各种特征的集合体。人的特征就已经至少有量上的差别了，而那么多特征以不同的方式组合在一起，就肯定是与众不同的了，所以每个人都有个性。但是一般张扬的人比较容易显示出他的个性，让人意识到。张扬的人常常爱表现自己的才能。他们的表现常常是超出必要的范围，因此比较扎眼。比方说，他有 1 万元钱，他现在要去买 1 根胡萝卜，他就拿出 1 元钱买就可以了，而他要先把 1 万元给人看了，表示他很有钱，然后再拿出 1 元钱买。人在感觉到安全时，就容易感觉到轻松，容易把内心的好强的方面表现出来，有时表现得淋淋尽致，有时表现得很夸张。所以，一个人在家里人眼里的看法可能与外人的看法不一样。所谓夹着尾巴做人，就是掩盖自己的个性，让自己在一个环境中的存在与不存在都一样，让别人感觉不到威胁和不适，不让自己成为众矢之的，从而让自己感觉安全。所以，有的人你与他同学了四年，他可能就和不存在一样。这样的人就是人们说的低调的人。

有的人投简历的时候会把自己的全部特征都写在简历上，这就是在全面地展示他的个性。而有的人则会根据他要申请的单位的需求和特征，只展示他的某些方面的特征。前者会让人感觉抓不到重点，但会让人感觉比较诚实；而后者会让人感觉比较有头脑，但会让人产生不安全感。而且简历中很少有人写自己的缺点，实际上缺点也是人的个性的组成部分。人不爱写缺点，主要是道德方面即使有问题也不敢承认，弱的部分因为自己好强也不愿意写。

其实，人的立身之本在于不自私、不损人利己和有一项过人的本领，而这项本领又是对自己的申请的单位很重要的，这就基本上够了。其他方面有缺点或弱点问题不大。人对于自己的利益不能太精明,不能太计较得失,算来算去算自己,通常是这样的。你算计别人,别人与你在一起就会感觉很累,很缺乏安全感。而且等大家联合起来算计你,你就没有生存空间了。厚道的人,好人们不仅不会去算计他,还会主动去保护他,坏人在对他下毒手的时候也会感觉心中有愧。所以说,傻人有傻福。那么我们经常说的怪人是什么人呢?

七 一般与特殊:世界真的是怪怪的吗?

一般性指的是一类事物中的大多数个体具有的属性,而特殊性则是指一类事物中的少数缺少大多数个体具有的属性或者具有大多数个体不具有的属性。我们通常说的正常现象是一般现象也就是大多数情况,而特殊现象则是不正常现象,即少数情况或怪现象。那么为什么会出现一般性与特殊性的区别呢?

一类事物的本质属性是每个个体必须有的,没有那它就不属于这类事物了。比如说,人的大脑,它决定着这个人是不是这个人。任何器官都能换,唯有大脑不能换。一个人脑死亡了就是死亡了,你换了一个大脑给他,那是别人的大脑或者是一个新人的大脑,那个人已经是别人或新人,不是他了。一类事物的非本质的共同特性,个体是可以有也可以没有的。

比如说,人一般都有两只耳朵,这就是一般性。人见到两只耳朵的人,就不会感觉奇怪。如果你问一个人,你怎么有两只耳朵啊?人家会认为你这个问题很怪,因为正常现象是人们默认的,通常不会有人发问。你可以问人为什么要有两只耳朵,但不能问你为什么有两只耳朵。但是有的人可能就只有一只耳朵,这就是特殊性。你见到人只有一只耳朵,你就会感觉很奇怪,就可能会问你怎么只有一只耳朵。

人会因为意外、因为基因变异,由两只耳朵变一只耳朵。而只有一只耳朵并不耽误他做人,他还是人,不过是一个特殊的人而已。对于特殊情况,就要给特殊的处理。你给他制作一个口罩,你就不能指望把口罩的带子挂在他没有的耳朵那个部位了。由于外在干扰总是存在,而且一类事物总是从另一类事物转化来的,这种转换通常不是瞬间就完成的,因此总是存在一种既是这类也是那类事物的本质特征不鲜明的情况,这就是肯定会有特殊情况存在的原因。

因此我们做计划的时候，通常是按一般性做计划，但是要准备好应对特殊情况。人更专注事物的一般性还是特殊性，要根据个人的认识目的来定。哲学一般是排除特殊性，只关注一般性，在一般性上进行推理，得出一个正常情况下的事物发展的规律性，用这种规律性来指导人们的行为。这样的哲学就叫做理论。正常情况按哲学理论的方法处理，特殊情况按实践经验处理，所以我们既需要理论指导也需要积累实践经验。

理论不是完全有效的，但在大多数情况下是有效的，特殊经验不是完全无效的，但它只适用于特殊情况。只要没有外在事物的干扰，一个事物运转的环境比较纯粹，正确的理论就不会失效。我们很多的实验要放到实验室去做，就是要给事物的变化和发展创造一个纯粹的环境。也因此，在实验室里能实现的，在实验室外的环境中不一定能够实现。这也就是我们不能指望像共产主义这样的复杂程度很高的社会，能够不经过探索，就能一下子实现，一下子成功。

猎奇的人或有特殊职业的人就爱关心具有特殊性的事物。比如说，人们说新闻记者，狗咬人他们不关注，就爱关注人咬狗。而他们这么报道又满足了人的好奇心。人为什么有好奇心？因为特殊的事物会让人有新鲜感，有探险的感觉，会让人感觉兴奋，而兴奋是种愉快的感觉。爱找刺激的人，就是爱找这样的兴奋感觉的人。熟悉的人或事物会给人安全感，但找不到兴奋感。婚外恋就是在找这样的兴奋感。事物在新鲜的时候能给人这种兴奋感，因为陌生，有不安全感。当熟悉后，人感觉安全了，感觉变不出啥新花样了，知根知底了，新鲜感就没有了，兴奋感也就没有了，麻木感就来了。

由于目前的很多新闻网站都在满足人的好奇心，在报道怪现象，而我们每天都在接受这样的信息，因此也会弄得我们感觉这个世界真是怪怪的。而其实大多数人的生活是正常的，只是所谓新闻就是在报道只有一只耳朵的人，不报道有两只耳朵的人。从这个角度看，社会还是正常的。如果有一天，一只耳朵不奇怪，两只耳朵才奇怪，那才说明我们的社会发生了根本性的变化。现在有的人为了出名，就搞怪，也不管这个怪多丢人，能让自己出名或保持自己的名气就可以。这都是人突破追求利益最大化的一种表现形式。如果一个社会的大众化的价值观，已经成为一切向钱看了，前途都变成了钱图，那为了钱而做出各种疯狂的事来也就不奇怪了。

八　原因与结果：人会无缘无故地难受吗？

原因和结果的关系是现象之间的引起和被引起的关系，而引起一定现象的现象是原因，由原因所引起的现象是结果，原因必然发生在前，结果必然发生在后，但发生在前的不一定是原因，发生在后的也不一定是结果。原因是结果的关系只有在一个环节中才具有确定性。世界上的一切事物和现象都处于一定的因果链中，有原因必然有结果，一个结果又必然成为引起另一现象的原因，而且这种引起与被引起的关系具有客观性，也就是不以人的意志为转移的必然性。

任何现象的发生都是有原因的，因为我们看一个现象，不仅要知道它是什么，而且要知道它是怎么产生的，会怎么发展，会怎么消失，它的消失会引起什么新的现象，这就是我们常说的要知其然，也要知其所以然。我们之所以要认识现象之间的因果联系，就是要让现象尽量按我们的需要来发展。比如说，我们需要什么结果，而这种结果不是自然就能够发生的，我们就要知道我们需要的这种结果是怎么产生的，我们准备好原因，就能让结果产生。我要上博士，我知道要准备什么样的条件或原因才能产生这个结果，我考试前的复习就是在准备原因，以便获得我想要的结果。

组织博士生考试的目的主要是公平竞争和让优秀人才能够脱颖而出。但是，有的同学说了，存在开后门的现象，所以我不仅要考好试，还要开好后门。什么时候最容易开后门？当大家的水平都差不多的时候，招谁不招谁差别不大。如果一个人表现特别优秀，这个人就不容易被后门挤掉，因为导师也希望找到优秀的人才。我们说的优秀，是实际上优秀而不只是笔试优秀。笔试中测试的东西只是一个门槛和底线，而面试中导师才能根据自己的研究方向来看这个学生是否有培养前途，而且要看人的志向、毅力和品德。如果你说自己品德特差，只是送了礼，托了关系，考到了底线，就被导师录取了，那样的导师要么不是什么品德好的导师，要么就是怕得罪人不得不招你的，要么就是贪图以后能够用得上你。

最关键的是，开后门会让自己鄙视自己。你想啊，一个真靠自己本事考上博士的，考上时会特别自豪，而且这种自豪感会陪伴他一生，成为他幸福的来源，而靠开后门当的博士，自己在夜深人静的时候想起来，就会很鄙视自己，鄙视自己的品德，而且只要一想起来就会有这种鄙视感。任何自己不合格而靠开后门得到机会的做法，都会让自己的心灵变脏。人怎么才能赏心？只有心是干净纯洁的才有审美价值，这个时候一个人反观自己的心灵的时候才能产生美感。

如果心灵被一次次的开后门现象污染了，变得很脏，自己就不可能真正找到好的感觉。拥有一颗很脏的心，那是人生最不幸的事情，因为这样的话，不论你的位置有多么显赫，财富有多么庞大，都不可能真正找到心灵的幸福。而且心灵很脏的人，不管穿什么漂亮的衣服，都会透出一种让人厌恶的气息。灵魂的救赎过程，就是洗刷自己心灵的过程。

如果不小心弄脏了自己的心灵，那就用善良和公正去洗刷它吧，那样努力一辈子还是可以怀有一颗干净的心灵离开人世的。人要是不想得到某种结果，就不要让产生这样的结果的原因发生。有的人因为产生了某种对自己不利的结果，就会去掩盖结果的真相。而结果的存在是不以我们的意志而转移的。即使别人都不知道，你自己也会心知肚明的。所谓侥幸心理，就是一种认为自己可以做了坏事不受惩罚的心理或一种碰运气的心理。做了坏事肯定会产生对他人或社会的伤害，即使人们可能不知道是谁干的，但干坏事的人是会愧疚的，越是在干坏事得到的利益已经无关紧要的时候，人的心灵越是明晰，愧疚越是能给人带来巨大的痛苦。

如果世界上只有一对矛盾，这对矛盾很纯粹，不会受到其他因素的干扰，这个矛盾的发展过程就会非常具有规律性，就能显示出其必然性，就容易看清楚由此产生的现象之间的因果关系。而问题是我们的环境是非常复杂的，因果现象的发生就具有不确定性的一面。比如说，我们知道人是必然要死的，但是由于外界原因的干扰，每个人的死法都不一样。

一个结果可能是多种原因共同作用的结果，而且原因之间的搭配很重要。比如说，一队足球队员在踢球，进球是多个队员按一定的顺序和结构共同作用的结果，最后体现为进球的那个队员把球踢进去了，所以说，为什么团队作战一定要考虑团队的作用，因为是他们在准备条件，也就是在准备产生结果的原因。一个原因也可能产生多个结果。你吃辣椒，想得到好吃的结果，但不想上火，可是在干燥的环境里，吃多了辣椒肯定是要上火的。而且一个结果还会再产生结果。

由于原因和结果都会很复杂，因此要具备能把原因分析清楚的能力。很多因素都会妨碍我们认识真正的原因。本来自己学习得不够好，考试没有考好，我们可能会归结为没有睡好、没有去拜佛、父母没有去贿赂老师、家庭没有背景、社会不公正等。我们会有足够的借口把真正的原因掩盖起来。为什么要这样呢? 因为人最难以承认的是自己无能、自己很弱。所以，一个社会中创造出越多的失败者，就会产生越多的抱怨，因为失败者爱找外部原因来挡住自己脆弱的心灵。

而一个社会问题很多的社会，就很容易给个人找到借口来掩盖真正的失败的原因。一个社会越公平，社会风气越正，成功者越容易靠自己的真本事成功，失败者就有很确定的努力方向，失败了也服气，也不容易绝望，社会的整体幸福感就会提高。迷茫可以是目标的迷茫和达到目标方式上的迷茫。当我们不知道什么目标会给我们带来幸福时，就会迷茫。而当一个人已经确定了，知道达到什么目标就能让自己幸福时，如果你发现无论你如何努力，你都无法实现那样的目标，因为机会是不公平的，你需要一些自身的努力之外的背景的支持，而你又没有这样的背景，或者今天领导高兴了把机会给这样的人，明天又会把机会给完全不同的人，你都不知道到底是领导认为什么样的人是称职的，你也会迷茫。

上梁不正下梁歪，就是指领导对于下属的引导作用。该表扬的人得不到表扬，该批评的人反而得到表扬，是非不分，完全以是否能够符合领导的个人利益来判断下属的好坏，这样做风气必然会坏掉。当然，在中国，由于领导的引导作用过于严重，因此导致了人把领导意志当成是评价好坏的标准。在一个社会中，所谓学者的良知就在于不唯上。好的学者需要具有的品质是：永远站在人民的立场上，以科学的精神追求真理。在追求到真理后，要以促进社会发展的方式去揭示和表达真理。人不是什么时候都要去揭示真理的。

要探索真理，但是当真理的揭示会给社会的发展带来负面影响的时候，这种真理就需要封存起来，供秘密使用或少数人为了社会利益来使用。原子弹制造方面的真理，就不能随意揭示。不用钥匙开防盗门的方法也不能让每个人都知道，知道了就意味着所有人家的门都是不上锁的。国家的秘密档案也是要保密的。所以，人是不可能真正做到实话实说的。在什么时候说什么话，要分场合，看怎么说更能达到对社会好的结果。做科研要求真，不管领导说得对不对，只是一味地去做论证的人，不是真学者，只是宣传者。科学求真，科学的应用求对社会的善，为人处事求对社会的善。

康德曾经说过一个鉴定怎么才知道什么是对社会善的方法。那就是你想做的事，如果推广开来，对社会是善的，那就是好事。比如说，你随地吐痰，如果大家都那么做，对社会是好的，那你就是在做好事，否则就是在做坏事。另外，我感觉，如果一件事，你做完后，公开了能得到社会普遍赞许的事，那就是好事。比如说，你偷偷地把一个肾捐给了自己的父亲，这事你不能告诉你父亲，否则他可能就不要，这样你就要编瞎话。而当真相被揭示的时候，人们会为你孝敬父母的品德而感动，这就是好事。而一个人如果他偷偷地把别人的肾未经许可，换给了自己的父母，他也编了瞎话，当这样的真相被揭露时，人们就会普遍谴责，这就是在干坏事。

原因还可以分为内部原因和外部原因。外因通过内因发生作用，什么意思？不是存在于一个事物外部的因素就能成为内部原因，而只有成为内部原因的外部因素才能对事物产生影响。细菌只有侵入人体才能对人产生影响，只存在于外部不会产生影响。蚊子只有叮了人才能对人产生影响，它只在你周围玩玩对你产生不了什么大的影响。一种思想只有人真的认同了才能指导他的行为。而且少量有害的外部元素的进入，只会增加杂质，不达到一定的量不会对事物产生颠覆性的影响。所以，要用外部因素来影响一种事物产生或灭亡，必须找到通道使这些外部因素进入事物的内部，使得它变成内部因素才能起作用。

当然，你可以通过外力来中断那个事物的发展，但并没有真正对那个事物的内部发展产生破坏作用。你遇到了一个腐败的领导，而腐败产生的原因是没有维护公正的法则。你把那个腐败的领导杀了，换个领导，依然会变成腐败的。只有铲除腐败的内在原因，才能真正除掉腐败。一个村里有了恶霸，把村民变得特穷，你只是去救济村民，而不去除掉恶霸，那还会一批批地产生穷人。你去杀英雄，如果产生英雄的原因没有除掉，那就会出现夏明翰所说的"杀了我一个，还有后来人"的结果。

九　偶然与必然：脱离现实的不一定脱离必然性

必然性指的是事物变化、发展中的不可避免的趋势，是事物的本质变化、发展的规律，是在无外在因素干扰的情况下确定不移地要发生的情况。偶然性则是指事物的联系和发展中的不确定的趋向，是可发生和可不发生的情况。也就是说，人是无法扭转必然性的，只能听从必然性的安排，规律就是必然性的表现。人可以认识规律，但不能创造或改造规律。人的思想可以自由，但行为则是受必然性支配的，这不是我们想受支配就受支配，不想受支配就不受支配的。人认识必然性的目的是可以使我们对于自己的行为的结果或后果具有预见性。比如说，人再长寿也超不过200岁，可我们非要想天长地久。光是想想倒也可以，要想付诸实施就成问题了。人生的很多悲哀都来自于我们无法按我们的想象生活。

虚构的世界存在的必要性就在于它能满足人的希望。我不想死，我就想象有一个天堂，我可以在那里无矛盾地幸福生活。我想完全按我的方式谈一场轰轰烈烈的爱情，现实中不能存在，我就写小说，在小说中做一场爱的美梦。人的生活会因想象力变得丰富多彩，就因为在现实中我们是受必然性支配，我们只能在想象中满足我们的希望。想象力强的人编故事，想象力不强的人欣赏别人编出来的故事。要有想象力，首先就要有希望，要敢想，敢脱离现实去想。脱离现实的不一定脱离必然性。比如说，人有制造飞机的潜能，具备一定条件的物体必然能飞起来。在我们还没有飞机的时候，我们想像小鸟一样地飞翔，有了这种希望，我们就能按这种方式去编故事。

所谓丰富的想象力，就是你会想象自己是世间万物中的任何一种，你会去享受它们能享受的生活。小时候听父母说，人如果做了坏事会害羞得无地自容，想钻到地缝里去。我就想蚯蚓是不是前辈做坏事做多了，羞得就从此不想再见光了呢。读李白的诗歌，他说"黄河之水天上来，奔流到海不复回"，我就想啊，黄河的水从天上摔了下来，把它疼得啊，跳啊跳的，跳到海里就再也不回来啦。小时候爱玩小蚂蚁，就想小蚂蚁要穿件漂亮的衣服会是什么样的呢？什么人能够为小蚂蚁做出合身的衣服来呢？你看人家那小腰苗条的，羡慕吧！

把人的特征赋予万事万物，或者把万事万物的特征赋予人，都会让我们有超越必然性和超越现实的想象力。一个想象力丰富的头脑，能够产生出物质世界中没有给人乐趣的想象性的事物，而那样的创造是需要具有自由想象的氛围的。人的一生才多长？人的存在是多么受制于自然界啊，而我们的想象力却能让我们想活多长就活多长，想有什么就有什么，想怎么征服自然就怎么征服自然，先让自己感觉爽快了再说。我们可以用我们的想象力来娱乐我们自己。

一个想象力丰富的民族，一定是一个精神世界丰富多彩的民族。而一个硬是要按自己的想象力任意构造美好社会的民族，也会经受很多挫折。一个现实的理想世界的建构是不能按想象力来的，一定要把握事物发展的规律。事物有事物发展的事理，人间有人间发展的伦理，合理的事物也就是合事理和合伦理的事物才能在现实中有存在和发展的基础。你可以自由地选择不符合规律，规律则必然会对这样的行为给予惩罚。所以说，我们做事情要按规律办事，就是这样做规律才会奖励你。对于规律来说，顺它者昌，逆它者亡。当然，有的时候，一个人做了违反规律的事，他活不到规律来惩罚他的时候就死了，后人就只好代他受过。这样的人后人会感觉他很可恶。惩罚不了他，就把他写入历史，警示人们不要做这样的人做过的事。

如果世界中的事物是没有外在因素干涉的，那自然界中的事物就都会按自己的本质变化、发展，自然界就会呈现出必然现象。而问题是自然界太复杂，外在因素很多，外在因素通过侵入事物内部或通过强力中断了事物发展的过程，就会改变事物变化发展的方式，影响事物存在的寿命。一个事物发展得好好的，本来就要发生质变了，结果来了一外力，断送了事物的发展前景，或者能够改变事物性质的外在因素侵入了事物内部，使得事物改变了原来的发展趋向。

偶然性就是来自外部世界的能够从外部或内部影响事物发展的状况。由于事物的生存环境太复杂，因此它的必然性的实现都是在各种偶然现象的干扰下进行的。人生更是如此。有的偶然性成就不了你，但是在节骨眼儿上，它通过干扰一个细节，就可能让你前功尽弃。而且偶然性的出现难以预测，因此只能去应对。现实生活中会出现一些难以想象的事情，就因为有这样的偶然性的存在，而且会有巧合的事情发生。

当一件巧合的事件发生了，正好给你带来了好运，你就称它为机缘。有的人就是运气好，你没有办法。有的人为了获得好运，就会去求神拜佛，其实只是能够安慰自己而已。人间可能确实存在着与你心灵契合的伴侣，但是有的人就能遇上，你可能就遇不上。有的人遇上自己的伴侣的方式就是很浪漫，你遇上的方式可能就很普通，甚至是以你不愿意的方式遇上的。

人可以按必然性指引的方向去努力，却无法把握偶然性，所以说，人生是无法精确地预测的。哲学家与算命先生的区别在于，哲学家通过事物发展的必然性预测事物发展的趋势，而算命先生则要预测偶然性发生的方式。其实，如果人的一生完全按预定的目标发展，也是很无聊的人生。人生就因为有偶然性的存在才变得神秘莫测和让人期待，才过得有滋有味。好运也好，倒霉也好，只要自己的心灵不被好运弄昏了头，不被倒霉事击垮，人生都会有收获。

一个人总是有好运，他得到什么都是轻而易举的，那他就不会对人生有很深刻的体验，也难以体会那种经过千辛万苦才获得的幸福的滋味。如果一个人遇到一百件倒霉事，而每一件看似难以应对的事，他都靠他的意志力和能力战胜了，那他会有多么丰富的人生体验和多么大的成就感呢！人最怕的是在不幸的时刻心灵崩溃！最怕的是在不幸的时刻开始放弃人的正直，开始走歪门邪道！如果自己的不幸是别人的不公正带来的，那我们就不要让他人也遭受这样的不幸！人无法完全避免不幸的事情发生，但经常是有能力把不幸的事情变成幸运的事情！这就是《老子·五十八章》中说的"祸兮福之所倚，福兮祸之所伏"的道理。

十 现有与应有：为什么要有理想?

现有指的是现在存在的事物，应有则是指现有中合理的事物或将出现的合理的事物。合理指的是合乎事理即合乎事物发展的规律和/或合乎伦理的事物。不是现有的都是合理的。物质世界中的一些虚的现象即没有物质实体为基础的现象就是不合理的现象。比如说，月亮是不发光的，但它反射太阳的光芒，这就是沾光现象，没有了太阳，月亮就没有了光芒。狐狸借老虎的威力，显得自己很有力量，其实没有力量。名不副实的现象，就属于不合理的现象。不合理的现象的一个共同特征在于它内部没有支撑它的实体，即没有内容只有形式，因此很容易崩溃。

有一个小故事说，一只小兔兔在写一篇论文，题目是小兔兔是怎么把狼给吃了的。狼见了不信，小兔兔就把它带到后门的山洞里，狼看到那里有一只狮子在吃狼呢。人们用这个故事来说明，你不要看小兔兔好欺负，要看它的后台是谁。在人类社会中，你可以看到，有的人没有什么本事，还特横，这就叫有恃无恐，他通常是有什么后台在支撑他。有才的人也会恃才无恐。其实，人"无恐"是一种会让自己灭亡的东西。

我们说了，世界是物质的，物质是不生不灭的。人在宇宙中太渺小了。无论多牛的一个个体，都不是世界存在的必然条件，这个世界缺了谁都照样存在。借光的人在得不到它依赖的对象的支持时，就会没有光芒。这样虚的存在，就是不实在的存在，反映到人的心理上就是发虚、焦虑和不自信，经常会沦为它所依赖的对象的奴隶。现在不是奴隶社会了，但照样有人是像奴隶一样地生活，他们靠察言观色、小心翼翼地侍奉能让自己沾光的人来获得自己的生存条件。万一自己意识到有什么地方得罪了这种"恩人"，自己就会坐卧不安。

所以说，任何虚的没有实际内容支撑的事物，都是没有存在的依据，属于不合理的存在，是世界迟早要消除而不是保护的现象。如果你看到一个怨声载道的发横财的公司，你为了挣大钱进入这个公司，而这种公司是没有存在的伦理依据的，因此迟早要被取缔。如果自己处在一个不合理的位置，就是说自己不称职，那必然惶惶不可终日，因为自己没有存在的依据。他是这个单位要排除而不是要保留的人，只是因为种种原因才勉强让他存在着。这样的人最没有安全感，因此最爱发牢骚。有的时候人会告诉一个人说，他怎么那么没有眼力见儿呢，就是说单位正想办法怎么把他开了，而他还想着要被提拔。

所以，最合适自己的地方，就是自己有实力被需要的地方。自己在一个地方越有用，就越重要，越重要就越有安全感。靠别人或靠搭花架子生存，都会活得提心吊胆。有的人就有胆说，此处不留人，自有留人处，这就是有存在依据的人。自信来自于自己有所恃的东西。这种东西越稳固，个人就越有自信。合伦理的事物要以合事理为前提。

有真本事就是合事理，为人处事的方式又合伦理，这就是人的立身之本，这样的人会活得心安理得。人是否有存在的依据，是否实，不是自己说了算的，要看周围人的认同状况。所以大家看，现在有匿名测评的时候，被评得不好，就会感觉焦虑，就是因为自己可以感觉自己很牛，但别人不认同。一个人，不是大家都认识就是名人了，名人是人们认同的人，这样的人才享有名气。所以，有一个能够让自己客观评价自己的朋友是很重要的，人不能活在自己的想象的而实际上没有的认同中。

一个人有判断应有的眼光就能让自己把有发展前途的事物挑选出来，

就能向有发展前途的事物努力。应有的事物是有存在依据的事物，它们是世界不仅不要消灭而且要去不断发展的事业。一个人到了一个做假冒伪劣产品的公司，能得到高的报酬，但这个公司是很危险的公司，是社会严打的对象，所以是没有前途的。而你到一个高科技公司，这个公司可能现在还处于亏损状态，但你发现它的产品是能造福于人类的，是人类在很长时间就需要的，这个公司就是个有发展前途的公司，这样的公司就是应有的公司。一个人要有理想，而理想不是瞎想，理想是按理来想的，这个理就是应有。

人在选择一个应有的事业做的时候，就会感觉人生很有意义。这个事业不一定在你有生之年能全部实现，但伟大的事业是要人类共同努力才能实现的。一个人一生能够做什么惊天动地的事啊！当我们选择了一项与人类的发展息息相关和将永远存在下去的事业，我们虽然只是这条汹涌澎湃的大海中的一朵浪花，但是我们也体会到一种伟大，这种伟大的感觉不是来自于自己，而是来自于自己所从事的人类祖祖辈辈奋斗的目标。与这样的人同道，你不仅为自己自豪，也为他们自豪。

十一　可能性与现实：准备好的人才能获得机会

可能性指的是客观事物内部蕴藏着的这样或那样的发展趋势，现实则是已经实现了的可能性。没有可能性的事物永远不可能变成现实，但有可能性的事情也不一定就能变成现实。人要有一个奋斗目标，并为这个目标去准备可能性。没有目标，我们就不知道去准备什么样的可能性，没有准备好可能性，就永远不能变成现实。比如说，你想报考清华大学物理系，你为了这个目标准备好了可能性，如果顺利，你就能进入清华大学。但如果你高考的那年，清华物理系不在你们那个省招生，那就无法把这种可能性变成现实。所以说，准备好可能性的事物由于偶然性的影响，也许实现不了。

可能性的本质就是在准备一个新事物产生的条件。任何一个新事物都是在旧事物的母体中呈胚胎状的，只有成熟了才能诞生。也有早产的，但早产的通常是不健全的，还需要后天的补足。一个新社会的诞生，需要在前一个社会中准备好必要条件。我们来看一下形式逻辑对于必要条件的定义：如果没有事物情况 A，则必然没有事物情况 B；如果有事物情况 A 而未必有事物情况 B，A 就是 B 的必要而不充分的条件，简称必要条件。从形式逻辑来看就是如果由结果 B 能倒推出条件 A，我们就说 A 是 B 的必要条件。

必要条件很好地说明了可能性的本质。比如说，我们需要共产主义这个新社会，我们在资本主义社会中就要准备好它诞生需要的必要条件。没有这个必要条件，就不可能产生共产主义。中国是用中国特色的社会主义来为共产主义的诞生准备必要条件的，所以我们需要补课。中国特色的社会主义就像一个早产儿，需要用市场经济促成发达的生产力，需要配套的社会主义文明来给自己补足实现共产主义的必要条件。从形式逻辑上看，充分条件是结果出现的必须条件。如果有事物情况 A，则必然有事物情况 B；如果没有事物情况 A 而未必没有事物情况 B，A 就是 B 的充分而不必要的条件，简称充分条件。简单地说，满足 A，必然 B；不满足 A，不必然 B，则 A 是 B 的充分条件。一个事物的产生必须有充分条件，但充分条件是可以替代的。我们说的中国特色的社会主义，它需要具备必要条件，这种条件是代表本质的，不能没有，没有这个本质就失去了存在的依据。而充分条件则可以是中国化的。每个国家都可以在充分条件上进行探索。

从形式逻辑上看，如果有事物情况 A，则必然有事物情况 B；如果没有事物情况 A，则必然没有事物情况 B，A 就是 B 的充分必要条件，简称充要条件。简单地说，满足 A，必然 B；不满足 A，必然不 B，则 A 是 B 的充分必要条件。对于共产主义必然实现的推导，可以通过必要条件、充分条件和充要条件来进行，其中说明了一点，一个新社会的产生必须是要准备条件的，没有适当的条件我们不可能在现实中实现那个社会。我们对于共产主义的研究，就是要研究这样的社会需要什么条件，我们就努力去准备这些条件。

一个人要成为一个什么样的人，是需要准备条件的，也就是准备可能性。人的一生太短，如果我们的计划只是两三年的，根本做不了什么大事。所谓生涯规划，就是要把自己的一生作为一个单元来规划，确定自己要成为一个什么样的人和做什么样的事，然后就用一辈子去准备实现这样的目标的可能性。这就是孔子说的"尽人事"的方面。所以说，人在目标的设立上也不能太贪，设立的目标太多，自己是没有时间为所有这些目标准备可能性的，结果什么条件都准备得不充分，即使借助外力也只能生出早产儿，很容易夭折。

孔子还说到"听天命"的方面，我理解为人必须要面对偶然性的干扰。即使自己准备了可能性，由于偶然性的干扰，也有可能使我们一生的努力功亏一篑，所以即使努力了一生，最后没有成功，我们在心理上也要平衡，也就是要"听天命"，不要抱怨。而且，如果自己从事的是一项伟大的事业，自己所做的只是这个伟大事业中的一个环节，那肯定还会有后来人接着干。

人一定要通过自己的努力来使自己更具备做人的条件。我们不是生来就是人。人的本质在于他的社会性，说的就是我们生来并不是人，因为我们生前并不是在社会中生活的，我们不可能有社会性。我们生来都是一种高级动物，与小猫猫、小狗狗一样，具有动物性。有的人就是把人的动物性当成人性。人性不是与生俱来的，所以我们才有"成人"的过程，成人的过程就是变成人的过程。在变成人的过程中，主要是要安装某个社会形态中人们必须遵守的社会秩序的过程，主要就是安装伦理道德体现的过程。安装成功了，我们才成人，才能承担人的义务。

一很怕死、二很怕苦、三很怕弱、四很好得，那是人的动物方面的特征。人不同于动物的地方在于，动物终生如此，而人则会通过人的努力创造出超越动物的特性。与一很怕死相对应，人用勇敢来超越对于死亡的恐惧。勇敢的人不怕死，只要死得其所，也就是我们说的死得值。我们不会赞扬懦弱的人，比如说在不正义的事件中屈服了的人，因怕死而出卖国家出卖民族出卖他人苟活的人。与二很怕苦相对应，人用勤奋努力来超越人的好逸恶劳的动物性，我们赞扬很有意志力的人。与三很怕弱相对应，我们用谦虚来超越它，我们赞扬那些有实力还很谦虚，赞扬那些不是弱肉强食而是富有同情弱者之心的人。与四很好得相对应，人能舍，为了一种有意义的生活，人不仅不去得，还会主动去义务付出，会去贡献自己的一切。

人的一生，可以选择两种生活方式：一直作为动物活着，贪生怕死、好逸恶劳、弱肉强食、自私自利，或者通过自己的努力，让自己变成人，作为人活着，勇敢坚毅、勤奋努力、谦虚慈悲、公正无私。前一种活得很动物，后一种活得很人，真小人具有更多的动物性，真君子具有更多的人性，伪善者像人但不是真人。所以说，我们生来是没有人性的，人性是后天养成的，需要我们有当人的决心，持续努力，才能使自己最终具有人性，作为一个人死去。

所谓启蒙，在我看来，就是激发人当人的动机，不要去与只按动物性生存的人比，因为他们还没有通过自己的努力进化为人。这种选择是自由的，被迫当人的人也不是人。要有人的情操，自愿选择当人，并向人的方向努力的人，才是真正的人。有的社会制度的安排和分配方式更鼓励人做动物，在这个社会中动物般的人就会比较多，弱肉强食的状况就比较严重；有的社会制度的安排和分配方式更鼓励人做人，这个社会中就有更多的真的人，社会中爱心就比较多，弱势群体就能够得到更多的关顾。

第五章

人的认识是从哪里来的？

【画外音】到此为止，客观世界是什么样子的，物质世界按什么规律发展变化的，学生们已经比较清楚了。对于客观的辩证法的认识，让学生们认识到它在指导个人的人生中具有很大的用途。而认识论就是要解决这些对于物质世界的本质认识是怎么来的。我们生来的时候脑袋里空空如也，我们怎么获得认识，怎么获得认识能力？大千世界中那么多东西，我们的人生是有限的，我们怎么选择要认识什么不认识什么呢？认识论与我们建立共产主义信仰又有什么关系呢？

第一节　马克思主义为什么要谈认识论？

一　不可知论到底要干什么？

在认识论上有可知论和不可知论之分。认识指的是人的意识对世间事物的本质和规律的反映，包括对意识本身的本质和规律的反映。因为只有人才有意识，因此认识是人的独特的活动，认识的主题只能是人类。可知论认为事物的本质和规律是可以被认识的，而不可知论认为事物的本质和规律是不可认识的或不可能完全认识的。马克思主义坚持世界的本质和规律是可以认识的，认识是人类对于事物的能动反映。那不可知论者为什么要坚持不可知论呢？

英语中的 agnostic 这个词来源于希腊语 a（没有）和 gnosis（认识），

是在 1869 年由英国的赫胥黎创造的，用于描述他的哲学。在他那里，不可知论是指对基督教表示怀疑，但又拒绝无神论，从而主张把上帝是否存在这一类问题搁置起来的理论。可知论的思想早在西方古代怀疑论者那里就已经有了，而作为一种系统的哲学理论则出现于 18 世纪的欧洲。康德是不可知论的著名代表，尽管他的不可知论在 1804 年他去世时还没有这个名称。他认为灵魂、宇宙和上帝是不可知的。

马克思主义的可知论是要通过科学和实践来说明世界都是统一的物质世界，世界的本质和规律是可以认识的，主要是要把上帝消除，从而完成反对封建特权的历史任务。而上帝的辩护律师唯心主义当时处于很尴尬的境况中。《圣经》里的很多故事，在科学面前已经无法再自圆其说。这个时候，我们说了，上帝作为西方的安装社会秩序观的有效工具还无法被其他的工具所替代，所以西方依然需要上帝的存在。

怎么办呢？哲学上的以孔德为代表的将哲学的任务归结为现象研究，就是要说明人虽然可以认识事物的现象，但是认识不了本质。而且，从统计学的方法来说，人可统计的事物只能是有限的，无限的宇宙是无法通过统计来进行全称判断或绝对判断的。这样做的目的其实就是要为上帝的存在留下余地。如果本质是无法认识的，如果无限是无法认识的，你就不能说上帝不存在，顶多只能说我们不知道到底上帝存在不存在，你只要相信上帝存在上帝就可以存在。

二　什么是能动的反映论？

首先讲反映论。反映论讲的是我们意识的内容是通过对事物的反映得来的。比如说，我们生来就封闭了所有的感觉器官，那我们的头脑里就没有内容，就是一台空电脑。我们脑袋里想有什么，就得从外面输入什么。所谓创新，就是我们把外界输入的形象或信息进行分解，再按我们的想象进行组合，就能创造出现实中没有的东西来，但原料是来自外界的，巧妇难为无米之炊。如果我们只是想丰富我们的精神世界，我们就可以不靠谱儿地乱想，反正也不是想要它在现实中实现，爱咋想咋想，能满足自己的虚拟的需求或希望就可以。

为什么婚姻是爱情的坟墓？就是在谈恋爱的时候，还是在准备可能性，双方不是完全了解，就有想象的空间。你可以任由你的想象来使恋爱充满浪漫情调。一结婚就像是把精彩的电视连续剧的大结局看了，没有悬念了，就没有想象的空间了，也就不浪漫了。如果一辈子能够去暗恋一个人，有个人可想，有个人可以思恋，那也很浪漫，因为随便你怎么想，摸不着的手永远是最温暖的手。你从来没有吃过苹果，你把苹果放在自己的面前，每天想它是什么味道，你就可以想象出很多的味道来。而吃掉了，苹果就没有了，你也知道苹果是什么味道了，就没有想象空间了。

所以，结婚就是恋爱时的那种玫瑰花加红酒巧克力的浪漫形式的终结，激起不了真恋爱时的激情。而婚后的浪漫是在对方陷入绝境时，你能是一个英雄，扛起他的蓝天。这样的浪漫不是很多的，因为对方一直很顺，你想英雄救美，也没有机会啊。你看一个人股骨头坏死，换了人工关节，你很羡慕那个悉心照顾她的爱人，你感觉很浪漫。可你的夫人没有股骨头坏死，你也不能为了自己要表现就硬把她的股骨头换成人工关节啊。所以，灾难袭来时，夫妇能一起渡过难关，这就是很浪漫和很难忘的事。所以我们遇到灾难时，不要认为那就绝对是件坏事，其中也有别人体会不到的好的感觉。再有，如果遇到灾难时，对方跑了，那就是很痛苦的事。

中国的大多数家长都很反对孩子不切实际地胡思乱想，所以我们的孩子的想象力受到了约束。有一次我问一个同学，他为什么爱看科幻片，他就说他很羡慕创作者的想象力，而他感觉自己绝想象不出那样的东西来。再有我们的孩子们胡思乱想时，也会不只是让它停留在想象领域，而是要去实现，那就会遭遇失败了。其实超现实的东西，只是想想让自己感觉到一种精神上的满足就行了。如果想得好，再让大家也分享一下，感觉一下精神上的满足就可以了。这种想象只要符合我们的价值观就可以引起共鸣，而不用按现实存在的规律去想象，因此不必是符合真理的。相反，如果受到了真理的限制，倒反会让我们的精神世界非常贫乏。

另一种想象就是根据我们的需要，按照事物发展的规律，去把事物分解后再组合，创造出新的能满足我们的实际物质需要的产品。这种产品创新如果不符合真理就做不出来，这就是我们有学习真理的必要性。也就是说，我们只是要求停留在精神领域的东西，是可以胡思乱想的，想得美、想得善，就好。上帝就是这样被想出来的。要实现的东西就不能乱想，要按真理想，因为只有这样的东西才能实现。所以，共产主义是不能乱想的，因为我们要去实现它。马克思主义也不是可以随意地中国化的，是因为我们要去实现它。为了保证我们的社会理想能够实现，我们就要去探索相关的真理。

那为什么我们要强调人的反映的能动性的一面呢？因为人的认识是有目的的。第一个是娱乐性。如果做一件事情，做了能让自己感觉很快乐，你就会去做。比如说，大家在一起玩牌，不玩钱，就是图个乐儿。认识一些东西，让我们感觉快乐，我们就不会去考虑它有什么实际用途，乐完就完了，他享受的是那个娱乐的过程。而图像性的东西，不管是静的还是动的，都更容易给我们带来娱乐的感觉。因此，你可以看到，有的政治老师为了让你们娱乐，就会找图片和视频给大家看。所以，国家也才有了动机寓教于乐，就是把要教化的内容放到图片和视频中，让大家在娱乐的时候不知不觉被教化了。

第二个是实用性。我常听计算机系的同学说，他们学的专业特别枯燥。即使如此，他们认为最重要的课是自己的专业课，硬着头皮也要去上。他们并不指望能从学习中获得快乐，但那是他们未来的饭碗。他们是通过忍受痛苦学习，忍受痛苦工作，挣了钱，然后再用钱来买快乐的。我们很多专业都不具有娱乐性，都是因为我们要生存，社会需要这样的专业，我们才去学习，然后作为我们谋生的手段的。但是不管什么专业，都会有人喜欢，那么哪些人喜欢呢？就是那个专业学得特牛的人。这些人的快乐未必是来自他真的喜欢那个专业，而是因为自己与别人比较，自己赢了，就像打牌打赢了的感觉一样。等什么时候他学不好，落到了尾巴上的时候，他就不再喜欢了。

第三个是既有娱乐性又有实用性。这是每个人的理想。记得我上大学的时候，就很想学电影或文学专业，因为感觉这个专业的学习就是兼有娱乐性和实用性的。但是，后来听学电影的人说，他们有的时候看电影也很烦，因为要求在短时期里看很多电影，而且也不是所有的电影都是你喜欢的。人一旦把什么东西作为职业，那就必须得做些不得而已的事情。共产主义为什么好？那个时候人不再为生存担忧了，就不必为生存做自己不愿意做的事情了。有的事情在一定限度内是娱乐性的，超过一定的限度就带来痛苦了。

第四个是对个人既没有娱乐性又没有实用性的。比如说，我们现在有的政治课就处于这种状态。上课的时候同学们感觉很枯燥，个人也意识不到这个课对自己有什么实用性，所以是被迫着力完成任务来学的。这样同学们就会想别的目的了。我到课堂上背英文单词，我带着笔记本电脑上网，我带着杂志，我在课堂上睡觉。所以说，老师刚上课要给大家做思想工作，就是要让大家意识到这门课对我们个人的发展有什么用途。

思想是无法强制的，因为我们可以选择关闭反映器，就是听而不闻、视而不见。所以说，为什么我们现在上课，要强调进头脑。你坐在教室里，似乎是上了这门课，但是你关闭了反映器，外部信息输入不了。或者即使输入了，你马上就给删除了，那老师也白讲了。如果你再产生了反感，厌恶了，那老师不仅白讲，还帮了倒忙。

所以说，我们首先要认识到我们为什么要认识，才能有动力去认识。而认识的方式是通过间接经验或直接经验认识的。间接经验就是归纳在我们书本里的知识，而直接经验就是我们在实践中得来的知识。人不可能什么都亲自去实践，人也不可能什么书都读，那么我们就面临着选择读什么书和进行什么实践了。牵涉到选择，你就要判定什么是重要的，什么是不重要的。在重要的事中，也要排个顺序，什么最重要，什么次重要。那就需要一套理论来指导我们。这样的理论就是关于价值观的理论。

人文学科就是教给大家价值观的，而科学就是教给大家真理的。人文学科中的东西不一定是真的，但肯定是对个人或/和对集体是善的。科学中的东西一定是真的，但不一定对个人或/和对集体是善的。我们学习的目的是为了个人的善或/和社会的善，不学习人文学科我们就难以做出抉择。而科学是帮我们去实现善的，我们要按善的目标去应用科学。如果一个社会的人文学科乱了，人的思想就会乱，就会不知道如何选择自己的人生道理。

而人文学科之所以会乱是社会比较乱，学者也看不明白了，所以学者就会乱。学者乱了，教师也就乱了，学生也就乱了。如果一个国家只是靠分配权力或利益来驱动学者研究的积极性，通过这种选拔机制选拔出来的至少是很在乎功利的人，也不乏为了得到功利而弄虚作假的人。一种好的管理不是让很多没有真本事来做研究的人急于做研究，而是让真正有实力的人和真正做学问的人能够死心塌地地做学问。这样才能有大学问家和大师出现。如果搞面子工程的人活得很好，开后门走关系的人过得很好，而坐冷板凳的人想做也不给条件做，生存不下来，就不可能有大师出现。

第二节　人怎么能够认识事物的本质？

一　价值观：我们选择什么去认识？

世界上那么多的事，那么多的人，那么多的目标，而我们的人生是有限的，时间是有限的，有的事情同时发生，我们必须要做出抉择。我们需要选择留什么，放弃什么，选择的东西也需要排序，这样我们在关键时刻需要舍弃时，我们就能斩钉截铁地做出决断。优柔寡断的人通常是没有确定的价值观的人。有的人遇到有人落水，会不假思索地跳下去救人，有的人却要想想利弊。那价值观是什么呢？价值观就是指一个人对事物的意义、重要性的总评价和总看法。

在每一个社会形态下，统治者都需要按是否能够促进一个社会的总体的生产力的发展拟定一个社会的价值观。社会价值观就是对社会有意义、对社会重要的价值观。社会会按一个事物对社会的重要性来排序，看什么事更重要、什么物更重要、什么人更重要，人们只有对此达成大致相同的意见，才能按此来安排一个社会的秩序。比如说，当战争来临的时候，国家动用大量的钱去抵御外敌，我们大家就会支持，就不会觉得国家在乱用钱。

而一个人类主义者而不是爱国主义者可能就会认为这不重要。他在两国交战时，还会支持敌方。如果总体上看，每个人还是生活在国家之中，国家还是保护一个人的家园，那绝大多少人就会是爱国主义者，他们就会支持爱国。那么我们就说，爱国主义是社会价值观，而人类主义是个人价值观。在社会价值观与个人价值观发生冲突时，社会舆论是偏向社会价值观而不是个人价值观。这时候个人可以坚持自己的价值观，但无法拒绝被当成汉奸或卖国贼的社会价值观的评价。

人类在潜意识中，总是想把自己与动物区别开来，所以当我们不可避免地具有动物的某些特性时，我们会感觉害羞，所以要掩饰它们，所以人类才有了厕所和洞房，才有了用玫瑰花求爱的方式，才有了用筷子或刀叉吃饭的方式，才害怕别人骂自己为动物（如果有人说这个人真是个畜生，那是在骂人），而很少有人骂动物为人（如果有人说这个动物真是个人，那是在表扬那个动物），但是这些其实都不能真的把动物和人区别开来。

大家想想，如果我们给小狗狗准备了厕所和洞房，也教它们用玫瑰花求爱，也给它们穿上时装，抹上口红，还弄个长长的假眼睫毛，让它们坐在宝马车上，每周让它们去美容美发，累了去做次全身按摩或足底按摩，还是无法把它们称为人啊。

　　人和动物一样的地方是，人的感觉器官与动物的感觉器官都会产生舒服或不舒服的生理反应，只是灵敏度不一样。人的感官享受与动物的感官享受，区别不大。人对于身体的舒服的追求，就是一种动物性的追求。当然，并不是说人的动物属性都是不好的，都是要加以否定的。不管人多么不想当动物，人都不可避免地必须要有一个动物性的身体。要有这个动物性的身体作为人的大脑的载体，要有人脑作为思维和意识的载体。

　　没有了这个动物性的身体，人脑就不能成活了。所以我们需要健体强身，需要在不影响别人的情况下，让身体舒服一下，这是无可非议的。只是人活了一辈子，都只是当动物在活着，没有当人活过就太亏啦！人类是天地万物之间的灵秀之物，人类要进化那么多年，而且一个人要通过好多偶然性的破坏，才能生成一个人，而且人生只有一次，不发挥一下人作为人的潜能，那岂不是活得太不值啦！

　　人有崇高的价值观，这是动物没有的。人可以有动物的身体，但不必然要有动物的生活方式。人可以追求崇高，从而超越动物的生活方式，去做伟大而有意义的事情。人都有这样的潜能，而动物没有。你看到有哪种动物要为了崇高的目的每天背着书包上学吗？一个社会中并不是时刻都需要有人为社会牺牲，但是只有大家都认同崇高，都认为崇高的人是伟大的，那样到需要我们牺牲的时候，我们才会义无反顾，我们也才牺牲得值得。如果一个人为人民的利益牺牲了，大家都觉得他牺牲得很傻，那这个国家的国民就很动物，没有人的情操，也享受不到做人的感动。

　　当人有了高尚的价值观后，如果出现了他的价值观所肯定的人、事、物时，他就会感觉愉快，就会从态度和情感上表现出欢迎，否则就会反感，产生不愉快的情感。所以我们从一个人的态度和情感中也能够判断一个人具有什么样的价值观。我们说的身心愉悦中的心的愉悦就是来自于人找到了自己的价值观肯定的事物。知音难求指的是有高尚的价值观的人难求，很俗气的人是容易求的。

　　比如说，品德和金钱，谁更重要？社会价值观认为品德更重要，只有在道德的范围内去追求金钱。在道德与金钱发生冲突时，人应该选择道德。可有的人就把金钱看得比品德重要，在违背道德能够得到金钱时，他就会违背道德。我们的很多食品问题都是这样的个人价值观的体现。在这里，社会价值观与个人价值观也是冲突的，因此当个人的行为被揭露的时候，就会遭到社会舆论的谴责。人在做与社会价值观相容的行为时，通常不会去掩盖自己的行为，而违背社会价值观做事情，就会偷偷摸摸地做。

国家领导人和韦老师，谁更重要？国家领导人更重要，所以国家领导人到什么地方都要有保镖，还要让猎犬闻闻是不是有什么危险物。如果有一天韦老师要来上课，你们看到有只猎犬在教室里东闻西闻的，你肯定会感觉很可笑，那就是因为我们已经有了什么人更重要，什么人有必要保护的概念。人们会根据什么人更重要，什么人更不重要来安排秩序。名字的秩序是这么安排的，位置是这么安排的，正式场合是按这种秩序来安排的。名分意味着什么人更重要，什么人更不重要。因为位置具有标志谁更重要、谁更不重要的意思，因此有的人是非常在乎的，你不能把他的位置排错，否则就会受伤害，就会与你过不去。

在一个社会的价值观体系中，什么更重要，什么更不重要，不是能任意安排的。如果大众没有认同，国家就任意安排什么人更重要，那就会产生不服气的现象。而且一个社会价值观系统，是我们的分配人们服气不服气的基础。以前有人爱说，现在这个社会，卖茶叶蛋的比造原子弹的人收入还高，就是在说这个社会不合理，因为他们认为造原子弹的人对国家的贡献更大，应该有更多的收入。一个大学评职称，怎么评更合理？有的人说要按年资、有的人说要按贡献、有的人说要按作品多少。

如果大家的价值标准不一样，那怎么评最后都有人不服气。一个社会思想乱，主要是表现在价值观的乱上。你认为重要的我认为不重要，你认为不重要的我认为重要。为什么要有核心价值观？就是在一些重大的问题上，一个国家的国民要统一思想，就是要统一价值观。在核心价值观分歧很大甚至相对立的情况下，国家怎么做都会有人感觉气不顺。所谓多元化，就是允许在非核心的领域，个人可以持有自己的价值观，国家不予干涉。比如说，我们把国家比喻成一个人。大脑肯定是不能牺牲的，这就是核心价值观，因为大脑变了，就是另外一个人了。那如果腿也病了，手也病了，这个时候要选择，要么把手截了，要么把腿截了，大家可以根据自己的想法来看是截腿还是截手，可以根据民主的意见来决定截什么。

　　一个人在做决断时，说再让我想想。那是想什么呢? 就是在想价值观。有的时候人问你，你是不是想好了? 别反悔啊，也是在问你是不是把价值观想好了。一个人什么都临时想，就是没有确定的价值观体系的人。两个人吵架，也经常是在吵价值观，两个人对同一件事的重要性的看法不一样。现在我们的生活好了，对个人价值观就能有更多的包容性了。比如说，贾宝玉和白毛女结了婚，如果贾宝玉可以拥有他的林妹妹留给他的破灯笼，而白毛女可以拥有盐，不需要留一样舍一样的时候，两个人可以相安无事。但是如果现在因为太穷，要么得把灯笼卖了，要么得把盐卖了的时候，这两个人就容易吵架了。所谓"贫贱夫妻百事哀"说的就是钱少的时候，留什么和舍什么有分歧，就要吵。吵赢的人就能留住自己认为重要的，输的就得放弃自己认为重要的。

　　如果一个社会的价值观非常单一，人们的认同度比较高，那么这个社会就会总体上呈现一种井井有条的景象，人们的思想比较单纯，不服气的事情会比较少，人们的总体幸福感也会比较强。如果一个社会的价值观多元化，个人会感觉比较自由，但是无论你做什么，都会有人说你好有人说你不好，所以人的心理会比较纠结。如果一个社会中，核心价值观体系与其他多种价值观体系并存，那你得到核心价值观的赞扬，不一定会得到其他价值体系的认同。比如说，你是个有奉献精神的人，你娶了夫人，夫人的家长不强调奉献，而强调挣钱，用挣钱的多少来衡量你能不能干。在这种情况下，即使你帮国家把卫星弄到天上去了，对国家作出了很大的贡献，如果你没有挣到钱，夫人的家长也会认为你没有本事，你很傻。

　　我们现在就处在一个不少人对核心价值观提倡的奉献精神不以为然，对金钱至上的价值观很以为然的时代。很多很有才能的人就因为忍不住要去挣钱而丧失了自己能够享有崇高的大幸福的机会。一个人的个人价值观只有与自己的国家的核心价值观一致，才能更好地为国家作出贡献，才能当上国家的脊梁，才能把自己的潜能最大地发挥出来，才能在反观自己人生的时候，感觉自己挺了不起的。尤其是在一个社会那么多人去挣钱的时候，你能耐得住寂寞，静心修炼自己的内功，就更加了不起啦!

　　一个有钱的人不在乎钱，那没有什么了不起的。一个钱只够生存的人不在乎钱，为了更崇高的目标去奋斗，那才真是了不起! 由于我们并不是在为自己学习，劳动分工的存在使得我们学的东西必须是社会需要的或者说是社会的核心价值观肯定的才更有用，所以我们首要的选择就是与社会的核心价值观一致的价值。在社会的核心价值观中倡导和鼓励的事物中进行选择。其次是在社会容忍的价值观中进行选择。有的价值观不是社会鼓励的，但是国家可以容忍。比如说，抽烟。这样的事最好不做，但实在要做也可以。社会不容忍的个人价值观就需要放弃，否则就会遭到社会舆论的谴责和国家法律的制裁。比如说，吸毒。国家不干涉的私人领域则可以保持自己的价值观。比如说，你家里想布置成什么样子，那是你个人的事情。一个经验丰富的人，通常会有一套比较确定和相对完整的价值观，因为他已经面临过各种选择，就把各种情况下自己的价值观都想要了，想清楚了。价值观教我们如何选择，但是如何去实现这个选择呢？这个时候我们就需要知识和由知识转变成的技能的帮助了。只有真知识才是可用的，因此就牵涉到我们为什么要认识真理和怎么认识真理的问题了。

二 知识体系主要包括什么？

知识指的是人类的认识成果，其最初形态来自社会实践，初级形态是经验知识，高级形态是系统的科学理论。人可以通过自己的实践获得直接知识，也可以通过学习书本知识而获得间接知识。按其内容可分为人文知识和科学知识，科学知识又包括自然科学知识、社会科学知识和思维科学知识。人文学科（humanities）是 20 世纪以来对那些被排拒在自然科学和社会科学之外的学科的总称，主要包括文、史、哲和艺术等。

这些学科的本质就是研究一个社会的价值观。学习人文学科，必须先学习哲学。哲学必须在历史中学，因为哲学是提出和论证一定社会形态的社会秩序的学科，不同的社会需要不同的社会秩序，而在特定社会中能够使人信以为真的论证方式也不一样。哲学的内容不一定是真的。不是所有真的都是善的，也不是所有假的都是不善的，哲学中的某些在历史上起过善的作用的假的就是被历史铭记有价值的。正史是在一个国家认同的哲学意识形态的指导下写成的，而野史则是在非意识形态哲学的指导下写成的。没有哲学的指导，不可能写出历史书。人类社会每天都在发生着很多事情，但我们历史书却没有那么长，我们要根据哲学的指导来决定记录什么不记录什么。文学和艺术则是在把哲学倡导的价值观变成形象的东西以便传播。

这类学科的研究方式与科学不一样。社会的价值观体系是有继承性的。一个社会最初提出和流行的核心价值观，只有通过某种方式才能改变，而价值观的改变和人们利益分配的改变是有关系的。有的价值观是源远流长的，而有的价值观却是随着社会的发展新产生的。人类可以通过学习某个社会为什么要提倡某种价值观，那种价值观背后在维护什么人的利益，它是怎么传播的，它在历史上是怎么被丢弃的，这样可以为新社会的价值观的构成提供参考。而且我们也能够更深刻地了解我们现在拥有的源远流长的价值观到底是怎么提出和演变的。

所以，同学们写论文，可以从有文字记载的历史开始，研究某个价值观的演变过程。要看这种价值观是从民间提出的还是国家提出的，代表着什么人的利益，对社会有什么益处，哲学家是怎么论证的，在这种论证中有什么似是而非的地方，它是通过什么方式传播的。通过对照历史来看这种价值观在当时的影响。看那个时代被统治者赞扬的英雄是不是持有这样的价值观，看受民间欢迎的人是否支持这样的价值观。

在民间流行的价值观与国家意识形态发生冲突时，就说明那个国家的意识形态多少出现了问题。可能是国家提倡某种价值观，但其官员没有身体力行，从而成为人们厌恶的东西；可能是社会形态需要变迁了，原来的意识形态哲学过时，需要更新了。民间流行的价值观与国家倡导的价值观兼容时，这个社会可以有两个或多个价值观体系。由于价值观体系是求善的，而达到善的方式不只是一种，因此一个国家可以同时存在多个价值观体系，这就是多元文化的基础。

比如说，中国可以儒、道、佛三种价值体系共存。而真理只有一个，如果用科学体系来衡量的话，只能是一元的。所以，不能用科学真理来衡量人文学科的价值。一种好的价值体系，最好是建立在真理之上的。但是当采用真理达不到安装社会秩序的目的时，其他非真的价值观体系也是可以并用的，比如说宗教，这应该是中国允许宗教信仰自由的理论基础。

社会科学指的是用科学方法研究人类社会种种现象的各学科的总体或其中任一学科。社会科学强调方法的科学性和结果的真理性。不科学的东西是被排斥在科学之外的。科学的方法包括定性研究方法和定量研究方法。定性研究的目标是找出事物的本质属性和这些本质属性的运动规律。

当然更复杂的定性研究是要把事物的本质属性、共同属性和个性都研究清楚。通过定性研究可以纯化研究对象，只把一类事物中的本质属性抽出来研究。定性研究是定量研究的前提。

当一个事物的属性被纯化为本质属性，就比较容易对它进行定量研究了。有定性研究做基础，不一定能做好定量研究，但没有定性研究做前提，定量研究肯定做不好。现在有的人为了显示自己的研究很科学，爱把文章中弄好多数学方程式，但是其实有的论文并没有定性研究做基础，因此那样的充满定量研究的论文只是貌似科学的论文，那也是一种弄虚作假的方式。社会现象太复杂，偶然性太多，所以即使按正确的社会科学研究的结果行事，因为无法排除干扰的环境，比应用自然科学的成果，失败的可能性要大。

自然科学是用科学方法研究自然现象的学科的总称或其中任一学科。它同样是要进行定性和定量研究，但是因为自然物没有自主意识，不会自己乱动，因此是靠自然力之间的相互作用表现出其本质和规律的，因此更具有确定性。当然，现在人在干扰自然界的发展，因此自然也变得会发疯了，不正常的自然现象也会出现。但总体上说，确定性占优势，不确定性属于少数情况，因此让人感觉更容易获得可靠的真理。由于自然现象没有社会现象那么复杂和多变，所以说长期从事自然科学研究，就容易形成把问题简单化、固定化或模式化的特征，容易缺乏想象力。而且科学研究的成果要转化为技术，要创新，就需要知道社会需要什么。对社会需求缺乏了解，就想不出要创新什么来。要创造出便捷的科技产品，不能只以勤快人的需求作为开发目标，要想一个懒到家的人，怎么能让他感觉便捷了，那就能开发出很多便捷产品来。

我们作为一个人，要设计好自己的知识体系，不能无目的地学习。从小立志，按自己的志向来准备自己的知识结构，这样更容易做出大事。立志不是要看什么职业能够挣大钱，而是要看自己在哪方面的潜能最具优势，把自己的努力目标设置在自己最擅长最有天赋的方面。所谓全面发展不是说要全能。追求全能的人最后的结果可能是全不能，哪方面都没有竞争力。即使是意识形态的大师，也不可能是全能的，但是他要有相对完整的知识体系。有的业余爱好，并不是非要去学习操作。有的人会弹钢琴，却不知道钢琴曲表达的是什么情感。有的是我们要作为职业去做的事，比如说做钢琴家，那是需要学习如何弹，而不选择弹钢琴作为职业，可以学习欣赏。欣赏家不一定是操作者。

在价值观那里选择了高尚的情操，立下了远大的志向，在知识体系这里准备好了实现自己的志向所需要的特殊的知识结构，再把所有这些知识综合起来去完成自己的人生目标，这就是一个很有意义的无憾的人生。在事业之外，要选择一些让自己放松娱乐的业余爱好，可以在时间允许的情况下，选一个会操作会欣赏的爱好去深度发烧，可以选多个自己喜欢但不会操作的爱好去培养自己的欣赏能力，这样人就可以有自己的事业，让自己的生活有意义，也可以通过自己喜欢的爱好去让自己的生活丰富多彩。

三　如何利用思维工具？

人与其他动物不一样，不仅在于人具有崇高的价值观的潜能，也具有进行思维的潜能。动物对事物具有直接的刺激反应的功能，完全按趋乐避苦的方式应对外物。外物给自己带来快乐，就追；外物给自己带来痛苦，就跑。而人则要对事物进行感性认识和理性认识，而且要根据人的认识来改造事物，使得事物能够为人服务。我们学的书本知识都是人类认识成果的结晶，但是这种结晶中也不都是追求真、善、美的，我们在看书的时候就要有挑选，就要有辨别好坏的能力。再有我们也想知道，真正的好书是怎么写出来的，如果我们也想写出好书，也想有所创新，那么需要安装一个什么样的思维工具呢？现在我就来教大家如何通过对事物的感知一步步抽象出理论来。

（1）感性认识：你的世界里鲜花在盛开吗？

我们的一切的直接知识都是从感性认识得来的。什么是感性认识呢？感性认识指的是人通过自己的肉体感官（眼、耳、鼻、舌、身）对于事物表现出来的现象的认识，它具有直接感受性的特征。人虽然都有感官，但是人的感性认识能力是不一样的，因此人根据自己的感性认识写出来的文章也是不一样的。人的目的不一样，对现象感知的方式和方面不一样。有的人是会动用自己的眼、耳、鼻、色、身这五个感官来感知一个事物，而有的人则只会看看而已。所以，当老师要测试一个人的观察能力的时候，就是要看他是否会动用自己的五官来进行感知。我们经常用我们的眼睛来观察，就是因为有的时候我们无法用别的感官。

见到美女，你想看看可以，你回头看也可以，你去闻闻人家或摸摸人家，那就不可以。有很多东西，我们都只能看看，所以我们就养成了只是用眼睛观察的习惯。但一个好的观察者，只用眼睛是不够的，要记得自己还有别的感觉器官可以动用。而人的感觉器官的灵敏度也是不一样的，所以有的味道之间的差别，有的人能感受到，而有的人却感受不到。而且眼见的不一定为实，比如说筷子放在水里是弯的；眼不见的不一定为虚，比如我们的肉眼看不到细菌。

现场感比较鲜活，就是因为我们的多个感觉器官同时在感觉，不仅感觉对象，而且还感觉周围的气氛。气氛热烈和气氛沉闷都会影响人的感觉，而且会影响人的情绪。气场主要是由在座的人是否真的欢迎一个人的到来而表现出来的气氛。大家真正欢迎一个人时，表情是喜悦和渴望的，眼睛是关注他的，掌声是真诚热烈的，但并不是人在感觉任何事物时都需要热烈的气场。有的时候我们需要安静的环境去感觉，有的时候我们需要在感觉时有好的自然光。

感性认识包括感觉、知觉和表象三个环节。感觉就是感官分别对现象的反映。眼睛只能看形和色，耳朵只能听声。我们虽然有感觉器官，但人并不是在感觉的时候五个感官都动用了，因此我们感觉到的东西是不一样的。知觉就是把感觉到的东西综合为一个整体，在这个整体中，如果人只是感觉了形色，就不会有声音。表象是对知觉到的整体进行保存、再现和重组。这个时候，人就会有了主观性。比如说，保存的时候只保存自己想看到的，不保存自己不想看到的。

一朵鲜花插在牛粪上，乐观的人就保存了鲜花，悲观的人就保存了牛粪，客观的人就保存了鲜花和牛粪。人的情绪会发挥作用。一个人失败了，自己不想承认是自己的能力不足而失败了，就爱找社会的毛病看或挑刺儿，这样他可以给自己一个借口，怪这个社会不公平。一般成功的人就爱看鲜花的部分，为了夸大自己的功劳，也会把社会中确实存在不公平竞争的现象忽略掉不保存。

再现就是在记忆中提取原来的知觉。人又会根据自己的处境来提取自己想要强调的方面。重组就是把自己保存起来的知觉，根据自己的喜好和目的分解后，再组合出一个新的知觉。这就是人创造出来的表象。在这个思维过程中，人没有把具体的感觉变成文字，因此这个思维就是形象思维。只要人的思维工具是具体感觉到的东西，就是在进行形象思维。

我们可以看到，形象思维中会存在很多问题：一是我们有的东西没有感觉到；二是保存时有的东西我们没有保存；三是再现时我们只再现自己喜欢的；四是我们对知觉进行了重组。这样我们把自己头脑中的表象通过各种方式表达出来的时候，就不是原本的事物了，已经打上了我们认识的烙印。高级动物也具有感觉、知觉和表象能力，但只局限于满足它的生物学需要，而且它的知觉始终是个体的而且是生物性的。

没有理性思维能力的人只会形象思维，因此从这个思维中是无法找到对于事物的本质和规律性的认识的。形象思维的特征是鲜活，能给人的感官以直接的刺激，而且反映起来简单，因此人喜欢看形象的再现。把具体事物画成或拍成图片或摄成录像，这样更容易刺激人的感官，让人的感官可以得到愉悦。照片是人抽取自己喜欢的或合乎自己目的的画面，摄影则是自己喜欢的或合乎自己目的的一段活动，都是有主观性的。因此要观察事物，还是要亲临现场去观察。你观察到的与别人是不一样的。

（2）理性认识：你能用有限的生命认识无限吗？

理性认识是对事物的本质的认识，包括概念、判断和推理三种形式。理性认识必须以感性认识为前提，是感性认识的深化，因为感性认识只能认识事物的表象，知其然而不知其所以然。人具有认识事物本质的潜能，但并不是所有人都把这种潜能发挥出来了。要有分析能力，必须有理性认识的能力。那什么是概念呢？我们给单个的事物取名，那不是概念，就是名，而我们给一类事物取的名，就是概念。取名可以是任意的，比如说，苹果中国人就叫苹果，美国人叫 apple，每个民族根据自己的喜好，都可以为苹果取不同的名字。

比如说，我们的原始人到大森林中去，发现一类红色的圆的果实，以前没有见过，就给它取了个名字叫苹果。当大家都认同了这个名字后，遇到这种果实人们都称它们为苹果。为了认识苹果是什么，我们就要知道它有什么特性。我们先把苹果与蔬菜比，发现苹果属于水果。这样我们就可以说苹果是一种水果，水果就是苹果的组织，它所在的单位，这下苹果就找到组织啦，我们把这个组织叫做属。这样我们就把苹果与蔬菜区别开来了。

但是我们看到，在水果中还有梨等，我们怎么把它再做区分呢？这样我们要把具有同样属性的苹果划分到一个小组中去，就要找到苹果们区别于梨等但是苹果们共有的特征，这种特征我们就叫种差，就是有苹果特色的水果。所以，我们要让苹果找到它的家，就要看它是否符合种差＋属的性质。以前人们见到的自然界里自然长成的苹果都是红色的，可有一天发现同样属性的这种水果还有黄色和绿色的，那我们就说苹果通常是穿红衣服的，但也有穿黄衣服或绿色衣服的时候，我们再把苹果分到分小组里去，那就是品种。穿红衣服的属于大部队，叫通常的苹果。穿黄衣服或绿衣服的属于特种小分队。

所以，当我们对事物进行比较，就能找出一类事物的本质属性，这个时候我们就能对这类事物做出它是什么或不是什么的判断，这个判断就是我们说的定义的内涵。外延就是这个类中所包含的个体，通常无法枚举，所以我们可以举出几个例子后，说等等。为什么要举几个例子呢？比如说，我告诉了你苹果的定义，你还是缺少对它的感性认识，我就给你看几个样品，你就能对上号啦。

所以，一般举出的例子都比较鲜活，因为是可以看得见摸得着的或者是可以通过仪器感知的现象。判断就是对事物的本质属性的肯定或否定。我们根据判断对事物进行辨别分类的过程，就是推理过程。比如说，我见到一种水果，我一看它具有苹果定义中的特征，我们就把它分到苹果类中去。或者说你看到一个苹果，你不知道它有什么属性，你查一下字典，就知道它有什么属性啦。所以说，我们通过认识苹果的定义，就能认识所有苹果的一般特征。

（3）形式逻辑：怎么才能确定是与不是呢？

当我们的认识从感性认识到理性认识，我们的认识还没有完结。因为一类事物的本质属性，我们只是认识了事物的暂时静止或静态的方面。理性认识还是属于形式逻辑的范畴。那什么是形式逻辑呢？形式逻辑要求我们在认识事物的静态状况时，要明确概念的定义，即说明其内涵和外延。要求对事物做出肯定或否定的判断。只有你能做出这样的判断时，你的头脑才是清晰的。

如果你说这样也似乎是对的，那样也似乎是对的，那人家就会说，你这个人咋糊里糊涂的？判断可以分为全称判断、特称判断和单称判断。全称判断表明的是事物中包含的绝对真理的方面。比如说，世界是物质的。

对于这样的判断，只要你举出一个例子来，就能推翻它。特称判断则是指存在这种情况。比如说，有的苹果是黄色的。那无论有多少个红苹果，只要你拿出一个黄苹果来，就说明这个判断是正确的。这个判断通常是用来表示在一类事物中存在着特殊现象。单称判断指的是对于单个事物做出的判断。比如说，这个苹果是有伤疤的，表示的是单个事物独有的特征，通常用来表示事物的个性。

还有一种判断不知道为什么在形式逻辑中没有，那就是一般判断。一般判断就是大多数情况正确的判断或通常判断。我们通常说的一般来说，正常情况下，都是一般判断。通过举出少数例子，推翻不了一般判断，必须举出大多数情况如此，才能推翻一般判断。哲学中的大多数判断都是一般判断。它排除了特殊情况，只研究一般情况，也就是把环境和事物都纯化了，在纯化的状态下来研究事物的通常或正常情况。

由于事物处于静态时，其特征是具有确定性的，因此就形成了我们对于事物的判断也是具有确定性的。这种确定性具体体现为四条规律：同一律、矛盾律、排中律和理由充足律。同一律指的是在同一思维过程中，必须在同一个意义上使用概念和判断，不能偷换概念和判断，公式是"甲是甲"，这种情况也只能是在静态时，在同一立场和同一时空中才能做出这样的判断。我们不能在前面的概念和判断中说的是一个事，而在后面换成了另外一个事，但还是用了同样的名词。比如说，我前面说的学生指的是清华学生，后面指的学生却是全世界的学生。我们要保持内涵和外延都一样。这就是一贯性要求。

矛盾律其实是不矛盾律。它要求在同一思维过程中，对同一对象不能同时作出两个矛盾的判断，也就是说，不能既肯定它，又否定它。它通常被表述为 A 不是非 A，或 A 不能既是 B 又不是 B。比如说，在同一时空点上，你不能说这个人既诚实又不诚实。时空点就是我们处在时空中的位置，但时空点定了，事物的属性就是确定的，就能做出不矛盾的肯定判断。这就是无矛盾性要求。

排中律指的是任一事物在同一时空点具有某属性或不具有某属性，而没有其他可能，通常被表述为 A 是 B 或不是 B，即一个命题是真的或不是真的，此外没有其他可能。一个人犯罪时被捉拿了，这个时候它犯罪的事实就确定了，他就不再是犯罪嫌疑人了。到法庭上，我们要通过展示它的犯罪事实来说明他就是罪犯。这个人的存在状态只有两种，就是他在这个时空点上，他要么是罪犯，要么不是罪犯，而不能既是罪犯又不是罪犯。所以，有的时候我们看一个人不做确定的判断，含糊其辞，有的时候是要保护什么人，有的时候是有什么隐情不便说，有的时候是确实还没有拿准等。这就是对于肯定或否定的确定性的要求。

充足理由律指的是任何判断都必须有充足理由。当你做出肯定判断后，你一定要说明为什么这样而不那样的充足理由。比如说，你判断张三是坏人，那你就要告诉我，你是怎么界定坏的，他有什么坏的事实。你不能说，我凭感觉这么说的。我感觉如此。反正我就是那么想的。那大家就会说你真不讲道理。另外，你摘了一段语录，你告诉大家说，这段语录真好，那你就要告诉大家为什么好。你说我感觉好，那是不行的。而对这个问题的回答，就需要我们对事物进行更深入的研究。虽然我们是在研究一种静态现象，而这种静态现象是事物在动态变化中的一个切面，所以要到动态研究中去找到理由。这就是说，说话要有根据。

形式逻辑就是研究我们的大脑是如何通过概念、判断和推理实现对事物的本质属性的认识的，它研究的是处于静态的事物的属性，因此只适用于认识事物的静态现象。如果把它用于研究事物的动态现象，那就超出了它能胜任的范围，那就是真理超出了自己的界限就变成了谬误。当形式逻辑用来研究事物的动态现象时，就出现了哲学上说的形而上学的错误。理性认识已经达不到对说明判断的充足理由这样的深入程度了，我们现在就要进入更高层次的思维，即辩证思维阶段。

（4）辩证逻辑：只要正反面都说到了就辩证了吗？

人要先有辩证思维，才能发现客观世界的辩证规律。而辩证思维思考的对象是事物的动态的规律。要思考动态，就需要知道一种现象背后的物质载体是什么，而且要知道这个物质载体中的主要矛盾是什么，这个矛盾是怎么产生的、怎么发展的、最后怎么消亡的。认识到这样的规律，我们如果需要什么事物，我们就可以通过合成那样的矛盾，让事物产生。我们想让事物发展到什么程度，就可以在那个程度通过外力中断它的发展。我们想让什么事物消失，我们就能通过分解其内部矛盾，从而让那种事物消失。所以说，辩证思维既是一种可以深刻认识事物的思维方式，也是一种可以创新物品和改造客观世界为人所用的思维方法。

辩证思维是把对象作为一个整体来研究,在事物的内在矛盾的运动、变化和各个方面的相互联系中进行考察,以便从本质上系统地、完整地认识对象。从解剖学上来看,感性认识和理性认识的研究可以解剖死尸,而辩证思维的研究则要做活体解剖或活体试验。由于活体解剖或活体试验的条件是有很大限制的,因此主要靠推导来认识事物发展的辩证过程。

辩证思维也用概念、判断和推理等思维形式,但是与形式逻辑中用的不一样。辩证逻辑用范畴来表示概念,用观念来表示判断,按规律来进行推理。在形式逻辑中,事物"非此即彼"、"非真即假",而在辩证思维中,事物可以在同一时空点"亦此亦彼"、"亦真亦假"。客观辩证法指的是宇宙中客观存在的普遍联系、变化发展及其辩证规律,而主观辩证法指的是人对客观辩证法的认识和应用。

对立统一规律、质量互变规律和否定之否定规律是唯物辩证法的基本规律,同时也是辩证思维的基本规律。自发的辩证思维很古就有,亚里士多德研究了辩证思维的最主要的形式,但从唯心主义的角度提出辩证法的大家是黑格尔,马克思主义则对它进行了唯物主义的改造。在作为意识形态的哲学中,由于稳定的社会秩序需要稳定的思维方式,因此研究静态的形式逻辑占主导地位,而研究动态的辩证逻辑只有在社会变迁的时候才比较活跃。

辩证逻辑的研究对象是辩证思维,它主要研究概念的辩证运动以及如何通过概念反映现实矛盾,是关于思维辩证运动的逻辑,恩格斯最早明确地把这种逻辑称为辩证逻辑。辩证逻辑的基本方法主要有:归纳与演绎、分析与综合、抽象与具体和逻辑与历史的统一。

归纳和演绎也是最基本的辩证思维方法。为什么要归纳?通过归纳我们可以知道事物的一般性。为什么要知道一般性?因为我们人在做事情前需要筹划一下、计划一下。而我们的计划需要建立在一般性上,为什么?因为我们不知道一个事怎么做成功的可能性最大。我们说过,由于世界上总是存在特殊性的,但特殊性属于少数情况,而且是具有偶然性,无法预测,而一般性属于大多数情况,也就是我们说的正常情况。我们的计划通常是按大多数情况筹划,准备应对特殊情况。那么怎么知道什么是一般情况呢?有一种方法就是归纳。

我们看这个人会吃饭、那个人会吃饭,你统计了你见过的人,都会吃饭。那你就判定，所有人都是要吃饭的。这个判定中有什么问题呢？你不可能通过归纳所有的人来得出这个全称判断，你的统计总是不能完全的，因此总是存在一个跳跃。你归纳出来的顶多是一般情况或大多数情况，而你得出的结论却是全部情况。那就不对。所以说，我们的经验性的归纳肯定是不完全的归纳，只能得出一般结论，而不能得出完全的结论。你说所有人都要吃饭，人家有的人打点滴，可以不吃饭。所以，你说一般是要吃饭的，那有些人打点滴，只要不是大多数情况，那你的判断就是成立的。

而演绎就是一种推测。如果我们有全称判断作为前提，如果我们的推理过程是严谨的，那结果就是确定的。比如说，如果所有人都是要吃饭的，这前提就是对的，那只要是人，他就一定是要吃饭的。这个推理就是绝对正确的。那这个推理有什么用呢？你家里有个小孩，你怕他乱跑，你出去有事，要把他锁在家里一天。虽然你走的时候他没有说要吃东西，你还是要把吃的给他准备好，因为你预见到他肯定会饿。这就是演绎具有的预见性啊。如果你家里放的是一个古董，古董肯定不会饿，你就不用给它准备饭啦。

但是我们说过，我们的演绎的前提通常是从归纳中得来的，归纳只能得出一般性结论，那么肯定会有特殊情况存在。所以，我们的预测只能是大概正确，不能是完全正确，而我们说的理论就是建立在一般情况下的，如果出现了特殊情况，理论就会失灵。但即使理论失灵了，也不一定就说明这个理论不正确，只能说明它在特殊情况下不适用。

回到刚才说的例子，你是给小孩准备了饭，你回来他没吃，他那天病了，不想吃，但并不能说他在正常情况下要吃饭这个判断是错的。通过这个道理，我们也可以说明，我们不能认为一些国家搞社会主义搞得不好，就说共产主义理论必然是错误的。以前的社会主义国家主要都是些早产儿，是在生产力发展水平不够高的情况下建设社会主义的，所以天生营养不良，如果生产力这方面的营养没有跟上来，那就会夭折。

分析是在思维过程中把认识的对象分解为不同的组成部分的过程。比如说，我们要认识人，把人的头、胳膊、躯体、腿都在思维中分解，分别研究各自的功能，研究清楚以后再把它们组合起来。综合就是把分解出来的不同部分按客观的秩序和结构组成一个整体。综合的难点在于要首先认清客观的秩序和结构，否则乱组合就成不了一个有机体。你把一台电脑拆了,把每个部件都研究清楚了,但是没有原来的结构图纸,自己乱装,装完也没有办法用。我们学英语时,很多人重视学实词,不重视学虚词,而判断一个人英语学得是否地道,主要是看虚词的应用。虚词就是管结构的。分析出来的部分就是一个事物的物质实体,而结构就是这个物质实体的空间布局和时间布局。装的时候有的要先装,有的要后装。

从抽象上升到具体是辩证逻辑的一种主要推理和表达方法。我们还以对红苹果的认识为例来加以说明。我们先通过感官对红苹果进行感性认识,然后我们有了感觉、知觉和表象。感性认识越客观,越全面,越能为我们的客观的理性认识提供基础。我们在理性认识阶段,通过把苹果与其他水果进行比较,然后知道了苹果的根本属性,使得我们能把苹果与其他水果区分开来。这个时候,我们还想全面地认识苹果,我们就把苹果分成很多方面来分别研究。比如说,苹果是红的,我们就研究红这种现象的物质载体是什么,这种物质载体是怎么运动变化的。红是不是要与其他事物相互联系才能显现出来,比如说,没有光线,我们就不知道红是什么。把一个方面从逻辑上单列出来研究,这就是抽象。

当我们把想认识的各个方面都认识清楚了,我们再按事物原来的样子把它们整合起来,我们就能比较全面地认识这个事物的属性。这种整合就是具体。从思维的表达方式来说,因为抽象出来的方面比较简单,可以不啰嗦、不重复地把事情说清楚,而从复杂倒着往简单说,那就难说清楚。所以我们看,一个说话条理清楚的人,都是从简单一步步往复杂了说。我们有的时候,乱分方面,划分标准不一样,因此划分出来的方面之间有交叉,也说不清楚。而且有的人也是把各方面说清楚了,但各方面之间是什么关系,不说,所以文章就很散,看不出来是个整体。所以说一篇好的文章,先要说这篇文章要解决一个什么问题,然后按统一的标准分成几个方面,每个方面说完要把每个方面之间的关系说清楚,这样才是一篇完整的文章。

从抽象上升的具体的方法来看,我们就可以看到它要从联系中来看事物,通过与不同的事物的联系来显现事物的特征,而且需要全面地看待事物,就是从多个方面综合看待一件事物的整体。这个整体不是我们未经分析的感性整体,而是我们已经充分认识了的整体。在这个整体中,事物的一些次要的方面或杂质已经被筛除。它是按我们的认识目的来进行了纯化的具体，是哪一类事物的典型代表。

现实中，我们看漂亮的人长得很标致。嘴长得大小合适，眼睛和鼻孔特别对称，她们就属于长得很典型的人。长得不好看的人各有各的不好看，而长得标致的人几乎都是一样的，因此很难记住。一个标致的人长了颗痣，那就容易记住了，那就是美人痣。而我们在从抽象上升到具体的过程中，肯定会把那颗痣给忽略的，因为它不典型，不是标致的人的代表。

由抽象上升到具体的逻辑思维过程同客观事物的历史发展过程和认识一个事物的历史过程是统一的，这就是逻辑与历史相统一的意思。事物都是从简单到复杂发展的，所以逻辑的推演也是从简单到复杂。辩证法的方法就是要找到一个最抽象最原点的概念，那个原点已经被抽象到了极点，它的外延能够包罗万象，而它的内涵少到只能靠它的对立面来界定自己。内涵最少的最简单，然后再不断加内涵同时不断缩小外延。当内涵加到最大，外延变得只包含一个事物的时候，就实现了从抽象到具体的演变。所以说，最抽象的部分是最深刻的部分，越具体离事物的表面现象越近，到最后就推到了最鲜活的现象层，就能看得见摸得着啦。

没有耐性的人会说哲学家，你说事儿就说事儿，你扯那么远干吗啊？而只有从根上说起，才能把事物说透彻啊！学透哲学的人，说事儿爱从你感觉八竿子打不到的地方说起；学透历史的人，说事儿爱从人是怎么从猴子变来的说起。我们这门课，要说共产主义信仰，却要从物质第一性还是意识第一性扯起，而唯物史观要从原始社会扯起，就是这个道理。所以说，在人文学科方面，好的学者肯定要有自己的鸿篇巨著，要出书，只发表文章是成不了大学者的，除非你发的文章是一本连载的书。

学哲学的大学者，从最抽象的概念开始，其外延是宇宙，因此在从抽象往具体扯的时候，从横向上要不断地界定世间万物的类之间的关系，从纵向上要知道万事万物是怎么产生的、怎么发展的、怎么消失的，就必须要熟知历史发展规律，因此说，哲学方面的大师必须是古今贯通、中外融会的学者。要在空间上扯那么大，在时间上扯那么远，没有专著，一篇文章是扯不完，好多篇文章则难以让人知道它们之间的联系，就好比我们说的，只分析，不综合，把电脑拆了，不管了，我们只能有一堆零件。

（5）数理逻辑：怎么才能只思考时空？

辩证思维再往前走一步，就是数理逻辑和数学方程式，这是真正的人类通用语言。数理逻辑和数学方程式实际上是简化了我们的推理过程，让我们的推理过程一目了然，更容易严谨，而且更容易通过电脑来进行演算。但是为什么有的人会认为数理逻辑和数学非常难呢，就是它们特别抽象，它们是一种世界语，有自己的语言文字和语法，要先记住它们的语言文字和语法，才能很好地使用它们。但是记忆这样的语言文字和语法太枯燥啦，懒得记，所以就感觉难。而如果我们要锻炼我们的抽象思维能力，学习数理逻辑和数学是非常好的办法。

什么是数理逻辑？数理逻辑又称符号逻辑，它既是数学的一个分支，也是逻辑学的一个分支，它是把证明和计算进行符号化后产生的形式系统。它的始祖是德国哲学家和数学家莱布尼茨，他和牛顿先后独立发明了微积分，"世界上没有两片完全相同的树叶"就是出自他之口。数学是研究数量、结构、变化以及空间模型等概念的一门学科。我们说过了，世界是物质的，而物质都具有时间和空间特性。

数学就是抛开物质性，把时间和空间抽象出来研究。初等数学主要研究常量，也就是事物处于静态的时间和空间特征，而高等数学则主要研究变量，就是事物在运动变化时的时空特征。而数理逻辑则是把事物纯化、环境纯化的条件下，通过符号来完成我们前面所说的形式逻辑和辩证逻辑的推演。其中既有物质载体，而这个物质载体又是抛弃了特殊性的物质载体。

（6）直觉能力：专家为什么一眼就能看穿现象？

当我们有了古今贯通、中外融会的思想体系，有了能够用原来的语言读世界主要经典著作的能力，再有了非常好的感性认识能力、形式逻辑推理能力、辩证逻辑推理能力、数理逻辑推理能力和数学演算能力，那我们的武功就基本炼成了。这个时候，我们再去做任何方面的研究，就都是轻而易举的事情了。这个时候人真是会感觉非常幸福，学习和工作都能进入一种忘我的痴迷状态，创造性会非常强，并能在创造中体会到劳动是人的幸福来源这个马克思主义的论断了。以后共产主义社会中的人，要想实现这样一种幸福状态，也是需要经历漫长的学习过程。我们今天吃烤肉、明天去钓鱼，能体会到的幸福不是这样的富有创造性的幸福。要体验这样的幸福吗？那就按老师书后面列出的书单去努力，祝大家都能那么幸福！

在这样的武功炼成后，人的直觉能力就会很强，体现为人的思维特别敏捷。直觉表现为意识的本能反应，表现为人能不假思索就能识别事物。人为什么能有这样的能力，就是他对自己进行过逻辑推导和非常熟悉的事物相当有把握了，他见到这样的事物，省略了推导过程，就能直接做出判断，因此让人感觉非常灵敏。有的人为什么无法即兴发言？就是遇到什么问题时需要想，所谓想就是在做推理呢。现推哪儿来得及啊！推需要时间，所以表现得反应迟钝。而反应灵敏的人就是早推过早想清楚了，所以顺口就能把真理说出来。所以说，你看人家大师的草稿纸都非常珍贵，人家不说句句是真理，但说出真理的概率是很大的。我们写好多本书，可能还顶不上人家的一张草稿纸，这就是差距啊！

洞察力也是直觉的一种特征。洞察力就是一眼就能看到人心里去、一眼就能看透事物的本质的能力。这也就是现象看多了，一看现象就知道现象背后的本质是什么。所以大家看，你去看一个好医生，人家眼皮都不抬，听听你说的现象，人家一下就能判别出你得的什么病。而且因为他很熟悉正常现象，因此就容易发现异常现象，就容易分辨你到底是什么病，也不容易误诊。不要以为你进去看半天，医生磨磨叨叨的看好半天，你觉得这个医生真好。那是缺乏好的洞察力的医生。识别好人坏人时，人的洞察力也不一样。有的人假象看多了，一看就能知道假象后面藏着什么目的了，这样的人就很敏感。

悟性同样是直觉的一种特征。悟性是一种领悟能力，就是获得启发的能力。有的人，你给他讲道理，你怎么讲都很难把他讲懂，有的人就会说这样的人很木。其实未必如此。一个人的武功还没有炼成，不能指望他一下就能领悟。教学生，是要先教他们炼武功，要从简单到复杂循序渐进，等武功炼成，才能指望他们听什么枯燥的论断都能有醍醐灌顶的感觉。

(7) 认识真理：真相不一定代表真理

有了上面的认识方法，我们就可以认识真理，并遵循真理来按我们的意愿改造世界。那什么是真理呢？真理是人们对于事物的本质及其规律的正确反映。事实是事物的真相，但不一定代表真理。真相是反映真实的现象，而假象是不反映真实的现象。一个人列举出各种事实的现象，他也算把握了事实，但他不一定把握了真理，要探索到事物的本质才是真理。人描述事物的现象产生、发展和消失的过程，是在讲一个真实的故事，但不一定是真理。

人对于事物的静态本质的认识和动态规律的认识,才是认识了真理。所以说,如果我们没有逻辑推理能力,看一个人说什么都说得花里胡哨的,对照一下自己看到的现象和现象发生的过程就容易相信他,而其实他不一定把握了真理。有的时候,我们听一个老师上课,东拉西扯,说了很多事实,但不知道事实的本质和这些事实之间的客观联系,我们还会认为他见识广、很博学。而一个真正懂真理的人,给大家讲道理,讲真正的真理,大家还感觉很枯燥。真理是靠概念和推理来表达,因此听人表达真理的过程是容易枯燥,而且容易听不懂。现象似乎容易懂,但其实要了解其本质很难。

最难懂的是绝对真理。什么是绝对真理?就是绝对正确的真理,就是可以用绝对肯定来表达的判断,就是在任何时空下都是正确的真理。存在这样的真理吗?存在,而且这些真理就存在于我们的生命和日常生活之中。世界是物质的、物质是运动的、物质运动是有规律的、物质必须在一定的时空中运动。这就是绝对真理。对于绝对真理,只要你举出一个反证来就能驳倒。我们的生命是物质的,我们的意识是人这种物质载体的功能,没有了人就没有了意识。人每天都在变老,就是人在运动。我们都有年龄和住的地方,这就是我们存在的时空表现。由此可见,绝对真理存在于我们的生命之中,通过我们的生命形态表现出来。

什么是相对真理?相对真理就是在一定条件下才是正确的真理,去掉了条件就不一定了。失败是成功之母,这就不一定。如果失败了,找到真正的原因了,把条件具备了,机缘也巧合,那才能成为成功之母。在现实中,我们看到不少人的失败是失败之母,同样的错误一犯再犯。所以说,我们要总结经验,而总结出的经验如果还是经验的话,那就不是真理。要从中把握到本质和规律,那才把握了真理。

为什么相对真理也是真理呢?就是在一定的条件我们可以得出确定的结论。得不出确定结论,只能回答不一定时,我们就连相对真理也没有把握到。每个具体学科的具体规律和具体方法,就是相对真理,通常在那个学科是正确的,跨学科就不一定正确了。抽象层次不同的学科,抽象程度高的学科可以指导抽象程度低的学科,反之则不然,主要是因为抽象程度高的学科的外延包含了抽象程度低的学科。哲学的绝对真理能够指导所有的学科,就是因为它的抽象程度最高,才能体现为放之四海而皆准的智慧。所以有的学者才说哲学是智慧之学。那是真正的哲学，冒充的哲学则可能表现得特别没有智慧。

事物都是具体存在的，而具体存在的事物其中虽然包含着绝对真理的一面，但我们更多的是要对付它的相对真理的一面，因此总是要限定时间和空间，总是要限定一定的条件。所以说，《论语》为什么不严谨，因为它的论断通常是超时空的，它在说相对真理时也没有限定条件。有的道理我们感觉好像对的又好像不对，就是限定了条件它就是对的，解除了条件就不一定了。当我们把相对真理当做绝对真理用的时候，就会犯教条主义的错误。

真理的客观性指的是真理中有不以我们的意志为转移的特征。为什么有这种特征？因为世界是物质的。我们把握的规律是物质的规律。物质的特征就是不以我们的意志为转移的。所以我们只能认识真理，而不能创造真理。认识还要看我们是否认识得正确。你可以不认识真理，但真理认识你。你不认识它，它也在左右着你的命运，只是它在暗处，你在明处。我们被真理左右了，还不知道它的存在，是不是很悲剧啊！所以我们要认识真理，认识后我们还可以骑在真理上嘛，那多舒服啊！那就是认识了必然性以后所获得的自由的感觉。所以我们说自由是对必然的把握。

事物之间的必然联系就是规律，我们认识了这种规律就是认识了客观的真理。为什么要强调这一点？因为我们是可以根据我们的想象把两个事物联系起来的，但如果那不是事物之间的必然联系，那就是瞎联系。我今天上课作弊了，我明天来上课的时候摔一大马趴，把心爱的鼻子摔瘪了。我可能就联想啦，肯定是因为我昨天作孽，今天遭到报应了。过去中国人爱鼓励这样的联想，为什么？这样便于让人改邪归正啊，说明人是不应该作弊的，但这种联想不是真理，因为不是事物之间的客观必然联系。我们可以随意乱联想，尤其是把确实不相干的事物，貌似相干地联系起来，那会产生幽默效果，但不是真理，乐乐就过去啦。

真理的主观性指的是真理的表现形式是主观的。什么意思？真理是看不见摸不着的，小猫猫、小狗狗肯定是无法见识真理的。真理需要那些有抽象思维能力的人来发现。真理就像是埋在地下的金子，只有有一定的工具的人才能发现它们。而金子一旦发现了，拿出来给大家看就好了，但真理还不一样，真理要用文字表达出来，而且严密的真理是要用大家十分厌恶的枯燥的概念、判断和推理表达出来。所以，为了把握真理，承受点枯燥是不是也很值得的。图片和视频是无法表达严谨真理的，除非你看的视频是在讲真理。

真理具有浓缩性，它们能把宇宙浓缩成一个小本放在你的口袋里，你学懂了，就理解了宇宙的法则，多牛啊！要学严谨的真理体系，就要学通过概念、判断、推理表达出来的真理体系，否则我们最多就是道听途说地得到些真理的碎片，不会有关于真理的系统的体系。我们到大学，就是要有学真理的能力。由于人类以前发现的真理都是用文字表达出来的，因此我们必须学习才能得到人类积累下来的真理。在这样的真理的基础上前行，才能发现新的真理，为人类作出更大贡献。

（8）改造世界：偷懒的人怎么会产生好的创意呢？

世间万物，各有其自身存在的道理，并不是为人类而生的。而人类要使万物服务于人，把人类作为中心，用对人类是否有利来衡量万物的价值，这就是人类中心主义。普罗泰戈拉所说的"人是万物的尺度"，既反对了神权，也是人类中心主义的很典型的表达。因此，蚊子和苍蝇才成了害虫，因此，人才能那么残酷地对待动物，据说有人为了让烤鸡脚好吃，竟让活鸡在烤架上行走。

如果另外一种动物，把人的尸体经多种方法烹饪，做成香肠什么的，我们会感觉那种动物太残忍了。而我们到卖肉的店里，看到被肢解的挂着的各种动物尸体的部分，我们会很麻木，感觉不到人类的残忍，就因为我们是把人类的需要看成是应当的。文明程度很高的民族，不仅应该观照人类的幸福，也要让动植物们生活得快乐一些。尽量节省使用万物，尊重万物的存在，让它们也存在得很有尊严。人的创造活动主要应该集中在精神产品的创造中，它们是一种取之不竭的给人带来深层幸福的资源。

为了丰富人的精神和物质生活，我们不满足于大自然为我们创造的世界，我们也要按我们的意志来创造出丰富多彩的人造世界。主要可以分为两种创造：

第一，以社会的善为目标的人文创造。人文创造的特征是高扬崇高。在这里，我们不一定要尊重必然性，不一定要遵从规律，不一定要真实，我们可以用很多种偶然性的合理出现，来构造精彩委婉的情节，让故事扑朔迷离。我们说，人的头脑中创造不出元素，但我们可以分解万物，把它们分解成元素，再按我们的目的进行组合。如果是要真用的，我们必须要按客观规律进行组合，而如果就是为了达到教化人的目的，主要是要激发人们去追求对社会善的目标，那只要能实现目的就可以，不用拘泥于事物的本质或规律，可以多用现象让事物鲜活，可以用偶然性让人感觉离奇。

可以创造恶和丑的艺术形象来衬托出善。可以创造出虚伪的艺术形象来衬托真诚的宝贵。可以用典型化的假的形象来让人体会实际上不存在的完美。可以用为了实现一种崇高的社会的善来掩盖真相所付出的造假的努力，比如说为了人民的事业而从事的潜伏任务。真善的东西，无论如何都是美的，只是有完美与不完美的差别。真善与形式漂亮相配合就是完美，真善与不漂亮的形式相配合，就是不完美，但依然是美。真恶的东西，无论如何都是丑的，不管形式上漂亮不漂亮，只是漂亮的丑比不漂亮的丑更具有迷惑性而已。漂亮是种因为外在的形式和谐而带来的让人看着舒服的感觉。

这主要是人在看到大自然的和谐和平衡物时感觉安全的一种特征的表现。看到一个不和谐和不平衡的东西，会给人带来不安全感。不和谐让人感觉怪，怪就感觉不熟悉和陌生，人对不熟悉和陌生的东西都会感觉不安全，看了感觉不舒服。你看到一个凳子要倒的样子，总是想去把它扶正。所以，长得很和谐的人，一般就是人们感觉好看的人，但好看的人不一定是美的人。长得不和谐的人，如果心灵美，那也是美人。

人为了饱眼福，就会用形式的漂亮来装饰我们的环境。一种纯形式的漂亮只是装饰品，让人看了舒服，感觉好看，但是没有人文价值。一幅画，如果其中刻画的人是心灵美的，而所谓心灵美就是她具有在一定的社会发展形态中某种人们普遍赞赏的美德，这种美德通过一种直观的方式表现出来了，而她的躯体不一定是很和谐的，依然很美，而且能够成为绝世佳作。一种美的品德，通过高超的艺术形式直观地表现出来，能够触发人的心灵的激动，这就是伟大的艺术作品。可直观的美的形式，一旦被人们普遍认同，就成为一种艺术语言，可以借助它来表达我们对相应的美的赞同。

如果有人刻意送一幅梅花的国画给你，那就是在象征他对于梅花的高洁的赞扬。送画人可能是希望你有这样的品格或者认为你有这样的品格。有的时候，老师送一幅字给你，上面写着"宁静致远"，那可能意味着老师说你不宁静,希望用此来激励你。所以说,看老师送的东西,也许不是老师认为你有这种特征,而是说你不具有这种特征,需要在这方面努力。

我们看,有人的名字中有"丽",但实际上不"丽",就是父母价值观的一种表现,希望自己的女儿很"丽"。如果是我的女儿,我肯定不会用"丽"给她命名的,因为"丽"不是人能努力得到的,不"丽"属于天灾,父母给的,没有办法改变。硬要改,那就得靠很多化妆品或整容了。太在意自己的外在形象,通常会培养出人的虚荣心,而且会产生更强烈的人老色衰的危机感。好"色"与好"美"不一样,同样看一幅裸体画,好"色"者看色,好"美"者体悟美。现在我看画国色天香雍容华贵的牡丹的人比较多,而画梅花的人比较少。国画的商业化,其中反映了人对荣华富贵的追求,因此对牡丹画的需求量就大。

人世间有很多悲哀,其中一个最大的悲哀就是社会中的人们缺少了对于真善和真美的追求。如果一个民族是这样的民族,无论过得多么好,生活多么富裕,那都是可悲的。有骨气的人,有精气神儿,看上去让人振奋。而如果看到的都是些通过各种手段追求名利和权力的人,满处讨好奉承,毫无羞耻之心,真是污染人的眼球。这种污染是最大的环境污染源。心灵高洁的人就喜欢远离这样的红尘。孤独感觉不好,但在这样的红尘中不仅会感觉更孤独,而且会感觉很脏。

第二,以物质产品为核心的科学创造。这样的创造必须以对于事物的本质和规律的正确认识为基础。按错误的认识设计出的图纸,创造不出相应的产品来。画图纸,谁不会画啊,韦老师也会画,但韦老师是瞎画,你按韦老师的图纸去施工,肯定是不行的。所以说,科学来不得半点虚假。没有对于科学的正确把握,一个国家的技术发展就会受到影响。所谓基础学科的建设,就是要把正确的理论先弄出来,有了正确的理论才谈得上应用。

现在我们有的人,不打基础,就开始研究应用。那就是瞎用。我们要真用马克思主义,就要把马克思主义中真理性的东西理解透了。我去校医院看病的时候,遇到了一位来看病的科学家。我们谈起马克思主义,他说共产主义社会太理想了,实现不了,怎么可能实现按需分配呢?马克思主义的按需分配是有前提的,就是基本的生活资料的按需分配,而不是按欲望分配。这怎么实现不了呢?基础理论的建设不是一朝一夕的事情,需要长期努力才能见效，当不了政绩，因此容易被只追求短期政绩的领导所忽视。

但是基础理论做好了，也不一定能创新。我说过，如果一个人很勤快，什么都爱自己用手工去做，他以自己的需求来看别人的需求，他就制造不出便捷的东西。而韦老师就很懒，一天就爱坐在电脑边上写作，干其他事都觉得浪费时间，再加上韦老师手笨，腿脚不利索，那韦老师就能想出 N 多希望能偷懒的方案。如果来征求我的意见，我肯定能有很多科学家和工程师想不到的创意。说这些不是说要鼓励大家去偷懒，而是说在物质产品的创造上要越便捷越好，我们要去按社会需求来找到创意的源泉。我们没有的需求不一定社会没有。人要从繁琐的物质条件限制中解放出来，就是要便捷。对于人文学科的学习，就能够帮我们找到社会的需求，让我们的创意能力与制造能力同样优秀。

第三节　怎么知道我们认识的是对的呢？

一　为什么要强调实践的重要性？

马克思主义者从不同的角度强调实践的重要性。马克思强调实践的重要性，主要是强调认识的目的是为了改造世界。马克思的名言是："哲学家们只是用不同的方式解释世界，而问题在于改造世界。"在恩格斯的自然哲学中揭示了人的思想产生于劳动即人的意识产生于人的实践行为。所以说，在马克思和恩格斯那里，实践主要是改造世界的活动或劳动人民的劳动。他们主要是要通过肯定劳动来肯定劳动人民在历史上的伟大作用。

在我看来，实践就是人在理性认识的基础上，在理性认识的指导下制定出方案，把它变成现实的活动。如果我们能把这个方案变成现实，那我们的实践就成功了，如果变不成那我们的实践就失败了。只要实践成功了，通常就能说明我们的理性认识是正确的。为什么我要加通常呢？因为瞎猫碰到死耗子的偶然情况也是存在的。我们成功了，可能真正指导我们成功的不是我们头脑里的那个理性认识，而是别的因素。据说有的物理学家是根据自己推导出来的结果去做试验，而有的物理学家则是发现了某种结果，但不知道这种结果到底是怎么产生的，这时就会有物理学家根据结果进行推导，最后推导出正确的理论来。实践不成功也不一定说明指导它的理性认识是错误的。

　　只要成功了，那肯定是有成功的理由的，就此来说，实践是检验真理的标准是对的。通过实践我们可以证明事物的本质是可知的。你说我不认识人的本质，我把人造出来是不是就证明我认识了呢？而且我造出人来，不是造出某个特定的人，而是造出了具有类特征的人，就可以通过制造出一个人说明我认识了人这个类，就能从有限的个人认识一个无限的类啦。这样我们就认识了本质，也认识了无限，那上帝就可以不存在啦。但是，就像我前面所分析的一样，只要是西方人需要上帝存在，无论你怎么证明，它们都是会让上帝存在的。被西方人需要就是上帝存在的根据。如果有一天西方人不需要上帝存在了，你怎么证明他是存在的，也没有用了。

　　在人类社会中，如果一种东西是不可或缺的，人就会去把它创造出来，并维护它的存在；如果这种东西是有害的，人就会想方设法掩盖它的存在，并通过各种方式把它消灭。从这里，我们可以看到，人类追求的首先是对人类有没有用，其次才是是否是真的。真的只有是符合人类的利益的才是人类要坚持的。你看那些蚊子和苍蝇，人类为什么把人家看成是害虫啊，就是人家得罪了人类呗，就要把人家给消灭了。我还没有发现任何一个艺术家去从赞赏的角度描绘苍蝇和蚊子，其实人家的造型也蛮漂亮的，但是人为什么厌恶它们，就因为它们对人类是有害的。

　　有的坚持真理的科学家，为什么会被统治阶级烧死？那就是他坚持的真理危害了统治阶级的利益，得罪了统治者呗。人坚持正确的，坚持真理，都会在得罪人的时候遭到恶人的报复。因此人家为什么说，你宁肯得罪十个君子也不要得罪一个小人。小人之所以是小人就在于他一切都只以他的利益是否得到维护还是伤害为标准来决定谁是自己的敌人和谁是自己的朋友。他们靠以残忍的手段报复仇人来获得快乐。一个充满仇恨的人，不管采取多残忍的手段，他都不会感觉残忍，相反，他恰好是通过这种方式来泄恨的。

　　在武侠小说中，你看到一个好人的父亲被恶人不公正地以残忍的手段杀害后，他也会说，等我抓到恶人，我一定要让他断子绝孙、碎尸万段、剥他的皮、抽他的筋。为什么我们听到受害人那么说我们不觉得他残忍呢？就是因为大多数人不是恶人，他们害怕恶人也这么对待他们，所以希望有好人来把恶人弄得不敢再做恶人。而实际上，即使好人这么充满恨，这么去对待他人，也是很残酷的。消灭恶人是要消灭恶人产生的土壤，而不是消灭恶人的个体，否则还会产生更多的恶人，所以常言说，冤冤相报何时了。

而实践不成功并不必然说明与之相对应的理性认识是不正确的。比如说，有的国家没有搞成功共产主义，并不必然说明共产主义是不能够被实现的。如果说，共产主义的实现是需要准备一定的条件，在条件还没有具备的情况下搞共产主义，那肯定是成功不了的。还有急于求成，也会导致在实践中的失败。比如说，《红楼梦》要十年才能写成，我们就用一年来写，那肯定会写成韩剧而不是经典作品。所以我们不能简单地只看实践的结果来决定是否要放弃某种实践。做别的事情也一样，一个人不能说失败了几次就轻易放弃，要有分析能力，不能人云亦云。如果我们确定目标是值得追求的，通过分析，找到失败的原因，就要继续努力。

有的时候，我们说是在用实践检验，实际上是在用直接经验检验。比方说，我感觉这样做是对的，因为我就那么做过。你那么做过的，就算再做一遍，由于时空条件变了，也不一定就能成功。经验主义的错误就是把具体的实践经验普遍推广而导致的。所以，经验要经过理性思维和辩证思维，提升到理论的程度才能用于指导未来的同样的实践。即使如此，也会出现实践不一定成功的情况，因为可能会出现偶然事件的影响。那么要怎么看待理论呢？

二　理论在什么条件下是可靠的？

我们说过，世界上的绝对真理只抽象地存在于万物之中，不单独存在。万物都是受相对真理支配的，它们的存在都是有条件的，因此我们的推理如果在概念、判断和推理过程中出问题，都会导致理论的错误。所谓理论就是按概念、判断和推理构成的形式逻辑的理论体系或辩证逻辑的理论体系。哲学就是用文字表达的逻辑方程式，其中任何一个环节错了，都会导致理论的错误。黑格尔说中国没有哲学，说的就是中国哲学缺少严谨的概念、判断和推理体系。

科学的理论一定要有严谨的科学推理，但我们推理的前提很少是绝对判断，基本上都是一般判断，而一般判断是建立在大多数情况基础上的，如果我们统计的数量不够，把少数情况统计成大多数情况，或者说因为事物是发展变化的,如果原来的少数情况变成多数情况,而原来的多数情况变成少数情况,由于前提错了,所以就算推理很正确,也无法保证推理的结论是正确的。

因此,如果推导过程非常复杂,一定要去严格按照本理论去做实验。实验结果正确了,才能说明理论是正确的。如果我们说的是一套,并不真正按这套理论去实践,实践成功了,也不能说明这套理论是正确的,因为这是挂羊头卖狗肉的结果。在中国历史上,在政治界,儒家的东西用来说得多,做得少,因此貌似按儒家的理论来做成功的,实际上也不是它的功劳。但是我们说,如果一个理论是正确的,只要提供一定的条件,不被偶然性扰乱,那这个理论一定是能够实现的。这就是我们在论证共产主义必然实现时应该采取的态度。

共产主义必然实现,但不是必然一次实现,也不是必然多次就能实现,其中可能会存在很多次挫折,因为有条件不充分和有偶然性存在的情况。那你可能说偶然性总是存在的,但并不是所有偶然性都会足够强到改变历史进程的程度。历史发生倒退的时候,要么是反动势力太强大,要么是没有具备足够条件,早产,营养不良,夭折了。中国特色的社会主义,不仅表现我们的文化和民族特色,更主要是表现中国是个早产儿,现在正处于补营养的时期,如果不抓紧时间补好,而外部的干扰又很大,就可能出现夭折。

我们可以把现在的财富吃光喝光,但如果在以高科技为标志的生产力发展方面的营养不足,中国的衰落是必然的,繁荣只会是昙花一现。现在的财富也许会让我们富裕了一把,但随后将是更大的灾难。所以我们要坚持科学发展观。所以我们不需要不顾民族利益追求个人利益最大化的青年人,我们需要有担当的、把民族的前途和命运扛在肩上的年轻人。我们不再要精英流亡国外遭歧视,大众留在国内遭蹂躏的贫弱的中国再次出现。我们不只是要一个富裕的中国,而是要一个强大的中国;我们不只是要一部分精英强大,而是要每一个国民的强大。每一个国民都很强大,我们的国家才能真正强大。

国家是要保护弱势群体,但我们个人是要努力不让自己进入弱势群体的。一个真正弱势的人是精神上软弱的人。我们只要精神上足够强大,每个人不管做什么职业,都能对国家作出贡献。我们现在的年轻人为什么要坚定共产主义信仰？我们说过中国共产党的伟大见识就在于当各国都放弃共产主义的时候，中国还在坚持，它为我们的伟大文明的世界性复兴提供了机会。但是如果我们很迷茫，让这个机会丢失了，那中国人将面临更大的人间灾难。弱肉强食的做法在国际上依然流行，落后就要挨打。捍卫共产主义信仰，就是在捍卫中国得以真正恢复天下文明的伟大历史机遇。那生产力的发展为什么那么重要呢？我们现在就进入唯物史观部分，讲授社会历史的发展是按不以我们的意志为转移的规律运行的。

第六章

为什么我们无法随意选择想要的社会？

【画外音】讲到这里，学生们对为什么可以通过理论预见共产主义必然实现的方法了，克服了有的学生认为要别人做成功过的才能相信的观点，也克服了有的学生认为有的国家搞共产主义失败了就必然说明共产主义的理论是错误的观点。下面这一讲的任务就是要说明历史的发展是有客观性的，不是我们想选择什么样的社会就能选择什么样的社会，硬选后还需要回过头来重新做。在一定的社会发展时期，肯定会出现很多问题，但这些问题的最终解决还是要靠生产力水平的提高。这一讲就是讲为什么。

我们都很希望马上就进入自己理想的社会中，但是正如我们一位同学说的那样，我们经常爱脱离实际地"想得美"。庄子想选择回到原始社会，未遂。袁世凯想选择回到封建社会，未遂。毛主席曾想通过"大跃进"一下跳入共产主义，也不行。最后，我们不得不在社会主义的初级阶段上打基础，即我们跨越了发展为发达的资本主义社会的阶段，通过夺取政权建立了社会主义，但这个社会主义是早产的，首先需要补足生产力发展方面的营养，没有这个营养就会夭折。

为什么不能退到资本主义社会去重新走呢？资本主义有两种典型形态：民主社会主义和民主自由主义，它们的特征都是实行资本主义民主制度，但民主社会主义（又称为资本主义的左派）则是通过从摇篮到坟墓都由国家通过很好的福利制度给予保障。这样的制度是需要持续的经济能力来保障的，经济来源是高税收。如果生产力水平没有发展到一定的程度，税收来源不足，只会是昙花一现地坐吃山空，不可持续。民主自由主义（又称为资本主义的右派）主要通过降低税收来刺激经济的发展，只给予最穷的人比较差的福利保障，但是会出现严重的两级分化，穷人虽然活着，但是容易出现贫民窟现象，在贫民窟里普遍出现黑社会、妓女和贩毒现象。

大家可能会说，既然我们无法选择，为什么还要坚持社会主义呢？在人们迷茫的情况下，确实可以主观上选择一种社会，但只会是把名字变了，实际上你所处的还是与那个社会的生产力水平相适应的社会形态中，只是换了个名字而已。或者是一个国家乱来，导致自己国家的生产力水平不仅没有提高，而且还倒退了，那我们的生活状态就会更加倒退。

父母不是亿万富翁，你非要父母给你买亿万豪宅，父母只能画一个给你或者是教你做一个黄粱美梦或者把自己家的普通屋子改名为豪宅。如果父母遇到什么机遇，暴发为亿万富翁，分光吃光喝光，不再投资，把钱花光了，最后还是会退到贫穷状态。富有并不意味着生产力水平高。中东地区有的国家因为卖石油变得很富有，但生产力水平并不高，这样的国家石油卖光了，就不会再富有了。那什么样的生产力水平才算高呢？

第一节　社会发展为什么是有规律的？

我们之所以无法选择进入我们理想的社会中，因为社会发展的基础是生产力的发展，而生产力是一种物质力量，任何物质都是按不以人的意志为转移的客观规律发展的，因此建立在它之上的社会也要按不以人的意志为转移的客观规律发生变化，只是我们看上去是我们在选择，但我们选择错了就要回头再来一次，这就是因为客观规律在发生作用。那你可能说，即使生产力水平是一样的，每个国家不是都有自己的特色吗？那我们就先从社会存在决定社会意识说起。

一　社会存在：人为什么不能像神一样地活着？

社会指的是人类社会，人类社会是物质运动的最高形式，是人们在特定的物质资料生产基础上相互交往而形成的各种关系的有机系统。这个有机系统有那么几个特征：第一，人有物质的躯体，不能像神一样地活着，所以每个人都首先要解决自己生存和发展的物质基础问题，具体地说要有的吃、有的喝、有的住等。人要先能活着才能干别的事情，所以人类社会首先必须是一个非常功利的社会，要把物质利益放在首位。人类存在的物质基础没有了，人类社会就要灭亡了。从这个角度看，人是物质世界的一个组成部分，我们的物质方面的东西都来自大自然，地球是人类社会的母亲。

第二，地球并不直接提供物质生活资料。并不是说，人类社会生来就像个大超市，什么都有，自己想要什么去买就好了。人们的物质生活资料要通过生产劳动才能生产出来。所以，我们的物质生活条件的高低要取决于生产方式和生产水平。原始人就无法上网，那时没有电脑啊。封建社会的皇帝也享受不到电脑。人之所以希望长寿，就是因为在一个社会中不可能看全所有的东西，有的东西要等社会发展到一定的程度才能产生。

第三，我们的生产劳动也不能是杂乱无章的，必须有秩序才行，而且这个秩序也不是以我们的意志为转移的。每个社会必须都有最有效的组织生产劳动的方式，这样社会才能持续发展，人类总体才越来越有好日子过。

第四，人类是有意识的，就是对自己的人生具有预见性。这点其实对人类来说很恐怖。小狗狗是预见不到它会死，因此它不会恐惧死亡。小狗狗也不会感觉到在大自然面前，自己好渺小哦，不会对大自然的威力产生可预见的恐惧。我们想啊，人类原来就像是眼睛没有睁开，看不到威胁，也不知道人会死。结果有了意识，就像眼睛睁开了，有了预见能力，看到大自然会肆意摧毁人类，看到每个人都活一段就会死了。

人为什么对于陌生的大自然有好奇心，要知道它到底是啥玩意儿呢？就是陌生给人带来恐惧感，因此人类初期就会用各种方式来想象大自然是什么样的、怎么来的，管它正确不正确，只要大家都相信了，就能克服恐惧感，就能活得坦然了。另外，还会把很凶猛的野兽弄成本部落的图腾，也是在给自己壮胆呢。再有，因为害怕死，就会想各种方法来安慰自己，说灵魂不会死或可以上天堂什么的。人类走到今天真是很不容易的，越是人类初期对大自然的恐惧越强，所以我们不要嘲笑古人的无知，如果没有他们那样的想象力为人类壮胆，人类可能早就被吓死了，哪儿还会有我们的今天。所以我们要感谢人类共同的祖先，把他们创造的东西作为文物保护起来。

　　人类初期，作为一个整体，就像一群没有父母保护的孩子，他们通过各种方式为自己壮胆，才勇敢地生存了下来，我们真是应该感谢他们付出的努力，无论他们想出来的是多么不真或今天看起来是多么荒谬的事情，我们都要明白那时他们是多么的有智慧和机智啊！他们那时是那么的勇敢和富有乐观精神和富有想象力，才保存下了人类的火种。所以说，人类必须有一种让人信仰的力量，这种力量可以凝聚人，才可以让个人融入强大的群体中，从而获得自信和力量。而这种信仰从来就是崇高的。低矮的精神造成低矮的民族文化。有天下精神的人创造有天下抱负的民族。一个社会越是落后和弱小、信仰越缺失，越会让这个社会成为一盘散沙，最后导致灭亡。所以，现在我们去看原始社会的神话，我们都可以看到其中充满了英雄主义精神。

　　社会存在是指社会物质生活条件的总和。社会物质生活条件指的是人类社会的物质生活赖以存在和发展的物质要素的总和。主要包括地理环境、人口因素和生产方式，其中生产方式（主要指物质资料的生产方式）对社会发展起着决定作用。每个社会的社会存在的物质要素的质量、数量和组合方式不同，都使得一个社会的具体的社会存在是不一样的，因此每个社会即使是同样的社会形态，都会呈现出其特色，这也就是我们要到不同的社会形态的国家和地区去旅游的必要性，我们主要是到各个社会中去体会它的特殊性。

　　地理环境是指一定社会所处的地理位置以及与此相联系的各种自然条件的总和，其中包括气候、土地、河流、湖泊、山脉、矿藏以及动植物资源等。一个国家所处的地理位置不一样，邻国不一样，感觉受威胁的程度也不一样。如果一个国家旁边有一个强大的国家，这个国家就会感觉很恐惧，或者会想如何去讨好它，以便能捞到点好处，至少也要让自己不挨打，就会让国民小心翼翼地别去得罪它，所以说弱国无外交，没底气与人家较量啊；或者就会找一个过硬的后台给自己撑腰，想你敢打我吗，我弱小，但我的后台不弱小，你打我我就让我的后台打你，但是这个国家对于自己的后台就必然是卑躬屈膝，所以过得很可怜；或者会想我能不能积累力量强大到可以不怕它，那就会鼓励国民奋发强国，要搞伟大的崛起。

一个能真正独立自主的国家，国民才能真正活得自豪，活得扬眉吐气，否则就得受强权国家的窝囊气。所以说，一个国家的地理位置也会影响一个国家的国民的总体气质和心理状态。强国的人民的心理通常具有自豪感，因此感觉更幸福，而弱国的人民的心理通常比较自卑，并因此比较敏感。一个国家的整体幸福感会随着国家的强大而提高，但也容易有暴发户心态，容易遭到他国，尤其是由强变弱的国家的嫉妒和诋毁。一个真正好的强国是虽然强而不霸气，不欺负弱小国家，还能在必要时牺牲自己的利益保护和帮助弱小国家，处理事情公正公平，在同样的情况下给予同样的待遇，这样的国家才是真正文明的和对国际社会真正有贡献的国家。

一个国家的国土大小和自然资源是否贫乏也会影响到一个国家的总体气质。一个国家如果国土太小、资源贫乏，还有被淹没的危险、又人口众多，这个国家就会有很大的危机感，再加上如果是单一民族国家，价值观比较统一，思维方式比较类似，就容易凝聚，在强大的时候就容易有扩张的想法和行为。而国土大、资源丰富、民族多、思维方式差异比较大的国家，要凝聚力量去无端地攻打他国的动机不强，如果不是正义的事，也很难凝聚那么散的民族去打仗，但是任何一个国家在面对外来入侵的时候，都会产生比平时更大的凝聚力。

美国在第一次世界大战时，罗斯福用强权的逻辑去发动人民参战，未遂。而威尔逊是把强权包上道德的外衣来发动人民参战的。美国政府是资产阶级的代表，因此只要有利于利益最大化，就会有扩张的动机，而人民在侵略战争中通常得不到太多好处，而且还可能牺牲生命，因此通常是反战的。因为它们需要拿特美好的道德理想来激发人民，让他们感觉到有特别的意义，但是后来人民发现被蒙骗后，导致了对政府的不信任。

人口因素也会影响一个国家的发展。人口因素指的是构成人类社会的有生命的个人的总和，其中主要包括人口数量、质量、人口的构成、人口的发展、人口分布和迁移等。人口数量太大，人均占有的自然资源就比较少，就有资源欠缺的危机感。人口年龄结构和人口密度分布不合理，也会导致一个国家的发展状态不一样。

尤其是人口的民族特色、文化传承、文化发展水平，都会影响一个国家的发展。在科技不发达的时候，打仗主要靠人，一个人口多的国家就意味着士兵多，打起仗来就更有底气。毛主席当年鼓励多生孩子，就是在准备迎接可能到来的强国的侵略。平时军训，主要就是要教给大家基本的使用武器的能力，更主要的是组织性。一个各打各的队伍，不是一个好的队伍，必须要知道配合，而且配合也不是乱配合或想当然地配合，而是要有死有活地进行。

所谓死就是大的套路是要对，这就是按通常的大多数情况来布局，而活则是要应对飞来横祸或飞来横福。也就是本来按常规不会出现的意外灾难或意外机遇出现了，要能立即丢掉套路采取应急措施。按套路走体现的是智慧，而应急能力则表现为机智，智慧和机智能很好地搭配的人，才既不过死也不过活，能够做得恰如其分。人口质量主要是表现在人的文化水平的高低上。一个国家大多数是文盲，就很难进行高智能的创造活动。如果道德水平低，没有遵循秩序的习惯，就会乱过马路，随地吐痰。

一个国家如果没有很好的方式把秩序安到人们的头脑中，人们普遍不遵守秩序，说了也不管用，最后国家只能采取强制手段。所以说，只要人太过自由，超过了限度，带来的就是强制。一个乖孩子在家是不爱违背秩序的，因此就不会挨打，而不乖的孩子就是爱突破秩序和不遵守秩序的，因此总挨打。但是如果乖孩子不知道为什么要乖就养成了乖的习惯，这样他就在不该乖的时候也乖，那就会限制他的创造力。而淘气的孩子虽然在遵守秩序方面比较淘，但是他可能在科研上有创造力，也容易想出新点子。

在社会存在中，地理环境和人口因素会影响到社会的发展速度，但不对社会的发展起决定作用，也就是说一个国家属于什么社会形态，不是由这两个因素决定的。社会发展指的是整个人类社会越来越好的变化过程。越来越坏就是退步，越来越好就是进步。好的标准是看人在物质层面上是不是越来越便捷，在精神层面上是不是越来越幸福，也就是说人是不是越来越自由。人的幸福感与人的自由程度是成正比的。人越是自由感觉到的幸福就越多，越是受外界的强制性束缚，就越是感觉郁闷。我们有时约束自己是因为怕带来更大的不自由。

吃多了，本来是要享受的，却走向了难受的一面。自由过度了，影响了他人的自由，被抓起来了，更不自由了。小时候放任着自己玩，大了找不到工作，想活着都不容易了，哪儿来的自由？不培养自己的抽象能力，感觉太枯燥了，结果那么丰富的经典哲学著作读不懂，那里面说了那么多的奥秘，给人的头脑带来那么大的自由空间，我们也就得不到了。所以说，有时我们要去承受约束的痛苦，是因为在这个痛苦后有更大的自由空间，能给人带来好深刻的幸福。

我选拔出一些非常优秀的学生，想要让他们自觉地学习。他们都认识到学习的重要性，也决心要学习，我开始制定规则，但并没有严格执行，因为我想他们都那么优秀，而且他们中很多都是学生干部，我想他们一定能自觉地做到的，但是失败了。本来能完成的作业，到期都没有完成，原来跑在前面的，看到后面没有追兵，也不努力了。最后才不得不痛下决定，一定要淘汰，一定要打分，完不成作业就自动淘汰。

虽然就我内心上来讲，淘汰任何一个学生我都会感觉心疼，但是没有办法，因为现在的学生们的意志力太欠缺，想做的事坚持不下来。参加一些很光鲜的大型活动，积极性很高，也能遵守纪律，但是需要长期持续努力，不太光鲜的事情，就缺乏毅力去完成。只要学生们懂得了一门课的价值，想好好上又缺乏毅力的时候，老师加强纪律，他们是很欢迎的。这在我的马克思主义基本理论课的课堂上看已经非常见效，同学们也非常欢迎。

二 生产力决定生产关系：古人为什么要讨好大自然？

对社会发展起决定作用的是物质生活资料的生产方式，即生产力和生产关系。生产力指的是人类征服和改造自然使其适应社会需要的客观物质力量，其基本要素是以生产工具为主的劳动资料，引入生产过程的劳动对象和具有一定生产经验与劳动技能的劳动者。生产力是一种客观物质力量，因此它的发展是按物质发展规律发展的，因此自然辩证法的规律是适用于生产力发展的，因此自然辩证法的规律才能贯穿到社会历史领域里来，同时保证了社会历史领域研究的科学性。这种思路类似于中国古代和西方古代的"天人合一"的观念，但又不完全一样。这个问题会在我即将出版的《追寻幸福：马克思主义与世界文明的缔造（中国卷）》和《追寻幸福：马克思主义与世界文明的缔造（西方卷）》中分别加以系统论述。总的说来，原来的"天人合一"观念不完全科学，而由于找到了生产力这个切入点，就能把自然科学的规律引入社会历史研究领域。

那自然怎么招惹我们了，我们为什么一定要去征服和改造它呢？人类生来就是在大自然的威胁下生活，是自然界的奴隶，而且不知道怎么讨好大自然，曾经采取好多方法供着大自然，可大自然还是会无情地摧毁人们的家园。由于河水泛滥，为了讨好河，古人扔了美女下去供奉河神，河水还是要泛滥。在这样的恐惧下生活，人们是缺乏对于大自然的自由的，因此人类的第一要务就是要做大自然的主人，不能让它肆意蹂躏人类。那怎么才能成为大自然的主人呢？征服它，比如说要征服河水泛滥。那怎么才能很好地征服它呢，就需要先摸清它的底细，也就是先认识它。

什么人来认识呢？科学家。所以，科学家很伟大，他们是能造福于整个人类群体的。所以，我看到清华学堂班的向科学进军的同学们，我感觉很钦佩。他们的成果将会成为把人从自然界逐步解放出来的工具，将造福于整个人类，真是无上光荣！所以，我们要看一个国家的生产力发展水平，我们要看一个国家的科学研究水平。科学研究的成果迟早都会被人类应用到征服和改造自然的活动中来。所以，我们拥有多少对世界有巨大贡献的科学家，就意味着我们的生产力将会有多么的强大。

为什么要改造自然界呢？因为自然界的事物并不是生来为人类服务的，很多东西都要根据人类自己的需要去创造成产品，而创造产品的过程就是先认识自己要采用的来自自然界的材料，然后根据一定的结构原理，把这些材料组合成新产品。人无法用水来做桌子，也无法喝木头，所以我们要根据物质的属性来看怎么用它们。工程师们就是要把科学家认识到的原理运用起来改造世界，我们才有了空调可以避热，有了电脑可以上网。科学和技术是生产力发展的两个非常重要的方面，科学把原理研究好，技术把原理运用好，然后我们就能够生产出生产工具，并用生产工具生产出产品。所以，科学技术的发展水平代表着一个国家的生产力发展水平。

我们要与别的国家比核心竞争力，就是要比科学技术的发展水平，而不是比哪个国家更富有。义务教育越是普遍化，大学选拔越是能把天赋好和勤奋的优秀学生选出来，给予培养，让他们能够为科学和技术的发展贡献力量，越是给予科技工作者尊严、荣誉和相应的报酬，这个国家的科技实力就会越强，这是一个国家能够长期繁荣的基础。没有这样的基础，只是靠卖自然资源，卖不了多久国家就会贫弱下来。

所以，在中国目前最迫切的任务是要投资教育和科学技术的研发领域，把国家的实力真正补上来。如果失去了这样的发展教育和科学技术的机遇，我们国家的再次衰落是难以避免的。所以爱国的人，应该全力支持国家实现科教兴国的计划。政府也要为科技人才的脱颖而出提供必要的条件，要公平公正地对待他们，更主要的是要培养他们为科学献身和不计个人得失的崇高的贡献精神。

科技人员提供的是图纸。比如说，他们提供了空调的设计图，给我们每人发一份，我们没有办法用啊。这就需要人来把图纸变成产品。怎么变呢？我们首先要有生产工具。生产工具越先进，生产效率就越高，就能越少地利用劳动力，就能越多地把人从繁重的体力劳动中解放出来。如果我们的生产工具落后，生产效率就比不过人家。如果我们只有购买先进生产工具的能力，没有创造先进生产工具的能力，那我们的生产工具就肯定要落后或成本就肯定要高。所以说，不是说我们买来了先进的生产工具，我们的生产力水平就高了。使用生产工具需要的技能是很简单的。生产工具越先进，使用生产工具的人需要的技能越简单，人越能被机器人替代。所以，生产工具在劳动资料中处于最重要的地位。

劳动资料指的是人们在劳动过程中用以影响和改变劳动对象的物质资料的总和，也称为劳动手段，其中包括劳动过程中除劳动对象以外所必需的一切物质条件。有的用于直接把劳动传导到劳动对象上去，如生产工具或工具机；有的则是间接地发挥这种作用，如土地、道路、管道和生产建筑物等。人劳动不能没有地方待吧？所以要占用一定的土地。下雨、下雪的时候还得工作吧？生产工具和产品需要有地方放吧？所以需要厂房。劳动对象或生产原料需要从各处运来吧？所以需要道路。工厂需要用水或有的还需要油吧？这就需要管道。除了生产工具以外，其他的简陋点问题不大，因此生产工具最为重要。

劳动对象指的是人们把自己的劳动加在其上的一切物质资料，其中包括没有经过人们加工的自然界的物质，如矿藏；还有经过人们加工的原材料，如棉花、钢铁等。不是自然界有的东西就是人可以用的东西。我们看到高高的葡萄架上有葡萄，可我们的脖子没有那么长，又没有梯子根本够不着，我们想用牙齿加工它一下，加工不成。然后我们就说葡萄是酸的。别人来一看，还说这里的环境保护不错，连那么好的葡萄也没有人动，其实是够不着。原始人的自然环境比较好，不一定是他们有更先进的保护自然的能力，很可能是他们破坏能力还没有达到一定的水平，想破坏也破坏不到哪儿去。再一方面是那时对于一些东西是恐惧的，弄不清楚会不会得罪了它们，遭到它们的报复，所以不敢动。

什么东西要能成为劳动对象，在很大程度上取决于我们的生产工具的先进程度。现在生产工具强大了，能把很多自然物都变成劳动对象了，未来的人就比较惨了，因为有的自然物的再生需要很长的时间，我们把自然储备浪费了，未来的人就要面临劳动对象的危机。当人不能缺少的水被糟蹋光了，空气被污染得无法生存了，人就毁灭了自己生存的家园，那时再有多大的豪宅、多昂贵的名车，都没有人用了。所以，保护大自然就是在保护人类的生命线，爱惜自然物，不浪费资源，就是在保护人类的未来。人类如果在这个发展阶段自私到不顾子孙后代的生存和发展的程度，那这种发展就是在造孽。

有了劳动资料，有了劳动对象，把这两样东西结合起来的就是劳动者。在历史上，每个社会中的生产活动都是由劳动人民来进行的，是他们在创造着物质财富，使得人们能够获得赖以生存的物质生活资料。图纸是通过劳动人民的劳动变成我们能使用的产品。在私有制社会中，劳动人民总是被剥削的。那他们愿意被剥削吗？当然不愿意啦。他们知道自己被剥削了，就会联合起来反抗。那怎么才能调动他们的劳动积极性和把他们组织起来劳动呢？

首先，一个社会需要有一整套理论来掩盖劳动人民被剥削的事实，这套理论通常是由统治阶级的意识形态来提供的。在这种意识形态中，要对统治者和统治阶级进行美化，同时要掩盖对劳动人民剥削的本质，要把他们缴纳的税收和统治阶级拿走的部分说成是完全合理的。以前劳动人民受教育程度低，而社会现象又比较复杂，意识形态就用些似是而非的东西来哄着他们干活，只要他们信就能起到作用。

其次，统治者不能直接管理劳动人民。劳动人民要按与其生产力的发展水平相适应的组织方式组织起来干活。或者即使是单干，也需要人来组织收税。在每个社会中，对生产进行组织的人就是那个社会的统治阶级。在奴隶社会、封建社会和资本主义社会，组织劳动人民进行劳动的分别是奴隶主阶级、地主阶级和资产阶级。统治阶级的组织能力和调动劳动人民劳动的积极性越强，生产力发展越快。那要调动统治阶级组织劳动的积极性，最高统治者就要给统治阶级足够的好处。统治阶级在组织劳动方面懈怠了，劳动人民的劳动积极性没有了，国库就要空虚了。国库空虚的时候，最高统治者就不得不增加税收，劳动人民苦不堪言，再遇上天灾人祸，劳动人民面临生死抉择时，革命的形势就到来了。

这样与不同的生产工具水平相适应，单个的劳动人民创造的能供剥削的空间大小不同，因此统治阶级压榨的方式和程度也不同，对于剥削的掩盖方式也就不同。这就引出了生产关系的概念。什么是生产关系呢？生产关系指的是人们在物质资料生产过程中结成的社会关系。生产关系在生产力发展的不同阶段，具有不同的性质和不同的具体表现形式，依次经历原始共产主义的、奴隶制的、封建制的、资本主义的和共产主义的五种生产关系。

生产关系主要包括生产资料所有制形式、人们在生产中的地位及其相互关系、产品的分配方式这三项内容，物质利益即经济利益是生产关系的具体表现。人们从事生产活动，就是为了获得物质利益，阶级斗争最终也是为了物质利益。生产资料是生产过程中的劳动资料和劳动对象的总和，其所有制形式有两种：公有制和私有制。公有制是生产资料归劳动者共同所有的形式。公有制给人是什么感觉呢？就是每个人有自己的消费资料。消费资料即生活资料或消费品，用来满足人们物质和文化生活需要，主要有生存资料，如衣、食、住、用方面的基本消费品；发展资料，如用于发展德、智、体的物质用品等；享受资料，如高级营养品、华丽服饰、艺术珍藏品等。

也就是说，你有自己的房间，自己喜欢的衣服等，不同的是你上班的时候，你不是感觉到别人家去上班了，工厂和生产工具你都是有份的，属于你也属于你所在的共同体中的每个人，你能公平地分得自己的劳动成果，能公平地享有公共物品，大家都是主人，并不是谁在为谁干活，大家都是在为这个共同体干活。大家之所以要上班，因为我们需要物质利益来生存和发展。由于人来工作的目的是为了物质利益，因此物质利益分配不公平，就会导致劳动者的不满，从而影响他们的劳动积极性。

所以，并不是确立了公有制人们就满意了，如果人们对什么是公平没有达成一致意见，你怎么分配人们都会感觉不公平，那在公有制中生活也会让人感觉很郁闷。还有，公有制也必然是要有人来组织管理的，如果组织管理的人多吃多占，大家觉得他多得了公共财产，也会很不满。就相当于说，你告诉我，在公有制中是有我的份，而那一份却是我无法控制的，控制它的人是公共管理人员，而公共管理人员又不经我的同意任意使用那份财产，而且还有腐败现象，那不满情绪就会很大。所以，在公有制的建设中，一定要让人们就什么是公平达成基本一致的意见，一定要能保证公共管理人员的廉洁，一定要真正按人们公认的公平观念来分配物质利益，在公共管理机构任职的机会要开放和公平。

在私有制中，生产资料属于私人所有，劳动人民没有生产资料，因此必须到别人家里去干活。我们去私人企业找工作，就是到别人家里去干活。在别人家里，你肯定不能再说什么公平不公平。来的时候就签合同，意思是你干什么活，我给你多少钱，你感觉值那你就签合同。进来以后，你就不要提什么意见，给人干活就是要按人家的意志去做。人家说做什么就做什么，做得好不好也不是自己说了算。老板感觉不合适就解雇。在这里人是没有主人翁感的，在工作中，自己与老板的地位也不是平等的，分配劳动产品也不是自己说了算的。

这种方式却会貌似很公平。比如说，每个人都可以自己开私人企业，他拥有的企业是他承担了风险投入了资金不断获得的，因此人们认为这是公平的。自己到那里去找工作，不是老板逼着自己去的，是自己追着去的。既然人家付了工资给自己，那供人使唤就是应该的。既然企业是老板的，老板在承担风险，因此多挣了钱也应该是人家的，我签了合同拿多少工资就拿多少工资，奖金是老板开恩给的，要知恩图报。而自己的奋斗目标就是积累了基金和经验，以后自己做老板。其中在什么地方存在剥削，那是马克思通过《资本论》揭示出来的，但是没有太多人有耐心去读那么大部头的《资本论》。

这样就使得在公有制下，人们是主人，但感觉分配不公会很不满。在私有企业中，自己实际上在接受剥削，反而感觉挺合理。这个问题我们将在讲授《资本论》的时候来解决。这里我们要说明的是，生产力决定生产关系，就是一个国家采取公有制还是私有制，主观上是可以任意决定的，但是成功不成功则是由生产力的发展水平决定的。如果没有生产力发展水平的配合，那么不适合社会发展的所有制形式就会发生诸多问题，最后无法维系，还得回到适合于它发展的制度上去。所以，生产力的发展才是硬道理、科教兴国才能使中国立于不败之地。

三　经济基础决定上层建筑：为什么再富有也不能买军队？

在生产力决定生产关系这里，我们知道了，一个国家有私有制和公有制的区别。目前我们国家因为处于社会主义的初级阶段，因此我们是公有制为主体，多种经济成分并存。就全国而言，公有资产在社会总资产中占优势地位，国有经济控制着国民的命脉，对经济发展起主导作用。公有制的形式包括国有经济、集体经济、混合所有制经济中的国有成分和集体成分。全国人民共同拥有着所有的国有资产，包括国有企业和全国所有的土地等资产。所以，我们不属于无产者，我们只是无私产，而人人都是有公产的，因此在每个地方遭受地震等自然灾害的危害时，国家可以动用国家的资金进行救灾活动。

国家也不完全根据一个国有企业是否盈利来看它是否具有存在的价值。如果一个国有企业非常赚钱，但企业经营的产品变得不是很重要了，当国家有更重要的企业亏损时，会用赚钱的公司的盈利注入亏损的企业。所以，看一个国有企业是否有前途，不是看这个企业是否亏损，而是看这个企业对于国家是否至关重要。有的国有企业国家不断往里贴钱也不能让它关闭，因为要考虑到它在国计民生中的重要作用。

经济基础即社会的经济结构指的是一定社会中占统治地位的生产关系的各方面（所有制形式、交换形式、分配形式）的总和，其中的核心就是所有制形式。中国特色社会主义的经济基础就是公有制为主导、多种经济成分并存。只有被当成一个国家的经济基础的经济成分才能得到国家的保护。在多种经济成分并存没有被国家认可时，私有成分的发展就得不到保护。有的同学问过，怎么能够保证公有制为主导呢？现在私有成分在税收中占有很大的比例，是不是所有制形式就变了？看公有制是否处于主导地位是看国有财产的数量和质量而不是税收。全国所有的土地是国家的，这个财产多值钱啊。国家是最大的房地产拥有者，国土是属于全国人民的。

那一个社会的经济基础是靠什么来维系的呢？那就是上层建筑。只要上层建筑没有被摧毁，它的经济基础就能得到保护。那什么是上层建筑呢？上层建筑指的是建立在一定经济基础之上的社会意识形态以及与之相适应的政治、法律、制度和设施等的总和，包括思想方面的上层建筑和政治方面的上层建筑。思想上层建筑指的是适应经济基础的社会意识形态，包括哲学、政治、法律、艺术、宗教、文化传媒等。意识形态指的是与一定社会的经济和政治直接相联系的观念、观点、概念的总和。每个阶级都有维护自己阶级立场的意识形态，只是存在的方式不一样。

为一个社会的经济基础进行辩护的意识形态，就是占主导地位的意识形态。这种意识形态越是被大众接受，这个国家的经济基础就会越稳固。革命阶级首先要摧毁的就是维护一个国家的经济基础的意识形态。如果一个国家的意识形态已经臭到家了，那人心就散了，如果革命阶级再拥有了一套被人民普遍认同的意识形态，那人民的革命就会到来了。所以，阶级斗争首先表现为意识形态领域的斗争，其输赢关系到民心所向。目前中国的维护国家的意识形态的机构是中宣部。我们这门课的课本就是国家的主要领导人和中宣部修订的。这门课的重要性就在于它关系到国家的意识形态的存亡，从而也是关系到国家政权存亡的大问题。

如果有一天，国家决定要走资本主义道路了，那我们这门课就不会再是必修课了。假设我们选择资本主义的民主社会主义道路走，那我们的必修课就会变成民主社会主义方面的教科书了。所以，国家那么重视这门课，就说明国家是要走中国特色的社会主义道路，不是要走资本主义道路。这门课的课本是怎么写的，国家就准备怎么做。马克思主义是中国特色社会主义的理论基础。如果中国要变资本主义，首先要抛弃马克思主义。

国家现在想那么多办法来让大家学习马克思主义，就是要巩固国家的意识形态，从而巩固国家的经济基础。所以，如果我们真的是热爱中国特色的社会主义，就要学好马克思主义和帮助国家传播马克思主义。我们作为匹夫，就能够通过这种方式来帮助我们的国家巩固政权。在大众迷茫的时候，我们一定要看清楚。如果通过上这门课，你确实认为中国选择了最好的发展道路，那你就应该通过义务传播马克思主义来帮国家坚持走这条真正能让中国崛起的道路，选择做这件事就非常有意义和非常崇高。

韦老师准备选拔100名希望真正具有马克思主义信仰的优秀学生来义务培养他们学透马克思主义，让他们也成为马克思主义的传播者。你们学好了，也可以这样做。这就是我们有共产主义信仰的最好的表达方式。这是对国家最有意义的志愿者服务，我们可以终生做下去。如果全国人民都能好好学习马克思主义，我们国家的意识形态就能得到巩固，我们国家的凝聚力就会很强，人们的幸福感也会提高。只在道德底线上走的人最不容易保住底线，只有真正通过追求崇高才能保住道德底线，这样，我们就不会再看到那么多危害人民身体健康的有害食品，我们就会看到国家的总体道德风尚的提高，真正与我们国家的社会主义性质相称。

那什么是政治上层建筑呢？政治上层建筑指的是人们在一定经济基础上建立起来的政治、法律制度以及由此产生的军队、警察、法庭、监狱、政府部门、党派等国家机器和政治组织。政治上层建筑的核心是政权。党派是干什么的呢？党派就是组织起来夺取政权或获得政权以后维护政权的组织。一个党派是否有信仰和统治的思想体系，关系到这个政党是不是会分裂，是不是会涣散，是不是会缺乏凝聚力，是不是有战斗力，是不是会腐败。目前，我理解的中国共产党所说的学习型政党，不是要学养生，不是要学计算机等，而是要学习马克思主义。

爱中国的人大有人在，但是爱法不一样。有信仰的人也大有人在，但是只有信仰，没有统一的思想体系，就会出现志同道不合的情况，虽然把大家放在一起，还是像沙子一样是散的。真正学懂马克思主义，才是我们党能够团结奋斗的唯一出路，这种凝聚力是无法用官位或金钱的诱惑来实现的。政党要具有从精神层面上号召大众的能力。现在有的事情，就是领导人也感觉很无奈，就是有了好的政策，没有一个很有效的执行队伍自上而下地落到实处。无奈多了，人民也会感觉很无奈，就会说什么也不听也不信了。所以，执政党的建设非常重要。

希望大家努力学习，以后把涣散的没有信仰的人替换掉，成为国家的好的政策的坚定执行者，挺起整个民族的脊梁，让人民看到我们执政党的力量、能力和廉洁，就能给大众以信心。政党的核心任务就是要为自己的经济基础服务。在私有制的社会中，因为执政党实际上是要维护统治阶级利益的，但不能这么说，因此在意识形态上就要说成是为全民服务的，而且在做法上也是要貌似是为全民服务的，在其中玩政治花招。

真正的民主是好的，是共产主义社会要追求的目标，但现实中的民主是可以当花招用的。现在大家有了点民主经验，也就会明白其中的一些道道。我们是在强调要真民主，但有的民主程序实际上是被操纵的，就是做给大家看的，其实是收买人心的一种方式。表面上是民主了，实际上是民被主了。所以，看一个社会的统治阶级到底为什么阶级服务，主要是看其经济基础是什么。在私有制的体系下，民主只是个招牌而已，无法真正做到实质上的民主。很多人民认同的东西，都可能被统治阶级作为手段来哄骗人民。

在私有制条件下，自由和平等真的有吗？没有，尤其是对于广大人民来说，没有。但人民想要自由和平等啊，那就通过安排一些形式，让你感觉你是自由的、平等的，你没有真正享有自由和平等，是因为你没有本事，只能怪自己，不能怪政府。所以一个国家倡导的不一定是那个国家的国民真正拥有的。比如说，人人都有竞选总统资格，但是没有财团的支持，那就只是在做白日梦而已。有财团的支持的，结果是拿了人家的手短，上了台你就得为人家干事。

那政党夺权夺的是什么权呢？夺的是垄断的军事权力。哪个政党把握了国家的军权，并能把拥有垄断军权的理由说得让大家认同了，那个政党就获得了国家的政权。国家的军队里的人比老百姓少多了，但是他们的力量为什么大？因为他们有武器。谁拥有军事力量，军队听谁的，谁就是政权的真正拥有者，谁说话就最算数，其他的人，不听话就打啊。所以，你一个人无法和拥有强大军事力量的君王博弈，不是你武功打不过他，而是他有一支军事力量来帮他打。

国家的政府部门就是用来贯彻国家意志的，因此执行力最强的人就是最好的政府官员。政府官员经常开会，他们开的会不是学术讨论会，不是让大家在那里讨论要不要执行什么政策，而是去领任务回来执行。不按时去开会领任务，那是要挨批的。在领任务的时候睡小觉，那一小觉就可能把前途睡没了。领完任务要去落实。在落实的时候，说错话了，也会出问题，落实不下去也会出问题。这就叫国家机器。国家是通过培训好行政人员，用他们来组成一台机器，一个人不按时到位，就会影响这个机器的运转速度。

创新性表现在想出很好的办法把任务落实好，而不是去修改任务或自己别出心裁地弄出新任务来自作主张地做。自己可以想好的主张或任务，但是要领导认可后作为任务布置下来才能做。政府部门的关键的官员在政府换届时，与新政府的意志不统一和做法不一样、思路不一样、没有得到信任的人，通常是要被换掉，因为他们会影响新政府的政令的执行。在一种社会形态向另一种社会形态转化的时候，比如说，资本主义向社会主义转变，或社会主义向资本主义倒退，整个国家机器是要被打碎的。

打碎的不是国家机器的大楼和桌子椅子，不是去烧阿房宫或故宫，而是把官员换了。为什么要换呢？因为信仰不一样了，甚至是对立的，那就无法做一个很好的执政者。这与政府换届不一样，因为政府换届，是同样的社会性质，原来的国家机器基本上还是一样的。而换社会制度就不一样，原来的制度里的人，要成为新制度里的政府高官，除非是在换制度之前已经弃暗投明了，如果制度已经换了，自己再改弦易辙，那就会被看成是变节的势利之徒，不仅得不到好处，连自己的人格也会给糟蹋了。

正因为失败者的处境是会非常尴尬或悲惨的，因此腐朽的政府中的中坚力量，他们会尽全力来挽救原来的政府、会顽抗到底，甚至会选择死亡。如果原来就靠虚假在一个制度中混饭吃的，等另一个制度到来，也不会用这样的人，因为任何一种制度内都会欣赏忠诚这种品德。两个有不同信仰的人，都会赞赏忠诚于不同信仰的人，尽管他们可能会是敌人拼死在杀场。人有的时候选择不同的信仰，可能是因为认识不一样。一个人认为这样的制度对国家更好，另一个人认为那样的制度对国家更好，他们都出于同样的为国家好的目的来忠诚于不同的事业，这样的人道不同，但是会互相欣赏对方的品格。而大家共同鄙视的是那种完全为了个人的私利见风使舵的人。

军队平时的存在，主要是起威慑作用。你不要看他们闲着，没有他们还真不行。他们通常要在国家政权出现严重危机的时候才会真拿来用。在面临政权的生死存亡的时候，军队站在哪边哪边就能赢。警察、法庭、监狱是用来处理治安问题的。也就是说，大家都守秩序，你却总要破坏秩序，而这个秩序是大家认同的，这样突破法律底线的人就要被抓起来惩罚一下。惩罚的目的主要是杀鸡给猴看，而不是折磨那个犯罪的人感觉很有意思。不过我们说杀鸡给猴看的前提是，它们都是些不遵守秩序的猴，我们杀只鸡是要让猴们都吓着了，不敢淘气了。

其实真正稳定的秩序不是大家都是猴，而是大家都很自觉地遵守秩序，只有少数猴在淘气。如果全国人民都变成猴了，那杀多少只鸡也没有用。一个国家没有信仰，人们就会慢慢都变成猴，那监狱里是关不了那么多猴的，所以说法不责众嘛。这样就会出现我们明明看着有很多不合理的现象，国家却无法作为的状况。从上面的分析我们可以看到，意识形态和政权都是为制度服务的，而采用什么样的制度最能成功是受生产力的水平制约的。生产力发展了，制度不合适了，意识形态就会出问题，民心就会背离这个制度。

虽然军事可以威慑让人们无法反抗，但是人们可以不作为、可以懈怠，然后国家的经济发展就会出问题。当国家连军队也养不起了，用于养活国家机器中的人的钱也不足了，国家机器和军队里的人也会来反抗统治者，那统治者的末日也就到来了。一个统治者的更替，不一定就意味着一个社会形态或制度的更替，而可能只是重新建立了一个新的政府，但制度还是与原来一样，只是把原来的国家机器中的人换了，这样原来里面存在的通过利益集团结成的肿瘤或癌症没有了，国家机器又能再次正常运转起来。

四　社会意识：为什么工作了想法会有变化？

社会意识是人脑对社会存在的反映。这里主要是说明我们头脑里不自己产生东西，我们不能凭空想象，我们的社会意识是对我们的社会存在的反映。具体的社会存在决定具体的社会意识。当一个社会处于某个发展阶段时，我们能够反映的只是那个阶段的现象，我们不可能去反映超越那个社会的现象，但是我们通过认识社会存在的本质和社会发展的规律，预见到未来的社会会满足什么抽象的条件，但是无法知道那个社会的具体现象是什么。所以，我们通过认识我们现在的社会，我们可以预见共产主义需要在生产力方面、生产关系方面、经济基础和上层建筑上需要什么条件，但是如果要描绘共产主义的人是怎么吃饭、洗手间是什么样子，那就是我们的想象，人家不一定按你想象的方式去吃饭或上洗手间。

当然，我们的社会意识也可能是不同的，因为社会存在太复杂，我们只看到现象，没有分析能力，看法就会不一样。分析的过程也是很复杂的，我们在分析中也会出现错误。我们看到的现象的阶段和侧面也不会不一样。有的现象是一种社会存在长期发展而来的，而我们能看到的只是非常短的一个时期。而在人类社会中，人需要组织起来，就需要有等级，人在不同的等级，看到的景色是不一样的。比如说，我们在一个单位，这个单位就好比一座山，你站在山上的不同高度，看到的事情不一样。

同样在一个单位，领导看到的和一般人看到的不一样。人又太复杂，有很多看到的事情不一定能说出来，而且没有站到那个高度，说出来人们也不会理解。所以，以前的皇帝为什么会孤独，为什么把自己称为寡人，就是他看到了一些不能说或说了人们也不理解的事情。而人的具体的社会存在太不一样了，因此人都总是有孤独的一面，不可能自己知道的事情能全部说出来，说出来也不一定能被完全理解，所以一个人必须要学会享受孤独。

人就是在自己的具体的社会存在的变迁中，体会和认识到不同的来自社会存在的需求的。小的时候，社会存在的方式比较简单，因此很多社会需求是体会不到的，所以家长让大家学的很多东西，小孩子是感受不到这些东西的价值的。而有的学习是要练童子功的，错过了那个学习时期再学习起来就困难了。我因为腿残疾，所以经常打车，就经常与师傅聊天。我发现绝大多数师傅都很聪明，而且他们多数都说自己小时候很淘气，不爱读书，现在大都很后悔。

所以，我们经常说要有高人指点，这个高人是经历了很多事，站在很高的平台，他就能看到一个人下一步将会有什么需要。所以，小孩子找到一个让他信任的老师是比较好的，这样即便他还不理解，他也会按老师说的去做，因为他信任老师说的是对的。一个国家要有大师，也是这样。大师能让人有信任感，人们能信任他，就能跟着他爬山，他们会相信爬到一定的高度，他们就能看到大师看到的景色了。如果一个人谁都不信，就没有耐心去爬山，也不知道该爬哪座山，就只会在山脚徘徊。

大家会发现，如果大家有过类似的社会存在，就会更容易理解对方，就是因为那个社会存在中的需求，只有进入那个社会存在中才能体会到。所以，我们说一个人的具体的社会存在的变化，能够让人体悟到很多不同的东西。人想通过阅人无数来体验生活，难。人不是你想阅就阅的，而且人家给你阅的那个方面未必是你想阅的方面，你真想阅的那个方面，人家也许不让你阅，或者你没有经历类似的处境，你阅不懂。有的人是在成功中体验社会存在的，这样的人通常是不太思考的，因为人在遇到挫折时才最爱思考。

你看有的人的简历，似乎啥都体会过，但是你与他聊，聊不出什么深刻的东西来。这样的人都是在各种社会存在中飘过。或者说，就只有肠子，没有胃。吃什么，出口什么，你看不到产生了什么新东西。经历过很多挫折和痛苦，并在这种挫折和痛苦中坚强地站起来的人，对他所处的社会存在的体悟是最透彻的。所以，听成功的人讲故事，不要去听他是怎么成功的，而主要去听他在成功的路上遇到过什么艰辛，是怎么挣扎着走出困境的，从这样的人身上你能够体会到什么是英雄。如果一个人只是在你面前放各种成功的图片给你看，然后告诉你他曾得到了多大的荣誉，你是学不到什么的，也就是羡慕一下，甚至是嫉妒一下就完了。

人的社会意识可以是个体性的、群体性的或社会性的。在一个新社会已经开始萌芽时，别人还没有感到，你就感觉到了。这个时候，你的意识虽然是社会意识，但是具有个体性，因为别人还意识不到，你说了他们也不一定信。这个时候，这个人的社会意识就显得很有个性。如果他把他感悟到的东西写成了书或画成了画，他过世后，当社会发展到人们普遍意识到他体悟到的社会意识时，他就会成为名人，就是他的社会意识的社会性被认同了。

一个新社会的领跑者，他的思想的超前性，使得他的理论的公开，要承受很多人的打击，有的人是因为利益受到冲击而打击他，有的人是因为还理解不了而打击他，所以这样的大师要非常坚定和非常勇敢，才能公开自己的作品，才能让自己的作品有机会流传下来。而且一个国家通常不会把活着的人的思想抬到国家意识形态的高度，或者抬到那个高度也肯定是要出问题。

一个人不是神。不管多大的思想家，你要神化他，如果他还活着，人们拿放大镜和显微镜来看他，不看出毛病来才怪。所以，一个人不要在活着的时候指望自己能够成为一个国家的意识形态的思想大师。这样的大师只能是在过世很多年后，再被国家追认为大师。那个时候大师也不会说话，政治家就能按自己的意志来理解或修改他的理论。大师就是以这样的方式牺牲和贡献着自己的人生的。这样的大师一旦被国家当成意识形态大师，要么是挨捧，要么是挨批，要么是受冷落，但算是永远活在人类历史的史册之中了。

所以，尤其在今天，树活人当榜样是件很危险的事情。要么把榜样给造假假死，要么就是被人用放大镜看到什么毛病，被放在网上炒死。所以，一个有智慧的人要拒绝当榜样，要作为一个真实的人而不是一个被神化的人活着。即使自己在什么方面优秀，也只是某个方面优秀而已，人并不因为那方面的优秀而能成为神。再有，现在国家的宣传有时太肉麻，有的好事和好人，生生被捧杀了。所以，今天我们讲马克思主义的大众化，最有力量的大众化是来自民间自发的大众化。当人们不自觉地把马克思主义当成茶余饭后谈论和讨论的对象了，那就真正大众化了。

如果一个人的社会意识是怪的，那就什么类也入不了，这样的意识虽然来自社会，但不具备被社会认同的可能性。一个群体的意识，是一群人共享的意识，如果在圈外没有社会存在做基础，这样的意识也不会被普遍认同。要有社会存在作为基础的东西，这种社会意识以人们能够理解的方式反映了这种社会存在，才能让人找到共鸣，从而得到社会的认同。但社会认同是一回事，是不是真实地反映了社会存在是另外一回事。即使没有真实地反映社会存在，但是反映了人们的共同希望，那也能得到人们的认同。比如说，万寿无疆是不可能的，但是符合人们的希望，因此是能被认同的。

在这个时候，有社会存在作基础，就有被认同的基础，而社会存在的基础没有了，人们也就会遗忘或冷落相应的社会意识了。社会存在也是有情绪的，所以反映社会情绪的意识也能快速被人们认同，但是情绪一过，也就会很快被冷落。社会心理指的是人们对某些社会存在的情感反应。并不是所有的社会存在都能产生人的情感反应，只有那些与人的价值观冲突或吻合的东西才能让人产生情感反应。

有的事会让一个社会的人共同愤怒，就是因为它触及了这个社会的人的共同的价值观或他们认为重要的事。比如说，中国大使馆被炸，大多数中国国民都会感觉非常愤怒。有的事会让一个社会的人共同喜悦。比如说，中国足球队拿了世界冠军。而有的事则是个人会很感动，别人却可能无动于衷。比如说，喜欢看韩剧的人哭得稀里哗啦，不喜欢看的人则不会有这种感觉。总之，要触及个人的价值观的东西，才能让人有情感反应。从上面的分析中，我们可以看到，社会存在决定社会意识并不是那么容易简单化的，需要进行细致入微的分析。

第二节　社会形态的更替：社会形态越纯粹，越容易管理

由于生产力是一个社会发展的基础，生产力的发展关系到人类从总体

上逃离自然界的奴役，给人带来对于自然界的自由空间，因此发展生产力是人类共同追求的目标。而生产力又是一种物质力量，它是不以人的意志为转移的，因此必须按生产力的发展规律来发展生产力。有什么样的生产力，就需要有什么样的生产关系与之相配套，有什么样的经济基础就需要有什么样的上层建筑与之相配套。这样就形成了社会发展的五个形态和三个阶段的发展规律：原始共产主义社会、奴隶社会、封建社会、资本主义社会和共产主义社会五种形态，原始共产主义的公有制、私有制和共产主义的公有制。

如果没有外部偶然性的干扰，一个社会的发展就会按这个秩序或快或慢地发展，而当有外力的干涉时，就会出现跨越式的发展或后退。中国就是因为受到了来自外部力量的干涉，在与这样的力量的斗争中，通过建立新政权进入了社会主义社会，但生产力水平和人们的意识水平并没有跟上。而美国的南部，其初期的发展是通过大量使用奴隶来发展的，那就是一种倒退。在澳大利亚，西方人最初对待土著居民的方式也是使用奴隶的方式。所以，生产力决定生产关系的方式和经济基础决定上层建筑的方式在现实中都是非常复杂的现象，社会规律只是作为一种趋势存在于其中，对于具体问题需要具体分析。

而总体说来，一种社会形态越是纯粹，越容易实施管理。如果是多种社会形态的因素同时存在，这样的社会管理起来最复杂，最难以用统一的法律进行管制，而道德水平上也各不一样，因此容易让人感觉很乱。要等到社会形态发展到比较单一的形态时，才容易用比较单一的道德规范和法律规范进行管理，社会才更能呈现出井井有条的景象。目前，中国就是处于多种经济成分并存的发展阶段，因此道德和法律秩序上不健全，从而贪污腐败和道德沦丧的现象就会存在，而最终只能靠生产力的进一步发展来解决。我们国家虽然比较富裕了，但生产力的发展水平还不是很高。

生活在这个阶段的人，不得不面对价值观严重冲突的情况。现在离婚率的升高，与价值观的冲突是分不开的。人与人之间最难以相容的争吵就是价值观差异带来的争吵，在双方都无法改变对方的时候，要不吵架就只能离婚。最纠结的是，你特别喜欢对方的某种特征，但特别不能容忍他的价值观，在这种情况下，离婚是最痛苦的。如果对方身上并没有什么你特别喜欢的地方，那离了也就离了，也更容易做到离婚了就别来找我。下面我们就从逻辑上来澄清一下中西方在社会形态转换中的异同。

一　原始社会存在等级吗？

西方的原始共产主义社会与中国的原始共产主义社会是类似的，因为在生产力水平低下的时候，人类发展的差异化空间是很小的。人类离动物越近，人与动物的差异越小，各个社会之间的差异也就越小。我们在不同的地方发现猴子，它们虽然不认识，但各国的猴子的生活方式的差异上是比较小的，越低级的动物，它们之间的差异越小。我们在中国很难看到有中国特色的猴子的生活方式。而人类刚脱离动物界进入人类时各个社会发展的差异就非常小。人是从动物进化来的，而且人的最本质的特征是社会赋予的，因此人刚生下来的本性应该是最贴近动物的，动物的自保和趋乐避苦的特征就是人从动物向人进化的出发点。

自保的特征，在社会中不加以进化，就会变成自私自利的特征，而趋乐避苦的特征则会变成好逸恶劳和好吃懒做的特征。而对人的改造是通过社会来实现的，因此到今天我们还可以看到，没有很好教养的人依然具有这样的由人的动物性直接发展出来的特征。但我们不能因此而说人性是自私的，因为那不是人性，而是人身上的动物性。儒家说的"克己复礼"，就是要人克制自己的私欲，使人能够符合应该有的礼。

从古到今的人类社会，都是在与人的动物性进行斗争的，必须把人的动物性改造成人性或者对其加以限制。这很好理解，有的动物必须被放在动物园里，就是因为它只有动物性，没有人性，否则就可以在人类社会中自由存在了。能够驯化的动物就是符合人类的行为规则的动物，这样的动物才能在社会中自由存在。因为人生来都是动物，因此都有一个接受驯化的过程，这就是人的社会化的过程或者叫做人化的过程。人化的程度不一样，人的境界就不一样。只保底线的人是离动物最近的人，而追求崇高的人则是离动物最远的人。

人的道德退化就表现在人的境界从崇高向底线的退化。生产力发展了，人的道德退化了，这是可能的，所以在生产力发展的同时，要加强人的道德素养的培养，就是要防止人的道德的退化。在市场经济的条件下，卖地沟油的人，就是属于道德上退化了的人，这些人退化到了比动物还坏的程度，因为动物要想这么个坏法，还没有这样的智能。人要坏起来，那要比动物坏得多。所以，人的道德退化的恶果是人比动物还不如。我们没有看到动物因做了坏事我们就把它枪毙了的，因为动物坏不到让人憎恨的程度。

人类初期最大的敌人是自然界，而要团结起来抵御自然灾害，对于原始部落里的人来说，最大的美德就是大公无私、勇敢和牺牲精神，而这些特征都是人作为动物没有的特征，因此要进行教化，神话就是用来教化人的一种方式。这就是为什么我们研究关于道德的伦理学要从神话开始研究起。那个时候的人，能够去赞美大公无私、勇敢和牺牲精神，因为这样的人最能让一个团体紧密地联合起来。任何一个社会都是需要首领的，而那个时候的首领就是靠美德来凝聚大家的力量。在这样的团体中实行平均主义，实际上是强者吃亏、弱者受益的模式，而强者愿意吃亏，就因为整个团体给予他荣誉，崇拜他，受到保护的弱者感谢他。

如果没有这样的价值观支持他，团体里的人认为你吃亏真傻，我弱小你保护我是应该的，我不仅不感谢你，还觉得你给我的不够。如果是这样的社会风气，吃亏的人会想我凭什么啊，我吃了亏，帮了你，你不感激我，还觉得像是我欠你的一样。所以，在一个社会中，如果追求崇高的人被当成傻子，而受保护的人没有任何感激之情，在这样的社会风气下，追求崇高的人就会越来越少，而义务救助弱者的人也会越来越少。

这就是什么样的社会风气造就什么样的人的道理。大家都排队，没有加塞儿的，人都会排队。而有人加塞儿，就会驱动所有人想加塞儿的动机。所以，社会风气的败坏，是从有人加塞儿，没有人管，而且当人们看到加塞儿的人不仅没有得到惩罚，而且还活得很得意，一点也没有感觉到可耻，大家还觉得他挺能干，社会风气就这样逐渐败坏了，人人都开始加塞儿的时候，社会就乱了。在中国，现在由于采取了民主测评，这本来是好事，但是因为这样，有的领导不敢得罪人，就不管加塞儿的人了，他领导的团队也就人心涣散了。

在中西方都一样，那时的原始公社基本上都是公有制，采取平均主义的方式分配。首领没有什么特权，都是德高望重的人。那时人必须社会性特强，个人自由的空间很小，这样才能最具有凝聚力，最能抵抗外来的侵略和抵御自然灾害。所以，我们可以从原始共产主义社会那里找到人的最崇高的道德规范，所以孔子在道德上称赞原始社会的尧舜禹是没有错的。

中国儒家的最大贡献在于把人类最高尚的原始道德继承下来，并且将其体系化为中华民族世代相传的美德。正是因此，中国儒家的主流思想是人性善，而且把道德放到了至高无上的地位，甚至骂没有道德的人不是人，是衣冠禽兽。这些美德是人类不断丢失但必将会自愿再捡回来的历史遗产。人类社会最后将在更高的自由形态上复归这样的美德。这就是中华民族贡献给人类社会的道德宝库。

西方社会的记忆是从私有制开始的，因此马克思和恩格斯在《共产党宣言》中写的是：至今，一切社会的历史都是阶级斗争的历史。后来恩格斯加了个注，说明原始社会中是不存在阶级斗争的。也就是说，在1847年前，西方人还不知道存在着原始共产主义这种社会形态。但是后来的史料表明，西方人的最初的社会形态也是原始共产主义，而且与中国人的原始共产主义的组织方式和道德观念都是类似的。这也说明，人类社会无论是东方或西方，都是有可能再恢复到原始共产主义那样的道德高度的，因为东西方在人类历史上都曾经达到过那样的道德高度。由于西方社会的记忆是从私有制开始的，因此他们更相信人性恶即人是自私的。从进入奴隶社会开始，虽然社会形态的更替上是类似的，但是呈现出了明显的特殊性。

二　中西方原始社会解体方式的差异

西方社会和中国为什么都从原始公社中演化出了阶级社会呢？西方的奴隶社会与中国的奴隶社会为什么会有不同的特色呢？原始共产主义社会中的人的动物性得到克制，道德水平达到人类的最高点，表面上看是他们自愿选择的结果，其实是在生存压力下迫不得已的选择。氏族不那么选择，就无法生存，而个人离开了氏族，也不能生存。而且，在原始社会的氏族和部落内外是有别的。在战争中他们表现为杀敌勇猛，而且用最残忍的方式进行报复，因此也养成了人看到坏人，不管怎么折磨和虐待，都不会感觉残忍。人对有血缘关系的人很亲切，对陌生人或被当成外人的人很不在意和很冷淡，而且遇到陌生人感觉要防着，会感觉没有安全感。这种做法从原始社会就如此。

奴隶的来源和生活方式的差异是导致中西方文化越来越不同的主要原因。人类进入奴隶社会，就进入了阶级社会。奴隶社会产生的原因主要是：原始社会末期，随着生产工具的改进，氏族和部落内部有了剩余产品，即使是平均分配，最后也会产生贫富分化，穷的人沦落为他人的奴隶。由于俘虏可以创造剩余产品，所以就不用再杀死他们，可以把他们当成会说话的工具。奴隶的劳动是强制性的，主要是奴隶的劳动强度必须特别大才能榨取剩余劳动或剩余产品。而那么大的劳动强度不通过强制是实现不了的。

因此，奴隶是没有自由的，他们只能拥有非常少的能活下来的生活资料，其余的劳动所得要归奴隶主和国家分配。这样奴隶主阶级和奴隶阶级就产生了。奴隶主是奴隶的拥有者，是奴隶劳动的组织者和监督者。在纯粹的奴隶社会中，物质财富都是奴隶创造的，其他的人都是靠奴隶养活的。奴隶社会对于社会发展的意义在于，这个社会能够养活从事脑力劳动的人了，这就为人类未来的比较快速的发展提供了条件。这也是人第一次体会到私有制的味道。

原始社会的时候，人们可能会想要是自己拥有大量的私有财产就好了，大家都做着拥有大量的私有财产的梦，但是在整个奴隶社会中，拥有大量的私有财产的是少数人，而大多数人就连原始社会拥有的生存条件都没有，而且还有那么多人沦为奴隶。对人类的教育也就是这样通过现实来教育的。你说私有不好，原始社会的人并不一定这么认为。等大家都体会到了，然后才会意识到原来的原始共产主义中也有很美好的地方。所以，对中国这个具有原始社会记忆的国家来说，人们就会向往过去的那个原始共产主义社会。

大同社会的理想与原始共产主义社会是类似的。儒家爱用原始共产主义来教化人，就是因为那是个中国人相信的存在过的社会，所以不用理论再来论证那样的社会是能够实现的。中国人又很经验化，容易相信曾经实现过的东西。要通过理论体系的严密论证来说明共产主义社会是可以实现，很多人没有理解能力，或者没有耐心听那么严密的论证。虽然原始共产主义社会的道德是高尚的，但生产力水平是低下的，人类总体是自然界的奴隶，因此那样的社会是必然要灭亡的。

古罗马的奴隶很多，奴隶被大批地集中在一起干活。这些奴隶主要是俘虏。他们富有反抗精神。奴隶主为了管制他们，就要挑拨他们之间的关系，让他们无法很紧密地组织起来，这样就要让他们无法通过家族式的方式结合起来，也不能以朋友的方式结合起来，要让他们在心灵上有距离，互相不信任。让他们虽然在一起干活，但是是散着的，无法凝聚成一股力量来反抗奴隶主。在这种情况下，宣扬人性恶和个人主义就比宣扬人性善和集体主义要更能达到这种目的，因此人性恶和个人主义就成了西方文化的主流。

但一个社会并不是宣传什么就实际有什么，西方的劳动人民恰好是因为他们经常被组织起来干活，所以他们的组织性非常强，而且由于通过人性恶的教育，他们即使是组织起来，也不讲牺牲和奉献精神，而必须在个人主义的基础上组织，因此个人非常计较得失，在组织上就要让他们感觉公平，尤其是在分配上要公平。在同样情况下给予同样的对待，这是统治阶级在被统治阶级中施行的原则。这就为西方后来的法治提供了条件。一是个人之间不信任，个人成了单子，合伙作案就比较少见，都居于利益之上进行交往，这样就容易用法律进行统一的规范。

西方的"愚人节"来自古希腊神话，其核心就是教人不要轻信他人。让奴隶进行血淋淋的角斗，也是力图让人与人之间不要相互信任，而且鼓励弱肉强食的竞争。但是要讲究他们认为公正公平的规则。还有古希腊的神话都不是要鼓励人狂，不鼓励人伟大，而是要让人感觉自卑。所以其道德法则主要是居于底线的，而不是追求崇高的。他们把人的动机都看成是一样的，都是追求自己的利益，好人就是在道德和法律的限度内追求个人利益的人。所以，在道德评价上，更倾向于道德结果论而不是动机论，就是按结果来评价个人的行为的道德价值。做事的结果不好就要承受内疚和惩罚，而不是说动机好的就可以不受罚。

中国在从原始社会向奴隶社会转化时，最重要的与西方不同的地方是在宗族内部保留了完好的原始社会的氏族式的道德模式，这种模式后来在儒家思想中加以概括和总结，在中国的封建社会中也承袭了下来，由此形成了中国从奴隶社会到封建社会以来的中国文化特色，中国文化的优和劣都与此有很大的关系。在中国的奴隶社会奴隶是分散到各个宗族或国家中的，没有导致原来的氏族性质的组织方式的解体。中国从氏族社会中直接产生了农民。皇帝拥有整个天下。

皇帝要让人们劳动，主要是靠分土地给王公贵族，土地就是他们的工资，这些土地是皇帝的，得罪了皇帝就要被拿走。从皇帝那里得了地的王公贵族是不种地的，他们把地分给农民种。农民的义务是要交地租和服劳役。苛捐杂税太重的时候，农民会弃地不种，经济就要出问题，王公贵族的经济来源要成问题，国家的税也要成问题，农民起义就会到来。中国的农民太穷或负债太多了，就会卖身为奴。在战争中抓获的俘虏也会变成奴隶，但这些奴隶主要是从事服务业的，皇宫或王公贵族家做奴仆，主要是做家务劳动。后来这些奴隶逃跑了，自己去耕种荒地，变成了农民。

所以，中国的奴隶社会与西方的奴隶社会不太一样，奴隶主要是从事家务劳动而不是生产劳动的主体。一般的农民家庭是用不起奴隶的，主要要靠家里的人来做农活。但这并不能说明马克思主义的理论是错误的，因为生产力决定生产关系的理论是正确的。中国人能留下战俘不杀掉，还是因为生产力发展水平高了。中国人是在生产力水平发展到比较高的程度时原始共产主义才解体的，而且中国没有大规模地征服他国，从而把被征服的国家的国民都变成奴隶，再用这些奴隶作为干农活的主体的历史。我们说的生产力决定生产关系，其实指的是生产关系要为生产力的发展服务，什么方式最能很好地服务于其生产力，就采用什么样的社会形态，而且即使采用同样的社会形态，形式也是可以不一样的。

我们说过，原始共产主义在道德方面达到了迄今为止最高尚的程度，我们也说到它的弊病是那时人们出于无奈才选择了这样的高尚，也没有体验过私有制，所以没有对比，就会有私有的动机。这种原始共产主义的道德模式被引入中国的家族和宗族体系，其主要特征是宗族的领袖需要德高望重，有牺牲精神，有在宗族内部大公无私、鞠躬尽瘁、死而后已的精神，在宗族内部有以强帮弱的特征，不讲公平公正，因此很有人情味。

但这种关系主要是血缘关系越近、关系越亲。宗族内部也有远近关系，按远近和亲疏来决定帮多少的特征。这种模式在大家都穷的时候很好办，大家多也多不了多少，少也少不到哪去，但是一富裕，问题就来了，分多分少不公平就会产生矛盾。所以中国人的很重要的特征是可以共苦，难以同甘，矛盾最激烈的时候，通常不是在这个团体最穷的时候，而是在最富有的时候。

在中国的封建社会里，由于宗族之间缺乏信任关系，陌生人之间缺乏信任关系，人们对什么是公平没有统一的概念，因此无法很好地把陌生人组织起来一起工作，组织起来就容易涣散、容易没有劳动积极性、容易磨洋工，所以中国的农村主要是家族或宗族在一起单干，单干中劳动分工不明确，由于都是家庭成员，因此多干少干、什么时候干什么时候不干、干完以后分配也不是按贡献大小来衡定，通常是大的让小的、强的让弱的。这样就形成了中国封建社会是个组织很松散的社会，劳动分工不明确，没有大的组织性，无组织无纪律的现象比较普遍，法律意识也很薄弱。再加上中国的儒家只学道德，数学、形式逻辑或辩证逻辑都不是很发达，也没有提高到国家的意识形态的高度，因此决定了中国的科学和技术不容易发达。

　　而且公共服务系统比较差，人做事无论横向还是纵向都要求人办事，因为是通过私人关系而不是公共关系办事，很难衡量要支付多少钱，送钱也不太合适，所以办事后通常要送礼感谢。对于横向关系，比如说村里乡亲们互相帮忙，那就按墨家的方式，有来有往，大致不多也不少，互相交换劳动和礼物。而纵向关系则托人办事，则是"滴水之恩，涌泉相报"，因为这样的帮助通常是给予发展的机会，是地位高的人对地位低的人的帮助，以恩的方式出现，就是说高位的人并不需要你的帮助，只是你需要高位的人帮助，并且希望以后还能得到帮助，因此就舍得多送礼，为的是以后还有用。

　　宗族内部有人当了官，也会鸡犬升天，因此宗族都会帮助宗族内部的人向竞争高位，得到好处可以在宗族内部分享，大家都可以沾光。而且恩大恩小，主要体现在帮忙的难度上。越是冒了很大的风险突破了各种规矩，恩越大，报恩者越感激。在帮忙不帮忙上，人不是按公平不公平来衡量，而是看你帮不帮，以多大的力度来帮。帮的人就很铁，不帮的就不再来往，甚至成了仇人，关系就没法再处。而且由于这种团队作战和里应外合的方式，中国封建社会的法律再严，也难以防止贪污受贿和滥用职权。

　　中国历史上曾实施过连坐的刑律，还有一个人犯罪，诛杀九族就是为了对付团伙作案的，但是依然屡禁不止。所以，中国每个朝代开始的时候，都比较好，这个时候一是比较穷、二是政府里的关系网还没有建立，即使建立起来了也是皇帝能够支配的，因为开国皇帝一般比较能干。

　　而越到后来，一是经济发展比较好了，二是无能的皇帝继位了，三是政府里的私人的关系网布好了，而且与外部产生了勾结，这个时候皇帝也左右不了局势了，这个时候再遇到很大的天灾，农民活不下去了，就起义。不是所有的天灾都会导致革命，但是在皇帝昏庸无能、政府团伙腐败，再加上天灾让人活不下去，在生死抉择时人的忍耐力已经突破了底线，因此革命就不可避免了。而且这个时候，革命的人是充满了愤恨的，因此破坏力是非常强的，就像是人在愤怒的时候说话办事。

皇帝其实对外人是很不信任的，因此他才要娶那么多妃子，生那么多孩子，尤其要多生儿子来帮他坐天下。出现长子继承制就是中国人在内部没有人们认同的公平的选拔标准，怎么选都会有人不满，因此长子继承制就有让人碰运气的成分，但这样强大的非长子就会不服气，儿子之间也会发生血腥的争斗，但在皇帝看来，在儿子之间争来争去，毕竟还是自己家的，总比给外人强。在宗族内部的长子继承制中也存在类似的问题。

而且在中国的封建社会，儒、道、佛、墨、法、兵家都被人们灵活地加以运用。由于可以考官，考官主要学儒家经典，因此刚出生的男孩，只要家里有条件，就会让他读书求功名，因此一个人常常是从专研儒家思想开始自己的生活的。没有机会的就按道家的知足常乐的价值观生活。考官或做官败下来，也退回到道家的价值观。平时想要交好运、不想倒霉、想求点福气，就求神拜佛。居家过日子和乡亲们交往就按墨家的价值观来。有了官位治国就按法家和兵家的思路做，但按儒家的方式说。

这样的封建传统就是我们开始现代化时的起点。这样的生活方式其实现在依然有很大的影响。中国依然在按公平的方式进行组织管理方面的能力差，因此中国的企业主要还是家族企业。国家的组织能力主要还是靠官位和利益的分配，怎么分配都有人不满，因为对于什么是公平和如何公平还是没有达成共识。西方的民主搬到中国，与中国人不敢得罪人的心理相结合，形成了比较霸道的人没有人敢管的状况。大学里老师因为有考评怕得罪学生，这样学风就会出现了问题。单位里领导不敢管横的人，结果风气也会被败坏。

而且中国人理解的自由就是无组织无纪律，民主就是任何时候都要按自己的意志做，否则就是不民主，任何一个没有当官的人都会把自己当成人民群众的代表，你得罪了我就是得罪了群众。所以，中国目前最大的问题是要对我们的传统文化和传统生活方式进行系统的反思，看什么要留、什么要舍、哪些要改、怎么改。由于中国目前的经济发展主要还是粗放型的，因此这样的繁荣状况并不会持续很长时间。在繁荣的时候，如果我们不抓紧时间把这个问题解决，不抓紧时间发展科技，万一衰落，民族自信心下降，就更难解决这些问题了。因此中国要有一种新的能够整合中西方优秀文化的理论体系，这一点是至关重要的。

西方的封建社会与中国不同，没有血缘关系的人被组织在一起种公地。在农奴内部，人们是很看重公平分配的。得有一套他们认为公平的方式，尤其是公平的利益分配方式，才能让他们具有劳动的积极性。他们并不与庄园主去比公平不公平，只是相互之间比。庄园主得在同样的情况下给予同样的对待。比如说，一个人有了功，他得了奖励。另外一个人有了同样的功，也要给予同样的奖励。而不是说我喜欢前面那个人，他有了功，我就奖励，而且多奖励。另外一个人有了功，因为我不喜欢，我就不奖励，甚至惩罚。

惩罚也是一样，不是说你与我关系好，你有了错就可以不惩罚。农奴之间互相也不包庇。这样，人对自己的行为的后果是有预见性的。好的行为通常有好报，坏的行为通常有坏报，这样大家就会比较服气。这样与庄园主或周围的人搞好关系或搞不好关系，对自己的奖罚影响不大，因此人不用特别紧张，害怕得罪人。也就是说，虽然这个社会是有等级有剥削的，等级之间是不公平的，但是在等级内部的处理方式是公平的，而且在等级之间流动很困难，因此等级低的就没有动机要去巴结等级高的，以谋求进入上层的机会。

西方人信仰基督教，而基督教的威力来自人们要相信上帝是真的。唯心主义哲学家为了论证上帝是真的而绞尽脑汁，在这个过程中使得他们的形式逻辑和辩证逻辑思维得到了锻炼，而关于上帝的构想又锻炼了他们的想象力，这些特征中发展出了他们的发展科学技术的方法论，也培养了他们的创新能力。由于虔诚的宗教信仰是一元的，也就是说一个人不能同时具有两个信仰，比如说又信基督又信佛。他们也把上帝看成是真理的化身，而真理也只能是一元的，不能说两个对立的真理同时都是真的。因此，他们的思想比较单一，不会像中国人同时可以根据自己的需要采用儒、道、佛、墨、法中的观念，而且会根据自己的心境来选择用什么观念。

西方封建社会的这些特征，都为资本主义的产生准备了条件。形式逻辑和辩证逻辑及想象力被用来发展生产力时，让生产力水平得到了很大的提高。西方封建社会中在等级内部公平地组织非血缘关系的人一起工作的方式，为大规模的劳动分工和有效地组织工人在一起劳动准备了条件。个人可以在道德和法律允许的限度内追求个人利益最大化，使人能够疯狂地工作和疯狂地挣钱。封建特权被金钱特权所替代，等级之间可以通过积累金钱进行纵向流动，这都极大地促进了生产力的发展。

从上面的分析中，我们可以看出，中国人和西方人从原始共产主义社会解体开始，虽然都是遵循着什么样的生产力决定什么样的生产关系的逻辑发展着的，但发展的方式非常不一样，因此也就有了非常不一样的文化传统。中国因为保留了原始共产主义中的很多宗族特征，因此有血缘关系的人按堆的方式在竞争，因此很讲人情，很有人情味，很重视具有牺牲精神的道德，很重视以强帮弱，在家庭内部，尤其是在都很贫穷的情况下，互相能够很抱团，一起扛过苦难。

国家遇到特别大的天灾人祸或遇到面临民族存亡的侵略时，人民都能很抱团抗争和战斗，但是否公平成为中国人感觉郁闷的很大的心理问题，尤其是在解决了生存问题，需要进一步发展和比较富裕时，这个问题尤为突出，即使家庭内部也会出现严重的财产纠纷。因此，有的时候人们会感叹，还是穷的时候好。这样的情况在保存了原始共产主义特征的社会中都很明显。

因为西方是在生产力还不是很发达的时候，原始共产主义就解体了，所以他们没有关于原始共产主义阶段的记忆，他们的文明是从私有制开始的，因此人们更多地相信人性恶。每个人的个体意识很强，不能随意牺牲个人利益，因此但凡遇到让人感觉不公平的事，就需要做出解释，不管这种解释是真的还是假的，最关键的是要让人信以为真。他们的组织性强，因此总的感觉社会公共秩序是井井有条的，但家庭关系内部的互帮互助不是像中国人那么强。如果说中国人更容易共苦，不容易同甘，而西方人是比较容易同甘，但不容易共苦。

所以，中国的社会危机常常发生在国家比较富裕的时候。国家富裕了，人们开始奢侈了，腐败出来了，人民感觉不满了，感觉分配不公了，遇到天灾等状况，革命就来了。社会重新回到贫苦时代，再开始努力变富，再发生同样的问题。西方人的革命危机主要发生在经济状况比较差的时候，而社会富裕的时候问题却不大。所以，中国的主要问题就是观念中的公平问题,分配中的公平问题,这个问题不解决,中国人就承受不了富裕,或者说富裕对中国人来说就不一定是件好事,历史还会一再地重演。所以,中国的文化问题要从原始社会遗留下来的问题开始解决起,留下好的,去除不好的,补充不足的。

三 各个阶级为什么具有自己的历史使命?

阶级是随着生产力的发展和私有制的产生而产生的,也将随着生产力的发展和私有制的消亡而消亡。每个阶级在历史上都客观地多少促进了生产力的发展,为人类从自然界的奴役中解放出来作出了贡献。在奴隶社会和封建社会中,奴隶和农奴、农民的艰辛劳动,使得脑力劳动者能够从体力劳动中解放出来,他们创造的精神财富最后能够成为大家共享的财富,他们对于知识和科学的贡献,能够有助于生产力的发展,使得劳动人民也能不断地从繁重的体力劳动中解放出来。而资本主义社会,通过最大限度地释放出人的动物方面的自私本能,通过反对崇高,让社会低俗化,鼓励人们丰富人的动物性方面的生活享受,极大地促进了社会物质条件方面的发展,促进了科学技术的发展。

资本主义的发展在两个方面为人类发展到共产主义准备了条件:第一,生产力的极大发展能够为共产主义的个人消费资料的按需分配准备了条件;第二,让人们真实地体会到一个社会没有崇高的追求,会多么的迷茫和痛苦,纯粹的动物性方面的享受会让人感觉到多么的空虚无聊。这样人们就不会再以为物质生活好了,人就会幸福了。人的幸福来自于每个人的潜能的最大发挥,来自于自己对于社会的最大贡献。在人们厌倦了纯动物性的享乐后,最容易接受这样的价值观。

人类走出的每一步,都在为人类的进一步发展探索经验或教训。有的事情,人类迟早要去尝试,否则人们不知道那是什么滋味,就会一直存在去尝试的动机。一个人天天痴迷于想象吃大虾是什么滋味,你让他吃到要吐的程度,他也就不想吃了。还有很多东西都是与社会风气有关的。开宝马,要有人羡慕他开着才有感觉。如果人们不在意你是不是开宝马,而是在意人的品德和才能,那人开不开宝马就不重要了,人们也就不会把开宝马作为人生追求的目标了。

有的人赚钱的目的就是要有豪宅和名车,他以为有了这些东西就能幸福了。当他有了这些东西的时候，他发现依然得不到自己希望得到的尊重，他还得努力学习，还是要具有品德和才能使其获得人的尊重，他就会不在意那些东西了。所以，先享受一下动物性的愉悦，让多少年来被崇高压抑的低俗的东西释放出来，让人们真正体会一下，人们就更容易抛弃这样的生活，真正自愿地选择崇高。这个时候，人对于高尚的追求就不再是无奈之举了，而是离开对于崇高的追求，他就会感觉痛苦，感觉人生无意义，感觉很鄙视自己，人们就不会再走回头路了。

第三节　人民群众与杰出人物对历史的贡献

一　人民群众怎么对历史作出贡献？

马克思在讲人民群众的时候，与他的思路是有关的。当时他发现，理论只停留在学术界，是无法起到改造社会的作用的。那谁来拿起理论的武器呢？他发现了无产阶级的力量。在论证无产阶级的历史使命时，他看到了劳动人民在历史上发挥的作用，从而进一步看到了劳动在人类历史发展中的作用，并得出在未来的共产主义社会中，劳动将是人的幸福来源的结论。而劳动又是一种实践活动，实践在马克思主义中也就占有了很重要的地位，因此我们把马克思主义称为实践的马克思主义，这确实抓住了马克思主义的基本特征。

我们的教科书中说的人民群众指的是对社会历史的发展起推动作用的人们，占社会人口的绝大多数，其主体是从事物质资料生产的劳动群众及其知识分子。在革命时期，他们是革命的主体，没有他们的支持，革命是不能成功的。所以，我们预见革命是否能够成功，主要得看他们是否得民心，是否能够得到广大人民群众的支持。如果人民群众不支持，即使夺取了政权，政权也不会稳固。在社会稳定时期，他们是劳动的主力军。他们的劳动积极性是否最大地被调动起来，决定着一个国家的经济兴衰。一个社会是否真的稳定，要看人民群众的劳动积极性如何，人们是否能够心情舒畅地积极劳动。

是否得到人民群众的真正支持，这是民主的真正含义，而不是一定要有民主程序。虽然有民主程序，而实际结果是违背人民群众的意愿，或者人民群众感觉到被民主程序给蒙骗了，那样的结果并不是他们真正想要的，那也不是真正的民主。人民群众在劳动过程中积累的经验是理论家抽象出真理体系的起点。总之，得民心者迟早会昌，逆民心者迟早会亡。所以，人民群众在创造历史的过程中起着决定作用。

而我们要注意的是，并不是每个普通的人就能作为人民群众的代表。你是官，我是普通人，你欺负我，就是官欺民。一个贪官，并不是官的代表，不能因为一个贪官欺负一个普通人，就认为是官欺民。这样的贪官是官中的败类，是要抓出来惩治的。官好不好，要看整体。如果整个官的体系都腐败和烂掉了，那我们可以得出结论说，官已经不代表人民，需要被整体清除。如果只是官中的一些人犯了事，主流还是好的，那清除的对象就是这些人，而不是整个官的体系。一个普通人并不能成为人民的代表。

如果一个普通人不讲道理，很自私，不合理地突破道德和法律的底线扩张自己的利益，他不仅没有代表人民的利益，而且还因为他妨碍了人民的利益的实现，破坏了公共秩序，那么对他采取强制行为，就不是在欺压人民，而是在维护总体的人民的利益。虽然人民是由单个人组成的，但并不是任何单个的人都能够代表人民群众。民主还是要先分善恶，要对善的人采取民主，而对恶的人则是要强制的。没有对于恶人的强制，就会让善良的人受到伤害。

二 历史人物在社会发展过程中的特殊作用

历史人物是历史事件的当事者。我们说的历史事件，不是一些可有可无的，只要有钱就能做得很好的光鲜的事情。你有钱，组织了一个大型的活动，把社会名流都请了来。你做啥庆祝活动，搞得沸沸扬扬的。你搞了个什么基地，把钱弄来了，弄了个网站，说有什么什么名人加盟。这些都不属于历史事件。历史事件是对社会的发展起到关键作用的事件，它的成败关系到人类的进步、社会的兴亡。这样的事情都是非常难做的事情，不是一个人有了平台、有了钱、有了关系就能做成的，需要特殊的才华和特殊的智慧，而且很难有人做到。

所以，要成为历史人物，首先需要遇到历史事件。如果人生活在一个很平庸的时代，没有什么特别重大的历史事件，就没有时势，就造不出英雄来。而一个人遇到了历史事件，自己的能力不足，无法成为历史事件的当事人，只能作为旁观者，也成不了历史人物。历史人物是遇到了历史事件，而且能对这个历史事件有深刻的影响，是实现一定历史任务的倡导者、发起人、组织者和领导者。根据历史人物发挥作用的性质，可以分为杰出人物和反面人物。

在杰出人物中又有伟大人物和不伟大人物之分。有的人对于人类作出贡献，不是动机上要为人类的幸福作贡献，而是在追求个人利益的时候，顺便为人类作出了客观的贡献，这样的人可以说是杰出人物，但不是伟大人物。这样的人只有成功了，才能得到认可，失败了就不会有人去说他很伟大。孔子和马克思都是属于主观上就是要为天下苍生谋福利的高尚的人，他们无论成功或失败，都会让人感觉伟大。做一件大事，不是动机上善就能达到善的结果，有的时候认识上出问题或方法上出问题，都可能导致失败。我们不能按成者王、败者寇的方式来评价一个人是否伟大。

毛主席有过伟大的功绩，也犯过错误，但是人民肯定了他的为人民服务的动机，因此他依然是个伟人。中国传统文化的最大特征就在于看一个人是不是伟人首先要看动机。历史上有的坏人，为了陷害忠良，首先就是要把他们的道德名誉给破坏了，这样无论他们有过什么功绩，都会被一笔勾销。哥伦布发现了美洲新大陆，但他在主观上是为了实现他的发财梦，所以他虽然是对人类有贡献的人，但并不是伟人。所以，要做一个伟人，必须从道德境界的提升开始。真正能够令人尊敬的人，是伟人，而不只是技能优秀的人。有的杰出人物，你看到他的成绩，你很敬仰他，而当你与他近距离相处时，你发现他是那么自私，有时甚至很龌龊。还有的人貌似道德高尚，当你近距离与他相处时，你发现他是那么的虚伪，你会很鄙视他。

在历史事件中或在完成一件历史任务时，总会有对立的一方。如果我们把推动历史往前发展的人称为正面人物，那么阻碍历史往前发展的人物就是反面人物。这样的历史任务之所以完成起来相当困难，就是因为有反面人物的反对。反面人物越是强大，对抗越是顽固，正面人物要取得胜利越困难。当正面人物被反面人物攻倒时，就产生了悲剧，正面人物虽然失败了，仍然保存了其英雄本色。而正面人物通过艰辛万苦获得了胜利，那就是喜剧。所以，我们说的悲喜是以正面人物的成功与否来衡量的，反面人物则用是否得逞来加以评价。

不过我们不能把正面人物或反面人物简单化。正面人物通常不是一个什么方面都好的人，他只是在维护人民的利益，推动历史往前发展这方面是好的，别的方面不一定就很强很好，不一定就没有毛病。所以，不是一个人变成了伟人就全是对的。正面人物不是神，有人的局限性，有人的毛病。一个没有毛病的正面人物肯定是被神化了的人物，不真实。

一个反面人物也肯定不是一无是处的。他只是在某个方面阻碍了历史的发展，而且有的时候一个人可能是因为认识上不明白而导致的结果，属于思想问题。比如说，同样为国家和民族的前途担忧，只是不同的人认为挽救国家的前途的方法不一样。选择了不同的道路，但他们可能同样都是无私地为民族的前途着想，这就不能对他持完全的否定态度。而且反面人物中也有忠烈之士，他们只是选错了道理，看错了方向，而他们的人品是值得肯定的。有的人虽然是支持正面人物，但自私和虚伪，装高尚，这样的人客观上可能是帮了正面人物的忙，但在人品上是要否定的。

一个历史人物或一本有历史意义的书，一旦留在了人类历史上，那就得任人评说了。不同的时代，人们会根据不同的需要和不同的价值观对他们加以评说。为什么不能不去说这些人呢？不能。因为他们很有名，所以就会有人借他们的名字传播自己的思想。一个毫无名气的人批判另一个毫无名气的人，那就是吵嘴，没有人在意。而一个毫无名气的人则会因为以一种与大众相反的方式评价一个历史人物而出名。本来人们认为是英雄的人，你硬是要把他说成是坏人；一个本来人们认为是坏人的人，你硬是要把他说成是英雄，这样的颠覆性的评论，最能引起人们的关注。当然这里也有一个历史上存在冤假错案需要平反的情况，但是也不能完全排除炒作自己的情况，或者有的政治家为了某种目的也会借用历史人物来说话。同样是事实，你选择某种事实而不选择一种事实来说，这本身就是一种价值选择，其中就有的目的性。

而最恰当的评价历史人物的方式是要把他放在他的那个历史条件下，看他在成为历史人物的那个方面是怎样作用于历史的，而不是要把他的所有特征"人肉"出来加以评说，那不是评价历史人物，而是搬弄是非。现在我们研究马克思和恩格斯也是一样。我们主要是学习他们的成熟时期的作品，而不是不成熟时期的作品。他们的不成熟与别的人不成熟没有什么区别，不能说只要是他们说的就能引证。研究他们不成熟时期的作品，意义在于看他们是怎么从不成熟变得成熟的，尤其是他们怎么从没有共产主义信仰变成有共产主义信仰，这会帮助我们更好地理解成熟时期的他们，而不要反其道而行之。

到此为止，我们就把唯物辩证法、认识论和唯物史观部分的主要内容讲完了，而其中每个部分都有很多需要同学们进一步去学习的内容。现在我们就把认识资本主义社会的基本方法和思想框架掌握了。而后面要讲的内容对于我们确立共产主义信仰具有决定性的作用。下面我们就要用我们前面学过的思想体系来分析资本主义社会，最后得出资本主义必然灭亡和共产主义必然胜利的结论。

我们在前面说过，现在有的人认为中国要走资本主义道路，而我们要坚持走共产主义道路，那我们这样的坚持是出于政治需要还是坚持真的能让我们的民族以这种方式崛起呢？下面我们就来对资本主义社会进行客观的分析，看它是怎么运行的、将怎么灭亡和以什么方式灭亡。我们将努力奋斗去实现的共产主义社会到底又应该具有什么样的特征，它怎么能给每个人带来幸福。

第七章

用《资本论》解析当代美国社会结构

【画外音】上面的内容，学生们在中学时代就学过，但很多同学并没有真懂，所以主要是用形象的方式让他们真弄懂。接下来要讲的是政治经济学部分。这个部分之所以选择了美国作为一个分析对象，主要是因为很多人认为《资本论》只适用于解释自由资本主义，不适用于解释垄断资本主义。而本人认为，《资本论》不仅适用于解释自由资本主义，也适用于解释垄断资本主义，而且它还预见到了后资本主义时代的必然到来。本来这一讲按逻辑应该放到第八讲后，但第八讲的讲授需要让学生有充分的兴趣，他们才能承受那么长时间的逻辑推理，而这一讲可以引发学生学习《资本论》的兴趣，因此放在前面讲。为了不占用课堂时间，这个部分可以放在网络学堂，请同学们自己学习。

第一节 《资本论》能够解释当代美国社会吗？

今天我们要开始讲《资本论》了，能够与大家分享《资本论》的精髓我感到很高兴，因为这本书对我们的现实生活很有指导意义，可以解决我们心理上的很多纠结，帮大家拨开好多认识上的迷雾，对我们未来的人生会有比较大的指导意义。它不光能帮助我们解决重大的理论问题，还能帮我们解决重大的实践问题，尤其是解决关于共产主义信仰这个问题。

前面我们讲历史人物的时候，我们说了，历史人物都是在解决一个重大的历史任务。帮助人们建立起共产主义信仰，这是我们国家当前面临的最大的历史任务之一。我们的同学可以在建立自己的共产主义信仰和帮助他人建立共产主义信仰上努力，那我们就是在参与解决这一历史任务，使得我们的活动具有历史意义。希望在学习的过程中，同学们多与老师交流，把老师看成是一个上传下达的平台。马克思主义的大众化，只靠政府官员、专家和教师是不行的，需要群策群力，发挥大家的各个学科的优势，参与到这个过程中来，我想大家的传播力会比老师的传播力要大。

我在讲《资本论》的时候，会把现代社会中的很多现象放到其中去讲。我会把美国社会作为分析的重点，因为它是一个典型的资本主义国家，我个人对美国社会比较了解，大家对美国也比较感兴趣，不少同学以后都会到那里去留学或交流。

《资本论》的逻辑非常严谨，它涉及好多概念，而且每个概念都在解决着一个理论问题和诸多现实问题，所以同学们在听课时要十分专注，因为哪个概念没有听清楚，就会影响到后面的理解。《资本论》共有4卷，7册，4700多页，平均每册有600多页。

前3卷的逻辑很严密，但牵扯到的学者比较少，因为马克思尽量以最简单的方式来写作，他是为工人阶级写的书。而实际上读起来还是比较困难，因为逻辑推理的过程非常漫长，前面即使懂了，没有记住，后面也很难理解。第4卷的学术性非常强，它把历史上主要的经济学家的主要理论都进行了解析。目前同学们问到的好多问题都可以在第4卷里找到。你可以找到你的观点的代表人物，再看那个部分，你的问题基本上就能得到解决。

我今天要讲的题目是：用《资本论》来解析当代美国的社会结构。同学们也许会产生疑惑：马克思不是生活在资本主义的原始积累时期吗？《资本论》主要不是解释自由竞争时期的资本主义社会的吗？美国社会已经进入垄断资本主义时代了，马克思主义的理论还能解释得了吗？确实，《资本论》中的实证资料主要来自处于资本主义的自由竞争时期的英国，但马克思的理论已经预见到了垄断资本主义的到来和后资本主义时代。我们应用《资本论》能够看透美国社会，能把美国社会中的鲜花和牛粪都全面地展示出来，使得我们对美国能够有一个总体的客观的认识。

第二节 美国到底是个什么样的社会?

一 美国文明是欧洲文明的继续

对于美国社会的两点看法是值得我们注意的:

第一,有人说,美国在短短的几百年里,就创造了人类最伟大的文明。这个观点我个人认为不成立,为什么呢?因为美国实际上是建立在美洲大陆上的另一个欧洲,它的文明史可以追溯到古希腊时期。古希腊的文明有多长,美国的文明就有多长。因为它是在另外一片土地上实现了古希腊的文明,所以我们才把美国叫做西方国家,我们要了解美国就要从古希腊了解起,美国文明实际上是欧洲文明的继续。

如果是几个美国人,领导着当地的印第安人创造出这样的文明,那可以说是在短短的几百年里实现了这样的文明。可悲的是,印第安人并没有实现这样的文明,而且他们失去了自己的家园,葬送了自己发展的空间,使得这个民族永远也没有机会再按部就班地发展成一个发达的民族,因此葬送了他们的民族自信心。一个没有自信的民族,是无法体会到一个自信民族的自豪感和幸福感的。

二 谁是真正的统治者?

第二,美国是一个自由和平等的社会,这也不成立。大家一定要注意,一个国家并不是提倡什么就有什么。美国之所以提倡自由和平等,恰好是因为他们缺少自由和平等。一个国家不会去提倡它有的东西,只会去提倡它没有或不足的东西。一个国家如果根本没有腐败,我们就不会成天说要反腐败。一个国家的人都很高尚,我们就没有必要天天提倡高尚。一个国家缺什么,它通常就提倡什么。越缺的多提倡的力度就越大。当然,我们还有的社会虽然没有自由和平等,但并没有意识到这个问题的重要性,因此也不会提倡。有一点我们是可以肯定的,那就是提倡什么就是缺什么。我们提倡共产主义,就是因为我们还没有实现共产主义。

美国提倡自由和平等,就是因为它还没有实现自由和平等。美国的企业多数是私人企业,雇佣工人的生活很大部分是在工作中度过的。在私人企业里工作,雇佣工人要实现的是企业老板的意志,在工作时既不能按自己的意志行为，也不能在上班时间不去上班，怎么能谈得上自由呢？原则上在美国你有自由权利到很多国家去旅游，穷人没有那么多钱，这种自由是不是空头支票呢？真正享有旅游自由的人是不是有钱人呢？这是不是事实上的不平等呢？

在资本主义社会中，形成了一种新的等级结构，就是金钱权力化的等级结构。在这样的社会中，谁拥有最多的金钱，谁就是支配这个社会的最高统治者。这个社会的真正的统治者并不是总统，而是那些大资本家。总统和公务员系统属于人民的公仆，主要是大资本家的公仆。

大资本家追求金钱的目的已经不再纯粹是为了生存或者是为了发展，而是要靠金钱的高度来标示自己权力的高度。一个人没有大资本家的支持，根本登不上总统的宝座。为了登上这个宝座，他在竞选的时候可以任意胡说，选民喜欢听什么他就说什么。当上总统后，没有大资本家的支持，他是无能为力的，因此不管愿意不愿意，都得向大资本家妥协，最后不得不食言。所以，很多美国人都把从政的人当成政客看，就是他们说一套做一套，说的东西无法真正兑现。

多数美国人信仰基督教中的新教，就很好地把资本家的特征纳入了它的体系。它提倡节俭和积累财富，因为在这样的社会中，资本如果不能持续循环就挣不了更多的钱，把每一分钱变成资本都可能带来更多的金钱。资本家时常要在金钱和消费之间纠结，要金钱就要节制消费，因为金钱的高度决定他们权力的高度，而要消费就要降低金钱的高度，因此影响到权力的高度。因为权力高度对于提高一个人的社会地位更重要，资产阶级是人类历史上挣钱最多的统治阶级，也是最节俭的统治阶级。

三 "自由、平等、博爱"的原初含义

美国的历史其实是欧洲的历史在美洲的继续。那么欧洲当时是怎么来解构封建特权的呢？在欧洲资本主义社会之前，处于封建社会之中。在封建社会中存在着贵族阶层以及与贵族阶层相互配合的教会。贵族和教会在封建社会中都是有特权的，而且垄断着国家的大部分的经济资源。在封建社会中萌芽的资产阶级属于平民阶层，不具有这种贵族的特权和贵族的地位，因此资产阶级革命首先要解除的就是贵族和教会的特权。怎么来解除呢？他们因此提出了"自由、平等、博爱"的口号。因为这个社会缺少

自由、平等和博爱，才喊出了这个口号的。

平等，就是要去掉贵族和教会的特权。自由就是要把在封建庄园里的农奴解放出来，因为资产阶级的发展需要雇佣工人，而这些工人主要来自于解放了的农奴。如果农奴没有自由之身，就没有办法出卖他们的劳动力。博爱是针对教会的。那时只有牧师才有与上帝沟通的特权。普通人想跟上帝沟通，必须要通过牧师，相当于要由牧师给上帝打电话、发短信或发电子邮件，才能进行沟通。当然，这是比喻的说法，那时还没电子设备。提出博爱就是要消解教会的特权，就是说上帝平等地爱每一个人，并不需要牧师给上帝打电话，每个人都可以直接跟上帝沟通。所以，西方人提出的"自由、平等、博爱"，最初是用来消除贵族和教会的特权的。

虽然这个口号背后是有特定的政治含义的，但是这样的口号也反映了人民群众的心声。事实上，历史上每个统治阶级在登上历史舞台之前，都需要得到人民群众的支持，而且那时他们的阶级利益与人民群众的利益是一致的，因此提出的口号都是人民群众赞赏的，所以很有号召力。而当他们成为统治阶级时，他们的阶级利益已经与人民群众的利益不完全一致了，他们还需要继续喊这样的口号，否则就相当于背叛了人民，会失去民心，因此即使实现不了，也要继续提倡，因此这个口号就开始有了虚伪的一面。

而一个统治阶级，如果它承认这样的理想现在实现不了，但可以带领人民努力去实现，这就可以不虚伪，但如果这样的理想太遥远，又会对大众失去吸引力，因此有的国家即使知道现在实现不了这种理想，依然要表现得像实现了一样，从表面上和程序上做文章。比如说，会把很多实际上你没有经济支持是无法实现的权利赋予给你，会在程序上让你感觉大家都有机会当总统，让你感觉你似乎什么权利都有了，而其实并没有，只是获得点虚浮的心理满足而已。

西方统治者很会满足人民的心理需要。在实际上满足不了人民的需求的时候，就会用一些人民信以为真的东西来满足他们的心理需要。比如说，在现实中无法实现善有善报，恶有恶报，为了平息人民的愤怒，就弄出个天堂和地狱来，让人们感觉自己善了就要上天堂，隔壁家的那个恶人肯定是要下地狱的，就别与他计较啦。比如说，你实际上是无法当总统的，但你也可以实践一下，比如说在博客上说说自己要当总统，最后自己一看，没有多少人支持自己，那就承认自己失败啦，心理就平衡啦。他们会让人把对于社会的不满转移到对自己的不满之上，因此让人们不要责骂社会的不公平，而是责骂自己没有本事。他们表面上把所有的权利赋予你了，所以让你感觉一切的失败都是你自己没本事造成的。

不像在中国，人可以有很多借口来为自己的失败做挡箭牌。比如说，我没有那么有权势的父亲，我没有办法开后门而别人在开后门，我没有后台可以提拔我等。因此，西方人失败后要承受的心理压力比中国人要大得多，因为难以找借口为自己开脱，而实际上社会的真实的不公平是被掩盖了。下面就来分析一下这个社会享有的普遍的权利背后存在的不公平。

有的思想家是帮一个社会穿衣服的，目的是在于把真实的情况掩盖起来；有的思想家则是专门爱帮社会脱衣服的，他会把一个社会穿着的衣服一层层脱掉，让一个社会的本质赤裸裸地展现在人们面前。有的社会是被人恶意穿上了难看的衣服，而脱掉这些衣物，就能让美女得以见到阳光。据说当年王昭君就是因为不肯贿赂画师，画师便在她的画像上点上了一颗丧夫落泪痣，让她的美不能被皇帝看到，因而才自愿出塞嫁人，最后皇帝看到她的美貌时已经晚了。共产主义就是这么一个被穿上了难看衣服的美女，而资本主义社会则是被穿上了好看衣服的本质上不公平的社会。

四　金钱的高度代表着权力的高度

"自由、平等、博爱"这种口号美国人也沿用了。资本主义并不是说没有等级了，而是用一种新的等级来代替了旧的等级，这个新的等级是用金钱堆起来的，你的金钱的多少，决定着你的权力的大小和你实际上享有的权利的多少，也就是说谁的金钱达到了最高层次，谁就是这个国家的真正的主人。

它把人的名分和职业等差别全部都去掉了。在这个社会当中衡量一切的东西的价值的标准都是金钱，这就构成了一个金钱至上的社会。这个社会中的自由权也是和金钱联系在一起的。它抓住了你的经济命脉。比如说，新闻报道是自由的，你什么都可以报道，但一旦哪个媒体报道了我不喜欢的东西，我就不再给你投钱，你自己就垮掉了。

作为老师，你在课堂上讲什么都可以，但如果你讲的是我不喜欢的，我把你开掉就可以了。你可以到大街上去骂总统都行，但如果你会因此失去工作，你就骂不了多长时间，因为你将生存不下去。表面上你看它什么都不管你，但在背后金钱会成为一种导向，使得每一个机构都必须要去赚钱。你要去赚钱当然就得知道钱是从哪里来的。在工厂工作，你需要老板给你发钱。做服务业，你需要为有钱人服务。顾客就是上帝，说的其实是钱就是上帝。你总到一个店去乱逛，人家知道你没有钱不会买东西，那么对你的态度肯定不会比对来花钱的人好，所以才设定了 VIP 特别服务。

第三节　美国当代的社会结构分析

美国社会的发展处于国家垄断资本主义时期。什么是国家垄断资本主义呢？国家垄断资本主义由资产阶级国家同私人垄断资本结合而成。资本主义国家离开大资本家，没有财力支持，就无法有效地干预社会的经济生活。比方说，我们有一个大家族，有 10 个儿子，父母有地位，但没有钱。现在大儿子和二儿子有钱，如果父母不向大儿子和二儿子妥协，这两个儿子不支持，就无法干预这个家庭的经济活动。而要让有钱的儿子拿出钱来支持大家，就要给这两个儿子好处。这两个儿子就可以利用父母的威信控制整个家族，使大家共同劳动得到的财产的分配向自己的方向倾斜，并能够保住自己的利益和地位。

国家垄断资本主义是建立在私有制基础上的，而大资本家掌握着维持国计民生的资本，因此国家只有听他们的话才能有所作为，否则说话不管用。资本主义国家要维持政权，需要军事力量，而军事力量的维持是要花钱的，这些钱需要资本家的支持。资本主义国家要维系经济的运转，需要资本家的投资。资本主义国家的舆论宣传，需要利用电视等媒体，而大的媒体需要资本家支付的广告费加以支持。这都是资本主义国家成为垄断资本家控制的为自己服务的工具。

而公有制的国家则不一样。回到刚才举的那个例子，就是父母有钱，孩子们都没有钱，因此父母可以根据自己的意志来支配这些钱。在这种情况下，如果遇到偏心眼儿的父母，就会出现分配不公的情况。在私有制的情况下，父母需要讨好有钱的儿子，因此实际上是没有地位的，而在公有制的情况下，所有儿子都要讨好父母，因此父母是有权威和地位的。只要父母能够做到公正无私，能够实行真正的民主，能够调动大家的劳动积极

性，能够从整个家族的总体发展来设计这个家族的未来，那就能更有利于
这个家族的发展。

所谓国富民穷还是国穷民富，国富民穷，就是国家拥有最大的经济力
量，由国家来进行总体分配，在民众中没有富到能够左右国家政权的私人
力量。而所谓的国穷民富，就是国家没有富到有力量来支配国家的经济走
向，民富指的是大的私人资本能够富到左右国家政权的程度，而不是说人
民是很均衡地富裕了。也就是说，我们是把命运寄托在富有的强政府上还
是寄托在少数富有的资本家的手上。资本主义国家就是让少数私人拥有能
够操纵政府的经济力量，由他们来决定整个国民的命运。

美国就是这么一个国家。少数垄断资本家通过政权干预和调节社会经
济生活，以保证他们能够获得高额垄断利润，因此资本主义国家就成为总
的垄断资本家的代理。如果把资本主义国家比喻为一个大企业的话，垄断
资本家就是大股东，任董事长，而总统就是总经理，负责按董事长的意志
运行国家。董事长不高兴了，就可以撤换总经理。而整个社会的各阶层的
安排，都要以大股东的意志为转移，要维护大股东的根本利益，包括对外
政策的制定也是如此。所以，资本主义国家的总统是名副其实的仆人，以
公仆的名义主要做维护垄断资本家的私仆的活儿。国家的民主形式也就是
一件好看的衣服，需要掩盖的是国家主要为垄断资本家的利益服务的
实质。

国家当然要做一些维护整个社会正常运转的事情，但要以最小的成本
和最能维护垄断资本家的利益为前提来进行。所以，美国实际上是由少数
掌握着这个国家的绝大部分资本的垄断资本家来运作的，这一小部分人是
美国的真正的统治者。而这些垄断资本家，对于我们大多数人来说，就是
传说中的人，我们通常无法亲眼见到或接触到。马克思最终要消灭的就是
这些垄断资本家。资本主义只有发展到了垄断资本主义社会后，才失去了
活力，才为新社会的诞生准备了条件，因此那时要消灭的主要对象就是少
数的垄断资本家了。

而且我们说的消灭也不一定是要消灭实体，而是要消灭这种事物存在
的本质。一个垄断资本家，你已经剥夺了他的财产，他就不是垄断资本家
了，没有必要非消灭他的肉体。一个失去了垄断资本的资本家，他也没有
什么能量来颠覆社会，顶多就是心理不平衡骂骂街，而且如果真的让他们

知道自己的剥削本质，而且能够在一个新社会中获得更多幸福的话，他也没有必要非去反对新社会不可。我们说在共产主义社会中，无产阶级也被消灭了，并不是说从肉体上消灭了无产阶级，而是不再存在没有任何财产、要靠出卖劳动力的人了。

在美国，国家是允许人骂总统的，只要你不是想要推翻资本主义制度就行，这是它的底线。我曾问过美国学生，我说在中国可以有一国两制。在美国是不是也有可能搞一国两制。比如说，如果哪个州去的中国人多了，能不能搞一个特区，就是实行中国式的公有制的社会主义社会呢？他们说不可能。还有中国人问过我，如果中国成为美国的一个部分，中国会是什么样子？我问了美国学生这个问题。美国学生说，美国会拒绝中国成为美国的一个部分，因为那样的话，美国的福利体系会顿时崩溃。而且如果真的中国成了美国的一个部分，再采用美国的民主制，那美国马上就会成为中国的一个部分，而不是相反，因为一定会选出一个中国总统来。

所以，我们看在历史上当发达的资本主义国家征服了落后地区的时候，他们不把这些地区并入他们的母国，而是让他们成为殖民地，从而不能享受到母国国民的福利待遇。所以，并不是说如果一个国家灭亡了，被发达资本主义国家灭了，灭亡的国家的人就能享受到那个征服国家的待遇了。西方的奴隶社会的产生就是因为被征服的国家的人并不能享有征服国的国民待遇，因此才成为奴隶的。所以中国人说的不能做亡国奴，这是很对的。国亡了，民众成奴。

发达国家在近代欺负中国人，并不是他们没有起码的文明，而是他们连起码的文明都不会普及到中华民族身上。现在西方发达国家也在干涉弱小和落后国家的内政。如果真要帮这些国家，就去帮他们发展科学技术，帮他们发展教育，帮他们提高生产力水平，而不是去硬性改变他们的制度。中国如果再次遭受国破之难，导致的依然是精英流亡，民众遭受屈辱，国家遭人凌辱的后果。所以，我们要抓住机遇，要自强，不仅不能让我们的国家再遭受凌辱，也要让全世界的小国和弱国同样不受凌辱。

任何国家的劳动者都可以分为两大部分：生产性劳动者和非生产性劳动者。美国也如此。生产性劳动者是社会物质财富的真正创造者，而非生产性劳动者不直接创造物质财富。如果没有创造物质财富的生产性劳动者，非生产性劳动者是活不下去的。生产性劳动者除了能养活他们自己外，他们能养活多少人，就有多少人有可能成为非生产性劳动者。而在资本主义社会中，这两部分人都是为资本家打工的，只是分工不同，一部人主要创造物质财富，一部分人主要从事服务业。

美国的非生产性劳动者由好几个部分组成。这些非生产性劳动者挣的钱来自于生产性劳动者创造的剩余价值。资本家要以最节约的方式付给非生产性劳动者酬劳。下面我们会谈到美国的弊病，但这并不是说中国就完美无缺，没有什么问题，中国存在的问题我们在后面也会说到，只是说有的人动辄就把美国作为一个完美的榜样来学习，把美国就是这么做的当成了衡量一件事对不对的标准，这样做是难以解决中国问题的。

一　非生产性劳动者：服务业创造价值吗？

非生产性劳动者通常指的是从事服务业的劳动者。他们的存在是以生产性劳动者的存在为前提的。如果一个国家没有生产性劳动者，全部是非生产性劳动者，那么这个国家是没有办法存在的。有人可能会说，美国就是大量的非生产性劳动者，生产性劳动者很少啊。美国的生产性劳动者分布在世界各地。如果我们把美国封闭起来，它那么多的非生产性劳动者是无法生存的。比喻一下，生产性劳动者就是负责把米给生产出来，而非生产性劳动者是负责把米给煮熟了，巧妇难为无米之炊啊！生产性劳动者的劳动是不可或缺的，关系到人类的生存。

当然，等以后可以大量使用机器人了，生产性劳动者就可以不再从事繁重的体力劳动了。生产性劳动者的劳动能够让我们活着，而非生产劳动者的劳动能让我们舒服地活着。在中国的奴隶社会中，奴隶主要是从事服务业的。在中国的封建社会中，依然有一些家奴，他们创造了很多体贴入微的服务方式。虽然他们是为奴隶主和封建主服务的，但他们开发出来的服务项目，现在也能使广大人民受益了。大概还没有哪个民族能够像中华民族这样想出那么多方式来让人活得舒服。无论生产性劳动者还是非生产性劳动者，他们都为社会的发展作出了不可磨灭的贡献。现在我们就来看一下美国主要的非生产性劳动者的类别。

（1）公务员：总统是谁的仆人？

公务员指的是在政府中行使国家行政权力、执行国家公务的人员，他们是指依法履行公职、纳入国家的行政编制、由国家财政负担工资福利的工作人员。具体地说，他们是靠纳税人的税收养活的人。而税收是从哪里来的呢？在资本主义社会中，看上去是大家都在上税，但实际上的上税大户是大大小小的资本家。劳动者的剩余价值都主要以资本家的利润的方式进入了资本家的腰包。在资本主义国家中，所有的钱都是来自生产性劳动者的剩余价值，这些剩余价值是资本家无偿占有的，然后他们再通过上税或支付给非生产性劳动者工资来花掉一部分剩余价值。

如果没有大资本家在经济上的支持，一个人是不可能在总统竞选中获胜的。一个人要成为总统候选人，要么是资本家自己出场，用自己的财富来支持自己的竞选活动，要么就是由资本家支持的某个人来参加竞选。这个人成为总统后，会为全社会着想，但资本家的核心利益是不能违背的。那资本家用什么手段来监督这些人呢？就是新闻媒体、电视台、报纸都会帮助监督公务员。因为公务员的花费过大，最后那笔钱是要算在资本家头上的。资本家要把公务员花费的这部分钱最小化。公务员如果腐败了，实际上是侵吞了资本家的利益。媒体的广告费主要是来自资本家的，没有资本家的广告支持，大的媒体肯定会倒闭。所以，我们说美国的公务员系统，表面上是为全社会服务的，也确实会提供必要的社会服务，但本质上是要维护资产阶级，尤其是垄断资本家的利益。

如果我们算总账的话，公务员这部分花得越多，总的资产阶级剩下的剩余价值就越少，所以他们会很节省。公务员系统的腐败，就是多花了或不恰当地花了资产阶级的钱，因此他们会很坚决地反腐败，会允许媒体无情地揭露公务员的腐败行为，帮助总的资本家节省开支。在公有制和私有制中，不同的是腐败的钱节省下来，在公有制中是属于国家的，而在私有制中是属于总的资本家的。所以，他们的政府清廉不清廉，主要是看政府是否多花了资本家已经纳入自己腰包的钱。

公务员主要是为哪些人服务呢？名义上他们是为整个社会服务，但主要的任务还是要维护资产阶级的利益。中国人常说，拿人钱财，为人消灾。资本家拿了生产性劳动者的钱，但那是偷偷地拿的，以貌似公平的方式拿的，以恩人的方式拿的，因此劳动者不仅得不到资本家的感激，他们还要感谢资本家给了他们工作。而公务员系统则让人感觉是明着拿了资产阶级的钱，资产阶级贡献了最大的税收，因此主要是要感谢资本家。拿谁的钱就主要为谁做事。

（2）经管人员：职业经理人是资本家吗？

在美国，经管人员是很多的，他们主要活跃在企业界，负责不同层次的经济管理工作，最成功的主要是跨国公司的总经理。这部分人非常耀眼，因为我们说了，美国是一个金钱至上的社会，而他们离钱很近，因此他们的职位很吸引人。而有的中国人会把他们当成是资本家。实际上，真正的资本家是公司的董事长。总经理主要是按董事会，尤其是董事长的意思去管理企业，他们的工资来自企业劳动者的剩余价值，他们获得的股份通常是发放工资的一种方法，为了使他们的利益与企业的利益更为一致，因此能够更有效地工作。

在普通人看来，他们的工资非常高，但与他所管理的资本相比的话，他们的工资额是非常少的。所以这些人如果离开了这样的大企业，他们不可能靠自己的工资积攒与他管理的企业那么大的资本，因此就无法施展他管理这样的大规模的公司的才能。他们对于企业管理来说是至关重要的。一个高效的企业，需要把人财物之间的结构搭配调试得最合理，而总经理就是来实施这种调试的人。而且这种合理的结构经常处于流动状态，而且为了抓住机遇，经常需要快速做出决策。

在《资本论》中，这些人属于非生产性劳动者，他们主要是帮助资本家压榨工人，压榨能力比较强。他们本身不创造价值，但他们可以促使工人创造出更多的价值。如果一个国家没有生产性劳动者，全部是经理，那这个社会也是没有办法生存的。但是，如果一个社会全部的劳动者是散着的，没有很能干的经理来组织他们劳动，劳动效率就会出问题，就会不具有竞争力。一个好的总经理可以救活一个企业，而一个不好的总经理，可以把一个原本很好的企业给弄垮。这部分人也是要经过很严格的训练才能培养出来的。我们要注意的是，总经理不是资本家，他们是为资本家服务的，他们也属于劳动者，只不过是属于非生产性劳动者而已。

在公有制社会中，是否也需要经理呢？需要。尤其是中国目前处于社会主义的初级阶段，中国的国有企业和民营企业还要与他国的私有制下的企业进行竞争。咱们国家为什么要有那么多的外汇储备，就是因为咱们国家缺少非常优秀的经济管理人员，不敢用这些外汇去进行直接投资，或者在投资中也出现了问题，因此才用来去买他国的国债的。私有制下的企业追求的唯一目标是在法律和道德许可的范围内的利益最大化，企业的社会责任只是在被迫的情况下承担的。

如果一个企业承担很大的社会责任，而其他企业不承担这样的责任，企业的竞争力就会受到影响。企业也会做一些慈善或社会责任方面的事情，但前提是有利可图或者对于它们追求利益妨碍不大。中国的国有企业要追求的应该主要是使用价值而不是交换价值。就是说，如果企业经营的产品是亏本的，但对于国计民生来说是非常重要，那就算亏本也要经营。现在美国经管人员，实际上是资本家的代理，好多资本家不直接参与管理企业，他们就花一部分钱，让这部分人来帮他们管理企业。

（3）律师、教师、医生：什么人选择文史哲专业？

在美国，政府说人人在法律面前是平等的，而律师的存在就使得这种说法变了味儿，有钱人在法律面前是要更平等一些的。有钱可以保释；有钱可以请更好的律师，这些律师更具有辩护能力。同样的罪由于请了不同的律师，结果就会很不一样。原则上人人都可以请律师，但是要有钱才请得起好的律师。所以，律师主要是为有钱人服务的，生产性劳动者很难请得起好律师。在美国，私人之间通常不会借钱给对方，不管是富人还是穷人。要借钱就去找银行，而银行要看一个人是否有可以抵押的房产或一个人的工资收入是否达到一定的水平，还有工资收入水平是否稳定。穷人之间互相不借钱给对方，个人的工资收入通常是挣多少花多少，所以如果违反了法律，那是没有钱来请好律师的。

美国的法律条款非常繁琐，违反了法律非常麻烦，因此人们一般都很循规蹈矩，害怕招惹法律。我刚到美国时，感觉美国人的纳税意识真好，因为每到年底就会看到很多人排队去交税表。后来才发现，原来是国家先预扣了比较多的税，自己填了税单后有的税是可以退给个人的。个人填税单的主要目的是为了得到退税而不是想交税。律师行业的收入比较高，但律师的生活质量并不是很高，因此他们是属于帮人解决麻烦事的行业，来业务了就是来麻烦了。

有大麻烦找大律师，有小麻烦找小律师。如果不是有很高的收入，一般人都不是喜欢麻烦的，不管是自己的麻烦还是别人的麻烦。所以，进入一个行业就等于进入了一种生活方式之中，自己在工作中不可避免地要与很多不一定是自己喜欢的人打交道。这些人都属于非生产性劳动者。我们在抽象地想象美国的时候，习惯于把自己想象成是那个社会中的有权有势的人，而不去设想如果我们处于美国社会的底层，我们会怎么样生活。在美国，有钱人确实比其他国家的有钱人能够享受到更高的社会地位和更完善的服务。

教师的主要责任是把这个国家的价值观念或秩序观念安装到人们的头脑中，另外需要为社会培养非生产性劳动者和熟练的生产性劳动者。美国的价值观和秩序观的教育，在很大程度上依赖于基督教会的活动。而在学校教育中，他们会在各种不同的教科书中浸透对美国的热爱和对美国价值观的认同。在讲授各种科学历史的时候，通过讲授他们科学家的发明创造，也能让学生们为美国而感到自豪。

通常都是家庭比较富裕的人或真有兴趣的人才选择文、史、哲，而来自需要脱贫家庭的人或者要维持家庭地位或很看重金钱的人主要选择经管和医生、律师等毕业后能找到挣钱比较多的工作的专业，当然个人的兴趣爱好也是一个很重要的因素。教师也属于非生产性劳动者。不少美国人也会因为家里经济条件不好而上不起好学校。大学的门是向大家开放的，但是有钱人的孩子有更多的机会上好大学。

医生也属于非生产性劳动者。每个人都能去医院看病，但是有钱人更能得到好医生的服务。如果钱的来源是公平的，那有钱人得到更好的医疗条件和能够有更好的医生为他们服务，应该是无可非议的。而马克思的《资本论》要告诉我们的就是，在资本主义社会中，钱的来源不是真的公平。美国的好的眼医、牙医和心理医生，主要是为资本家和非生产性劳动者服务的，他们的特征都是费用比较昂贵。

比方说洗牙，资本家和非生产性劳动者这个阶层的人大概每三个月就去洗一次牙。在美国，如果他们看你的牙很齐、很白的话，大概就会认定你是来自于资本家或非生产性劳动者阶层。如果是牙又黑，又缺，大概就会被认定是来自于生产性劳动者阶层，因为这个阶层没有太多的钱，看不起很好的牙医。还有就是心理医生。心理医生的主要服务对象也是这两个阶层：资本家或非生产性劳动者。因为生产性劳动者一般请不起心理医生。心理医生主要是为非生产性劳动者服务的，因为这个层次的人的生活压力非常大。

（4）高科技人才：为什么给他们提供奖学金？

美国最强劲的实力来自于高科技人才以及由此垄断的很多专利。高科技人才也属于非生产性劳动者。他们虽然能够设计出图纸来，但不是说我们每个人领张图纸就能用了，还是需要生产性劳动者把产品生产出来。美国利用它的奖学金系统，把全球最优秀的高科技人才都吸引到了美国，使得它能够站在科技发展的制高点上。以前有人和我说过，他说美国这个国家真是非常慷慨和大方，能无私地给我们那么多奖学金。实际上恰恰是美国的奖学金，把发展中国家的很多高科技人才都廉价地抢走了。把有创新的专利都变成美国的了。美国再利用它的强大的金融融资能力和严密的组织体系，把这种专利投产，利用大资本支持的规模经济可以降低成本的特点，获取高额垄断利润。这些人就是美国的摇钱树。有的时候，我们可以看到发达国家给我们一些无偿援助，而其实政府在政策上或别的方面是要给予补偿的。只是我们只看到表面的援助，看不到背后的补偿而已。

高科技人才有个特点，需要有这方面的天赋，还需要长期的培养。我们算一算，一个国家培养一个这样的人才的机会成本和同样培养这样一个人才在美国需要投入多少经费，我们就知道那点奖学金对他们来说是多么的划算了。美国其实是个很糟蹋高科技人才的地方，很多人如果回到他们自己的国家，能够发挥更大的作用。但美国的生活条件比较好，而且因为美国是最发达的国家，因此人即使在那里混不好，说起来还是很有面子的，尤其是与贫穷落后的国家的国民吹起牛来，还是相当让人羡慕的。

现在你还会发现有的家长，当人问起自己的孩子在什么地方，当他说在美国工作或留学时，你可以看到他在说话时透露出的是得意的表情。而且越是没有去过美国的人，越是没有在那里真正生活过的人，崇拜起美国来，就越一塌糊涂。观光性的旅游和公费生的镀金行为，都经常会造成看问题的表面性和局部性。最好的办法是政府出面让美国给派出的中国人一段工作许可，让这些人自己去那里找工作，生存一段时间，这样更能够更深入地了解这个国家。

发达国家不管是怎么发展起来的，其发达会给人带来更多的发展空间和利益，因此更具有吸引力。一个国家自己不发达，不能给高科技人才的发展创造良好的硬环境和软环境，光靠爱国主义教育，那是不行的。以前有的人爱国表现在在美国骂美国佬，但就是不回国。现在中国的待遇比较高，环境也在改善，因此回国的人就比较多了。

那为什么他们要把高科技人才搞成有奖学金的呢？因为其他专业的

人，如果有中等的智力，有学习条件，通过正规的教育，基本上都可以再生产出来的。唯独高科技创新型人才是最难再生产出来。他们必须要有比较好的天赋，还得勤奋，还要有创造性，这并不是说随便找些人可以培养出来的。挖高科技人才就和挖金子一样，他们是稀少的，而一旦谁垄断了他们，那赚钱和印钞票一样简单。所以，美国对于高科技人才的吸纳是向全世界开放的，会通过给绿卡、给奖学金等把他们留在美国。有的人即使留下后被糟蹋了，也能够减弱他国在高科技方面的竞争力。

（5）艺术家：高雅艺术家为什么常落魄？

我们说过，美国是一个金钱至上的社会，因此能挣钱的职业就很红火，而能挣大钱的主要是很大众化的产品。高雅的艺术，除非特别成功，一般从事高雅艺术的人都是比较落魄的。在美国，要去欣赏高雅艺术，那门票是非常昂贵的。一般人要么是欣赏不了，要么是经济上承受不了，也就是偶尔开开眼可以，但作为一种习惯性的生活方式是承受不了的。而美国的上流社会的人通常还是会光顾这样的场所，一方面是能够标识他们的身份，另外，我们说过，美国实际上就是在美洲的欧洲。

欧洲的资产阶级是在封建社会的母胎里成长起来的，因此那些大资本家是承袭了欧洲封建社会的一些贵族文化的。而那样的贵族文化起码在形式上是高雅的，因此形成了美国的资产阶级生活方式的一个部分。有这个部分，他们才感觉他们不仅有钱，而且很有文化。他们所享有的那种艺术和美国的大众文化是不一样的。这些东西一般的生产性劳动者很少能够接触到。

（6）非熟练技工和熟练技工：打零工为什么不丢脸？

在非生产性劳动者和生产性劳动者之间，还存在一些从事服务性行业的非熟练技工和熟练技工。有一部分工作不需要熟练工人做，是连中学生也可以去做的，那就以打零工的方式存在，因为打零工就不用给上保险了，也不享受什么社会福利。很多美国人的孩子都会利用假期去做零工，挣些零花钱。就像我说过的，这个社会的金钱至上，使人不在乎做的是什么了。我们中国人说起自己在美国刷盘子，会感觉很丢脸，而美国人不这么看。合法地挣钱，只要感觉自己的付出与收入是匹配的，那就没有关系。在打零工时，行业之间的区别被钱抹平了，因为是暂时的。

熟练技工则是要到技校去学的。记得我在美国的时候，有位中国学生看到广告上招切牛肉的，他想切牛肉有什么难的，工资还比较高。他去应聘后才发现，切牛肉这活儿不是随便什么人都能干，需要穿着防冻的衣服，在冰库里切，还要把整只牛分解成小块，像庖丁解牛那样，挺不容易的。再比方说，开特别大的卡车也是需要先培训的。由于熟练工人的职业比较固定了，他们的劳动比较辛苦，相比较他们的辛苦来说，他们的钱挣得并不算多，因此美国社会对这部分人的潜在的歧视还是存在的，但对于从事这些行业的大老板和董事长是不歧视的，因为他们属于资本家，能挣大钱。

（7）非生产性劳动者的生活特征：他们为什么怕失业？

在非生产性劳动者这个层次上，他们的生活方式大概是这样的：高保险、高贷款，因此特别害怕失业，特别谨小慎微，特害怕得罪人，爱说礼节性的客套话。所以，有的美国人说的话也很不靠谱儿。当面会夸你英语说得很好，背后也许会笑话你。各种匿名评审的存在，就是表明了人不想明着得罪人，只能来暗的或阴的。当面不说的话，匿名时会说的。给老师评估分的时候，你也会发现有的学生会表面恭维你，但背后会说得特狠。所以才要在利益关系结束的时候，才让老师看到学生的真实的看法。

人与人之间，表面上客客气气，礼节上很周到，说话也很中听，随手开个门开个电梯的，开车先让行人，妇女优先等，做得很到位。但在竞争职位或竞争利益的时候，这些礼貌就会荡然无存。在你遇到大事需要钱的时候，多数你平时当成朋友的有钱人都不会送钱来给你，而是送鲜花、送卡片、送良好的祝福、送牧师来给你讲《圣经》。只要大家都有利可图，分配公平和有保障，大家就能在一起工作，各尽其职，而没有利益的时候就飞鸟各投林了。

这部分人住的地方就是我们通常所看见的美国的鲜花的部分。这部分人住的社区通常比较高级。你到美国去观光的话，开车到这些地方去一转，一看，每家都有小别墅，外面种有鲜花。我们到美国经常接触的就是这部分人，他们不是资本家，也不是生产性劳动者，而是非生产性劳动者。中国人到那里最容易变成的也是非生产性劳动者。美国的非生产性劳动者在美国貌似生活得很鲜花，但实际上工作和经济压力非常大。

资本家是需要这部分人存在的，而要让他们生存下来，而且要让他们很努力地工作，主要需要三个条件：一个是必须让他们能够生存下来；另一个是要使他们能够尽最大努力工作；然后还要有足够的经济力量再生产出能够在这个层次上工作的下一代。因为要支付足够的教育费用让这部分人生产出下一代来，因此工资相对比较高。资本家还必须使这部分人不要存钱，尽可能地去花钱，原因在于资本主义的生产是建立在不断消费的基础上的，要不断地使资本加快循环。如果这部分人喜欢把钱存在银行里，就会出现消费不足的情况。

所以资本家要想办法使这批人疯狂地去花钱。怎么才能让他们疯狂地花钱呢？就要解除他们的后顾之忧。怎么来解除他们的后顾之忧呢？就是让他们买各种高额的保险，买完这些保险基本上就没有后顾之忧了，就可以挣多少花多少了。而且资本家不仅是让他们挣多少花多少，而且还鼓励他们贷款消费。这部分人基本都是可以申请到贷款的，因为他们有比较稳定的职业，收入也比较高。所以说资本家就拼命地贷款给他们，让他们贷款买房、消费，贷款去做各种事情。所以，这部分人是美国债务最多的人。

他们特别害怕被圈入法律事务中，因为法律纠纷要出庭等，都会很花时间，也害怕会因此丢掉工作。而他们的工作是高强度的，闲暇较少，工作时间里不玩命干也有可能失业，而且随时面临着新人的竞争。身上背着那么多贷款，一旦失业，房子和豪华车都会被银行弄走。所以他们的生活压力非常大，最害怕失业，伤不起啊。

他们会单独住在某个比较好的社区，与生产性劳动者分开。那么怎么会让他们单独住在比较好的社区呢？他们住的社区的房子是比较贵的，如果不贷款通常是买不起这类社区的房子。而且如果有太多的生产性劳动者搬来住，他们就会搬走。那他们为什么必须贷款买这么贵的房子和车子呢？就是这个层次的人都这样买，你不这样买就会让人看不起。

住在什么社区就相当于美国人的名片。一看他住在什么社区，就知道他是属于什么等级的人。而且出去办事，还是存在看人下菜碟的情况。你又不能在脑门上贴个广告，说我很有钱，所以要通过他们的奢侈型的名牌衣服、首饰和名车来标识他们富有的程度。以后大家有机会的话，可以到这些人的家里面去住一段时间。这些人表面上很富裕，而在生活上是很节俭的，因为他们有那么多贷款，负担很重。

这些人还需要花好多钱来组织常规性的酒会和晚宴，他们也要拉关系，也需要炫耀自己认识什么样的人，所以私人酒会和晚宴的规格，也是他们身份的标识。而平时家里吃饭，不少人也到超市买打折的和快坏了的菜。既不能得罪资本家，也不能得罪非生产劳动者，因为这些人是他们的主要服务对象。他们的服务体贴入微，主要就是因为得罪不起顾客，而顾客是来送钱的。

开始来访的，也不知道谁是真正的顾客，因此他们通常全都要以礼相待。但等摸透了底的时候，对于没有钱的、不可能成为他们顾客的人骨子里是会很冷淡的。欺负穷人的现象是有的，因此人出门才需要名牌衣服和名牌车保驾。不是很有名气的医生或律师才会去为生产性劳动者服务。

有的与你一起工作的人，平时很客气，但当他离职不再与你有工作关系的时候，关系会突然冷到和不认识你一样。中国人到美国去留学，在比较好的大学，接触到的主要是非生产性劳动者的子女。他们从小就会帮送报纸和打各种零工挣零花钱。在大学也会勤工俭学。有的人是靠贷款上学的。大多数上完学后留在美国的中国人，主要属于这个层次的人。而中国的劳工留在那里主要是靠挣些钱开中国饭馆，然后再供自己的孩子上学，让孩子毕业后成为非生产性劳动者。

二 特殊人群

（1）黑工等：大赦是干什么用的？

美国的黑工问题，是个值得我们注意的问题。有的中国人到美国后直接变黑。还有一些中国的贫穷的自费留学生，因为打工是非法的，所以就会找一些条件比较差的中国饭馆去打工，就可能接触到黑工，其实他们也是黑工，只是不是长时间黑而已，等他们学成后就可以不黑了。黑工在美国是大量存在的，他们主要来自落后国家。

我在美国时，看到黑工现象觉得很奇怪，我问过美国人这是怎么回事？美国的法律体系那么严密，怎么会有这么多的黑工？而且黑工并不是躲在阴暗角落里，而是在光天化日之下黑着。比如说，在一些条件比较差的中国饭馆里，人就住在那里，有的就住在一个很狭小的屋里，只有一个床位。他们没有任何保险，也没有任何的社会保障，饭馆的老板给他们的工资也很低。

后来，我才明白，黑工为什么会大量存在？因为美国需要这部分人的存在。而存在的人还要非常感激美国政府，因为表面上是人家不要你，人家要把你遣返，你自己爱待在那里，而且表明是人家不抓你，就已经很仁慈啦，所以受苦也是你自找的，不管干什么就都别抱怨啦。这部分人其实不是国家抓不着，而只是睁一只眼闭一只眼，美国政府愿意黑工待在那里，因为他们可以提供廉价的、不对他们负责任的劳工服务。

而大赦就是为了给这些人希望，告诉他们只要干到十年遇到大赦就可以解放啦。大赦表面上也是很仁慈的，但实际上是让这些人有希望后，可以忍受当下做黑工的痛苦。所以，很多表面光鲜的事物，背后并不是那么光鲜。马克思主义哲学能够帮我们把这些光鲜的外衣脱掉，看到隐藏在后面的本质。这些黑工就在那里熬着，等着大赦。

而在熬的这段时间里，他们随时可能被遣返。因为美国对于黑工的需求量也是有限的，太多了的时候就会抓一些遣返，但肯定不会全部遣返。在需要更新黑工的时候，也可以把老黑工遣返，迎接新的更年轻的黑工。他们生病或遇到什么灾难，都得自己扛着，没有法律来保障他们的权益。那什么对这些黑工有那么多的吸引力呢？就是貌似这里的机会是平等的，貌似穷人可以一夜暴富。

我们也可以看到，确实有穷人暴富的现象，这就很容易让人做梦，给人希望，以为有一天，只要凭自己的努力，也可以成为那样的人。再说，一般美元都比发展中国家的钱值钱，因此就是在那里天天吃方便面和垃圾食品，也指望自己能够积累一些钱，回自己的国家好有点儿资本做个买卖什么的。

由于人的虚荣心在作祟，人对于说出这样的理由感觉很没面子，所以就会说自己的国家有多么多么不好，美国有多么多么好。自己的国家可能确实有那种不好，美国可能确实有那样的好，但那种表面光鲜的理由，不是他去留的主要原因。个人是有面子的，有的人追求的实际是利益，但不能说出来，也要给自己穿上件花衣服。

我相信，如果在美国，只是给予了他自由，除此之外，并不能给予他未来能够富裕的希望，他在那里挣的一块血汗钱与在家乡挣的一块钱是等值的，美国的自由就不会有那么大的吸引力了。人有的时候是在想获得自由出卖自己的机会，希望通过这种方式积累条件，为以后真正的自由准备条件。没有钱，活都活不了，人都死了哪来的自由呢？

所以，美国最大的吸引力还是来自金钱方面的。现在有的留学成才的人，回国能挣更多钱的时候，还是愿意回来。当然，他要算总账的，孩子回来是否跟得上，夫人在那里能享受到的福利回来是否还能享受。听一位家长说，她的孩子申请的加拿大籍，因此退休后想去享受那个国家的高福利，但现在是在美国工作，因为这样可以挣到更多的钱。

（2）多种有快乐无幸福的人：为什么流浪？

在美国，被释放的罪犯，还有精神病人，各种失去家园的人，都会变成流浪者。我在美国的时候，在华盛顿的大广场上就看到不少流浪者，在好莱坞的一条街上，看到有穿得特别破的衣服的人在垃圾桶里捡食品吃，倒没有看到他们乞讨。他们晚上就睡在公园的长凳上。我听有的人说，他们中有的人是因为爱好自由，所以选择了这种生活方式。我想，大多数人应该还是被迫的。美国是有经济能力解决这些人的问题的，为什么不管他们呢？他们也是人，为什么他们就要以这种方式自由，而不能像富人那样能享受满世界去旅游的自由呢？

如果他们要以这种方式才能享受自由，那么是不是在工作或生活状态中也还是没有自由的呢？在这种生存都难以维系的状态下，没有安全感，没有未来，能享受到的也就是活着的一点吃喝方面的人的动物性方面的特征，我们怎么去谈他们的崇高理想呢？他们眼里的美国又是多么无奈呢？我想可以多与他们聊聊，可能会更深入了解美国社会。如果你说他们懒，他们不想工作，那什么样的工作让他们那么厌恶呢？马克思主义不是说到了共产主义社会，劳动会成为人的第一需要吗？他们为什么没有这样的需要？

妓女为什么会存在呢？她们是自由的吗？她们是不是别无选择了呢？如果她们是自由选择的，她们会感觉到幸福吗？出卖快乐的人，她们快乐吗？她们的心灵会不会有焦虑？她们会不会有耻辱感？如果没有耻辱感，那社会对这些人的教育是成功的吗？为什么会有不少吸毒的人，吸毒的人是幸福的人吗？

为什么黑社会堂而皇之地存在着？为什么有贫民窟存在着？同样在一个社会中，贫民窟的人的生活质量为什么与富人的差别那么大？美国的法制那么严，教育那么好，又那么富裕，为什么就不能解决这些问题呢？

在美国，资本家的消费有固定的品位，穿什么、吃什么、怎么吃、戴什么首饰，是有一整套的生活方式的。而非生产性劳动者其实就是模仿一下，偶尔打打高尔夫球、滑滑雪什么的。其他的黑工之类的人，是垃圾食品的主要消费者。他们吃垃圾食品、看肥皂剧、在垃圾场捡别人扔掉的东西，在二手货市场消费。有的女性成了单身母亲以后，就生好多孩子，去领取政府的救济，然后不断地再生产出属于劳工阶层的人来，因为这个社会还是需要这个等级的人。

（3）慈善和社会保障：为什么工人们会放低底线竞争？

美国的慈善事业是怎么发展起来的？它部分来自英国的传统。在英国资本主义发展的初期，大量的妇女开始从事非常繁重的体力劳动，过劳早死，剩下了很多孤儿，孤儿院因此发达起来。那时使用童工的现象也是非常严重的。大量的奴隶、大量的农奴、大量的过劳死的劳工、大量的童工，都是西方历史发展的特色。慈善事业通常不是从根本上解决社会的弊病，而是缓和社会矛盾。人是不能指望通过慈善过上太好的生活的，也就是维持着，维持着基本的社会秩序。更重要的是，这些接受慈善的人是得不到尊严的，因为让他们感觉到他们是靠别人的恩赐在活着。从事慈善事业，通常国家是可以免税的。

社会保障主要起什么作用呢？市场经济的波动性使得资本家在经济大发展时需要很多的工人，而在经济萧条的时候要裁员，这些人在经济大发展中又是需要的。这样就要让他们暂时活着，而有社会保障就可以保证他们暂时活着。而且为了不使劳工具有讨价还价的能力，就要把劳动阶层的工作最小化，就要保持一定比例的失业率。国家提供社会保障，这对于资本家来说是相当合算的。为什么？如果这部分人不能被解雇，就要一直付给他们工资，而社会保障是以慈善的面目出现的，你还能讨价还价吗？只能给你多少拿多少，你还会觉得这个国家已经很恩惠你了。而因为社会保障的存在，使人在竞争时能把自己的底线放得更低，因此劳动者的竞争底线会放得更低，整体上使劳动者的工资都不能得到很大的提高。

三　生产性劳动者：美国的生产性劳动者在什么地方？

根据《资本论》原理，我们知道一个社会不可能全是非生产性劳动者，否则他们吃什么和喝什么？所以一个社会要么是自己有生产性劳动者，要么就得在别的国家找生产性劳动者，或者当机器人在全世界普及，生产性劳动全部由机器人来承担了，人类社会才可能真正出现大部分人都是非生产性劳动者的状况。美国是有生产性劳动者的，但大量的生产性劳动者分布在世界上的发展中国家。他们通过垄断大资本、垄断技术、实行规模经济和在管理上的优势，主要通过跨国公司利用发展中国家的廉价自然资源和廉价劳工进行生产性劳动，来支持美国的高消费。

在美国社会中，我们看到的人，除了资本家外，大多数人都是非生产性劳动者，或者我们说的从事服务行业的人，只有少数人从事生产性劳动。他们是怎么活着的呢？为他们生产衣、食、住、行等生活资料的生产性劳动者在什么地方呢？他们的生产性劳动者在亚、非、拉的血汗工厂里。中国的很多农民工，虽然是中国人，生活在中国，但有不少人是在为美国人工作。

为什么把中国的农民工称为廉价劳动力呢？就是说没有按照他们的劳动价值给他们报酬，中国政府并没有从这部分人身上赚到钱，而且随着美国人对我国廉价劳动力的利用，把我们国家大量的自然资源廉价地买走了。我们是无法用同样的钱从美国买回这样的自然资源的。

这批人为什么会变成廉价劳动者呢？因为中国的劳动力相对过剩，尤其是出现了大量的从农村出来打工的农民。那么多人在抢工作，在竞争中就可以把工资压到最低状态。而且这些人虽然是在为美国人工作，但是并不享有美国人享有的福利待遇。还有美国把一些化工厂和严重影响生态环境的工厂移到了中国和其他亚、非、拉国家。

那么把中国的资源廉价地卖出去，把咱们的劳动力廉价地卖出去，中国得到了什么呢？得到了美元外汇。中国通常只是把自然资源变成美元，并没有赚到利润，而且还亏了本。美国靠什么把亚、非、拉国家的自然资源廉价地买走的呢？靠高科技产品。他们靠垄断高科技产品，获得垄断利润。再把这些利润投资用来购买我们的廉价劳动力，在中国建厂，生产出廉价商品出口，这样，大量的自然资源就廉价地流走了。

高科技就是美国的摇钱树。高科技产品是不是该卖高价？是要卖高价，但不应当高到那种程度。资源是不是该卖低价？是的，但也不该低到那种程度。咱们有不少企业貌似高科技企业，其实只是在制造产品，核心技术是美国的。所以说我们国家很多美元都是靠贱卖的自然资源和劳动力获得的。我们虽然有钱了，但是生产力的发展水平比美国差得比较远。并不是一个国家富有了，生产力水平就高了。表面上看，中国的大城市与美国一样发达了，有宝马和奔驰在街上跑了，而它们是变卖了资源换来的，而且使我们的自然环境受到了很大的破坏。

我们看美国阳光明媚，有蓝天白云，你在那里一个月不擦皮鞋，鞋还是很干净的。为什么美国能有那样的环境？而中国的环境却是这种样子的呢？其实美国的生产体系是在亚、非、拉的发展中国家，如果我们国家在高科技方面没有办法与美国等发达的资本主义国家竞争，就这么一直靠卖自然资源支撑，中国肯定会卖得断子绝孙，而不继续卖又不可能持续发展。

如果说我们的同学毕业以后，都去美国从事高科技研究了，你们在美国得到了很多专利，这些专利不是属于中国而是属于美国的，那这批专利就可能成为美国人到中国来廉价地获取资源的武器，那就是帮了中国的倒忙了，这样我们培养出来的这些学生，就可能成为美国的帮凶。所以美国的鲜花是盛开在亚、非、拉国家的血汗工厂的基础上的。如果把美国封闭起来，美国人是无法享有目前这样的生活水平的。美国人敢这么生活，主要是靠它的军事力量来保障的。它要靠它的强大的军事力量在全球的威慑力，保持让其他国家的门户开放着，它才能够满世界去布置它的生产性劳动体系。

第四节　美国在搞多极化还是单极化？

冷战结束后，美国是在搞单极化，而它是通过在欧亚大陆搞多极化来实现它的单极化霸权的。通过这种霸权形成的威力，来保证它在全球能够比较稳定地获取资源性产品和出售高科技产品。没有这样的保障，美国是不敢把自己赖以生存的生产体系放在别的国家的。对于美国来说，如果全球都采取它的经济体系和政治模式，而它最熟悉这种模式的操作方式，它就能够更得心应手地控制他国的政治，从而获得更稳定的经济利益。

而要让其他国家改变制度，仿效美国，最关键的是要其他国家的人民认同美国的价值观，否定本国的价值观。在他国人民的价值观改变为美国的价值观后，他国人民就会对本国政府极端不满，要求改变成美国的政治制度。当一个国家的反政府力量起来时，美国就能乘虚而入，扶植自己的力量，使得新政府是一个听美国话的政府。而美国的主要目的还是要让其他国家成为它的原料基地和产品消费地，而不是希望一个新起的资本主义国家成为它的竞争对手。美国的动机是要称霸世界，那它是通过什么方式称霸呢？它用的就是中国人熟悉的围棋战略，它通过多极化布局来实现它的单极化目的。

一 围棋原理与霸权布局

围棋的胜负决定于控制范围的大小。一方通过控制大于另一方的领域来获得胜利。双方的棋子在开始下棋时都是一样的，怎么最后就变成一方胜而另一方输了呢？争夺霸权的国家首先是要把自己单出来，作为操盘手，而不在棋盘之中。而要把自己单出来，就必须要让自己很强，但自己的周边国家很弱。大家看，美国的周边有强国吗？美国为什么要扶植日本，而不扶植加拿大呢？为什么不扶植拉美国家呢？如果这些国家强大了，它就没有安全感了。

美国政府是遵循国性恶而不是国性善的思路来制定对外政策的。它本身是遵循国家利益最大化的原则行事，它也推断其他国家也必然如此。没有一个国家强大了不扩张、不在自己的能力范围内追求国家利益最大化。因此如果邻国太强，必然与它形成竞争之势。因此，邻国是它打压的对象，而不是扶植的对象。这样，通过让自己在美洲一国独大，而且美洲对于欧亚大陆来说，就像一个相对独立的岛一样，使得它能成为一个操盘手。而这点仿效的是当初的英国。当初英国称霸时，也是通过守住自己的相对独立的岛，成为一个操盘手来控制世界的。

二 英、美霸权的类似之处

英国和美国的棋盘都是全世界。一个不是把全世界当成棋盘的国家，不可能是一个全球霸权国。但英国和美国都不是通过直接控制每个国家来实现它们的霸权。它们都要在每个地区布置一个小棋局，在这个小棋局中，弄几个势均力敌的强国，让它们互相制衡，这些被选中来互相制衡的国家，就被称为极。它们要控制的就是抑强扶弱，让强的不能强大到可以战胜其他极的程度，让弱的不能弱到被其他极控制的程度，所以谁太强就打压一下，谁太弱就扶植一下，这就是均势战略。

而被选中的这几个极，就类似于围棋盘中的五个加黑的点。它们的地缘位置比较重要，可以通过控制它们来形成对四周的威慑。如果这几个关键点要失守了，只要美国没有放弃它的全球战略，它必然是要打这些国家的，直打到它乖了为止。当初的南联盟就是这样遭打的。而美国打其他国家时，绝对不会说它是为了维持它控制的棋盘而这么做，肯定是要披着人权的外衣来打的。披上这样的外衣的好处是多数国家的人民并不懂国际政治，而一听是来维护人权了，很多人并不真知道美国的人权是什么样的，但各国人民通过美国的电视传播，都知道美国是一个强大富裕的国家，是一个发达的国家。

而且美国所说的人权问题在它们的国家肯定是存在的，这样就能把当地人民平时对政府的各种不满调动起来，成为一股燃烧的怒火，支持美国把当地政府干掉。当地政府也就哑巴吃黄连，有苦说不出。很多国家都有美国人所说的人权问题，为什么它选择打这个国家而不打那个国家呢？而且如果美国真要帮助一个国家发展，那就是帮助它发展教育，帮它提高生产力，当其他国家的生产力水平都发达到与美国一样了，那时它再帮这些国家实现资本主义，那才有了这种制度能够赖以生存的经济基础。

而每个小棋局的重要性是不一样的。欧、亚大陆就类似于围棋的中心区域，而中国所在的位置就类似于中天。英国和美国的核心棋局都是设置在欧、亚大陆，只要控制了欧、亚大陆就能在全球称霸，而失去了对欧、亚大陆的控制也就失去了全球霸主的地位。在英国称霸时期，亚洲比较弱，因此它主要是控制欧洲。法国、德国、西班牙、意大利等国是它选出的极，它就是通过抑强扶弱的方式来实现欧洲大陆的均势，使得哪一个国家都不能强大到可以与英国抗衡。

而美国现在控制欧亚大陆的棋盘是：日本、韩国、中国台湾、印度、德国是包围圈，帮助它们加强经济力量，必要时在那里驻军，包围圈中的中国和俄罗斯，要让它们势均力敌，不能让一个国家强大到能够控制另外一个国家。因此当初美国的目的是要把苏联弄弱，而苏联还误以为只要它改变了制度，美国就会帮它更强大。日本和德国在第二次大战时是美国的敌人，但是战争一结束，美国马上给予援助，目的就是要加强包围圈。朝鲜半岛和德国的分裂，就是帝国主义国家分赃不均的结果。

而分完后，美国是在战争中发了横财的大款，日本、韩国、中国台湾、西德是傍大款后发达起来的，而苏联本身经济上就不够强大，因此帮助朝鲜和东欧国家的力量也就比较弱。所以朝、韩和东、西德的发展速度不一样，不完全是制度不同的结果。如果它们的地理位置不是那么重要，它们是在非洲的一个角落上，即便它们采用了资本主义制度，美国也绝不会帮它们的。

在中东地区，美国一会儿帮这个打那个，一会儿帮那个打这个，其实都是在进行一个小棋局的布局，不能让一个太强，也不能让一个太弱。而且一个地缘上非常重要的国家或把握着它的经济资源的国家，不听它的话了，必然是要打的，不打乖了绝不撤。而打人家国家打着的都是人权等堂而皇之的幌子。其实这也是欺负其他国家的国民不懂国际政治的做法，等这些人醒悟过来时，他们的国家已经被打得不成样子了，结果并没有从美国那里得到他们所期望的东西。一个国家有问题要自己想办法解决，不要期望美国能给予什么好处。美国人常说，没有免费的午餐。它怎么会那么好心，为了你的国家的好来打你。它肯定是要捞到大的好处才会打的，否则你让它打它也懒得费那个力气。

有的人说，我们像瑞士多好，不参与国际政治，自己发展自己的，多好。而瑞士恰好是国际政治均势布局的产物。那个地方的地缘太重要，任何一个欧洲国家控制了那个地方，都会导致均势被破坏，因此谁也不能碰那个地方，因此它才获得了那样的发展机会。在全球化的今天，一个国家并不说你不招惹其他国家，其他国家就不会来招惹你。中国在崛起的过程中，必然是要遭打压的。而最危险的就是因为中国发展太快，很多软环境没有跟上，相应的人文教育没有跟上，美国再用它的美丽的价值观，让中国人普遍认为美国好，放弃自己的政治制度，采用美国的政治制度，那个时候，美国控制中国的时代就会到来，中国的发展机遇就会再次失去，中国就会再次陷入绝望之中。

而美国看到你好它是不高兴的，看到你无法与它竞争时，它会非常高兴的。中国确实有很多需要解决的问题，但美国是靠不住的，不能被它的花言巧语哄骗了。它看着其他国家的人民被哄，是很高兴的。中国变成了类似美国和西方的制度，只能是让中国更容易被它们操控。现在我们还能靠它们不熟悉的打法屡屡赢得它们莫名其妙，所以才有那么多专家来关注中国到底是怎么赢的。从经济领域看，我们没有特色跟在它们的后面弄的，很多地方还在交学费。所以，选择中国特色的社会主义，就会把它们打蒙。只要我们不变，它们要想与我们打，就得熟悉我们的方式，这就会让它们不得不向我们学习。

第五节 美国对于人类社会的主要贡献和缺失

前面说了那么多美国不好的地方，并不是说中国就不存在问题，只是说在中国有问题的时候，要自己想办法来解决，不是一模仿美国就能把什么问题都解决了，甚至在制度上也要变成美国那样。美国的生产力水平发展那么高了，还存在那么多的问题，那不能不说是与制度有关，因此政府才那么无能为力。他们有很多问题是大问题，是要在政权层面上来解决的，而中国的问题则不是这个层面的问题，这是我们幸运的地方。如果中国的政权性质变成美国的性质了，那美国存在的很多问题也会在我们国家出现，而且成为在那种政权形式下难以解决的问题。

美国人与中国人不一样，因此管理美国人的方法与管理中国人的方法是不一样的。中国有的方式拿到美国不适用，美国有的方式拿到中国也不适用。事实上，我们已经学了很多美国的方式，我们把一些程序弄得比美国还复杂，但是只要头儿出了问题，那些程序也就成了摆设。目前在世界上还没有一个国家真正能让自己的国民都感觉幸福，全世界都需要去摸索出一个真正让人民幸福的社会模式。你可能说，我的生活我做主，我想干什么你不要管我。其实谁也没有真想管你，只是你必须在社会中生活，必须得有一些人站在社会的高度来看怎么样把社会整合起来，而且是首先要解决生产力发展水平的问题，这样才可能持续地给个人带来需要的生活水平。

美国对人类的现代化方面的巨大贡献是没有其他的国家能够比拟的，我们现在能够享用很多高科技的成果，都来源于美国对于人类的贡献。但美国是通过主观为自己，客观为别人的方式贡献于人类社会的，因此对于美国的大多数大牛们，大家会佩服他们的才华，会羡慕他们的成功，但在中国人看来是缺乏人格魅力的人。因为他们的动机主要是利己，因此我们会感觉他们卓越，但不会感觉他们伟大。

美国人相信人性是自私的，人都是追求个人利益最大化。由于他们认为人是自私的，因此是不可信赖的，所以合作做任何事情都要签合同。签合同的目的是要法律来保证人们按合同行事。因此，美国人之间很难形成非法勾结的合作，因为这样的合作是不可能签合同的。如果人不勾结成堆做坏事，法律就比较容易生效。因此他们只能在法律的框架内想怎么合作。

由于美国人崇尚金钱至上，有钱人不仅有钱，而且可以操纵权力、享有社会地位，而且金钱的高度成为人的成功高度的标志。人在追求金钱的过程中，发挥了自己最大的想象力和最大的创造力，因此客观上产生了能够满足人们的各种生活需要的物质产品。美国人为人类社会在总体上有可能不再成为自然界的奴隶，为人类最终摆脱体力劳动的束缚，作出了非常大的贡献。

在资本主义社会中，美国的竞争力是其他国家难以比拟的。我们假设全球全部采用了美国的经济和政治制度，并持有美国的"公平"观，那世界将会是这么个样子的：美国用它的超级的金融融资能力、形成他国无法形成的超大规模经济，再通过招揽全世界的高科技人才垄断科技前沿、垄断诸多专利获取超额利润。用这些利润提高美国的总体生活水平和改善美国的总体生存环境，使得它成为没有爱国主义精神的优秀人才趋之若鹜的国度。

如果其他国家的人才完全可以在国家间自由流动，美国将会是全球优秀人才的聚集地。美国就是通过这样的"公平"竞争，把全球的人才都挖走了。留在其他国家的人都是些贫困的、受教育程度不高的人。美国再"仁慈"地派出他们的优秀的经理人员，到当地去投资办企业，让本地人自由竞争获得公司的职位，结果他们的经理人员工资很高，而当地的劳工工资很低。由于利润多数都被美国赚走了，当地政府是没有经济能力为它们的国民提供很好的社会福利保障的，而且没有能力遏制市场经济带来的两极分化问题，这样就会导致一些破产的国家，人民的愤怒不是朝向美国，而是朝向当地政府，美国再插手他国政治，让当地政府听美国的话。

美国会在有利可图的情况，以"仁慈"的方式"无偿"援助这些国家。结果导致的是全球范围内的国家之间的两极分化，富国与穷国之间的差距越来越大。结果穷国人才跑光，美国在一个穷国无利可图时，就会任由它自生自灭，穷人会死于饥荒、动乱和恶化的环境。经过这样的"优胜劣汰"，美国就能"公平地"消灭很多民族，最后剩下的都是"优秀"的人。在没有穷人的时候，"资本"就会无利可图了。这个时候是不是会导致一种社会形态的转换呢？这就是《资本论》要来解决的问题。而人类社会能不能不那么残酷地"公平"消灭这些民族呢？我们将在中国特色的社会主义那个部分来回答这个问题。

第八章

《资本论》的严整逻辑

【画外音】通过试验证明，讲懂《资本论》最能让学生信服马克思的才能，而且能够在严密的推理过程中，让学生真正地产生这样的信仰：资本主义必然灭亡、共产主义必然实现，虽然共产主义的实现并不是我们现在活着的人能看到的。从教学效果上看，这部分是让学生真服的地方，是整门课程的重中之重。然而，在本课成为通讲课后，不少老师原来学哲学的，因此这个部分常常被忽视了。而原来讲政治经济学的老师，因为哲学方面讲不透，很难把哲学贯穿到这个部分的讲授之中来。本课成功与否，主要在于教师的理论素质的提高。应该反对本课教师只在活泼的形式上做文章，而不去深入研究理论。讲歪了的理论危害性更大。由于时间限制，本部分只是拉大线索，重点说明资本主义为什么必然灭亡。

第一节　学习《资本论》的目的

马克思为什么要写《资本论》？是为了把我们每个人都变成资本家吗？我们学好了《资本论》能帮我们做一个很好的资本家，但那不是马克思的目的。当然，目前我们国家也在发展，需要很高级的经营管理人才，我们也可以顺便培养一下我们国家比较好的经管人才。马克思写《资本论》的唯一目的，就是要证明剩余价值的存在。什么是剩余价值呢？剩余价值指的是雇佣工人创造的被资本家无偿占有的超过劳动力价值的价值。剩余价值是资本追求的目标。

马克思主要想通过讲剩余价值，来讲资本主义社会为什么是不道德的，为什么会导致生产和消费两大部类的失衡从而导致经济危机，为什么资本的有机构成的变化最终会导致资本主义的死寂状态，并为共产主义的诞生准备好物质条件。马克思是要通过讲《资本论》来讲"两个必然"和"两个绝不会"。"两个必然"指的是马克思和恩格斯在《共产党宣言》中提出的"资产阶级的灭亡和无产阶级的胜利是同样不可避免的"。而"两个绝不会"指的是马克思在《〈政治经济学批判〉序言》中指出的："无论哪一个社会形态，在它所容纳的全部生产力发挥出来以前，是绝不会灭亡的；而新的更高的生产关系，在它的物质存在条件在旧社会的胎胞里成熟以前，是绝不会出现的。"只有真懂了《资本论》才能从学术高度上确立共产主义信仰。而我们恰恰是忽略了《资本论》的学习。有的人把它看成是经济学方面的著作，不是学经济学专业的就不学。这是不对的。

现在咱们国家强调把知识体系转化为信仰体系，最关键的就是要让学生真懂《资本论》。其次，学好《资本论》还能够帮助我们理解目前的资本主义社会的本质，也能帮我们理解民营企业在中国的发展中所起的作用。再次，在国际领域，我们国家的企业需要去面对其他国家的私营企业的挑战，知道资本是怎么运转的，能够帮我们的企业去很好地应对。最后，我们有不少同学要去创业。

有同学问过老师：我要去创业，我又不想剥削，怎么办呢？咱们可以采取恩格斯的方式，做一名马商。恩格斯也是个资本家，但是他超越了自己的阶级，把自己获得的财富回馈给了社会。同学们以后挣了大钱不要花36万去吃一顿大餐，一定要记得这部分财富来自于劳动人民的剩余价值，我们可以作为这部分财富的管理者，可以用回馈社会的方式为自己的国家做些事情。

我们国家的民营企业家都不愿意人家说他们是在剥削工人，这很没有面子。因此，有的学者，为了给他们面子，就要通过各种理论来否定剥削的存在，要把他们的收入说成是完全合理的，是他们承担了风险或用资本要素参与分配。有的人没研究过《资本论》，却在说《资本论》过时了，不适合垄断资本主义社会的情况。

这样导致了三个严重的后果：

一是不学《资本论》，民营企业家不真懂资本的运作规律。

二是民营企业家真把自己的收入合理化，就是自己该得的，因此挣了钱就大肆挥霍，不知道这是他们无偿占有的劳动人民的血汗钱。如果企业家能承认剥削，只是把自己作为非生产性劳动者应有的劳动所得归为己有，对于无偿占有的劳动人民的剩余价值那个部分，自己只是作为这部分财富的管理者而不是拥有者，不要去挥霍浪费，最后想办法把这部分财富回馈社会，那民营企业家不就有了实现儒家所说的"三不朽"中的立大德的机会了吗？就是说，虽然你合法地占有了这部分财富，但你还要看到，这是社会历史发展的一定阶段的产物，这部分财富并不是自己应该有的而捐献给社会，这不是件很高尚的事吗？如果我们的民营企业家有这么样的觉悟，人民能不爱戴他们吗？还能那么"仇富"吗？如果他们能够这么做，首先，他们通过他们的企业管理能力，使很多人有了就业机会，这是第一个功劳。最后他们把从劳动人民身上得来的剩余价值又回馈到社会中，这是第二个功劳。第一个功劳表现了他们的管理和抗风险的能力，第二个功劳表现了他们的高尚。他们不就成了中国历来表扬的德才皆备的人吗？这样的企业家是人民的功臣，是人民爱戴的企业家。我希望去创业的同学们都成为这样的企业家。我把这样的企业家称为马商。

三是全社会不学《资本论》，不可能在学术理论高度上建立起坚定的共产主义信仰。虽然唱红歌和看红色电影，可以以情感人，但必须配合上《资本论》的学习才能使一个人的信仰变得坚定。马克思的《资本论》是写给工人阶级看的，希望工人阶级学完《资本论》后能够建立起共产主义信仰，能够团结起来反抗资本家的剥削，推动社会历史向前发展。下面我们就开始通过讲授概念和概念之间的联系来勾勒出《资本论》的主要架构，使大家在学习《资本论》的时候有个基本的线索。

第二节　商品和市场

我们首先从市场和价值讲起。中国虽然采用了市场经济，但依然是在走社会主义道路，有的人认为中国说是在走社会主义道路，其实是走资本主义道路，就是因为我们采用了商品经济、市场经济，而这两个东西貌似是资本主义社会的东西，所以有的人认为中国有了商品经济、市场经济，就等于是在走资本主义道路。在奴隶社会和封建社会就存在着商品和市场，但是马克思并没有把那两个社会叫做资本主义社会。现在我们就从商品这个概念切入，来逐步推出《资本论》的总体思路。

一 使用价值和交换价值

什么是商品？商品是为交换而生产的对他人或社会有用的劳动产品。商品具有（交换）价值和使用价值两重属性。在商品的概念中，"对他人或社会有用的劳动产品"指的是它的使用价值，即能满足人们某种需要的物品的效用。我们所说的财富并不是钱，钱只有与商品的使用价值相对应的时候，我们才叫它财富。从本质上说，财富指的是商品的使用价值。

我们拥有的财富，有的是实际拿来用的，有的是拿来观赏的，有的是可以换成钱的。而能换成钱的，要么具有实用性，要么具有观赏性或欣赏性，而实用性和观赏性或欣赏性都是使用价值。有的东西是同时具有实用性和观赏性或欣赏性的。古人制造的瓶子，本来是拿来用的，但是它也很具有观赏价值，因此成了古董后，我们就不用它了，只用来观赏了。我们用一件物品，不仅要好用，还要看着舒服，因此就要既实用又美观。

有的东西很好用，但是很难看，我们用完就把它放到阴暗角落里去藏着，怕丢丑。工艺品的设计和制作追求的就是实用性与观赏性或欣赏性的完美结合。任何一种要拿来卖的东西，一定要有使用价值。既没有实用性，也不具有观赏性或欣赏性，那肯定是没有用的东西。而且使用价值有对谁有用的问题。只对自己有用，那就只对自己有使用价值。只是在一段时间里对自己有用，也就在一段时间里有使用价值。自己的需求变了，原来有使用价值的就没有使用价值了。我这段时间考试需要课堂笔记，考试前丢了笔记，急得哭。考完试了，笔记丢了也就丢了。当然，有的笔记你会感觉留着以后还有用，或者有的笔记具有观赏性或欣赏性，你想留着自己以后看看，那还是有使用价值的。

人在关键时候失去了自己感觉特别有使用价值的东西，那就会十分伤心。对一个人重要的不一定对另外的人那么重要，就是对一个人有使用价值的不一定对另外的人有使用价值。对他人有使用价值的，也不一定对自己有使用价值。对社会有使用价值的，对他人或个人也不一定有使用价值。所谓的投其所好，就是把对一个人有使用价值的东西给他，而不要给他对他不具有使用价值的东西。如果硬要让一个人接受感觉对他毫无用处的东西，会让他感觉很难受。

使用价值是由具体劳动创造的，并且具体劳动之间有质的不可比较性。具体劳动指的是按一定的目的和形式创造使用价值的劳动。劳动分工就是按具体劳动进行分工。教育主要就是培养具体劳动者。不同的职业和不同的专业培养不同的具体劳动者。具体劳动者一方面要具有具体劳动技能，另一方面要具有职业道德。而且他要融入这个社会，还需要认同与这个社会的总体奋斗目标，并遵循公共道德。所以，社会要培养的就是德才兼备的具体劳动者。具体劳动能力越强，越能符合社会和职业的道德要求，越具有竞争力。

人只有具体劳动能力还无法进行劳动，因为劳动需要具有原材料和工具等。人要使用的是自然物，而自然物无法满足人的具体需求，因此人类要按自己的需求改变自然物的形态，而人在改变自然物的形态时就付出了自己的具体劳动。人不是什么具体劳动都精湛，因此需要按具体劳动能力进行分工。具体劳动并不创造出多的自然物来，而是改变了自然物的形态。

当一件物品只有使用价值时，并不是商品。商品是要拿出去交换的。那交换就要有标准了。怎么才能交换得双方都感觉舒服？我这么交换是不是划算？我是不是吃亏了？我是不是占了别人的便宜？怎么才能公平交换呢？公平交换的依据是什么呢？一个商品不仅要有使用价值，而且要有交换价值或者说价值才能交换。在《资本论》中，价值概念特指交换价值。交换价值指的是一种使用价值同另一种使用价值相交换的量的比例。比如说，多少双鞋可以换一台电脑。

交换价值的唯一来源是抽象劳动。抽象劳动是撇开劳动的具体形式的无差别的人类一般劳动，包括脑力劳动和体力劳动。抽象劳动只有量的区别，没有质的区别。而抽象劳动并不等于价值，抽象劳动只有凝结到商品中才能形成价值。抽象劳动其实就是一个人在做一件事的时候付出的时间和精力。在同样的劳动强度下，可以用时间来衡量抽象劳动，就能够对抽象劳动进行量上的比较。

我需要某种东西，要去跟别人交换。在交换的时候就需要有尺度了，我该拿多少东西去跟别人交换呢？假如这个黑板擦是属于我的，我要是拿这个黑板擦跟大家换一台电脑，你们会换吗？肯定不会，因为这不公平。

或者我抓来一把空气，要换你的电脑。你会说，老师，你怎么可能拿空气来换我的电脑呢？但空气对大家来说是多么重要啊！空气是有使用价值的，为什么没有办法拿来交换呢？就因为它虽然有使用价值，但是它没有交换价值。为什么呢？因为在空气中并没有凝结着我们的劳动。如果我们把空气制作成氧气，放在氧气袋里，就可以卖了，因为其中凝结了我们的劳动。

为什么需要把我们的劳动凝结在物品里呢？大千世界里有那么多的自然物，这些自然物是生来就能为人服务的吗？一棵树，长得好好的，它是专门为人而长的吗？它就是自然界中的一棵树，目的并不是为人所长和所用的，空气存在的目的也不是为人所用的。但有的东西，虽然不是为我们所用而存在的，我们也是可以直接用的。比如说，我们可以不经过劳动的改造就可以直接用空气。

这样的东西如果供应是很充足的，我们就不用花钱买，虽然它对我们来说是非常重要的。我们可以想象得到，如果没有空气，社会将会是什么样子。而有很多自然长成的东西并不能直接为我们所用，我们就要根据我们的需要改造自然物。怎样才能改造呢？我们必须要有具体劳动才能改造。比如说，我们需要空调。空调是大自然里原来就有的吗？没有。我们需要设计。那么只设计出来就可以吗？我们给每个人发一张空调图纸，是没有办法用的。制造空调的人就是生产性劳动者。人类社会依赖于生产性劳动者来制造产品，所以我们说劳动人民创造历史。

商品是怎么产生的呢？有劳动分工的情况下才需要有物品的交换，而为交换生产的物品就是商品。劳动分工就是让每个劳动力专门从事某种生产或生产过程的某个部分。这样的劳动专业化能够导致更多的总产出，因为劳动者可以更熟练地完成某些任务。比如说，韦老师做鞋做得挺好，你们做空调做得很好。老师想要你们做的空调，我又没有别的东西给你们，我就要用我做的鞋来交换。因为你们也是需要鞋的，我就可以拿鞋跟你们换空调。

那么鞋的使用价值和空调的使用价值怎么算比例呢？我拿多少双鞋才能换你的一台空调呢？在这个交换的过程当中，双方都要觉得换得值，你们没有占我的便宜，我也没有占你的便宜。换完以后，双方都得到了使用价值。怎么才能换得公平呢？这就要靠社会必要劳动时间来衡量了。

二　社会必要劳动时间

社会必要劳动时间指的是在现有的社会正常的生产条件下，在社会平均的劳动熟练程度和劳动强度下，制造某种使用价值所需要的劳动时间。在商品生产和商品交换中，商品的价值量取决于社会必要劳动时间，商品按照价值相等的原则互相交换。这就是价值规律。有的同学可能会想，不就是劳动时间吗？我可以磨洋工。本来 100 个小时就可以生产一台空调，我用 200 个小时。本来一双鞋我 5 个小时就可以做出来，我用 10 个小时。

这里就出现了个别劳动时间和社会必要劳动时间的区别了。商品是用来满足社会需要的产品，因此商品的价值不是个别价值而是社会价值，商品的价值量不是取决于个别劳动时间，而是取决于社会必要劳动时间。个别劳动时间长于社会必要劳动时间，而出卖商品的时候只能按社会必要劳动时间来衡量其价值，因此就会赔上时间。比如说，你做了 3 个小时，但只能得 2 个小时的工资。而个别劳动时间短于社会必要劳动时间，就能节省时间。比如说，你做了 3 个小时，却可以得 5 个小时的工资。总的说来，有多少人赔了时间，就有多少人节省了时间，总量是一样的。因此想要工作时间少，而挣钱多，就要提高劳动效率。竞争就是提高劳动效率的竞争。

这个原理可以延伸来解决我们的学习问题。有的同学说，老师我不知道我在什么方面最有竞争力。你可以用个别学习时间和社会必要学习时间来衡量。比如说，通常人们学好数学需要 100 个小时，而你学 80 个小时就能学好，你就有竞争力。很多竞争都是时间的竞争。还可以借助很多手段来提高自己的学习效率，使得自己的竞争力更强。大家的学习效率都提高了，自己原来是领先了，也可能会落后。在市场经济中，优胜劣汰，就是时间效率高的淘汰时间效率低的。

所以，合理利用时间非常重要。背单词要在自己的学习效率最高的时间背。先学什么和后学什么也很关键。常言道，磨刀不误砍柴工，欲速则不达，指的就是要把基础弄扎实，后面的工作和学习效率才能得到提高。竞争就是想方设法地在总体上节省时间的竞争。人把一辈子作为一个时间段来筹划，以最能节省时间的方式来做自己最有天赋和最喜欢的工作，就能使自己的竞争能力最大化。在这种竞争中，还包括引入外援和利用先进的工作和学习工具来提高竞争力的竞争。

现在我们回到主题上来。我们出售产品时，不是以个别劳动时间算的，而是以社会必要劳动时间算的。那我们怎么才知道社会必要劳动时间是多少呢？那就要靠把商品投放到市场中来看。我们首先假设，我们投放的市场是个供需平衡和没有垄断的完全竞争的市场。我们定价太高人家就不买。在有货币的情况下，社会必要劳动时间的价值量是按价格来标注的。

在纯粹的市场中，同类的同样质量的东西的价格应该是一样的。价格定高了，别人不买你的商品，而价格定低了，你又不肯干。因此商品生产和交换中遵循着等价交换的价值规律。但是如果出现了垄断现象，商品的价格就会背离价值。商品倾销现象就是通过低价来争夺市场。倾销者以低于价值的价格大量出售商品，使得其他商家纷纷破产。

等他垄断了市场，他再通过高于价值的价格出卖商品，获得垄断利润。所以，倾销和垄断都会破坏等价交换的价值规律，会破坏市场秩序，因此为了维护市场秩序，政府通常是反倾销和反垄断的。我们国家的商品有的时候被当成倾销商品，就是因为外国人怕我们通过低价挤垮其他商家，然后又谋求垄断利润。

这个原理延伸到政治领域，当西方人假设人都是自私的，只要没有竞争对手，一家独大形成霸权时，霸权者就会为所欲为。因此他们认为权力是需要制衡的。如果一个党派先通过收买人心，打败其他所有党派，并把其他党派削弱到没有竞争力的地步，就会形成霸权，从而使权力失去制衡，导致专制现象的产生。如果人民没有党派把他们凝聚起来，人民中的每个人都单打独斗，是无法抵制霸权的。所以，霸权者一般是制裁带头反抗的人，放掉其他的人。

在霸权体制下，一个民族的命运取决于霸权者的好坏。遇到好的霸权者，这个民族的发展会突飞猛进，因此效率高、凝聚力强。而遇到暴君和坏的霸权者，这个民族就会陷于灾难之中。而权力制衡又会带来内讧和效率低下的情况。竞争的双方在忙于争夺和保住权力，不能勇于去承担失去权力的风险，因此会懈怠和不作为。出路在哪里呢？我们后面会讲到。

三　供求关系

从使用价值的概念中，我们就能引申出市场的概念。使用价值是能满足人们某种需要的物品的效用。一种能够满足自己的需要或朋友的需要，不拿去卖的东西，是有使用价值的，但不是商品。而商品要具有能满足购买者的需求的效用。如果一件物品，不能满足任何人的任何需求，不管人凝聚了多少的劳动在里面，那这个东西都是卖不出去的。只能满足自己的需求，也是卖不出去的。所以，要制造商品，就要具有很敏锐的感知社会需求的能力。

不了解社会，不懂人文学科和社会科学，就使得人难以推知社会需求，因此难以产生具有符合社会需求的商品的创意。市场指的是买卖双方进行商品交换的场所。我们要根据市场的需求来创造和生产商品，就是要找到有购买力的需求。大家看我手里的这本脏兮兮的日历，马上就要淘汰了。这本日历中凝结了我的劳动，但我相信它只对我有价值，其他人捡到了就会扔到垃圾桶里去，因为它对别人是没有使用价值的，因此它没有交换价值。

具有交换价值的东西，一定不光是对自己有用，至少要对另外一个人也有用，才能交换。有的人假设自己制造的东西对别人有用，其实没有用。有的人制造的东西确实有用，但不好用。有的人制造的东西确实好用，但是人们感觉成本太高，不值得买。有的东西虽然好用，但是可用可不用的，因此也不必然能够卖得出去。所谓推销，就是把别人不要的东西，硬卖给别人。营销就是先通过广告等，使得人们产生对于某种产品的需求，然后由顾客自己来买商品。

服务也是种商品。有的商品就直接是起服务作用的，而有的服务则是人来提供的。但人在市场中竞争，要去提供一种服务，人也就成了商品。雇主买你一段时间的劳动力。他买的是你的具体劳动的能力，还要买你的职业道德。所谓职业道德，就是你确实能够按合同的要求来保质保量地使出你的具体劳动的能力，而不是偷懒。所谓高分低能的人，就是自己打着的牌子与自己的实际能力不符，这也算是假冒伪劣商品。

在市场经济条件下，大学是在培养好的商品。职业道德＋具体劳动能力，就是好的商品，二者缺一不可。有的人失业，并不是因为他的具体劳动能力不强，而是他的职业道德差。当然，在一个制造假冒伪劣商品的企业里，需要职业道德不好的人。在市场经济中，当一个人成为商品，对于雇主来说，最好的商品就是以雇主的意志为意志，乖和出活儿。而雇主则是要满足顾客的需求。最好的服务是恰好满足了顾客需求的服务，因为过多的服务会导致高成本，高成本也是需要顾客来支付的，所以超过顾客需要的服务就是多余的服务，因此服务是要分级别的。

那么怎么知道社会必要劳动时间是多少呢？我们需要假设存在一个理想的市场，在这个市场中，供需是平衡的，这时商品的价格（在有货币的条件下，商品的交换价值表现为价格），就是完全按社会必要劳动时间来决定的。商品的交换价值＝成本＋社会必要劳动时间。那么我们怎么来计算成本呢？有些东西完全是自然物，它并没有凝聚我们的劳动。如果这种自然物的供应是充足的和不稀缺，这种东西就是免费的，比如说空气。

如果我们要加工空气，我们就可以随便拿来加工，购买空气的成本为零。有的自然物少，是供不应求的，它虽然没有凝结人的劳动，但依然是可以卖钱的。那怎么定价呢？通常是根据各个地方的约定俗成的规矩来定，要根据不同地区、不同民族的生活对那种东西需要的多少或者供求的多少来定价。供大于求的物品就会不值钱，供小于求的物品就会很值钱。根据供需的变化，一个物品可能在此时非常值钱，彼时又一文不值。商品的价格也会出现类似的情况。

在人类社会中，有的人才是无价之宝，比如说大师。大师不是按照一定的规律就能培养出来的，他们的出现要同时具备很多条件。没有一定的历史条件产生不了大师，而历史条件不是我们能够随意决定的。再有，即使有了历史条件，还需要具有大师天赋的人的长时期的努力，在恰好的时间恰好地出现，才能产生出一代宗师。在商品经济条件下，创作他们的作品的社会必要劳动时间是无法确定的，因为他们的作品常常是独一无二的，没有比较，就算不出社会必要劳动时间。

这样的作品的价格就是按供需来定价的。但这样的作品的价值的真正来源是凝结在这个作品中的独特的具体劳动。由于这种作品是稀缺的，因此定价就会远远高于凝结在作品中的个别劳动时间。什么样的作品能够成为大师之作，有时是出乎人意料的。同样的作品，在一定的历史条件下，什么也不是，而在另外的历史条件下，则会成为无价之宝。因此，人只能选择自己最有特长和社会最需要的方向努力，至于结果，只能由社会需要来决定。这就是孔子所说的："尽人事，听天命。"

四 市场中不产生新的价值

商品的价值是在市场中实现的，也就是说我们的商品挣不挣钱要看在市场中卖不卖得出去，但市场是不产生价值的，也就是说市场不产生钱。市场中的商品的价值总量是由总的社会必要劳动时间决定的，而单个商品的出售价格则是受市场的供需决定的。有的人多挣了，肯定有人少挣了。正常情况下，价格是围绕着价值上下波动的，也就是围绕社会必要劳动时间上下波动的。举个例子来说，现在我把咱们班同学的钱财全部收集起来。这些财富如果不用来投资生产，是不会产生新的财富的。现在老师可以用私有制或公有制的方式来分配这些财富。

如果我是以公有制的方式来分配财富，不管是按劳分配也好，按需分配也好，我分配完了以后，大家只能消费它们，不能进行交换或买卖。自己用不了，可以赠与他人，可以归还给集体，这样就不会产生贫富分化。如果我采用了私有制，我把这些财富按劳分配或平均分配给大家，这些财富属于个人私有，可以在市场上买卖。现在我们把赌局看成是市场，我们现在大家一起玩牌，而这些财富是大家玩牌的赌注。

这样，几局下来，财富的分配就会发生变化。有的人变成了富人，有的人变成了穷人，有的人因此还欠了债。其中，人玩牌的技术和牌运的好坏都在起作用，因此贫富具有偶然性。假设我们班的同学都不去劳动，我们一共就这么一些财富，我们只是在玩牌，玩牌的过程中并不会产生新的价值和新的财富，只不过是有的人多得了，但这种多得必然要以有的人少得为前提。如果我们只有市场，不进入生产领域，财富总额只有这么多，大家在这儿换来换去，并不能产生新的财富。

五 商人不一定是资本家

资产阶级产生之前存在的商人和现在的资本家是不一样的。过去的商人是靠什么来富裕起来的呢？他们是利用市场中的供需不平衡来赚钱的。商人就是买卖人，做买卖就称作"经商"。商人们虽然腰缠万贯，但是一直没有相应的社会地位。韩非子在《五蠹》中将商人称为"五蠹"之一，蠹就是是蛀虫的意思。人们把做贩运贸易的叫做"商"，坐售货物的叫做"贾"。商朝很繁荣，因为商民很善于经商，因此后世将经商的人称为"商人"。

有几种垄断现象的出现能够产生供需的不平衡，商人就会从这种不平衡中挣到钱。

第一，自然垄断。比如说，粮食的供需本来是平衡的，可突然遇到自然灾害，粮食稀缺了。有的大商人就买了好多粮食，以垄断的高价卖出去，获得暴利。肯定会有这种情况出现，但这种情况在科学发展水平落后时，很难预测。作为一个商人来说，他今年囤积了很多东西，遇到供不应求，价格暴涨时就能挣好多钱，而遇到供大于求时，价格暴跌，就会赔。

就像炒股票，如果你不是做长线投资，只是在那儿瞎炒，偶然性就太多了。当然，有大户操作时，对于大户来说盈利比较稳当。在完全自然的情况下，股票市场去掉分红不说，短线炒股具有很大的偶然性。完全炒股的人的命运与商人的命运相似。商人的命运是具有偶然性的，他可以暴富，也可以暴赔，很难掌控自己的命运，因此才有商人"富不过三代"之说。而且，由于商人不创造新的价值，因此在中国的封建社会中，才有以农为本，以商为末的思想，商人的社会地位比较低，被称为投机倒把之人。

第二，人为垄断。当一个商人有很多钱，能够把市场给垄断起来，没有了竞争，他就可以人为地加价，从而获取暴利。几个商人联合起来，也可以干同样的事情。

第三，科学技术垄断。高科技通过申请专利可以被保护起来。表面上是保护了原创者的利益，其实是保护了大企业的利益。大企业购买了专利，进行垄断性规模生产，从而获取垄断性的高额利润。高科技是摇钱树，这种东西能够使人暴富起来。而如果只是在市场中买卖高科技产品，没有进入生产领域，那么这些人也只是商人，而不是资本家。市场的供需变化只是把一个人的钱掏出放到另外一个人的兜里，只是在再分配财富，并不产生新的财富。因此，虽然在原始社会末期就已经有了商业，奴隶社会、封建社会里都有商业富豪，但是我们并不把他们叫做资本家。

第三节 资本的产生

一 第一桶金的来源

资本家指的是占有生产资料，依靠剥削雇佣劳动榨取剩余价值为生的人，其中包括借贷资本家、手工业资本家、产业资本家和商业资本家等。要做资本家，首先要有资本，这样才有钱购买生产资料和雇佣劳动力。第一桶金就是第一笔资本。第一笔资本可以是在市场上因为需求大于供给而暴富得来，也可以是通过贷款得来。剩余价值有两个含义：当"剩余价值"是与"自用价值"相对的时候，指的是劳动者创造的超过自身及家庭需要的那部分价值；这种剩余价值的生产并不是只存在于资本主义社会，而是在原始社会末期以后的各个历史发展阶段都一直存在。

而马克思所说的剩余价值特指的是雇佣工人创造的被资本家无偿占有的超过劳动力价值的价值，体现的是资本家和雇佣工人之间的剥削和被剥削的关系。资产阶级痛恨马克思，就因为马克思让他们感觉很没面子，即使他们剥削了，他们也不愿意承认，所以一定要通过各种理论说明他们追求的利润是合理的和他们应得的。有的学者为了不让人们把两种剩余价值的含义混淆在一起，就把以前的剩余价值称为剩余产品或剩余劳动，只把资本主义社会的剩余价值称为剩余价值。

有市场不一定要有资本家，但有资本家一定要有市场，因为资本家要在市场中集聚资本、商品要在市场中出售才能赚取剩余价值、资本要不断地循环才能不断地集聚大资本。资本家的第一桶金通常是怎么得来的呢？比如说，现在同学们各得了100元。如果每个人都只是拿着这100元，我们没法把这些资金聚集起来，而资本家必须到生产领域去投资才能产生出剩余价值，而生产是需要资本来购买生产资料和雇佣劳动力的。如果谁的资本都不够资本的数额，就无法进行投资生产。

现在，我们就开始赌博了，通过市场的供需不平衡来产生暴富的人。通过赌博，资金就能够聚集到少数人手里。从这个角度看，大家是公平的，公平地在市场中靠技能和运气获得了比较大的资金。有的人并不把这些资金拿去投资，而是继续赌博，遇到运气不好的时候，又全赔了。而资本家则不同，他把这些资本拿去购买生产资料和雇佣劳动力，进入生产领域，开始生产利润。这些资金就是资本，这些投资人就是资本家。所以，资本家可能是通过商人起家的，但商人不一定是资本家。资本家还可以通过聚集股份、通过借高利贷或银行贷款来获得资本。这些情况我们在后面会讲到。

那你说资本家怎么那么热爱劳动人民啊？他怎么要去组织工人劳动啊？他怎么那么勤劳和不怕麻烦啊？他怎么要去冒那么大风险从事生产啊？他怎么那么节俭啊？不舍得用不舍得花，要尽量把每一分钱都投到生产领域啊？而且自己的钱投进去还不够，还要借银行和其他人的钱投进去，赚不了钱得承担多大的压力啊！有的资本家没日没夜地在筹划和管理企业，其中不乏过劳死之人。有的人在尝试过当资本家后说，资本家还真不是好当的。那资本家为什么有那么大的动力来承受那么大的压力和风险呢？

第一，在资本主义社会中，金钱成了衡量一切的标准。金钱的高度与权力的高度是相等的。人通过获得金钱能够获得很多特权，能够获得很高的社会地位，能够呼风唤雨，能够占有最好的资源。能够让政府真正地成为他们的公仆。通过获得金钱，他们可以获得自由权。自由度的大小与金钱的多寡是相对应的。资本主义社会的那种人们普遍享有的权利，只有以金钱为依托才能真正实现。那里是一个新的等级社会，用金钱搭起来的等级。

第二，表面上是人人都可以到市场上去冒险，运气是均等的，而且资本家有很多都是白手起家的，因此让人们感觉到自己不能成资本家，并不是社会不公平，而是自己运气不好或自己没有本事，怪不得资本家，也怪不得社会。自己运气不好，也许自己的孩子运气就好了呢。自己没有本事，辛苦一点，让自己的孩子去读经管学院，也许他就能暴富，也成为大资本家呢。最后尽管实际上只有很少的人真正成为资本家，但是这个社会可以给人梦想的空间，每个人都认为自己是有可能成为资本家的。

所以，从价值观上并不认为资本家在剥削，他们是人们羡慕的对象，人们奋斗的楷模，是很能干、很成功和运气很好的人，他们的所得是应该的，因此很是被人追捧，活得很有面子也很荣耀。人们因为能够与这些人有点关系而感觉无上光荣。人们都期望自己有一天能够像他们那样富有，而不想一个社会全是与自己一样贫穷，这样意味着他也没有暴富的可能了，没有想象的空间了，没有奋斗的目标了。

在这样的社会条件下，人的生活目标很简单，就是挣钱，钱越多越好。资本家追求的唯一目标就是挣更多的钱。而能够保证他们相对稳定地挣更多的钱的方法，就是不断在生产领域中生产出表现为利润的剩余价值。资本就是能够带来剩余价值的价值。资本追求的是获取剩余价值。怎么才能产生剩余价值呢？到生产领域去。在市场上，供需过程不产生新的财富，所以去生产。在生产的哪个环节上产生了剩余价值呢？要投入生产，首先需要资本。有的生产需要很多资本，没有足够的资本就无法到生产领域去投资。

所以，理论上说，在资本主义社会谁都可以当资本家，但没有资本的人是没有条件当资本家的。光靠节省工资来积累资本，做小买卖可以。大资本的聚集需要抓住市场暴涨的机会、需要金融机构、需要先有一部分资本不断滚大。比如说，一个技术人员开发出一项专利。他自己没有资本投资。他请别人投资，别人是资本家而不是他。他要通过专利入股，资本家也不会给他太多的股份，其实还就是把他卖专利的钱折合为股份给他。管理人员入股，也是把该给他的工资折合为股份给他。职工入股的性质也是类似的。真正能够做资本家的是那些有资本的人，这样的人实际上只是少数人。

二　资本的用途

资本可以分为不变资本和可变资本。资本家用于购买生产资料的资本称为不变资本。这部分资本的价值量是不变的，只是把生产资料的价值转移到产品中去。有的生产资料是一次性转移到产品中，有的则是以磨损的方式不断转移到产品中。这部分资本不能增值，但是没有这部分资本，就不可能产生剥削。雇佣工人之所以被迫受资本家雇佣，就是因为他们没有购买生产资料的不变资本。生产的规模越大，技术越先进，需要的不变资本越大，能够成为资本家的人越少。

可变资本是资本家用于购买劳动力的资本，也就是工人的工资。在劳动力的使用过程中，不仅能够创造出补偿劳动力价值的价值，而且能够创造出剩余价值，从而使资本增值。不管资本家喜欢不喜欢工人，他们都必须与工人打交道，因为没有工人就断了他们的财路。如果他们只是买了一大堆生产资料，一个工人也没有，那堆生产资料是不会增值的。资本家剥削工人的程度可以通过剩余价值与可变资本的比率揭示出来，也就是利润与工人的工资的比率，从中可以看到一分钱工资可以带来多大的利润。

资本家支付给工人的工资是购买劳动力的，而使用的是工人的劳动。在资本家的工厂里，还需要两种关键的非生产性劳动者：经理和会计。他们是劳动者，但是他们并不创造新的价值。他们的工资来源于雇佣劳动者的剩余价值。如果一个工厂里只有一堆生产资料和一个资本家、几个经理和几个会计，那是创造不出新的价值来的。在资本主义社会里，这些人是很可悲的，因为他们本身也是劳动者，但是他们成了资本家压榨工人的工具。压榨能力越强的经理和会计，越是受资本家青睐的人选。资本家对工人的残酷剥削是通过他们来实施的。他们的作用就是让工人以最高的效率去劳动。他们的压榨能力，关系到工厂最后的利润的多少。

劳动者在被买到生产领域以后，就被当成工具尽可能地使用。在这里是没有自由可言的，因为在合同中他们已经把自己卖成了钟点奴隶，在工作时间内必须对资本家和经理百依百顺，工作的好坏完全根据资本家和经理的标准来进行判断。当然，在这里资本家和经理并不是因为感觉好玩想来虐待工人，而是要让工人给他们创造出尽量多的剩余价值。在马克思生活的那个时代，工人的平均寿命只有 40 多岁。

他们在工作时间内被过度使用。资本家很节省地使用生产资料，却拼命地使用工人。因为工人可以买一天，买一个月，也可以买一年或几年，资本家可以用到只要他们能活着出去为止，要榨干他们的劳动。所以工人的自由只表现在市场上。在市场上交易的时候，工人们感觉这个社会是非常自由的，表现为工人们去求着资本家，得到一个什么职位就高兴得不得了，这个行为是自愿的，并不是资本家强迫工人签约的。

当工人们把他们的一年或者两年的时间卖给资本家的时候，资本家怎么使用就是资本家的事情了。工人出卖的是劳动力，而不是劳动。资本家不买工人的终身，只买一段时间，在这段时间里就可以把工人往死里用。合同期满就可以解雇，而解雇以后工人的死活就与资本家没有关系了。

三　工资的来源

资本家按什么标准来支付给工人工资呢？第一，维持劳动者自身生存所必需的生活资料的价值；第二，劳动者繁衍后代所必需的生活资料的价值；第三，劳动者接受教育和训练所支出的费用；第四，还包含着历史的、道德的因素。从这里可以看到，工人在有工作时并不是一无所有的，他们有生活资料和教育费用，但他们依然是无产者，因为他们没有生产资料，因此他们不得不出卖自己的劳动力。他们的工资只是刚够他们维持生计，只要失业就无法生存。因此，对于工人来说，最让他们焦虑的事情就是失业，为此工作时不得不胆战心惊的，害怕被解雇。

可即使自己很听话很努力，但当经济危机到来的时候，工厂倒闭了，照样会被解雇。下一份工作会在哪里？年龄大了，还有没有人要？不知道。在这种压力状态下生活，幸福指数怎么能高呢？每天都是有不安全感在陪伴着自己的强体力劳动。所以，不少工人都是烟酒和毒品的消费者。只是为资本家生活，是找不到自己生活意义的。如果一个人是在为自己的国家工作，自己还有贡献感，而为资本家工作，是找不到这种感觉的。

工人们的工资怎么就能定在工人们能够接受的底线上了呢？因为资本主义社会中总是存在一定的失业率，所以每一份工作都需要竞争上岗。为了使自己有竞争力，工人就只能在自己接受的底线上竞争。失业者领取到的失业救济金是少于工资的，因此生活状态会恶化。而且失业救济金不是永久性的，只提供几个月。在这几个月里必须找到工作，因此就不得不把自己的工资压到底线上。严格上说，工人需要自己能生存、自己的家庭能生存还要有教育费用，而在竞争非常激烈的时候，能保证自己生存就不错了，也不找对象和不生孩子了。这样就产生了很多廉价劳工。他们不仅剩余价值部分被剥削了，正常的出卖劳动力的工资也被压低了。

在工作状态中，工人的剩余价值被剥削了。剩余价值可以划分为绝对剩余价值和相对剩余价值。每个工人的工作日都是分为必要劳动时间和剩余劳动时间两个部分。在必要劳动时间里，工人在为自己的工资劳动。而在剩余劳动时间里，工人是在为资本家劳动。延长剩余劳动时间，资本家就可以得到更多的剩余价值。也就是说，工人即使不加班加点，资本家也能得到工人的剩余价值。比如说，一个工作日是 8 小时，工人为了获取工资只工作 4 小时就够了，此外他还要为资本家工作 4 小时。如果需要加班，虽然资本家支付给他们加班工资，那也只是按必要劳动时间付给工资，必须要有为资本家劳动的剩余劳动时间。

另外，资本主义生产的发展经历了简单协作、工场手工业和机器大工业这三个阶段，在提高劳动生产率的同时，扩大了相对剩余价值的生产。原本工人一天工作 8 小时，4 小时是必要劳动时间，而劳动生产率提高后，工人工作 1 小时就能补偿自己的工资了，而他依然要工作 8 小时，因此剩余劳动时间部分就相对地延长了。而且，随着机械化程度的提高，对劳动技能的要求简单化了，教育费用部分就可以省了，而且有更多的人能够胜任这样的工作了，竞争就会更激烈，工资就会更低。由于劳动技能要求简单化了，工人的工作就非常无聊，只是在快速重复一些非常简单的动作。在这样的劳动中，工人们体会不到成就感，就是像机器一样在运作。

四　慈善和保障系统的功用

在发达的资本主义社会中，有孤儿院、有残疾人就业的企业还有一定的社会保障体系。孤儿院是怎么来的？在资本主义原始竞争的初期，资本家为了榨取剩余价值，能用童工的就用童工，能用妇女的就用妇女，而且由于工作强度大、工作时间长，过劳死现象比较严重。大人过劳死了，孩子们就变成孤儿了。孤儿们进了孤儿院。在孤儿院里孤儿们通常是要劳动的。孤儿们是很穷的，但孤儿院的老板并不穷。因为他们是在做慈善，因此可以吸纳一些企业的资助，国家通常在税收上给予优惠，他们再组织孤儿们进行劳动。残疾人企业也是类似的。在西方，有句话说，没有免费的午餐。孤儿们和残疾人也是在靠自己的劳动活着，不是什么人在养活他们。

资本主义社会的社会保障体系，主要是源自这么几个原因：

第一，为了社会稳定。尤其是在苏联的社会主义影响比较大的时候，资本主义社会为了调和劳资双方的矛盾，在资本主义的民主社会主义模式中，建立起了从摇篮到坟墓的社会保障体系。这种社会模式存在的问题是，它并不是靠生产力水平的高度发达来支持的，而是靠先发优势，其资金来源于对落后国家的工人阶级的剩余价值的剥削。当后发国家发展起来的时候，就会出现资金危机，从而难以为继。现在英国和意大利就出现了这样的问题。

第二，只为社会最低层提供社会保障。在以美国为代表的自由资本主义社会中就推行这样的模式。这主要还是为了考虑社会稳定因素。如果一个社会中有难以生存的人，他们就容易变成强盗和小偷，危及的主要是富人。

第三，资本在不断的流动中才能赚到更多的钱，资金链断了，就会出现经济危机。而资金链不断，生产出来的产品就需要有人购买和消费。因此，资本主义鼓励人挣多少花多少，甚至鼓励人借钱来花。有了社会保障体系，大家有了安全感，有钱就敢花，也敢借钱花。

第四，因为有了社会保障，工人之间的竞争变得更加激烈，他们的底线放得更低，使得工人的工资总体下降，从总体上看是有利于资本家的。

第五，蓄水池的作用。因为资本主义经济的发展是周期性的，在经济大发展的时候需要好多工人，而经济衰退的时候又需要把工人解雇，所以需要有个蓄水池。在暂时不需要的时候就能把工人扔到社会保障体系中，而如果继续把他们留在工厂里的话，会成为资本家的负担。

而社会保障体系是以一种你白拿的方式出现的，白拿你还能去讨价还价吗？只能给你多少是多少，还要感谢这个社会，因为这个社会还让他们活着呢！这个社会告诉工人们说，资本家在购买他们的劳动力的时候，已经把全额工资给他们了，这个社会并不欠工人们什么。工人们现在来拿这些保障金等于是白拿的，靠的是征税，尤其征的大资本家的税，因此是富人在养活落到底层的工人们。领取救济的人，是没有尊严可言的。其实用于社会保障的钱还是工人阶级的剩余价值的转换支付形式。

第六，如果资本主义国家需要更多的人口，尤其是需要更多的劳工时，它就会鼓励多生孩子。一个母亲可以生七八个孩子，每个孩子都给补贴，那母亲就可以不工作，专门来养孩子。而这样养出来的七八个孩子，很难有进一步接受高等教育的机会，所以他们就被再生产为与他们的父母类似的劳工，很早就去工作了。

五　什么挣钱就生产什么

资本家生产的目的并不是为人民服务，而是为顾客服务，也就是为愿意购买和有购买力的人服务。资本家对商品的使用价值是不感兴趣的。他们并不是生产他们自己要用的商品，也不是因为自己特别喜欢什么商品才生产什么商品。商品只是他们获取金钱的手段，什么挣钱就生产什么。因此，资本能够在各种商品之间、各种生产部门之间快速流动。使得今天能挣大钱的商品，很快就挣不了钱了。今年这个商品挣大钱，明年那个商品挣大钱，完全由供需之间的关系决定。资本本身并不迷茫，因为它总是追着挣钱的地方去投资。在完善的资本主义制度下，资本流动是很容易的，而受害者是雇员，尤其是有一定职业限制的雇员。受职业专长的限制，专业人员是难以跨行业跳槽的。即使能够丢掉老本行跨行业跳槽，自己在新的槽里未必有竞争力。

如果一个人选择职业的唯一标准是挣大钱，四年前上大学选择专业的时候，选的专业很热门，能挣大钱，而毕业的时候已经挣不了大钱了，这个时候，自己就会郁闷了。其实，在资本主义社会中，能挣大钱的就只有资本家。其他的人，多挣也多挣不了多少，少挣也少挣不了多少，多挣的人付出的劳动强度也比较大。自己的命运也很难由自己来左右和筹划。在这种社会中生存，就只能随着供需不平衡上下浮动，因此导致了人心浮躁。在激烈的市场竞争中，商品的价格是围绕社会平均成本和社会平均利润上下浮动的。社会平均成本指的是部门内不同企业生产同种商品的平均成本，由商品生产过程中的社会必要劳动耗费决定。

成本是生产过程中消耗的物化劳动的转移价值和相当于工资的那一部分活劳动所创造的价值的货币表现，是制定价格最基本的依据和最低的经济界限。也就是说，按成本价出卖，就是保本，而低于成本价卖就是赔本，超出成本价的部分才是获利。资本家追求的是等量资本获得等量利润，而这个目的的实现并不是资本家坐在家里，等资本自己去实现，而是要敏锐地让资本在不同部门之间流动。流动慢的，就会得到低于平均利润的利润，而流动快的则能得到高于平均利润的利润。

平均利润指的是不同部门的资本家，根据资本的大小，按照平均利润率获得的利润。在资本主义社会中，资本有机构成高或资本周转速度慢的部门，利润率较低；资本有机构成低或者资本周转速度快的部门，利润率较高。当利润率不同时，等量资本不能获得等量利润。什么是资本的有机构成呢？资本的技术构成指的是生产资料与劳动力之间的量的比例。也就是说，一个劳动力能够推动多少生产资料。比如说，一个工人能够管多少台运转着的机器。

而这种技术构成，可以用价值的方式来表示，就表现为不变资本与可变资本之间的量的比例，这就被马克思称为资本的有机构成。不变资本不带来剩余价值，只有可变资本才带来剩余价值，因此在其他条件不变的情况下，这个比率越高，利润率越低。而剩余价值是在不断出售中实现的，因此资本周转慢也会导致利润率低。于是资本就会不断地由利润率低的部门转向利润率高的部门，从而引起各部门的商品在市场上的供求关系的变化，最终导致商品价格的变化，直到各个部门能够大体上形成平均利润率的时候才会大致地停止下来。

形象地说，就是资本家为了获取更高的利润，在不同的生产部门之间来回跳槽，到挣钱最多的地方去，结果就使得资本家最后挣的钱都差不多。今年这个资本家赶上了多挣点，明年没赶上少挣点，只要不是生产出没有人要的商品来，只要大致符合社会平均成本，多少都能挣点。如果其他资本家都通过改进技术降低了成本，自己的成本太高，高到一定的程度就会赔了。赔到一定的程度，资本支撑不住，就破产了。这不像是天灾人祸，因为这是有规律可循的，因此有的资本家能够长久地立于不败之地。

六 生产力水平的快速提高

资本家之间的激烈竞争，必然导致生产力水平的快速提高，使得资本主义社会比以前的任何社会发展都快。我们说，商品的价格是围绕着生产价格（即社会平均成本和社会平均利润之和）上下浮动的。资本家的压榨能力越强，或者说管理越严格，就越能节约成本。如果在生产资料方面，资本大到一定程度，可以提前使用高科技产品，使成本低于社会平均成本，就能够获取超额利润。超过平均利润的那部分利润就是超额利润。资本家千方百计地使其商品的个别生产价格低于社会生产价格，以获得超额利润。

这样一来，资本家就要竞相提高劳动生产率（即劳动者在一定时期内创造的劳动成果与其相适应的劳动消耗量的比值）。而等全社会的平均劳动生产率都提高了，产品的价格就要下降。所以，在资本主义社会，由于存在着激烈的竞争，东西越来越便宜。在这个不断降价的过程中，谁抢先一步提高劳动生产率，谁就能得到超额利润。

以前的好多技能和方法是很难垄断的。比方说 A 采取了一种新的方法使用工人，可以获得超额利润，但很快这种方法就会被普遍化，大家都采用了，就挣不到超额利润了。另外，一种新科技，刚开始采用的资本家能够获得超额利润，大家都采用了也就挣不到超额利润了。所以，什么东西被人一模仿，就挣不到超额利润了。有的人看到什么东西火了，就开始模仿。为什么模仿的人通常赚不到超额利润，而初始者就能挣到超额利润呢？就因为个别劳动生产率提高了，但社会劳动生产率还没有提高。

当大家一起模仿的时候，社会平均劳动生产效率就提高了，社会必要劳动时间就降低了，产品的价格也就降低了，因此跟风的就难以赚到超额利润。领先才能获得超额利润。跟风虽然难以挣到超额利润，但是可以让自己的商品的成本不高于社会平均成本，才有立足的可能，才不落后。这样竞争的结果，就是越大的资本越有竞争力，因为它越能承受低价格。比如说，一种商品卖一件只能挣一分钱。这样的买卖小资本就无法做，而有的大厂家，一天可以卖出一亿件产品，一天就能盈利一亿，这样的大规模生产就能有利可图。我在美国的时候，我问过美国人，为什么美国的假冒伪劣产品比较少。美国人告诉我说，制造假冒伪劣商品的厂家成本比正品还要高，挣不到钱，谁还愿意假冒呢？

七 资本家为什么节俭？

在赚到钱之后，资本家跟以前的封建主不一样。封建主挣了钱就拿去奢侈享受，花天酒地，摆排场，修豪华的宫殿或住宅。我们到欧洲和到美国的感觉就不太一样。在欧洲，我们可以看到很多精美雕饰的建筑，而那些建筑都是封建社会留下来的。在美国，我们看到的很多建筑物都是非常简易的。而且，如果我们与资本家打交道，大家都能体会到他们非常精打细算，比我们没有那么多钱的人还要在乎钱。

这就是因为资本家要在金钱和权力之间纠结。资本家拥有的金钱的多少代表着他的权力的大小，这就导致资本家对金钱的欲望是无止境的。把钱花掉了，权力就小了。要保持权力的高度，就要不断地积累金钱。所以，资本家要把节省下来的每一分钱都投入生产中，要尽可能多地把利润节省下来投入扩大再生产，通过扩大再生产来滚雪球，让资本越滚越大。

扩大再生产指的是生产规模比原来扩大的再生产，而简单再生产指的是规模不变的再生产。简单再生产是处于维持阶段，而扩大再生产则处于扩张阶段。资本家都希望把自己的工厂做大，而要做大就需要不断地扩大再生产。因此，资本家在心理上永远是最穷的，他们总是感觉很缺钱。新教把资本家的这种特征描绘为一种节俭的美德写入新教伦理之中，以免让人们把资本家与封建主相比，感觉资本家太抠门儿，而封建主则慷慨大方。

八 为什么要提倡消费主义？

那资本家是不是真的很节俭呢？在工厂内部的管理上，在他们的生活方式上，那确实是比封建主节俭，但资本主义社会则是一个非常浪费的社会。资本家是通过鼓励浪费来发展的。没有资本主义社会，人类的自然资源能够节省很多。是不是有必要一个人就要驾一辆车？是不是有必要按时尚每天换衣服？在美国，很多还可以用的车到期就被报废了。资本主义社会是一个鼓励消费主义的社会。什么是消费主义呢？在资本主义社会中，消费主义追求的是体面的消费。

资本主义的劳动生产率的提高，出现了生产能力过剩和产品过剩现象。资本家不卖就赚不到钱，要赚钱就要顾客买。他们通过各种方式刺激人的消费欲望和消费激情，通过广告激起人的购买欲，通过品牌来让人消费符号标识。品牌就是给人贴标签。贴了人们羡慕的标签，就让人感觉很体面，而没有标签或贴了人们看不起的标签，就会让人感觉不体面和尴尬。

资本家要让资本不断地循环，循环得越快，挣钱的速度也就越快，因此努力把资本循环的过程尽量缩短。资本家的竞争实际上就是大资本跑得快的竞争方式，比谁的个儿大，比谁的周转快。没有人消费，资金链就会断掉，资本家就无法挣到钱了。为什么要提高折旧率？本来一辆汽车可以用 15 年的，一折旧两三年就报废了。在商品的自然寿命还没有完结的时候，就通过折旧把它完结掉，这样人们才能不断地去购买。所以，资本主义社会从它的生产体系内部来看是非常节约的，但是从生产体系的外部来看，它浪费了大量的资源。

第四节 资本中存在的分工

为了把资本的个儿变大，把周转速度变快，资本内部还进行了分工。资本主要被分成借贷资本、产业资本和商业资本。资本家也分成三大集团：借贷资本家、产业资本家和商业资本家。另外，还存在着大土地所有者。借贷资本家取得利息，产业资本家取得产业利润，商业资本家取得商业利润，大土地所有者取得地租，而利息、利润和地租都来源于工人们的剩余价值。

一　借贷资本和利息

借贷资本指的是为了取得利息而暂时贷给职能资本家（即产业资本家和商业资本家）使用的货币资本。职能资本家为什么要借贷呢？因为他们要大资本。有大资本才能做大事，有大资本才能承受利润率低的大规模生产，这样才能用低价格占领市场和挤垮小规模生产厂家，才能提前使用高科技从而获得超额利润。所以，大资本家如果破产，比一般人还要穷，因为一般人没有能力欠那么多债。虽然通过破产清算，资本家能够清掉自己的债务，但他们尝到的那种欠债的滋味是一般人尝不到的。

那借贷资本家为什么要借钱给职能资本家呢？因为他们想获得利息。利息率的最高限不能超过平均利润率。在平均利润率固定了的条件下，利息率也会受借贷资本市场供求关系的影响。那是不是工人们在银行存了钱，有了利息，就是借贷资本家了呢？不是。借贷资本家是可以靠利息生存的，可以不从事生产劳动。而工人们是没有能力完全靠利息生存的，他们还是要从事生产劳动，利息只是他们被无偿占有的剩余价值的部分偿还。工人们通常没有什么可以抵押贷款的，因此工人们是不可能通过在银行贷款而成为职能资本家的。越有钱的人越有能力借钱，越没钱的人越没有能力借钱。

货币资本的借贷主要是通过银行来进行的。银行充当的是借贷关系的中介者，银行资本家也是为了获得利润而经营货币资本业务的，他们赚的是放款利息和存款利息之间的差额，其利润率等于利润同自有资本之比，也不能超过平均利润率。而股份公司则是让资本的所有权与使用权相分离，股票所有者可以只凭资本所有权定期取得股息。工人们可以购买股票，但同样不可能只依靠股息生存，因此股息还是他们的剩余价值的部分偿还。

二　产业资本及产业利润

产业资本是直接投资到产业领域的资本。剩余价值是在产业投资中产

生的，是工人们创造的被资本家无偿占有的部分。剩余价值率是剩余价值
与可变资本之比，而利润率是剩余价值与全部预付资本之比，因此利润率
总是小于剩余价值率。利润其实就指剩余价值。而为了掩盖利润的本质，
资本家通过剩余价值与全部预付资本之比来说明利润的来源不只是可变资
本。如果没有产业资本，只是借贷资本和商业资本，那是创造不出新的利
润来的。所以，资本是通过产业资本来挣钱，挣完以后在资本家之间大致
按平均利润进行分配，这样使资本家形成了一个有着共同的经济利益、共
同剥削工人的剩余价值的阶级。

产业资本家可以通过领先提高劳动生产率，从而获得超额利润。这个
部分是借贷资本家和商业资本家都得不到的部分。产业资本家是按生产价
格（社会平均成本和社会平均利润）交付商品给商业资本家的，只要平
均成本低就能获得超额利润。从职能上来看，产业资本家是最重要的。只
要产业资本出问题，借贷资本和商业资本肯定要出问题。如果一个资本家
从借贷资本家那里获得很大一笔资本，但个别生产成本太高，生产不出剩
余价值来，资不抵债，就得倒闭。

在生产部门中，会计和经理非常重要。会计兼管资金的流向，需要在
生产过程中节约每一分钱。而且在做假账和逃税避税现象严重的情况下，
他们要有相应的能力，还要能够忠于资本家，要能保守秘密。经理则得心
狠手辣，要把每个劳动力都尽量地用到不死为止，最大限度地用尽工人们
的劳动。工人不是被当成人而是被当成纯粹的赚钱工具使用的。最有价值
的工人就是最能给资本家创造剩余价值的人，没有这种功能的工人就会被
解雇。

这里不是慈善机构，所以资本家不会考虑工人家里是不是有困难。我
在美国时，经历过一次经济危机。那时见有的地方在圣诞节前夕解雇员
工。我问，为什么不让他们过完节再解雇呢？他们反问我说，为什么要等
圣诞节后再解雇呢？还见到有的地方解雇员工是搞突然袭击的。今天中午
通知被解雇了，同时就有人来监管着被解雇的人，马上收东西走人。再
有，通过抵押贷款买的房，交不上钱了，银行是真来封房子。这里只有冷
冰冰的利益关系，没有仁慈可言。

为了加大劳动强度，工厂主用特别大的厂房集中生产，把空间距离缩
小，把动作分解到最简单，每个工人不断重复地做一个很简单的动作。这

个时候的工人们，连小猫猫、小狗狗的快乐都没有了。小猫小狗要玩还可以玩整个过程，而工人们只能玩一个动作，不管多疲倦多单调都要不断重复那个动作。这样的劳动分工，虽然提高了劳动生产率，但是工人们付出了血的代价，他们在工作时间里就是像奴隶一样地在从事没有自由的劳动。

三 商业资本和商业利润

在资本主义社会中的商业资本家与过去的社会中的商人不同。过去的商人主要是靠低买高卖来获利的，而商业资本家通常会分得平均利润。产业资本家按生产价格把商品交给商业资本家，商业资本家通常加上平均利润加以销售，当然也会受到供需关系的影响，会有浮动。在商品奇缺的情况下，商业资本家能够获得暴利，成为暴发户。商业资本家要在市场上完成惊险的一跳。他们从事的是商品销售。只有这一跳成功了，才能实现预付资本的价值和剩余价值，也就是说把本儿收回，同时获取利润。

生产出来的东西，如果没有人买，资金链就会断裂。个别商品出现这种情况，就会导致个别生产厂家的倒闭，而全社会普遍出现这种情况，就会产生经济危机。因此，在这个时候，政府就会出台一些措施刺激消费。比如说降低存款利率、通货膨胀。商业利润等于出售价格与购买价格之间的差额。生产性流通费用，在一定的限度内，可以算入成本。而纯粹流通费则是通过加价来得到补偿的，因此商品的运输费越贵，出售价格越高。

四 土地所有权和地租

资本主义的农业与封建社会的农业不同的是农业机械化了，而且是资本大循环的一个组成部分。土地所有权是私有的和可以买卖的。农业资本家租用土地所有者的地，付给土地所有者地租。为什么农业资本家不采取买而是采取租的形式呢？因为这样可以不占用太多的资本，可以有更多的资本在快速循环。农业资本家与其他资本家一样，挣的主要是平均利润，而把农业工人创造的超过平均利润的那部分超额利润当作地租付给土地所有者。他们共同剥削工人。

农业资本家付给土地所有者的地租有绝对地租或级差地租。农业资本家无论租用什么样的土地，都必须缴纳地租，这就是绝对地租。这种地租之所以能够存在，是因为农业资本的有机构成低于社会资本平均有机构成，也就是说租种土地需要用更多的劳动力。产业一般分为农业、工业和流通与服务业。越需要使用比较多的劳动力，平均有机构成越低，越能获得超额利润，所以农业和服务业更能获得超额利润。但是，生产出来的粮食不能通过折旧消耗掉，一个人也不能一天 24 小时都做按摩，所以农业和服务业的规模通常是受限制的，因此总的说来，还是工业资本比较容易形成大资本。

由于土地的肥沃程度不同，地理位置的便捷性也不同，因此等量资本投入到不同等级的土地里，会产生不同的生产率，因此地租就不一样。这样的地租差别就称为级差地租的第一形态。而在同一土地上投入同量资本会具有不同的生产率，因此地租也不一样。这样的地租差别就称为级差地租的第二形态。

除了级差地租与绝对地租外，还存在着垄断地租，也就是由垄断价格带来的超额利润转化而成的地租。土地的价格越高，获得的地租越高，买土地的人就越多。银行的利息率越低，买土地的人也会越多。随着平均资本有机构成的提高，平均利润率和利息率存在着下降趋势，所以，买地的人多，地价也就呈现出上涨趋势。等到平均利润率特别低的时候，最挣钱的就是获得垄断地租的土地所有者，因为土地是难以再生产出来的。

五 知识经济是不是改变了价值规律？

知识经济指的是与农业经济和工业经济相对应的、以知识为基础的经济。知识是人类的认识成果，包括有价值的经验认识和科学理论认识。信息是有价值的消息，而消息指的是事物的情况。我们需要通过消息来知道事实，而通过知识来知道事实是如何产生的、如何发展变化、未来如何。知识要知的是"道"，消息要知道的是"实"。脑袋里有一大堆消息，有一大堆信息，而不知道为什么，就会迷茫。只要人在场，就能有消息，但不是有消息的人都能理解消息的内容，所以才需要专家对消息进行分析和评论。我们从消息中总结出知识，再用知识来解释消息。所以，有消息有信息不一定有知识。我们现在的经济是知识经济，不是消息经济。

知识经济的奋斗目标是知识创新，因为只有新知识才能产生经济效益。知识创新要通过研究来实现，而研究需要有研究能力，而研究能力是通过教育来实现，因此知识经济的最重要的部门是教育和研究开发。教育的目标是要培养研究能力，没有研究能力无法创新。创新是温故而知新的结果。教育就是要先让人温故，在温故中把握规律，通过规律推导出新知识。新知识通常是推导出来的，而不是一拍脑袋就能想出来的。要有推导能力，就要系统地学习科学理论。充满理论碎片的脑袋和充满无法理解的消息的脑袋，都无法进行知识创新。

在资本主义社会，知识经济是其经济的组成部分，依然受价值规律支配。比如说，在研究方面，资本家要有资本，要购买研究设备，要购买研究人员，要有创新成果，要把创新变成钱，再不断循环。资本家至少要获得平均利润，他们才会投资。而这个行当的特殊性在于，有创新能力的研究人员是有限的，因此才需要挖人。一般找个体力劳动者，不用去挖，有很多人可以选择还可以随时替换。由于有创新能力的研究人员是有限的，而且你对他们不好，他们会跳槽，因此他们得把这些人当上帝供着。

由于这样的人是有限的，难以很快再生产出这样的人来，也难以让机器人来承担，资本有机构成就总是比较低，因此他们能够为资本家挣更多的超额利润。这样的企业特征是规模比较小、劳动者的工资比较高、超额利润高。由于资本家不得不对这些人好，因此这样的企业看上去是很人性化的。他们的研究成果，通常能够被应用到产业部门，导致生产力的更快的发展。未来全世界要争夺的就是这样的人才。

而在知识经济中，能否培养出创新性的研究人才来，就要靠好的教育，而好的教育要靠好的教师，因此好教师就很重要。好教师不是一个人，而是一个队伍，他们联合起来让研究者具有一整套系统的理论体系，使得他们具有超级的推陈出新的能力。教师和研究人员的工资也与工人的工资的基本组成部分是一样的。另外，也会受供求因素的影响。要购买一个已经有创新成果的研究者或大师是比较昂贵的，而且不一定能买到，因此需要独具慧眼，需要能够选拔出有潜力的人才来进行培养。

有创新能力的高科技人才是知识经济中的排头兵。如果我们把现在的国家间的竞争比喻为一场没有硝烟的战争的话，在知识经济方面的战争就要看各国拥有多少有创新能力的高科技人才，他们是各个国家的精锐部队。这些人才通常要具有比较好的天赋，这种天赋构成了一种自然垄断，因为并不是每个人都能被培养成这样的人才。如果想把韦老师培养成为高科技人才，肯定要赔本，因为我没有这样的天赋。所以美国才会在全世界范围内通过奖学金等手段去挖这样的人才。

如果好的天赋，像空气一样普遍，并不稀少，就没有必要挖了，工资也就高不了。这样的人才，即使市场上特别稀缺，也不容易在短时期培养出有竞争力的人来，因此他们的工资会比较高，而且能够持续比较长的时间，直到他们已经不能再为资本家创造超额利润了。

第五节 资本主义的大结局

一 经济危机

前面我们说到资本家通过借贷资本，把资本弄大，而且通过资本的不断快速循环来实现利润。而在这种循环中，最恐怖的就是资金链断裂。而断裂的表现就是商品在市场上完不成惊险的一跳。而单个商品完不成这一跳，造成相关企业的破产，而很多商品完不成这一跳，会导致经济危机。而资本主义制度就使得这一跳必然是要周期性地出问题。

工厂生产出两类商品：一类用做生产资料，而另一类用做消费资料。有的商品既可以做生产资料也可以做消费资料，比如说，玉米可以做种子，也可以直接食用。这类产品按它实际做什么用途来归类。在社会再生产中，生产资料生产属于第 I 部类，消费资料生产属于第 II 部类。这两个部类之间必须按一定的比例分配，才能使资本顺利地不断循环。

如果不按计划生产，就会导致这两种生产比例的失衡，从而使得生产出来的东西卖不出去，导致生产的相对过剩。所谓相对过剩，就是相对于消费能力的过剩。比如说，资本家生产了卖不出去的牛奶，并不是绝对过剩，因为有穷人没有奶喝，但是这些人买不起牛奶喝，所以说只是相对于有购买力的需求来说过剩了。而资本家不是做慈善事业的，即使过剩了，他们也不会白给穷人喝，宁愿倒到海里去。

而资本主义社会必然导致这两大部类的比例失衡，因为资本主义的基本矛盾是生产的社会性与资本主义私人占有形式之间的矛盾。这是什么意思？就是说工厂是资本家私有的，工厂里的工人的劳动属于私人劳动，他们按资本家的指示进行生产。生产多少由资本家定。资本家制定计划时并不能预见到社会到底需要多少商品，因此它虽然有计划，但这种计划是盲目的。

而这种私人劳动要变成社会劳动才能换成钱，变成社会劳动的方式就是把商品卖出去。私人劳动指的是生产什么是资本家自己说了算，而社会劳动指的是被社会承认的劳动，承认的方式就是购买。私人劳动变不成社会劳动，就白干啦，投入的资本也收不回来啦。私人劳动与社会劳动之间的矛盾发展成为资本主义的基本矛盾，就使经济危机的发生成为不可避免的了。

经济危机来临时，其主要表现是商品卖不出去，商店里的商品全面大甩卖。由于商品卖不出去，生产急剧下降，企业开工不足并大批倒闭，工人失业。生产力的发展遭到严重破坏，社会经济陷入危机状态。在第二次世界大战前，经济危机的表现通常是通货紧缩，也就是钱少，缺少购买力，因此物价下跌。虽然银行利率上升，但人们缺钱，所以银行挤兑，导致大批银行倒闭。而在第二次世界大战之后，因为国家垄断资本主义采取了膨胀政策，也就是多印钞票，使钱变毛了，所以物价上涨。

经济危机呈现出周期性，通常包括四个阶段：危机、萧条、复苏和高涨。经济危机通常在资本主义经济最繁荣的时候爆发，这个时候商品最充足和最丰富，最容易导致商品供给超过有支付能力的需求。危机首先开始于商品流通的某一环节，资金链条断裂，然后出现多米诺现象，迅速波及各个部门，最后导致整个社会经济生活的严重混乱。危机是上一个经济周期的终点和下一个经济周期的起点。

接下来是萧条阶段，这时生产不再继续下降，失业人数也不再增加，而由于过剩商品还没有完全卖出，社会购买力依然不足，因此社会经济呈现出停滞现象。从危机时的不断下滑到萧条时的停滞，已经是进步了。萧条之后，市场情况开始好转，进入复苏阶段。这时市场开始扩大，价格上升，利润回升，资本家有利可图，因此他们又开始增加投资和扩大生产。当社会生产超过危机前的最高点，就进入了经济高涨阶段，这种繁荣的结果是为下一次危机准备了条件。

资本主义就是这样忽好忽坏地发展着。在经济危机的时候，一方面产生了相对过剩的资本，即因缺乏有利可图的投资机会而相对多余的资本，也就是失业的资本。资本怎么也会失业呢？因为资本的本性是追求剩余价值，当投资无利可图时，资本家宁可把资本放在银行里或者攥在手里，也不去投资。

资本家不投资，从而导致人口的相对过剩。这样一方面出现了失业的资本，另一方面出现了失业的工人。资本主义社会中的大公司通常都是股份有限公司。这种公司的资本由股份组成，股东以其认购的股份为限对公司承担责任。如果一个股东投资了很多公司，一个公司倒闭了，其他公司没有倒闭，他依然是有资本的资本家。如果他很富有，他只是把自己的一部分资产投资了，公司全部倒闭，他依然是富有的，不会影响他的生活，也还有资本可以再投资。所以在经济危机中，真正倒闭的是小资本家，尤其是无限责任公司的资本家。

无限责任公司由两个以上的股东组成，股东对公司债务负连带无限责任。当公司的全部财产不足以清偿债务时，债权人有权要求股东以其个人财产清偿。股东间的责任也是连带的。偿还公司债务超过自己应承担数额的股东，有权利向本公司的其他股东追偿。也就是说，在这种公司中，个人是把自己的全部身家都投到里面了，负债了就是砸锅卖铁也得还。所以，当这种小资本家结局可能会是很惨的。还不起债跳楼的主要是这种小资本家，最后可能是家破人亡。

在经济危机中，有的工人在受失业之苦，有的小资本家在受家破人亡之苦，而只有大资本家的利益不会受到根本性的影响。作为大股东，他们更容易了解公司的内部信息。在公司破产前，他们就会将资本做有利于自己的安排。而且每次经济危机都会导致一些企业破产，这样就意味着经济复苏的时候，他们会有更大的市场，使他们的资本更容易变大。

在有限公司破产时，先要赔偿的是债权人的钱，最后赔付的才是等着分红的那些小股东——也就是社会资金。一般来说炒股的小股民主要还是靠股票市场的浮动来赚钱，真正地靠分红得到的钱是比较少的，因为经济景气的时候公司不怎么分红，要不断地去投资，让股民感觉以后可以得到更多的红利，而在经济危机到来的时候，大资本家先跑掉了，小股民的股票不要说得到分红，就连本金也捞不回来。

马克思说，资本家平时拿着股民的钱去冒险，而等到经济危机来的时候，他们溜得比谁都快。他们平时会让股民们看公司的业绩，好让股民多买股票。生产规模越大，资本需要越大，越少的人能真正地当上资本家；而且资本要尽可能快地循环，就需要很细的分工。而分工越细，专业化越强，资本运作越快，就使得生产和消费之间更容易脱节，就更容易产生经济危机。

二 国家垄断资本主义的出现

每一次经济危机的出现，都会使一些人更加贫穷，越来越多的人变成无产者，而资本却越来越集中在少数人手里，使自由资本主义发展到垄断资本主义阶段。马克思并没有亲眼看到资本主义发展到垄断阶段，但他已经预见到了垄断资本主义的出现。

生产规模越大、分工越细、资本周转越快，越容易导致生产和消费的失衡，而且垄断资本家的生产能力特别强，需要扩大国际和国内市场。垄断资本家需要低廉的生产资料、劳动力和高价的市场，需要资本链不断裂，这样才能够保证获得高额垄断利润。于是垄断资本家开始利用国家来实现帮助他们实现高额垄断利润，于是出现了国家垄断资本主义，其主要运作方式有三种：

第一，由私人垄断资本，同政府建立起密切的联系。政府可以向私人垄断企业进行采购或订货。这里似乎是公平的，由招标来决定大宗订购，而有竞争力的也就是大的私人垄断企业。政府可以通过自己的金融机构向私人垄断企业提供资金。因为他们有抵押，是大客户，因此更容易贷到款，贷款服务更为便捷。政府还给他们提供各种诸如价格补贴、地区补贴、出口补贴等财政补贴，并提供各种税收减免和低息优惠。

在科研上，由国家进行巨额投资，向垄断企业提供廉价科研成果。有的政府直接拨款，由私人垄断企业承包完成科研任务，成果直接归他们利用。国家还可以通过社会福利，为资本家养活他们暂时不需要的劳动力，同时也促进消费。国家还投资兴建基础工业和基础设施，使得垄断资本的投资成本降低。

第二，国家和私人共同垄断资本。国家购买私人垄断企业的部分股票参股，可以壮大私人垄断企业的资本，增强其竞争力。国有企业也吸收一部分私人垄断企业的股份，而这些企业肯定是要从国有企业里得到好处才会投资的。国家也通过股份公司的方式与垄断资本联合投资建立新企业。

这样，国家可以把私人资本吸引到急切需要发展的部门和地区，私人资本也可以通过与国家联合来加强、提高自己的竞争力和经济地位，更好地享受国家给予的各种优惠，从而保证获得高额垄断利润。由于国家的经济依赖于私人垄断资本，而不给予足够的好处，私人垄断资本不会与国家打交道，因此不管国家愿意不愿意，都得给够好处。

第三种，资本主义国家也存在国有企业垄断资本。有的国有企业来自继承以前的国有财产或接管敌国资产。有的是国家以高价收购或其他补偿损失的办法，把某些私人企业收归国有，这样国家可以提高自己的调控生产和消费之间的比例的能力。有的是国家直接投资兴建的国有企业。

在第二次世界大战后，西欧兴起了"国有化"浪潮，国家所有制企业从第二次世界大战前的公用事业和军需工业部门扩大到了基础工业、新兴工业及一般制造业部门，把很多利润率不高或有亏损的基础工业部门以偿付高额补偿金的方式收归国有，并投资兴建新兴尖端工业和基础设施，为西欧的高福利保障体系准备了基础。而美国的国有企业比重很小，因此美国无法提供像欧洲社会那样的福利保障体系。

国家垄断资本主义的出现，说明了马克思主义指出的资本主义的生产与消费之间比例失调会带来经济危机的正确性。它们正是为了解决这个问题而进行了"国有化"改革。马克思主义还认为新社会的胚胎是在旧社会中产生的，我们可以把资本主义的社会保障体系和国家垄断资本主义的出现，看成是社会主义在资本主义社会这个母体中的萌芽。而资本主义最终是无法解决这个问题的，因为它的"国有化"也好，社会保障体系的建立也好，都不能伤及垄断资本家的根本利益，不能触及资本主义制度本身，否则就会遭到垄断资本家的抵制，使得国家的很多政策无法落实。

私人资本垄断到一定程度，当一个部门全部被一个大资本家垄断，就会产生部门之间利润分配不均的问题，因为这个独占的垄断资本家就可以自己定价格了，这样就会侵犯其他垄断资本家的利益，因此即使在垄断资本主义时期，也会出现反垄断现象，目的就是要使垄断资本家之间保持一种竞争状态，这样才能符合垄断资本家阶级的整体利益。

三 资本主义的死寂

资本主义必然灭亡，主要是有三大因素：

第一，这是个不道德的社会，少数人在剥削大多数人的剩余价值。而道德的批判是没有说服力的，资本主义是不会被骂倒的。

第二，资本主义没有办法根本克服一次比一次更严重的经济危机。资本主义国家已经意识了生产和消费必须保持一定的比例的问题，但这个问题没有办法根本解决，因为根本解决会触及垄断资产阶级的整体利益。如果垄断资产阶级肯放弃他们的根本的阶级利益，那资本主义制度也就完结了。

第三，经济危机要到什么时候才无法挽救？什么时候资本主义才完成了它促进生产力发展的历史使命呢？就是要等资本有机构成（不变资本和可变资本之比）中的可变资本趋近于零的时候。这才是马克思主义所说的生产力发展到了很高水平，物质财富极大丰富的阶段。这才是资本主义真正灭亡的时候。如果生产力没有达到这个发展水平，即使夺取了政权，在政治形式上实现了社会主义或共产主义，都不得不以各种方式补课，否则政权就会被颠覆。

马克思认为资本主义发展到最后，就会产生资本有机构成的危机。资本有机构成是指由资本的技术构成决定，并反映技术构成变化的资本的价值构成。资本的有机构成的危机来源于不变资本变大，可变资本趋向于零。这样的话，一方面产生相对过剩的资本；另一方面产生大量的相对过剩的人口，资本家因无利可图而不再投资，工人找不到工作，资本主义的死寂状态就到来了。

随着机器人的出现，生产性的体力劳动者将逐渐被机器人替代，产业资本的有机构成中的可变资本将逐渐接近于零，而剩余价值是靠可变资本产生的，可变资本接近于零，意味着利润接近于零。当产业资本家赚不到钱的时候，他们就不会再投资了。

那现在不是已经存在机器人了吗？为什么资本家照样能赚到钱呢？现在产业资本家大量使用机器人是可以赚到超额利润的，因为很多产业资本家还没有条件使用机器人。大规模生产采用机器人，可以降低成本，投资购买机器人的成本也能比较快地收回。如果资本很小，利用机器人要收回成本就需要很长时间。当少数发达国家采用机器人，大多数不发达国家依然是使用劳动力，这个时候社会必要劳动时间并不低，而采用机器人的大企业的社会必要劳动时间却非常低，这就能保证他们获得超额利润。

而且按全球的产业资本来看，如果只是在发达的资本主义国家中投资可变资本接近于零，而在发展中国家投资可变资本比较大，那就能获取剩余价值，但会导致产业资本向发展中国家转移，因此使得发达国家中的产业工人失业。失业的产业工人就必须接受职业教育，使得他们在服务领域具有竞争力，才能有饭碗。比如说，如果一件商品在中国生产的社会必要时间是 5 小时，而在美国生产只需要 1 分钟。把美国的商品拿到中国的市场上卖，就能获得丰厚的超额利润。发达国家用他们先进的科学技术生产出来的商品拿到发展中国家卖，他们是领跑者，就能获得超额利润。所以马克思认为共产主义不能在一个国家首先实现，而是要在全球一起实现。

到什么时候才能够实现共产主义呢？要到全球的产业资本中的可变资本都接近于零的时候。因为激烈的竞争，产业资本家竞相采用了先进的科学技术，使得社会必要劳动时间越来越低，商品的价格就越来越低。当价格低到一定程度的时候，投资产生的利润已经不值得产业资本资本家再去运作了，这时候就会产生失业的产业资本，即赚不到钱的产业资本。而其他资本都是在分享产业资本中生产出来的利润，但产业资本已经不挣钱了，其他资本家就没得利润可分了。

这时，虽然产业资本家有资本，但是他们不投资了。因为资本主义制度属于私有制，个人的财产神圣不可侵犯，因此国家也没有办法迫使他们去投资。产业资本家不投资，工人就会失业。

这样，一方面产生了大量的失业了的资本，即赚不到钱的资本或相对剩余资本，而另一方面产生了大量的失业了的工人，即无法生存的工人或相对剩余的劳动者。而这时的经济危机已经没有复苏的余地了。而社会保障体系中的资金，实际上是产业工人生产出的剩余价值的转移形式，但工人已经不生产了，社会保障体系也就会崩溃。资本家这个时候也不会拿出钱来白养活工人了，资本主义的蓬勃发展的产业资本投资就会停止，资本主义进入死寂状态，工人阶级不革命就没有生路了。这就是全世界工人阶级联合起来夺取政权，实现社会主义，进而实现共产主义的时候了。

四 工人阶级的力量

在资本主义社会中，工人阶级并不是一个人们要去怜悯的阶级，也不是一个要靠资本家来养活的阶级，而是一个养活了整个社会的阶级。马克思主义认为，人民群众创造了历史。他们为人类的生存提供了生活资料。

人类的一切创造活动都是在人能活下来这个前提下进行的。而劳动人民创造的剩余价值，使得一部分人能够不从事体力劳动而活着，使得他们有时间来从事脑力劳动。而且劳动人民在劳动中积累的宝贵经验是人类知识的直接来源。

而工人阶级则是资本主义社会中的主要劳动人民。他们决定了一个社会的存亡。我们设想一下，如果是全世界的工人们全部罢工一个月，这个世界将会是什么样子？工人阶级作为单个的人，他们的力量是弱小的，而作为一个阶级，只要他们联合起来，就具有推翻一个旧世界、建立一个新世界的力量。他们是资本主义的掘墓人。

而他们要作为一个阶级行动起来，就需要觉醒。他们必须要知道为什么他们的命运那么悲惨，为什么在貌似人人都能成为资本家的社会中，而他们的大多数依然世代都属于工人阶级。而唤醒工人阶级的最锐利的思想武器就是马克思写的《资本论》。马克思当时写《资本论》的目的就是要唤醒工人阶级，因此他尽量用了非常简单的例子和非常简单的语言来进行写作。他想写出一本工人阶级能够看懂的书。

但《资本论》还是非常难懂，主要是马克思从一个很简单的概念开始，用了好多个概念往后推，推了几卷，最后才得出结论。如果中间断掉一点，就难看懂了。所以，得特别有意志力的人才有耐心把《资本论》从头到尾地看完，因此传播起来就比较难。有的反《资本论》的学者，根本不看《资本论》，就是简单一想，马克思是自由资本主义时期的学者，现在资本主义已经发展到了垄断资本主义时期，因此假设马克思当初是正确的，现在也过时了。作为一个学者来说，不管我们反什么理论，前提是必须把那个理论作为一个体系弄清楚，否则不能轻易下结论。

而要让工人阶级作为一个整体觉醒，首先需要他们中的先进分子觉醒。这些先进分子要组织起来，这就是共产党。共产党要肩负起作为工人阶级的先锋队的作用。他们要先真弄懂《共产党宣言》和《资本论》，每个成员都要具有坚定的共产主义信仰，具有高尚的道德品质，系统学习过马克思主义理论，自己还有能力作为一个马克思主义的传播者，这样他们才能唤醒和领导工人阶级推翻资本主义，获取国家政权，建立社会主义，最终实现共产主义。

在工人阶级消灭资本主义的活动中，他们要消灭的不仅是资产阶级，更重要的是要消灭无产阶级。他们不仅是要解决无产阶级的解放问题，也要解决资产阶级的解放问题。他们要实现的是全人类的解放。那这个能够解放全人类的共产主义社会到底是什么样子的呢？下面我们就进入第 9 讲，主要讲授什么是共产主义和中国特色社会主义的理论是否符合马克思主义基本原理。

第九章

人所追求的一切最终都与他的幸福相关

——共产主义的诞生

【画外音】讲完《资本论》后，学生们对资本主义的弊病看得就比较清楚了，也认同了资本主义必然灭亡的逻辑。现在的问题是，资本主义必然灭亡是否意味着共产主义必然实现呢？共产主义与大同社会是不是一样的？共产主义是不是人们普遍喜欢的社会？如果是，是否能够实现？如果很久很久以后才能实现，与我们现在活着的人没有什么关系，我们是不是现在就要有这样的信仰呢？中国现在是在走中国特色的社会主义还是中国特色的资本主义？中国特色社会主义理论是否符合马克思主义的基本原理？这些问题与中国的现实密切联系，学生们已经有了一些成见，因此讲授起来难度比较大，但是如果能够点中穴位的话，还是很有说服力的。

第一节　共产主义到底是什么样的?

一　必然王国与自由王国

必然王国指的是人们还不能认识事物的本质和客观发展规律，因此只能盲目地受到事物发展规律的支配的状态。客观规律不管我们意识不意识到它们的存在，都会最终支配我们的行为。我们似乎是可以自由选择的，但是如果我们违背规律进行选择，就必然导致失败。只有按规律办事，才能取得成功。而人类的发展就是一个不断认识规律，不断自觉听从大自然的支配，从而不断实现与大自然的和谐的过程。

自由王国指的是人们已经认识了事物的本质和客观发展规律，并自觉地按照事物发展的规律来进行选择和重塑自然的状态。这个时候人依然不能违背规律行事，但人可以驾驭规律，并利用规律来创造出一个适合人的需要的自然。人因为认识了规律而具有预见性，知道什么事可以做、什么事不可以做，做了的后果是什么。当科学技术和生产力发展到一定的时候，就能够根据人类的需求，按照规律，制造出人们需要的东西，并对周围的自然进行改造，使得它能够为人类服务，并以人类是主人的方式实现人与自然的和谐。这就实现了人摆脱大自然的奴役，获得了从自然界解放出来的自由。人类追求自由的原因在于自由能够使人感觉幸福，而人最终追求的都是幸福。

二　人不再为生存的需求而受人剥削

在共产主义社会里，人为了生存而需要的生活资料按需分配。而能持续实现这一点，必须是要当生产力发展到可变资本趋近于零的时候，这样才能为这种分配方式提供持续性。所以，没有生产力高度发展这个前提条件，是无法实现这样的社会的。为什么在共产主义社会中要按需分配呢？资本家为什么能够剥削雇佣工人？比方说，咱们的同学毕业后到外企去工作，那不就是去接受剥削吗？为什么要去接受剥削呢？就是因为我们没有工作无法生存。要生存，就要出卖自己的劳动力。这看上去是一种自愿的活动，因为人家没有追着你，而是你去追着人家，但这实际上就是一种人间的悲剧，因为你要活着，才不得不出卖自己。

而生活资料的按需分配就是要解决每个人的生存问题，这样我们就没有必要因为我们活不下去而给别人当工具了。所以，按需分配不是按欲望分配。如果每个人都要一个世界，要一个宇宙，那是无法实现按需分配的。生活资料的按需分配是不是能够实现呢？比方说自助餐，让大家去吃，能吃掉多少？基本的吃穿住行，在生产力发展到一定水平的时候，是能够满足的。由于生产力的发展水平很高了，人基本上摆脱了体力劳动，因为体力劳动主要由机器人来承担了。

一些非常简单的无法被机器人替代的体力劳动，完全可以通过义务劳动的方式解决。比方说，开启机器人的按钮。这个时候，人还可以选择从事体力劳动，但那已经是人的一种娱乐方式，而不是被迫的劳动了。比如说，人愿意自己养花、自己种菜、自己钓鱼，那是自愿的劳动，不再是因为需要生存而不得不从事的劳动了。

由于实现了公有制，人生来只要是有人的基因，就能够享有基本的社会保障，这种社会保障是按照基本消费资料按需分配的方式提供的，人人都可以不为生存而把自己卖成别人的奴隶。而且，这个时候不是社会底层的人才享受社会保障，而是人人都平等地享受社会保障，因此不存在对享有保障的人的歧视。也就是说，人生来就能够有活着的条件，那时人们要考虑的问题，不是怎么活着，而是活着干什么的问题。

从这点上来看，共产主义与大同社会是有区别的。大同社会中的"公"，指的是皇帝的"公"，皇帝是"公"的代表。那时，为皇帝工作不谋私，就是大公无私。而社会主要还是靠贤能来统治的，统治的目的是让大家都有道德，可以睡觉不关门，过上好日子，而人民都丰衣足食就算是过上好日子了。所以，大同社会追求的还是贤能要有出息、要出人头地，而人民要有吃有穿，而没有解决吃饱了没事干怎么办的问题。所以，在有好日子过的时候，会出现精神上的空虚无聊，会出现吃喝玩乐的现象，会出现黄、赌、毒现象，会出现"饱暖思淫欲"的现象。所以，即使能够有生活保障，人还是想要找点事干，否则会待出病来。而马克思主义的共产主义要解决的根本问题就是人为什么活着的问题。

三 劳动真正成为人的幸福的来源

在共产主义社会中，我们的体力劳动可以降低到最低限度。7 天中也许每个人义务地做一天的工作，就可以把机器人不能完成的剩余的体力劳动问题解决了。那还有 6 天的时间干什么呢？任何动物生来都是有很多精力的，这些精力不消耗掉就会感到坐立不安。所以，人是需要劳动的，在劳动中会感觉到快乐。

比方说，现在好多人已经很富有了，但他们还去钓鱼或到郊区去买一块地种菜。这些也是在劳动，只是这时候的劳动不是一种被迫的劳动，而是一种自己想要从事的劳动。英国女皇闲的时候做什么？去烤肉、去打猎，这些不都是原始人从事的劳动吗？适量的劳动是能给人带来快乐的。

另外，除体力劳动外，人的最重要的幸福的来源是精神创造。你说我想要做一个作家，我想要做一个画家，我想要做一个建筑师，我想做一个雕塑家，我想做一个音乐家。那个时候，想做什么都可以。人可以为人类创造精神财富。这种精神财富可以拿出来让人类分享，那个时候就不会把这些精神财富垄断起来了。

　　一个精神财富的创造者，在他与大家分享他的成果后，他还能拥有，不像物质财富那样给了人家自己就没有了。比如说，你拍的 DV，挂在网上以后，谁都可以去欣赏。在别人欣赏的过程当中，作者本身还是拥有的。现在为什么有版权问题呢？因为这些东西还是人们的一种谋生手段。当人们不再靠精神财富谋生的时候，人的创造动机就是为了实现自我价值，那越多的人来分享，作者就会感觉越好。

　　那时，人不是为了获利而创作，而是为了贡献而创作，因为这样的创作能给人带来巨大的精神享受。现在咱们为了拿学位写老师规定的文章，还要按照老师的意思修改，感觉好烦啊。而写博客就不一样。很多人写博客不是为了赚钱，而是写完了自己高兴，让别人看自己也高兴，这样，我们的精神创造就成了我们的幸福的来源，这样我们的劳动就不需要报偿了。

　　我们在进行精神创造的时候，是不是首先还需要得到适当的教育呢？那时的教育机会比较公平了，人不再是为了谋生而接受教育，而是想要开发自己的潜能，使得自己具有某种创造能力。没有功利性的目的，为了自娱自乐而学习，这样人就能静心精益求精。那时真正有水平的好老师会得到人们真正的认同，因为大家想找到最好的老师，使自己达到最高的水平。自己的幸福来源于自己的水平的实际高度，人要学真功夫，所以貌似水平高的老师是没有存在余地的。

　　而且进行创作的条件是通过公有制提供的，人就不会再去奉迎什么人，就会拿出自己的最高水平的作品来。而鉴赏者的幸福来源于真正好的作品，因此他们也能够真正挑出最好的作品让人们欣赏。这时，不是哪个东西卖得好，哪个东西就有价值。卖得好的东西，未必是真有价值的东西。那时人们的生活方式发生了根本性的转变，人不再为利而活着，而是为了创造而活着。那时人们只接受高人的评价："如果你写不出比我好的作品，就请不要评我。"人们学会了尊重他人的创造，不再信口雌黄，不再出现低人因为有了权力而评价高人，让高人难受无比的情况。

四　人的道德水平的普遍提高

共产主义的实现要以人们普遍的道德水平的提高为基础。为什么呢？比如说，一个人吃的东西是有限的，但浪费的空间却是无限的。我曾看到过一个帖子说：等我富了的时候，我买两碗面条，吃一碗，倒掉一碗。如果大家都这么做的话，多少也不够啊。那么全社会道德水平的普遍提高是不是有可能呢？当然有可能。为什么？因为人对金钱和利益的追求是能够超越的。

为什么能够超越？你想想，钱是什么啊？就是一张脏兮兮上面有好多细菌的纸。那块破纸之所以那么重要，就是因为现在它附着很多利益在上面。社会用钱来衡量人的价值，所以人才对钱贪得无厌。如果一个社会普遍地肯定有才华和有道德的人，钱不再是衡量人的价值的标准，人们就没有追逐金钱的动机了，道德就会成为一种社会风尚。

五　怎么理解每个人的自由全面的发展？

每个人的自由全面的发展，只有在共产主义才能实现。在共产主义社会中，人才真正地与其他动物区别开来，从总体上真正地成为"人"。现在人还走在从动物向人的转变过程中。我们说过，人生来不是人，只是有人的潜能，因为人身上有动物性和社会性，而人的本质在于其社会性，而人在出生之前，没有进入社会，因此不具有社会性，因此不是人。只有人的社会性占主导地位，并战胜了人的动物性的时候，人才成为纯粹的人。而这个过程是人出生后，通过教育来完成人从动物到人的进化的。

人的社会性中，人区别于动物的最大的特征是人能劳动，因此教育也就围绕着劳动来进行，社会要使人具有一种具体劳动的能力。而劳动需要两种最基本的东西：一个是道德、一个是才华。人的劳动是在社会中进行的，社会必然是需要秩序的，社会秩序是靠人的道德来捍卫的，因此人必须有道德才能在社会中获得自由。老虎因为无法捍卫道德，因此只能被关在动物园里。人没有道德，只能被关在监狱里。人要才华出众，才能从事创造性的劳动，才能从这种劳动中获得其他动物无法获得的幸福。所以，人区别于动物的幸福最终来源于一个人的道德和才华，一个德才出众的人是人类社会普遍敬仰的人，不管他的实际命运如何。

人生的意义不只在于活着，还在于要区别于其他动物活着，要活得像个人，要活得有意义，这只有通过人的道德和才华的高度来实现。我们只是在肉体上做文章，无论用什么东西装饰我们的肉体，无论用什么东西让我们的肉体感觉舒服，无论我们拥有多少可以让肉体奢侈地活着的东西，都无法把我们与其他动物真正区别开来。

当然，人类在动物性上努力的时候，为我们提供了一个可以使身体比较舒服的状态，使得我们能够静心地来进行精神创造，这是私有制对于人类进化为人的贡献。所以说，共产主义与其他社会的区别在于，这时人普遍地进化为人，普遍地具备高尚的道德和高超的才华，让每个人都具有贡献能力，能够实现个人的价值，能够把自己的才华留在世上，与世长存，而不只是在坟墓里祭恋那已经腐烂或变成灰的肉体。

共产主义社会中，人能够在德、智、体、美上全面发展。德、智的发展产生出高尚的品德和卓越的才华，而体育的发展则能使我们有健康的身体，使我们的身体能够成为德和才的比较长久的载体，使得我们有足够长的时间来实现我们个人的价值。而美则是一种超功利的生活状态，它让我们能够把自己的创造活动作为一种审美对象，使得我们可以反观自己的作品，感觉自己好了不起哦，从而产生对自我价值的肯定，由此带来愉悦。

而对他人的作品的一种超功利的欣赏，也是审美活动。人不可能创造一切，我们的全面发展是靠全面的欣赏能力来实现的。我们不一定同时能够成为音乐家和画家，但当我们获得适当的教育，我们就具有欣赏高超的音乐和绘画的能力。那时的人才是身心都愉悦的人，不会像现在有各种来自身体或精神的焦虑。

六 共产主义能够实现吗？

到此为止，我们完成了对于共产主义必然实现的逻辑推导论证。我们从物质第一性切入，推导和论证了物质世界发展的三大规律；通过认识论，说明了人是可以通过有限的生命认识无限的规律，而且规律是具有预见性的；通过说明生产力决定生产关系，因为生产力是种物质力量，因此可以用物质世界的发展规律来论证人类历史的发展规律，因此论证了唯物史观的科学性；通过把唯物史观应用到资本主义社会，通过《资本论》推导出资本主义必然灭亡。而科学共产主义则是吸收了人类历史发展的精华，在更高层次上回复原始共产主义，使人类真正成为区别于其他动物的人，通过道德和才华的高度来实现个人的价值，从而获得身心愉悦的幸福。

共产主义不是空想。共产主义的最终实现是解放全人类的时候，只有各个国家都达到了实现共产主义的条件时，人类才能进入共产主义社会。作为一种社会形态，这个社会的实现不是我们现在活着的人能够享受到的，而它只能成为那些高尚的人为此奋斗终生的有意义的目标。马克思在17岁的时候写的《青年在选择职业时的考虑》中说到，面对我们的骨灰，高尚的人将洒下热泪。这里他并没有说，所有的人都会洒下热泪，因为只有高尚的人才能够去无私地为人类的幸福而奋斗，而他们获得的幸福是一种助人为乐的幸福，这是自私的人感受不到也理解不了的幸福。

自私之人因为一己的私利构成了"一叶障目，不见泰山"的狭隘的视野，他们拥抱不了宇宙、拥抱不了人类、拥抱不了世界，因此只能是目光短浅的。他们关心的只能是围绕自己的私利的那个小小的世界。他们不关心人类，人类又怎么能够关心他们呢？因此自私的人死去就真的死去了，人们不会去纪念他所享受过的荣华富贵。而高尚的人肉体死去了，精神还会与世长存。中国人有愚公移山的故事，也有嘲笑他的智叟的故事，而高尚的人就如同愚公一般，他会坚持去做自己至死也做不完的事，但如果这项事业是值得做的，后人还会继承他的事业，前仆后继地做下去。

就在这个过程中，人们实现了一种充实而有意义的人生，他成为这个波澜壮阔的大海中的一滴水珠也好，一朵浪花也好，他们的事业都是人类愿意留下的。共产主义事业与愚公事业不一样的是，这里不会有神仙帮忙，没有什么救世主，只能靠我们每个认同于这个伟大事业的人的一点一滴的努力。人只有追求一种超越自己生命时限的目标，自己从事的事情才具有超越自己生命时限的意义。一个人能做什么大事，他必须把自己的事业与人类的事业融为一体，才能感受到人类的伟大。

从经验上看，共产主义社会作为一个整体虽然没有实现过，而组成它的要素是存在于人类历史之中的。共产主义需要有高度发达的生产力、需要有公有制、需要人是自由平等的、需要人具有高尚的情操、需要人崇尚德高望重的人、需要人尊敬德才兼备的人。人类一直都在努力发展生产力，而资本主义在发展生产力方面在客观上作出了巨大贡献，这样的生产力的发展，将为共产主义的生活方式提供可持续的物质基础。

　　我们国家现在就是一个公有制的国家。中国现在的很多社会问题来源于生产力发展水平不高，而不是来源于公有制不好。原始共产主义社会也是公有制，因为实现了公有制，使得那时人们能够凝聚起来战胜自然灾害，保存下了人类的火种。在原始社会中，人与人之间也是自由和平等的，不存在人奴役人的现象，只是遭到自然界的奴役，因此必须要解决生产力发展水平低下的问题。那时的人就是崇尚德高望重的人，就是崇尚德才兼备的人。

　　从个人的生活方式上看，在各个社会中，都存在着为了贡献而不顾个人得失，把自己的才华贡献给社会的人。这些人就是以一种共产主义的生活方式生活着的人。而且这些人无论在什么文化中都是被历史认同的。居里夫人，在我看来，就是有共产主义境界的杰出女性，她不追名逐利，把自己的全部才华都贡献给了人类。她的幸福来源于贡献而不是索取。

　　相比之下，戴安娜虽然拥有荣华富贵，但是她缺少为人类作出贡献的杰出才华，因此她是个没有自信的人，生活也不幸福。马克思是一个为了人类的幸福贡献出他的一生的人，他有的是升官发财的机会，但是他选择了为人类的幸福牺牲自我。孙中山是一个无私的人，他为了民族的命运贡献了自己的全部才华。毛泽东也是这样的无私为人民贡献的人。还有很多中外伟大人物，都是些把个人利益置之度外的人。他们的幸福都是来自贡献而不是索取。这样的生活方式就是共产主义的生活方式。由此可见，人不能选择社会形态，但在不同的社会形态中，我们单个人都可以努力去做一个高尚的具有共产主义生活方式的人。

　　从我个人的生活方式来看，我人生中最幸福的日子开始于自己确立了共产主义信仰，真正地能够将个人利益置之度外的时候。现在我感觉最幸福的事情，是我找到了一个能够让我享受共产主义的生活方式的地方，这就是清华大学。从个人的生活资料按需分配方面来说，我在清华得到了饿不死的工资。清华大学不是一所会倒闭的学校，因此我知道只要我的工作质量没有问题，我终身不用为是否能够活着而担忧。

　　而在物质生活条件方面，只要能活着，我就满足了。我现在穿的很多衣服都是十多年前买的，有的都有二十多年的历史啦。有一次，我去给清华美院的学生上课，穿了条 1989 年买的黑裙子。我丈夫说：你不能穿，会被学生们笑死的。而我还是穿了，我问了一些学生，他们说很好看啊。有的东西是不会过时的，因为它表现了普遍性，有的则很容易过时，因为它太特殊了。我的黑裙子就代表了普遍性。有的同学说，马原老师的讲义多少年了也不变。那就对了。如果马原老师的讲义总在变，那就说明那位老师没有抓住普遍真理。

对于我来说，更重要的是活着干什么。清华是一个没有屋顶的学校，自己有多大本事都能发挥出来。更重要的是，为清华工作，就是在为国家工作，所以让我感觉自己的劳动贡献是有价值的。如果我是在为一个私人老板工作，我的劳动贡献是给私人老板用去买别墅了，那我就会感觉自己的贡献是没有意义的。

按我现在订的学习和写作计划，即使我活到100岁也学不完和写不完，所以每天都在充实地学习着、思考着、写着、发挥着自己的写作潜能。我经常会因为有了新观点或新发现高兴得在屋里转圈。我的生活圈子也是我幸福的来源。我不与不认同自己的生活方式的人有深度交往，也不与不理解自己的生活方式的人有深度交往。不接受不认同自己的生活方式的任何讲学邀请，不管他们愿付给我多少钱。不接受任何自己不认同的会议邀请，不管那种会议能给自己带来多大名气。

也不接受自己不适合的杂志的采访。一次有位时尚杂志的记者找我，说要采访一下我。我说，我是一个最不时尚的人，我不是反对时尚，只是不适合我。后来，终于用一个比喻礼貌地婉拒了这次采访。我说，就像我每天只穿很土的衣服，突然让我穿件时尚的花衣服，我实在是感觉别扭。因此，我有一些在一起就开心得手舞足蹈的具有深度交往的亲友和学生，在一起可以随意嬉笑怒骂。学生们经常得在我这里吃"辣椒"，但是他们喜欢，因为他们知道老师批评他们是为他们好，并能给出改正的方法。

只是太忙经常无法与他们相见，所以我们即使生活在同一个校园里、即使生活在同一个城市，也只能相互思念。相反，倒是远方来的亲友或学生来北京时能够相聚，因为那时无论多忙也会想着难得一见，所以能够抽时间相见。对于亲友和学生，我采取的原则是不锦上添花但雪中送炭。学生们大婚，肯定见不到我的踪影，而一旦他们有困难了，我一定会放下手头的事出现在他们面前。社会是不完美的，但是我们可以在自己能把握的范围内，努力创造一个相对完美的环境，并让自己的共产主义的生活方式得以实现。

共产主义并不是一个崭新的社会，它将是一个吸收了人类的全部优秀文明的社会。我们每天只要是在做促进社会发展的事，都客观上在为走向共产主义贡献力量。它的实现就在我们每天的工作之中，不管我们主观上是不是为这个目标而奋斗。真的、善的、美的是共产主义社会追求的目标，因此只要我们在追寻着真、善、美，就是在为共产主义的实现准备要素。

这个社会也会不以人的意志为转移地最终实现，因为人类追求的最终目标是幸福，而这就是一个能给每个人带来幸福的社会。有的同学问，老师是不是能给出具体的时间表？不能。老师是学者，不是算命先生。老师只能说，根据老师的学术研究，老师相信共产主义必然实现，而且必然不是在我们的有生之年能实现的。而到底是什么时候实现和以什么方式实现，那是由历史发展来决定的，任何人都给不出答案。

第二节　中国特色的社会主义理论符合马克思主义吗？

按照马克思主义理论，社会的发展通常要经历五个社会形态：原始共产主义社会、奴隶社会、封建社会、资本主义社会和共产主义社会（社会主义社会是共产主义社会的初级阶段）。而中国跨越了发达的资本主义社会阶段，直接进入了社会主义社会，因此人们才有了疑问。有的人认为，中国坚持马克思主义，就应该回到资本主义社会，否则就违背了马克思主义的基本原理。而任何理论都是讲的一般性，而实际的历史发展都具有特殊性。

中国的社会主义，确实是一个营养不良的早产儿，也就是说我们的生产力的发展水平不够高，这就是营养不良之处。中国的很多问题从根本上说，都源自生产力发展水平不够高。而且并不是一个国家富裕了，生产力发展水平就高了。生产力发展水平高的根本标志是科技和教育的高水平。所以，国家提出的科教兴国是正确的，这是我们必须努力的目标，这个目标实现不了，中国出现的各种社会问题就无法得到根本的解决。而资本主义在发展生产力方面客观上有着卓越的贡献。

中国之所以可以跨越资本主义来发展社会主义，关键在于有其他国家在搞资本主义，而且我们可以通过开放政策学到资本主义先进的科学技术和管理经验，使得我们能够尽快消除营养不良现象而健康地生存下来。马克思并没有说过，社会主义还有初级阶段，但是通过马克思主义的基本原理，任何事物都有从初级向高级发展的过程，因此我们可以合理地推导出社会主义的初级阶段理论。这个理论承认了中国的生产力发展水平不高的事实，因此要通过市场经济、通过以公有制为主体和多种经济成分共同发展、通过开放政策来促进生产力的发展。

中国现在不能退到资本主义社会，主要有这么几个理由：

第一，中国的崛起需要一种跨越式的发展模式，跟随资本主义发展，即使成功也只是个赝品，没有办法证明中华民族的伟大。如果中国的社会主义搞成功了，中国就是世界的领跑者，因为资本主义国家的人也承认社会主义是高于资本主义的社会形态，只是人们认为它无法实现而已。

第二，在资本主义的发展体系中，只有少数先发展起来的国家能够成为发达的资本主义国家，其他国家即使采用了资本主义制度，也只能是生产力非常落后的国家，因为它们是被当成发达的资本主义国家的原料基地和产品倾销市场。

第三，根据 2011 年 10 月 27 日的新闻报道，现在全世界有人口 70 亿。地球上的资源危机的到来是迟早的事情。发达的资本主义国家，通过发达的科技从全世界掠夺资源，通过强大的军事力量稳固自己的既得利益。它们通过开放政策，把全世界的优秀人才都吸引到自己的国家。最后让落后的资本主义国家的人对政府不满，而不知道它们发展不起来，根本的原因在于发达资本主义国家的国际大分工。在必要时，发达的资本主义国家希望消灭人口的时候，它们会任由落后国家的国民处于饥荒和战乱之中，在极端的情况下，甚至可以通过发动战争，灭绝一些人口来保护他们需要的地球的资源。

第四，因此，中国社会主义的发展是具有世界意义的，它不仅能够挽救中国，而且在强大后可以挽救很多小国和落后国家的命运。它可以通过帮助弱小国家发展科技和教育来强国，使得它们摆脱只是作为发达资本主义国家的原料基地和商品倾销地的命运。

从目前中国的大政方针上看，保持稳定，让中国具有足够的发展生产力的条件，为中国真正地实现不仅大而且强的目标忍辱负重，努力壮大中国的实力，让它能够真正崛起，成为世界共产主义的领跑者。这就是我们这个时代的中华民族的总体任务。如果从这个高度来看问题，那很多问题我们就都能想得通了。

大家会在《毛泽东思想和中国特色社会主义理论体系概论》这门政治课中，系统地学习到关于中国特色社会主义的理论。这里我就同学们经常问到的一些问题进行简单扼要的分析，供大家参考。

一 计划经济的历史功绩

中华人民共和国的发展应该分为两个阶段：改革开放以前和改革开放之后。改革开放之前，中国是建立在计划经济体制之上的。这个时期的发展具有不可磨灭的历史功绩：

第一，利用计划经济办大事。很多基础建设是在那个时候以非常低的成本实现的，这为改革开放奠定了很好的基础。那时国民经济的发展速度也是非常快的。现在的民营企业和外企都愿意到基础建设和基础设施比较好的地方去投资，而基础建设落后的地方，因为条件差、难以赚到钱，因此私人企业不愿意去。

第二，在非常困难的情况下，研制成功了原子弹，使得中国人民不再受发达国家的武力威胁，为中国在改革开放后能够具有和平、稳定的发展环境提供了条件。

第三，在那个时代涌现出了一批无私贡献的杰出人物，今天依然是我们的学习榜样，比如说雷锋。当然，那个时期因为处于探索时期，也犯了一些错误，有的错误非常严重，是应该吸取教训的。

二 采用市场经济的必要性

计划经济在解决基本问题和解决大问题上有优势，但是要全面细致地解决生产与消费之间的平衡问题，需要利用市场经济来很好地配置资源。另外，计划经济建立在吃大锅饭的基础上。在穷的时候，能力强的多贡献点，能力差的多补贴点，大家都不在意。而在有了比较多的节余的时候，如果贡献大的人得不到相应的报偿，就会影响他们的劳动积极性，而没有贡献的人还白吃白拿，就鼓励了懒人。而社会的生产力还没有发展到可以实现生活资料按需分配的程度，个人发展的机会也是有限的。为了更好地促进生产力的发展，需要采用市场经济。现在有的年轻人说，好工作的概念就是可以光拿钱不干活。这种观念是不对的。自己白吃白拿，实际上是损害了认真干活的人的利益，是在无偿占有别人的劳动，是在占便宜，是很没有自尊的做法。

在讲《资本论》的时候，我们说过，市场经济和资本主义是两回事。市场经济在原始社会末期就有，而只有用资本来赚取剩余价值的时候，才是资本主义。如果说是采用市场经济的目的不是要赚取剩余价值，而是追求商品的使用价值，我们的市场经济在总体上就不等于资本主义。民营企业确实是在追求剩余价值，也存在着剥削，这也就是中国处于社会主义初级阶段中的"初级"的原因，而中国政府强调中国将"长期处于初级"阶段，也就是要给民营企业吃颗定心丸，让他们放心经营，不要害怕国家会在短期内把他们的企业收归国有。那国家为什么要这么做呢？国家是不是要逐步私有化，把中国变成资本主义国家？国家是不是要披着社会主义的外衣搞资本主义呢？

国家并没有想把公有制变为私有制，而是要在保证公有制为主体的情况下，利用民营企业的发展来更好地促进生产力的发展，使得我们能够更快地补上生产力发展水平不高这一课。那民营企业起到什么作用呢？

第一，有的民营企业是用来帮国家解决就业问题的。在从计划经济调整到市场经济的过程中，必然要有大量的工人下岗，而国家也没有钱把下岗职工全部养起来。下岗工人需要工作，而国家安排不了这么多工作，怎么办？鼓励民营企业发展，它们就能帮国家解决很多失业人员的就业问题，而且它们能够上税，可以便民。

第二，有的民营企业用来向西方发达国家学习高科技和管理，而且国家为此设立了高新技术开发特区。我们已经说过，没有高科技，中国的富有就只能建立在出卖资源上，并不能提高生产力水平，就不可能实现马克思所说的共产主义社会。而且中国之所以能够超越资本主义这个发展阶段，是因为存在着其他的发达国家，我们通过改革开放政策，能够把它们的先进的科技和管理学习到。只要资本主义的促进生产力发展的历史使命没有完成，资本主义是不会灭亡的。

而我们如果不把发达资本主义的高科技成果全部学习到，并具有在更高层次上促进生产力发展的方式，是不可能真正实现共产主义的。因此，资本主义和中国特色的社会主义将长期并存。在这个阶段，中国处于练功夫的阶段，要能沉得住气。只有等中国真的实现了科教兴国，中国才真正强大了，很多社会问题才能迎刃而解。所以，这些民营企业的发展不仅是关系到就业问题，而且关系到中国的崛起。希望未来将到高新技术企业创新的同学们，能够站在这个高度来筹划自己的事业。

同学们应该记住的是，不管从事什么类型的民营企业，都存在剥削。扣除自己的劳动所得，利润部分是属于劳动人民的剩余价值，这点我们是一定要明确的。比如说，在高科技企业中，公司设计了图纸。但任何高科技都要变成产品才能让人来消费。产品是由谁来制造的呢？还是劳动人民。高科技企业获得的垄断利润，还是来源于工人阶级的剩余价值。只是现在处于一定的社会发展阶段，通过这种方式在客观上更能够促进生产力的发展。虽然很多民营企业家感觉承认剥削是件很没有面子的事情，他们要通过管理的劳动所得和承担了风险来美化这种剥削，历史还是会按剥削来记录他们的行为的。

那么如果一个民营企业家，不想剥削，又想有自己的企业，怎么才能有一个让人尊敬的出路呢？就是承认剥削，但把自己看成是劳动人民的财富的保管者和应用者，最后把这些财富以适当的方式用之于民，回馈社会，这样就可以让人看到民营企业家的高尚。他们通过创立企业，促进了生产力的发展，这是他们对社会的贡献，而最后又把财富回馈社会，这表现了他们的高尚。这样的人是受人民爱戴的。另外，中国人说，真正的道德的人是不留名的。所以捐款、捐资不用非要把自己的名字或支票刻在墙上，这样的做法会让人感觉还是在追名逐利，让人感觉庸俗。这些钱本来就属于社会，所以回馈社会也是应该的。而把这些财富用来奢侈浪费，这不是什么值得骄傲的事，而是会让人感觉很可耻，因为这是在浪费劳动人民的心血。

中国的民营企业，在性质上是用来为社会主义服务的，因此它们越能为社会主义服务，它们的出路越光明。据说，现在有的民营企业家，听说国家要解决共同富裕的问题了，要征高税了，就开始移民国外了。这些人是不会失去财富，但是会失去一种很重要的幸福。幸福有很多种，而在自己的国家得到的幸福是在其他国家得不到的，因此才有那么多移居国外的人有思乡之情。

在自己的国家会得到什么在国外得不到的呢？比如说，在美国美女就是蓝眼睛、黄头发。当自己移民国外的时候，自己的女儿无论长什么样儿，在白人的世界里都不会感觉美。在国外，有很多领域，对于中国人来说都是有玻璃天花板的，就是说看上去自己是拥有很多权利的，但实际上存在的各种歧视会成为一种看不见的天花板，阻碍着自己的发展。在国外，也会让自己胆战心惊的，因为自己的国家如果与自己的侨居国发生冲突，自己将会在那里直接承受冲击。

当自己把自己的孩子移民到国外后，他们再想回到中国来发展，是很难的，因为各种价值观的错乱，使得他们的适应力，尤其是适应中国的主流价值观和生活方式的能力比较差了。最后就把自己的孩子送上了待在哪儿都不幸福的状况。在国外受歧视，回国又水土不服。所以，对于一个成功的民营企业家来说，最好的出路是给自己的孩子在中国提供比较好的教育条件，让他们成为国家的入主流的栋梁人才，让他们靠"才"而不是靠财活着，只有"才"才具有千金散尽再复来的功用，而且能让人很有尊严地活着。

怎么入主流呢？就是要学习马克思主义，要具有真实的共产主义信仰。这是通往幸福的越走越宽广的大道，即使这条路现在被迷雾笼罩着，而越早看清这条路的人能越早地踏上这条康庄大道。跟风跑的人永远都只能是步人后尘，所以我们要具有提前预见一个社会未来的能力，在很多人迷茫的情况下，我们能够成为高举火把的引路人。

三 国有企业的发展前途

中国政府为什么说话那么算数呢？就是因为中国以公有制为主体，而且国有企业是国家的主要的经济支柱。中国能够在各种经济危机中屹立，就因为中国政府能够调配国家的主要的经济资源。美国等西方发达国家，政府经常感觉无能为力，而且竞选总统时的很多承诺都无法兑现，就是因为政府能够支配的经济资源不多，主要的经济资源在垄断资本家手里，他们不支持，政府就很无奈。如果中国全面私有化，最后的结局就是政府被架空，主要经济资源落到资本家手中，政府面对各种经济困难都会很无奈。

所以，中国政府不会全面私有化，肯定会把住支撑国家经济命脉的企业。在个别地区或个别省，民营企业会多一些，而从总体上看，经济命脉肯定是要把握在政府手中的。怎么判断中国是不是变质了呢？一个是中国政府已经把握不了国家的经济命脉，外国资本家或中国的民营企业把握了中国的经济命脉。另外一个是中国政府的钱已经用来满足特权阶层的利益，不为民所用，失去了固有财产为全民所有的性质，而且把这种分配方式合法化。

对国企进行股份制改造的目的是要提高效率，而不是要把公有制变成私有制。一旦民营企业把握了国家的主要经济命脉，他们的资本是可以随时外流的。而且，如果国家在私有化的时候，想卖个好价，就可以卖给外国企业，外国企业就能把握中国的经济命脉。在国民党快灭亡的事情，为什么政府说话不算数了？就是政府没有足够的可以支配的钱了，就要去向美国求助，美国也不是白帮人的，必然是要有什么好处的。

目前我国的国有企业效率不高，主要存在这么几种情况：

第一，国有企业与其他企业一样，以前投资时有社会需求的，但后来没有这种社会需求或者它的产品已经落后了，属于自然淘汰。如果民营企业属于这种情况，也照样淘汰。

第二，有的国有企业帮国家背着包袱。它本来是可以盈利的，但当社会保障体系还不是很健全的情况下，如果下岗工人数量太大，必然导致社会不稳定。在任何一个国家，如果很多人只能在生和死中抉择的时候，肯定是要发生革命的。而且中国作为一个社会主义国家，也不能发生饿死人的事情，所以有的企业实际上是盈利的，但是因为帮国家养着一些该下岗而没有下岗的人，因此表现为不盈利。

第三，有的国有企业的低效率来源于它把追求使用价值放在首位。按资本主义的思路进行资本运作的话，需要加快资本的循环速度。在市场饱和的时候，要加快资本的循环率，就需要提高折旧率，也就是人为地缩短产品的自然寿命，在它们还有使用价值的时候，就被人为地淘汰了，这样造成了很多资源的浪费。国有企业不能通过这种方式盈利。

第四，有的国有企业不是因为盈利而是因为重要而存在的。有的军工企业的投资是很大的，投资时间很长，而且它们的产品也不是生产出来就能卖的，还有保密问题。有的基础性的设施，民营企业不会投资，因为不赚钱，只有靠国家投资。这些企业即赔本也是一直要投资的，不能以是否盈利来衡量这些企业的价值。有的同学问，中国为什么有钱要去买美国的国债，不能拿来建立社会保障体系吗？可以，但是那相当于把鸡杀了，下不了蛋了，吃光用光，没有资本了，社会保障也就无法持续了。

那不能去买美国的大公司的股票吗？那风险会更大，弄不好连老本儿也丢了。我们现在缺少有大才的跨国公司的经营人才。如果国家有这样的人才，那就可以用外汇在全球投资，就能下蛋，能够保证国家经济的持续发展。中国现在一方面小才满处都是，但是各行各业都大才匮乏。课堂娱乐了，缺乏学习毅力，人心浮躁了，老师迷茫了，学生更加迷茫，急功近利的人多了，导致了我们难出大才。在国家经济领域中拼杀，需要有大才的经营管理人才，否则就只能赔本。

而国有企业的总经理的工资就成了个问题。没有高工资，雇不到好的总经理。按说，国有企业的总经理，应该是具有牺牲精神，有共产主义信仰，能够为国家的事业而奋斗终生的。但是我们并没有真正培养出多少这样的真红和真有本事的人来。只专不红的人，工资不高，他们有自己创办企业的能力，他们就不会为国有企业工作。国有企业需要人才，而这些人才不用高薪聘用不到，用太高的薪水又引起民怨。

再有，不红的人得手，即使有本事，也会谋私。监管不可能细到无空子可钻的程度。还有，有的外国经理在跨国公司经营上很能干，但国有企业聘用外国经理，也会让国民产生心理障碍。而聘用些只红而没有本事的人，即使尽力了，仍然会赔本。如果再聘用些假红而没有真本事的人，那上手就开始偷国家的资源。所以，目前的问题很综合，不是只改变个办法就能解决的，最根本的还是真缺又红又专的人。

四 腐败等社会问题什么时候才能够解决？

腐败等社会问题，要等到了共产主义社会才能根本解决。什么是腐败？腐败就是一些人无偿占有了另一些人的劳动果实。资本主义制度本身就是腐败的，因为它是一个建立在剥削基础上的制度，其实就是把腐败合理合法化和美化了，所以即使大家完全遵守法律和道德，也是腐败的。在中国特色社会主义中，也存在着把民营企业的剥削合法化的问题，即使是按法律规定运作的，这部分也是腐败的因素，因此这部分的存在才是最终要消除的，因为是不合理的。

为什么明知道是腐败的，还要让它存在呢？因为生产力决定生产关系。在不得而已的情况下，为了发展生产力，就只能允许这样的腐败暂时存在着。什么是最理想的状态？就是大家都可以不要钱而义务劳动，但是在大多数人不给钱就不干活，或者没有人管着就不干活，社会又要发展，怎么办呢？那就得有人来用钱把不干活的人变成干活的人，而不给好处这些人也懒得管，所以就只好允许这些人剥削，这样客观上就能促进生产力的发展。

到共产主义社会，人就能自觉劳动了吗？能啊。因为那时大多数体力劳动不用人干了，而少量的体力劳动或适度的体力劳动是能给人带来愉快的。大家都得到很好的教育，每天忙着做创造性的劳动，在创造中体会幸福，那样充实的人生，怎么会不爱劳动呢？只是现在不得不发展生产力，最终才能让那样的社会得以实现。老师说最终是不是到了共产主义社会，就不再发展了呢？不是，只是说否定之否定的一个循环完成了，将进入另一个新的循环。现在的问题已经不是主要问题了，还会产生新的问题、新的矛盾，比如说，人更关心怎样才能把自己的潜能全部开发和发挥出来。

还有一种腐败就是指的违规操作的腐败。这种腐败花样翻新，有着非常复杂的原因。为什么中国存在大量的公款消费，浪费了很多资源？因为拿国家工资的人没有高尚到能够义务劳动的程度，而国家发给的工资并不足于补偿他们的劳动，出现了同工不同酬的情况，也就是说他们在民营企业做同样的工作会得到更多的钱。国家需要人才，而又不能把工资定太高，怕引起民怨，因为新中国成立的时候就说了，共产党是要为人民谋幸福的，要先人后己，但是也不可能只靠共产主义信仰让这些人为国家工作，因为他们也拖儿带女，要养家糊口，只好通过福利待遇来补偿，这样才能把人才从民营企业那里抢过来。

而福利待遇通常是过期作废的，因此就有了不花白不花的做法，因此导致了大量的浪费。有权的人，也是靠职务补贴来得到补偿，而职务没有了，相应的好处也没有了，因此有权时就要把权力用足。据说，现在请客吃饭，是先吃国家的，再吃大款的，最后不行才 AA 制。如果把福利待遇变成钱发给他们，就不会出现这样的浪费现象了，但人民不答应。

再有，现在很多拿工资的人的家族都不是很富裕，他们肩负着为全家族人谋福利的责任，否则他们就会感觉很丢脸。所以，通过权力之便推荐工作或者需要捞些外快才能帮助大家共同富裕，这样违规操作也就会比较多。共同富裕在国家层面上没有实现，而一个家族互相帮助，一群好友互相帮助共同富裕的情况还是存在的。这样就出现了里应外合的"堆腐败"现象。法律能管的是一个人，而难以管"堆"，所以中国历史上才出现过"连坐"的惩罚。

现在国家是不是没有能力完全管住这样的行为呢？如果历史上用过的"五马分尸"或"诛杀九族"等酷刑被使用，是能管住的。但是现代社会能那么管吗？如果我们生活在这样一个社会中，我们不犯法，看到这种现象是不是也会感觉很恐怖、感觉毛骨悚然啊？有的腐败等发现的时候，已经是一大串。整个串拉出来，很容易导致社会不稳定。所以，出现了一件事利弊都存在的情况下，只能取利大者，暂时包容弊。

所以，我才说，我们要做公正无私课堂，让同学们在课堂上就能够尝试一下做管理时的一些无奈现象。有同学说，在一个宿舍的同学，得罪不起啊。虽然自己做小组长，就是有同宿舍的同学不来上课，不包庇就得罪了，然后他天天折腾，把人折腾得要疯了。所以，现在出现了得罪不起的人，多一事不如少一事。出现了少数人把握主动权的情况。

比如说，领导考评，90分与95分之差，主要是来自少数人是不是给打高分。大多数人给打了高分，少数得罪的人给打了低分，那5分之差就出来了。学生给老师打分，95分与98分之差，也是来自于少数学生。少数学生给打几个最低分，那三分之差就出现了。所以，按高分获奖的方式，实际上是让少数人左右了主动权，让人都害怕得罪人。领导怕得罪横的下级，就迁就不管，结果把风气弄坏了。老师怕得罪横的学生不管，结果把学风给弄坏了。风气坏了，善恶是非不分，人们就普遍郁闷了。

在这种情况下，怎么办？自上而下或自下而上，都不好办。现在就是要通过教育，让人能够"从我做起，从自己能做主的事做起"，"严于律己、宽以待人"，每个人都为自己营造一个干净的环境。大环境改变不了，自己的小环境是能改变的。那为什么要改呢？不改不是自己难受嘛。大家改改试试，自己有那么个小环境，是会感觉很好的，给自己一个小小的温馨的家园。如果大家都这么做，社会风气就会有所改变了。

在这个发展与腐败并存、发展与各种社会问题并存的时代，由于生产力发展水平的限制，任何一个人想彻底除掉腐败或社会问题都是不可能的，而且这样的时代还将持续很长的时间。我们只能面对现实，向积极的方向努力。我们每个人都不是社会的旁观者，只有我们都努力促进社会的发展，才能使人类更快地根本摆脱这样的局面。而如果我们只是把腐败或社会问题的存在，作为自己不作为或不努力的借口，那只能让自己陷入泥泞中不能自拔。目前的社会是给予了个人很多发展空间的，如果自己努力，尤其是努力成大才，才更有自由的空间让自己出污泥而不染。比如说，我们品德高尚、才华出众，那就是各个单位抢夺的人才，自然就不需要开后门去找工作了。

五 坚持共产主义的必要性

如果有人告诉你，你要信仰共产主义，你要入党，因为共产主义很快就能实现，那是在欺骗你。当资本的有机构成没有发展到趋近于零的时候，不可能真正实现共产主义。即使有人带大家冒进，飞速进入共产主义，那也只能是昙花一现的共产主义，不可能持续。如果有人告诉你，你不要信仰共产主义，因为它与活着的人都没有关系，那是未来的人去考虑的事情，那个人也错了。共产主义并不是一个崭新的社会，它的要素存在于历史长河之中，它只不过是吸收了人类发展的全部优秀成果的社会，而这样的优秀成果，是在我们的时代就可以去创造的。

而且，不是说我们有了共产主义信仰，就要马上去推翻资本主义。当资本主义促进生产力的历史使命没有完成时，我们要允许它们存在，而且要向它们学习并获得它们促进生产力发展的成果。不是越敌视资本主义，自己就越是一个共产主义者。如果我们现在培养出来的共产主义战士，每天都只是在咒骂资本主义，只是些脱离现实的愤青，不去学习资本主义社会的好的方面，他们只能延后共产主义实现的时间。

资本主义社会在促进生产力方面的作用还没有发挥到极致。我们要坚持共产主义信仰，就是要明确我们的社会发展的方向。那方向能起什么作用呢？如果我们是把资本主义设定为中国的发展方向，那我们就应该用资本主义的标准来衡量我们的发展，那我们离资本主义越近，就说明我们越是发展了。如果我们以共产主义作为发展方向，那我们就应该以共产主义作为衡量标准来看我们是否发展了。而且否定了共产主义，而社会主义是共产主义的初级阶段，那也就否定了社会主义。

六 政治思想教育的重要性

政治课教育很重要，但是同学们经常感觉不客观，所以没有说服力，就是因为有的老师在走极端。中国总是出现"左"的错误，就是因为人们怕犯错误。尤其是政治课教师，怕说错话，所以感觉"左"是安全的，只要是在高唱社会主义的赞歌，就不会犯错误。有的老师在课堂上说的是他自己都不信的假话。这样就把好端端一个中国特色社会主义和共产主义给捧杀了。而有的老师又因为要讨好学生，就只说弊病，不说好的地方，让同学们可以把自己的不如意完全归结为由于社会弊病的存在，所以感觉很爽，所以赞扬老师。有的政治课老师自己的不如意、迷茫、自私、信仰危机在直接影响着学生。这些老师的课，学生听多了，听信了，不是被拯救了，而是被毁灭了。

客观地说，中国目前走的路是对的，大政方针是对的，但是落实的过程中走样，最主要的还是缺乏一支公正无私的从上至下的强有力的执行队伍。在目前这个执行队伍中，存在着假红、假有共产主义信仰的人，需要真红、真有共产主义信仰的人。存在披着公正外衣的真自私，需要真的公正无私的人。而这种现象的存在，还是与政治课教育有关系的。人不可能生来就具有共产主义信仰。我们如果把共产主义信仰披在好处上，让得到好处的人信仰共产主义。而这些人只要得不到好处或者得不到足够的好处，就不信仰共产主义了。共产主义信仰是需要有效的政治教育来确立的。所以，现在最大的问题还是出在政治课教育上。如果老师们不在马克思主义基本原理上下功夫，只是在用视频、图片、案例让学生们娱乐，更容易产生出一批批伪共产主义者。

从政治理论课的教学上来看，我们应该分这么几个阶段来培养：

（1）小学阶段"寓教于乐"。这个时候，学生还不具有能够学会抽象思维的能力，主要以形象思维的培养为主，要把政治思想放到故事、图片、视频、案例中去进行教育。

（2）初中阶段，从形象思维到抽象思维的过渡阶段，"寓教于史"，通过中外通史的学习来进行政治教育。

（3）高中阶段，学习抽象思维工具，形式逻辑和辩证逻辑，"寓教于推导"，让学生具有长链条的推导能力。

（4）大学阶段；大一上马克思主义基本原理，确立共产主义信仰，从理论上说明社会主义的合理性；大二上中国近代史纲要，说明社会主义为什么是中国人民的必然选择；大三上毛泽东思想与中国特色社会主义，说明中国是怎么搞社会主义的；大四上思想道德修养和法律基础，说明中国的社会主义的道德与法律与资本主义有什么不同。

（5）硕士研究生阶段，学习中国特色社会主义的理论与实践，重点是整合大学时代学过的马克思主义基本原理和中国特色社会主义理论，教他们如何应用这种理论来解决中国的问题。

（6）博士生阶段，利用同样是整合以前学过的马克思主义基本原理和中国特色社会主义理论，教他们如何利用这种理论来解决世界性的问题。而没有正确的政治课的引导，学生们就会受各种纷繁复杂的现象包围着，处于一个矛盾堆中不能自拔。现在的文化多元化是好的，给人更多的空间进行选择。但是如果一个人学了点儒家、道家、佛家、墨家、法家、西方自由主义、马克思主义的碎片，什么学说都没有系统地学一个体系，脑袋里就乱得厉害，似乎什么都懂，其实什么也不懂。没有系统的脑袋，不管装多少碎片，都没有推导能力。而所谓的思想是靠推导来的。所以出现了人们只会表达观点、表达意见，但没有思想，因为他们不知道这些观点和意见是怎么来的，要往哪里去。

学生们习惯了在娱乐中学习，那怎么可能有毅力去学习古今中外的经典作品。经典作品通常都是枯燥的，而且康德的作品可以说是枯燥之极。而就是这些枯燥的经典作品，学一本能帮我们进化几百年到几千年。这些作品是些浓缩的智慧。学生们读不懂，因为在马原课上需要帮他们培养出抽象能力，没有培养出来。学生们脑袋里面消息很多，而这些消息都是在描述现象的大概，他们成了消息灵通人士，什么都知道，但什么也解释不了。

学生们已经自由到乱的程度，自由到自己都无法去把控这种自由了，自由到被各种现象所迷惑。被时尚带着跑，被网络带着跑，一看到什么东西热就忍不住想去追求。能真正带我们走出迷茫，坚定不移地去向前奔跑的理论是什么呢？什么是与我们的经济、政治发展相配套的理论呢？是马克思主义。我们脑袋里面有的比较系统的东西也是马克思主义。

　　通过我们这一学期的学习，我们可以看到马克思主义确实是很强大的、尤其表现在马克思这个人是非常强大的：他的事业追求、博学、刻苦精神、思想抱负、友情、爱情诸多方面都和中国传统的儒家文化所认同的东西相吻合。马克思这个人，不只是作为一个学者、一个革命家、一个思想家，而值得我们去敬佩，他单单是作为一个人也是值得我们敬佩的。

　　以后我们每位同学在思想抱负上都要变成一个小马克思。有的同学问：老师，我的志向怎么时大时小呢？有时候想当国家主席，有时就是想把自己的小家弄好就可以了。你想当国家主席就大了？想当家长就小了？不是那么回事。什么叫大？什么叫小？匹夫可大，国家主席可小。心里能够装下一个民族、一个国家、整个天下，境界就高，胸怀就广阔。在这种情况下，你做家长也可以做得很大气，因为修身、齐家、治国、平天下，原本是在一条道上的。

　　比方说花木兰的父亲，他在国家有难的时候，就鼓励自己的孩子去报效祖国，这个家长做得就很大气。个体向人的方向进化的高度与个人的无私程度是有关的。人有两端：动物性的一端和仁性的一段。人越是自私，越接近于其他动物，而越是无私，则越接近于仁性。中国儒家的"无私"、道家的"无我"、佛家的"涅槃"都是在帮人放下自私。自私的人的天地只有他的利益圈那么大，而当人完全放弃自我时，自己的胸怀就能拥抱宇宙。

　　共产主义的人之所以能够更幸福，就是人都因为放得下自我，所以能够感觉到纯粹的"仁"，因此可以让人感动，因此让人感觉好。再有成就的人，你与他接触，发现他是个自私自利的人，人们就不会产生半点尊敬。而从认识世界的角度看，由于放下了"小我"，才能把世界的全面的图景纳入我们的眼界，使得我们能够看到更多的东西。所以，当我们无私的时候，就打开了我们的智慧之眼。大学者产生于斯。所以才说境界高的人学问才做得好。马克思只是一个匹夫，但是他就是个很大气的人，他选择做什么和不做什么不是以自己的利益最大化为标准，所以他才能发现了全人类的幸福未来。

第十章

中国共产党的世界性历史使命
——在全球范围内捍卫共产主义信仰

【画外音】讲到这里，马原课的基本内容就讲授完毕了。这时可以来解决学生们关心的为什么要入党的问题。入党的动机应该是什么和入党以后主要应该做什么。这里要告诉学生们，国家正在建立学习型政党，提倡终身学习。而我们到底要学什么呢？是不是只管学，是不是我们还要创造些什么呢？这里主要讲授中西方的历史发展的不同导致了中西方文化的不同，各自都创造了璀璨的文明。而共产主义社会的文化，必须是包容了中外文明的全部优秀成果，才能为世界人民接受。这样的文化就应该是以中外融汇、古今贯通的理论体系为灵魂的。

而马克思主义的基本原理就是用来整合中外文化的理论体系。由于我才疏学浅，只能对中西文化加以比较，还无法做到中外文化比较，所以下面只是比较了中西文化的不同，并回应了本书的序中所说的共家学派的倡立的必要性。所以说，我们学马克思主义不能狭隘地学，只读马恩经典是学不会马克思主义的，要放到整个世界文明发展中去学，而且还要创造着学，要为共家学派的创立奠定基础。这个部分可以放到网路学堂中供同学们参考，不必占用课堂时间。

中国的发展目标是要实现共产主义，而共产主义的最终实现是要全球都具备条件才能一起实现，因此中国共产党的历史使命就必然是世界性的。中国共产党作为目前世界上最强大的共产党，只有解放全人类，才能最后解放自己。而要让全世界的人都能认同共产主义，就需要有一套真能让世界人民都能认同的理论体系。这个理论体系必须是学术性和理论性的，而不是政策性的、宣传性的、经验性的、地方性的、局部性的、特殊性的。所以，中国共产党能不能领导全国人民创立一个以马克思主义理论为体系，中外融会和古今贯通的共家学派的学术理论体系，能不能产生具有世界性影响力的马克思主义学术大师，这关系到中国共产党是不是真能在实现共产主义的道路上一直领跑。

我们在全球范围内捍卫共产主义，不能不靠生产力的发展，但只靠生产力的发展是不够的。只靠说中国多么好多么成功，只靠骂资本主义多么腐朽，只靠说中国人民多么伟大，都是狭隘的，都会在自吹自擂中丧失尊严、丧失国格，让世界人民感觉中华民族是一个多么没有文化的暴发户和狂妄无知的民族，而这些表现只能说明我们是多么的自卑。没有包纳世界的胸怀，不可能成为世界文明的缔造者。客观地承认别国的好，客观地承认本国的不足，才能像大地一样，因为甘居万物之下而成为万物之母。这就是《易经》所说的"地势坤，君子以厚德载物"的道理，这才能表现出中国人惯有的仁者风范和真正的自信。我们不要做用针一扎就崩溃的大气球，而要做铁球，用针扎的话，球不疼，针疼。

通往建造共家学派的路是漫长的，因此捍卫共产主义信仰的过程也是漫长的。它靠的不是吹嘘，不是浮躁的表功事件，而是每个人脚踏实地地勤奋努力，一代代人前仆后继地默默努力。我们这个时代能够告诉世界的只能是我们开始扬帆远航了，我们离成功还很遥远，未来的路还很漫长，我们愿意与世界同行。中国人民是世界人民的一个部分，愿意加入我们的队伍，我们敞开胸怀，也让世界与我们同行。我们就应该在这样的气魄下来创立捍卫共产主义信仰的共家学派的学术理论体系。

第一节 氏族伦理的传承差异说

在这里，韦老师又推导出了中西"氏族伦理的传承差异说"，请同学们鉴定一下，看是原创性的学说还是原创性的胡说。从原始社会发现的遗迹来看，世界各地的原始社会的生活方式是差不多的，文化观念也差不多。这点不难理解，我们离动物界越近，越难有文化上的差异。我们在非洲发现的猴子的生活方式与中国发现的猴子的生活方式，差别应该是不大的，因此我们也就没有必要强调有中国特色的猴子的生活方式了。最近看到一则消息，说有人在食物中发现了虫子，于是要求甄别虫子的国籍，按虫子的国籍索赔。但我相信不管是哪个国家的虫子，差别应该是不大的。

那中西方文明为什么后来的发展呈现出很大的不同？这主要开始于奴隶社会。西方社会征服的外族奴隶比较多，而且奴隶是被集中起来，用鞭子和锁链强迫他们从事农业劳动，这样就把原始社会的氏族的组织方式解构了。而中国的奴隶主要是本族奴隶，奴隶主要不是用来从事农业劳动，而是用来做官奴和家奴，地位低于农民。中国的原始社会的氏族文化就通过大家（国家）和小家（家族）文化传承下来了，儒家文化就是建立在对氏族文化的继承基础上的，因此中国文化具有浓烈的原始共产主义色彩。由此，我们可以看到中西方文化的几大不同的特征。

一　人性善恶的不同

中国的儒家继承了原始共产主义社会的文化，因此支持人性善的理论，因为原始社会的首领以及后来的好的皇帝，都是以德高望重作为立身之本，他们并没有什么超人的技能。如果说人性都是恶的，这些首领或好的皇帝就没有什么过人之处了。人都是自私的，那他们有什么好伟大的？而这些人就是靠追求伟大与大众区别开来的。所以，中国人偏好"伟大"，今天我们国家的文件中还是用了很多伟大，我们说中华民族是伟大的民族，中国正在追求伟大的崛起、伟大的复兴等。中国的男子通常好吹牛，在自己不伟大的时候，也要把自己吹伟大了。现在我们选拔干部以德为先，也是有这种传统的影响的。

而且通过人性善，还可以相信人是可以"慎独"的，人可以有毫不利己、专门利人的动机。孟子与荀子之战，荀子就输在了他提出的"人性恶"的观点，违背了中国民族的氏族伦理传统，而孟子就赢在了他的"人性善"的观点，这种观点对中国人来说听着更顺耳。人希望人性是善的。而客观地说，荀子的理论比孟子的理论要更全面和更具有真理性，但社会求善高于求真，因此荀子输了。

　　而西方社会没有关于原始社会的记忆。到马克思和恩格斯写《共产党宣言》的时候，西方社会还没有发现原始社会的遗迹。所以，他们的有记忆的历史开始于私有制，因此他们更倾向于相信人性恶即人是自私的。因此他们的文化都是在人是自私的这个前提下来开展的。西方的愚人节就是要教大家互相不要信任。西方人必须要签订合法的合同，大家才能在一起合作做事，因为他们相信法律而不相信人性善。角斗士展示的就是人与人之间的你死我活，人对人是狼对狼的状态。

二　堆与单子的不同生活方式

　　由于中国人相信人性善，因此人与人之间容易变成很义气的、为朋友两肋插刀的关系，这样不需要法律，不需要合同，人与人之间也能合作，容易形成"堆"，因此无论是干好事还是干坏事，都喜欢抱团，因此法律难以管住，所以才会出现"连坐"的惩罚方式。中国历史上的刑法是很残酷的，而且中国现在也还保留了死刑，但法律还是难以管住，因为团伙作案现象太严重，里应外合的勾结腐败太严重，家族勾结在一起干坏事的情况太严重。因此，只要中国的道德风气一坏，干坏事的现象就是政府也难以管住的。

　　再有，由于中国的村落生活方式，形成了村里人互相帮助的良好传统，但同时由于公共服务比较差，做什么事都要求人，而求人办事后就要送礼、请客、喝酒，横向求人就你来我往，纵向求人就涌泉相报，因为想着以后可能还用得着，所以使得人们为人情所累。求人给不给面子成了人衡量一个人好坏的标准，而不管这件事是不是对的，是不是该办的。求人的人专门求人干不该干的事，而被求的人越是干了破坏规矩的事，感觉自己越有面子，越能干。而且中国的公共服务，不求人，经常就得看冷脸，而且该办的事情也办不了，因此不得不求人。这都在影响着一个社会的风气。所以，一方面，要有良好的公共服务；另一方面必须教育人们要有廉耻之心。当求人的人感觉无地自容，当被求的人鄙视这种行为的时候，这方面的问题才能解决。

　　从另外一个角度看，只要一个国家的道德风气正，那通过道德凝聚力量的能力也是其他国家难以比拟的。毛主席当时能够让那么多人自愿听他的话，主要还是因为他太有人格魅力了。他无私，他品德高尚，他才能服众，因此人们能够在他的领导下抛头颅洒热血。而且中国人在遇到外敌入侵的时候，凝聚力也是非常强的，能够一呼百应。所以，道德风尚对于中国是那么重要，关乎国家的兴亡。当人们没有结伙干坏事的动机，结伙干好事，那中国就会呈现出朝气蓬勃的局面。而这样的局面需要领导们真能做到公正无私才有希望。

而西方社会则通过承认人是自私的，让人与人之间的关系疏离，因此人与人之间不是以"堆"的方式，而是以"单子"的方式存在，互相之间难以建立特别铁的信任关系，因此需要合法的合同的保护才容易合作做事情，这样私人之间勾结、里应外合干坏事的情况就相对比较少。而且用法律管单子是容易的，因此法律比较容易生效。这就是为什么在西方有效的法律拿到中国来经常不管用的主要原因。而且西方的法律复杂到让人恐惧的程度，而且犯法了是真罚，说把车拖走就拖走，一点儿也不含糊，因此人们就很怕惹麻烦，尽量不去招惹法律。这样人们合作的目的主要是利，有利可图，订合同，分好利益，大家各尽各的力。利没有了就散伙了。人们之间的关系就这么简单，因此管理的办法也就简单，没有太多的特殊情况需要特殊处理。人与人之间互相给钱来互相帮助的情况比较少，主要是各自管好自己的事情。

而且西方的私有制，使得一个人不是拍老板的马屁就能得到更多的利益。老板要根据一个人是否有用，是否能够给他带来利益为标准来衡量一个人的价值。如果一个人很无能，嘴巴再甜，给老板创造不了利益，照样得走人。而一个人即使不拍老板的马屁，能给老板带来利益，也是老板的宝贝，因此还会出现老板拍员工马屁的情况。老板需要能干的人，而不怕能干的人能力会在自己之上，因为是私有的，员工再能干也变不成老板。但是一旦员工已经没有用，不管以前曾为老板做过多大贡献，照样解雇，因为老板认为他已经给了工资，没有什么欠员工的了。所以，在老板的利益面前，人人平等。

三　家族长生与个人长生的不同

由于中国人通过儒家继承了氏族伦理，因此在儒家思想中，血缘关系就非常重要。人与其他动物不一样的是人一懂事就知道自己是要死的，而人都不想死，所以就要找到可以长生不死的办法。儒家中说的立德、立言、立功的"三不朽"只能是在少数人那里实现，大多数人必须找其他的长生的方式。而通过生儿子来传宗接代，让烟火不断就是中国人的传统的实现长生的方式。所以，中国人领养孩子的情况比较少，即使领养了，也不能当亲儿子看待，因此当一个亲儿子感觉自己的老子对自己不好的时候，才会抱怨说，好像我不是他的亲儿子似的。

所以，儿子是自己的命根子的观念特别严重。老子可以为了儿子的成长机会去做违法乱纪的事，可以成为大贪，可以牺牲自己的生命或承受屈辱来为儿子谋得一个好的生活或前途。为自己都舍不出去的老脸，可以为儿子的前途而去舍脸。所以，中国人才不需要通过宗教来获得长生的希望。除了一些特别虔诚的教徒外，很多中国人可以同时信很多教，就是因为中国人去求神拜佛的目的是想让神和佛给自己带来平安、福气和好运，而很多人不是要指望可以通过宗教升天。

而西方人则认为个人死了就死了，不会通过儿子长生的。而他们又不想死，怎么办呢？统治者就采用了宗教，告诉大家灵魂是不死的，人是可以上天堂去过永久的好日子的。在那里人都能够幸福地生活。通过这种方式，可以给人以慰藉，这样死的时候才能死得幸福，死得坦然。我们看真信基督教的人，死的时候没有那么痛苦，人死后活着的人也不会哭得死去活来。

四 上帝与圣王的不同

那西方的统治者为什么要希望大家信上帝呢？因为他们希望大家信仰上帝，然后通过上帝来对人们实施道德教育。西方没有必修的政治思想理论课，因为他们用上教堂来实现了这个功能。统治者想要大家遵循什么，就把这种价值观念附着在上帝身上，而想上天堂的人就要听上帝的话，就要向上帝学习，这样就实施了道德教育。中国人到教堂听布道的时候，会发现在上帝身上有很多观念与中国的儒家思想是类似的。

为什么呢？就是西方社会虽然在人间没有关于原始共产主义的记忆，但是在神那里有。他们把氏族伦理道德放到天堂里去了，放到上帝的身上去了。而要让大家真信上帝，真信在上帝那里可以善有善报恶有恶报，就要论证上帝是存在的。而上帝又是看不见摸不着的，因此就要靠很严密的逻辑论证才能很好地为上帝服务，因此锻炼了西方唯心主义哲学家的抽象思维和逻辑推导能力。而这些能力一用到科技上，就促进了科技的发展，而科技的发展又反过来证明了上帝是不存在的。所以，历史就是那么有趣，常常是事与愿违的。

人性虽然是恶的，但人是可以教育的，人听上帝的话，模仿上帝，就能有神一样的道德情操。马克思 17 岁的时候能写出为人类的幸福而奋斗的文章，就是因为那时马克思很崇拜上帝，他从上帝那里学到了神性。从这个角度上看，只要我们把西方人的神性拉回到人间，西方人就会信仰共产主义，因为上帝就是很有共产主义精神的人。他无私，他为人类作贡献，他毫不利己、专门利人。如果我们把上帝看成是一个神话人物，看成是一部经典小说的主人公，上帝就是可以当做文化来接受的。

而中国人则没有把氏族伦理道德放到天上，而是放到了圣王的身上。孟子说，人人可以变成圣人，而圣人就是毫不利己、专门利人的人，他们的动机是纯洁的，可以完全忘我和无私。如果我们比较一下圣王与上帝的特征，我们会发现他们有很相似的品德，不同的是上帝是看不见摸不着的，而圣王是活生生的人。中国人的思维具有经验性，更容易相信真实存在的，可以通过经验感知的人。

现在有的中国人不信共产主义社会，就因为他们认为共产主义没有实现过，或实现过的那种共产主义不是他们想要的。所以，以前中国的大哲学家在构建理想社会的时候，才要返古，因为这可以通过经验告诉大家，这个社会原来就已经实现。中国的这种经验性的论证方式，是中国的形式逻辑思维能力不强及中国的科技没有西方发达的主要原因。

但是，从上帝与圣王的身上都有同样的类似与氏族伦理道德的特征中，我们可以看到共产主义观念是具有普世性的，因为氏族伦理是建立在原始共产主义社会之上的。所以，我们可以看到中西方最伟大的人是殊途同归的，他们身上具有特别相似的道德特征。西方人是通过上帝的教育建立共产主义信仰的，只是他们不那么叫而已，而中国人则是通过圣王的教育确立共产主义信仰的，所以我们从马克思身上能够看到很多与孔子类似的道德特征。所以在苏联时代，我们才能看到那么多国家都认同共产主义理想，而后来人们依然没有感觉共产主义不好，只是感觉难以实现而已。所以如果中国共产党能够作为共产主义的领跑人，就能成为世界文明的缔造者。

五　软和平与硬和平的不同

中国人没有发动侵略战争的历史，为什么？依然与中国人民在人间传承了氏族伦理有关。氏族首领的威信是靠道德建立的，而中国人民判断一个皇帝是不是好皇帝，依然是看这个皇帝是不是有道德。皇帝与氏族首领的不同在于氏族首领是选举出来的，而每个朝代的第一个皇帝的位置基本上是靠打天下得来的，谁打天下谁就坐天下。氏族首领是一心为公的，也就是说代表集体利益的，而皇帝也被看成是公的代表。

所以在皇帝统治的时期，虽然说是皇帝私有制（比如说，皇帝可以把土地权拿走，中国的普天下的土都是王土，因此只有听皇帝的话，土地才不会被拿走，也才能得到皇帝的赏赐），但人们把皇帝看成是公的代表，而且只有代表公的皇帝才是好皇帝。当皇帝不代表公了，按孟子的话说，就可以弑君了，因为那已不是君了。所以，中国人实际上一直都在倡导大公无私，只是不同的时期，内涵不一样而已。我感觉中国要倡导的核心价值观，就公正无私一条就足够了。只要守住这一条，道德风气就能正了。

当有能干的皇帝的时候，国富民强，具有侵略的能力，但好皇帝追求的是德高望重而不是横征暴敛，他们要留得一世英名，就要实现王道而不是霸道，通过王道，也就是推行伦理道德和礼仪，实现一种人们都心悦诚服的治理，社会才真正治了。我把这种治理状态称为软和平。而霸道则是靠违背社会伦理道德的武力威胁实现的社会治理。这个时候表面上是和平的，而在深层次上却存在着一点即燃的干柴，只要有个导火索就会发生轰轰烈烈的推翻皇帝统治的革命。我把这种治理状态称为硬和平。

所以，并不是所有的和平都是真正的和平，只有实现了软和平，天下才会太平。而中国的好皇帝都是伟大的，而他们的伟大不是靠侵略得来的，而是靠母仪天下得来的。他们要看到的是邻国真心诚意地来上贡，他们以礼相待，这时他们就感觉自己很伟大。这就是孔子说的"有朋自远方来，不亦乐乎"和"为政以德，譬如北辰，居其所而众星共之"。

当皇帝无能的时候，国家自身难保，唯恐内乱，因此即使有敌国来犯，也会一再退让，只保自己有个荣华富贵，当然就不会侵略。另外，即使国家强大的时候，中国是文臣出谋划策，武将冲锋陷阵。如果文臣是君子，就要恪守道德，因此不会出谋侵略。而如果文臣是小人，他们主要是要保住官位，他们关心的是升官发财，害怕动荡，害怕因为有人立功而破坏原来的晋升秩序。而且，发动侵略战争，获得了更多的征服了的土地，也是属于皇上的。如果征服的是一些穷国，文化上又不开化，文臣或武将都不愿意前往那里当官或守疆土。

记得有位学生曾经问过我一个问题，说如果中国成为美国的一个部分，中国会是什么样子？我把这个问题拿去问美国学生。美国学生说，美国不会要中国，因为如果中国人全部享受到美国人的国民待遇，美国的经济顿时就会崩溃。这让我想到了，在英国殖民时期，为什么他们把自己征服的国家当成殖民地，就是因为他们不愿意让这些人享受到英国这个母国的国民待遇。美国学生还说，如果中国变成美国的一部分，只要按美国人的选举法选举，很快美国就会变成中国的一个部分。

从这个例子我们可以感觉到，并不是只要一个国家强大了，就必然有侵略的动机。皇帝在侵略战争中会失去英名，文臣从战争中普遍得不到好处，武将即使想去立功，他们说话不算数，出谋要靠文臣。所以，中国强大的时候，喜欢与邻国交友，只要邻国不来犯，就算是好事啦。中国还会在一定的程度上援助邻国，使它们能够一同发展，这样才能减少邻国来犯的可能。中华人民共和国与以前的中国在制度上不同了，但是国家治理的方式依然类似于以前的中国，依然是文臣谋划，而文臣从战争中同样得不到什么好处，那为什么要发动侵略战争呢？

而西方的封建社会则不同。西方国家奉行的是"人性恶"的观念，只要强大就要追求利益最大化，就要扩张。高尚只存在于上帝那里。他们的国王并不是因为有高尚的道德而是有强大的力量而稳居统治地位的。所以，在西方，我们很少见到为国王歌功颂德的，多数时候说他们多么能干，多么强大，多么有智谋。他们只要一弱小就焦虑，因为那里奉行弱肉强食。而在战争中立功的人，就能世代拥有爵位，世代拥有私有的土地权，因此贵族就是好战的。在现代发达的资本主义社会中，他们不再通过侵略占领他国的土地，主要是因为分赃不均，导致世界范围内的均势失衡，会引起世界大战。

而核武器的存在，使得核大国之间如果发生战争，谁都会得不偿失。但是西方强国依然有发动战争的内因，因为资本家会从战争中获得暴利，而政治家则可以通过发动战争掩盖内部矛盾，而且把不听话的国家打乖，就能让乖的国家听从本国的操纵，从而维护本国在乖国的利益。这样，西方国家就总结出一条只要国家强就会威胁或侵略他国的逻辑，套用到中国的头上，就成了"中国威胁论"。从这里可以看到，要世界了解中国的历史和传统文化是多么的重要。历史的不同造就了中西方不同的文明史和不同国家的行为方式。中国人擅长于"道"，西方人擅长于"术"。如果中国人能够在"道"的高度上来审视"术"，是可以吸纳西方的"术"来缔造世界文明的。

六　中国还是西方真正具有多元文化？

西方人则是较真儿较惯了的。在哲学上，他们总在追求真理，就是因为他们要把上帝说成是真理的化身，要把上帝通过哲学的辩论辩成活的，这样才能把上帝当成人们的道德榜样，才能通过上帝来安装社会秩序观念，使得人们能够遵守社会不可或缺的秩序。他们是用真理的权威来捍卫上帝的权威。这种特征，使得他们的理论更科学。但也使得他们的文化不具有包容性，因为真理只能是一元的，要么是真的要么是假的。而且在科学家的研究成果影响了人们对上帝的信以为真时，科学家就曾被烧死。而且他们不能包容异教徒，因此宗教内部会开战，也不能包容基督教以外的其他宗教，因此才有了亨廷顿的"文明冲突论"。他们的所谓多元化，指的是在核心圈全部以自由主义为主导，允许有中国城、意大利城等作为边缘性存在的文化。

中国人一生追求的是有福，而有福的人是享有荣华富贵的人。中国古代的商人，虽然有钱，但并不享有荣华富贵，因此也不完全幸福。"荣"就是要光荣，利得的不光荣，是不幸福的。"华"指的是像花一样好看，华丽。现在年轻人失恋了，感觉华丽转身就很酷。"富"是富有的意思，与房屋居室有关，所以中国人自古以来就有买房情结，有了房才能安居立业，才能叫富。贵指的是高贵。在孟子那里，只有无私的人才高贵。这些人学习到了无私的品德，在品德上学而优，成了仕，就很高贵，所以不是所有做官的人都是高贵的。

小人官是不高贵的。庸俗化的贵人才是当大官的人的统称。现在人民难以体会到高贵，因为无论接触的是官员、企业家还是学者，都会发现很

多"有私"的人，这样再能干，都会透着庸俗，让人无法感动。庸俗主
要来自自私和过度关注人的动物性特征，没有高尚的公正无私的特征。人
要有荣华富贵才有幸福，所以只有钱是不行的。

由于中国人求福，因此不爱较真儿。真不真无所谓，只要能带来福气
就好。因此我们可以看到中国人可以见佛拜佛、见道士拜道士，他们可以
让多种宗教并存，而且同时并存于自己的思想之中。儒、道、佛、墨、法
也能同时并存在自己的脑袋中，并不感觉乱。什么有用就用什么。什么好
用就用什么。对方想听什么就说什么。万变不离求福这个宗，其他都是求
福的手段。就是关于真假的争论，背后也是存在着价值较量的。中国人说
的听话听音，就是要听说话的目的。

当你坚持某种真的时候，人们会问你到底是什么意思，就是说你坚持
这种真的目的是什么，人们并不把坚持真本身理解为目的。所以，如果你
坚持真，妨碍了他的利益，他不管你真不真，只会认为你故意和他过不
去。我小时候总挨打，就是自己闹不清楚真并不是最重要的，当自己坚持
真，很莽撞，丢了客人的面子，客人走了就是要挨打的。中国人喜欢有好
心眼的人。就是说，如果说真话对人不善，就不能说。比如说，你看到一
个人很胖，不能直接说的。看到一个人很丑，也不能直接说。

由于中国人求福和不较真儿，因此就容易吸收外来文化，也容易让各
种外来文化同时并存，只要他们都与人们求福的价值观兼容。这种包容的
特征，使得中国文化，虽然说是儒家处于统治地位，但实际上民间是多种
价值观并存的，后来可以说是儒、道、佛并存而且互补着发展。也因此邓
小平才能提出"一国两制"，也因此人民才能只要晓知利害就能包容。我
问过美国学生，我说如果很多中国人到了美国，是不是有可能在美国划出
一片共产主义特区，实行"一国两制"，他们说不可能。

所以，从中国的包容性特征来说，中国更容易成为世界文明的缔造
者，能够在"合"的高度上来整合人类文化，使得他们各得其所。这样
我们就回到了本书的序言部分，中国人需要从世界文明缔造者的高度上来
倡立共家学派，成为人类走向共产主义的领跑者，而中国共产党的世界性
历史使命就在于创造条件，通过一代一代人的持续努力，让共家学派的创
始人能够诞生，让共家学派的大师辈出，并活跃在世界舞台上，那时中华
民族也就真正崛起了。

第二节　马克思主义与中国传统哲学的现代化

　　2010 年 4 月，有幸在顾秉林校长和袁驷副校长率领的清华大型百年校庆代表团访美。这次出访不仅对学校而且对我个人来说也意义重大。虽然我在国外工作学习过，而明目张胆地到加州伯克利大学、斯坦福大学、芝加哥大学、麻省理工学院、哈佛大学、哥伦比亚大学、联合国大学去通过交流和演讲传播中国的马克思主义还是第一次。现在我就以这次出访的演讲和交流稿 "马克思主义与中国传统哲学的现代化" 作为本书的终结，也希望从此开始，我将以一个中国的马克思主义学者走上世界舞台。

马克思主义与中国传统哲学的现代化①

　　尊敬的各位来宾，女士们、先生们：

　　我叫韦正翔，是清华大学马克思主义学院的教授，很荣幸能有机会到贵校发表演讲。

一　到美国的三次旅程

　　这是我第三次来到美国。

　　（1）我第一次的美国之行是在 1987 年，作为中国全国妇联代表团的成员，受邀于美中人民友好协会。美国的先进给我留下了深刻的印象。

　　（2）第二次是在 1990 到 1993 年之间，我作为受国际扶轮社与索诺科公司资助的联合访问学者，在南卡罗莱纳大学的项目下到科克学院用英文教授中国哲学。我在哈茨维尔住了三年，那里是一个美丽的地方，有很多善良的人。

　　（3）这次我作为清华大学代表团的成员，来访问贵校，发表演讲并希望与相关方面的专家建立学术交流关系。

---

　　① 本文原载赵甲明、韦正翔主编《博士生关注的当代问题探析》，中国社会科学出版社 2011 年版。

二　中国传统哲学进行现代转型的必要性

我演讲的题目是：马克思主义与中国传统哲学的现代化。谈到现代哲学，我们应该从多种中国的传统哲学开始。之所以说多种传统哲学，是因为实际上中国业已存在许多独立的哲学学派，虽然那时只有儒家思想得到了官方的认同，这些哲学还是都被人们用来解决在不同情况下面临的众多不同问题。这些独立的哲学学派主要包括儒家、道家、佛教、墨家和法家思想。

（一）五种哲学学派

（1）儒家

儒家鼓励人们有进取心，争做能给世界带来和平的好官，而要做一个好官，道德高尚极为重要。几乎所有儒家的追随者都乐意做官。但官位是有限的，总会有很多人想做官又没有足够多的机会，所以他们中的很多人因此而绝望，儒家没法解决这个问题。

（2）道家

道家为上述绝望的人提供了一个出路。道家认为，一只小鸟的幸福与一只大鹏的幸福是一样的，不需要彼此嫉妒。只有长久地享受生活，生命才是有意义的，没有必要过于雄心勃勃。尽管如此，要享受生活，就需要一定的物质条件，道家没法给予人们这些物质条件。

（3）佛教

对既没有进取心又没有物质条件来享受生活的人来说，禅宗这一最著名的中国佛教为他们提供了解脱的办法。禅宗认为，欲望是所有苦难之源，因为所有的事物和人最终都要消失变成"无"，所以世界的本质是"空"。把所有的这些"无"叠加起来，得到的仍是"无"或者是"空"。如果世界的本质是"空"，那么执著于任何欲望都是无意义的。

（4）墨家

墨家为正在求生存的普通人提供了一套指引他们生活方向的价值体系。墨家认为，人的行为是被利益驱使的，人们应该相互平等地帮助彼此。儒家提倡"滴水之恩涌泉相报"，墨家则倡导接受多少恩赐就报答多少恩赐。此外，墨家鼓励人们尽量节俭。他们更喜欢接受实用的东西作为礼物。比如，他们更乐意得到一个 MP3 随身听作为礼物，而不是得到一束鲜花。

（5）法家

法家为统治者提供了多种方式来使百姓安定有序，它也认为人们关心的主要是自己的利益，因此统治者应建立制度实现赏罚严明。它也提倡统治者应具备治国之道并建立一套合理的名誉、头衔或职位体系，用这种体系来治理社会。由于中国的情况非常复杂，很难采用同一个标准来应对所有的情形，所以官员的权力空间是比较大的，这就决定了统治者不得不注重官员的德行。一般来讲，统治者会同时采纳法家和儒家的思想来治理国家。

（二）追求真理的挑战

通过上面的解说，我们可以看到中国人在实践中运用到了多种传统哲学。每一个中国人在他的一生中会用到很多哲学思想，甚至在一天中都能用到各种哲学。例如，当一个人精力充沛地起床后，他会采纳儒家思想而变得很进取；到了下午，他觉得有些累了，就会采纳道家思想而觉得应该享受生活；到了晚上，他累到没有半点欲望，于是他就会采纳禅宗，静静地坐着，感受思想的空灵。

对中国人来说，评价哲学好坏的标准就是看它是否有用，这也是为什么那么多独立的哲学体系能够共生共存。即使所有这些哲学都相互矛盾，人们也能忽略这些矛盾之处而择其有用之处来信守。

当追求真理的思想从西方传到中国以后，中国传统哲学就面临着它的挑战。要想相信一门哲学，首先需要看看它是否是真的，而我们知道真理只有一个，所以就不能说所有这些独立的哲学都真。为了让中国传统哲学现代化，并使之变成一个不相互矛盾的体系，我们需要借助西方的理论框架。那么，借用什么样的理论框架比较合适呢？

三 中国需要马克思主义

中国从西方引入马克思主义主要有两个原因：政治原因和学术原因。这里我只谈谈学术原因。

（一）相似性

在马克思主义和中国传统哲学之间有许多相似性。

首先，社会理想类似。儒家设想一种大同社会，在那里没有贫穷、没有罪恶、没有战争，人人乐于分享自己的所有。在许多中国人眼中，共产主义不仅能实现这种大同社会的美好理想，而且可以让每个人都能发挥自己的潜能来创造与享受自由、平等及民主。即使需要许多代人的努力来实现这种社会，人们仍愿意持续追求下去。大同社会早在两千多年前就提出来了，至今仍没有实现，但人们不会放弃对它的追求。

其次，许多中国人喜欢道家并熟知其中的辩证逻辑，而马克思主义吸收了黑格尔的辩证逻辑，这样当人们在学习马克思主义的时候，就可以借助一些道家思想更容易地理解马克思主义。相反，人们很难理解康德的思想，因为在中国几乎找不到与之相近的哲学思想。

最后，中国历史呈现出一种周而复始的循环。一般来讲，一个朝代总会经历积蓄力量、不断发展、达到鼎盛、日趋衰落，最后被农民起义推翻的过程。因此，许多中国人相信历史是基于某种规律在发展的，正如自然规律一样，人们只能遵循它而不能违背它。马克思主义的唯物史观认为，历史的发展由生产力发展规律所决定，人民在历史发展中起着决定性作用。这些思想能更合理地用来解释中国朝代的更替。

（二）复兴中国传统哲学的统一现代体系

马克思主义也能为中国传统哲学提供一种使之整体复兴的现代体系，因为所有这些独立的中国传统哲学都能够在马克思主义框架下得到合理的解释。清华的学术精神是：古今贯通，中西融会。这个思路被许多中国学者所赞同。本人认为从总体上看，马克思主义的理论框架能够满足这种整合的需要。

（三）翻译器

除此之外，马克思主义理论能够扮演一种解读者或者翻译器的角色，这样就能够使西方人更容易理解中国传统哲学。如果没有形式逻辑的帮助，中国传统哲学一般很难被理解。它们总是采用一些隐喻来表述，或者是让求学者面壁静坐以悟道、自我教化或内生灵感，当求学者即将得到灵感时，老师会呵斥他或者棒击他，以激发他达到顿悟的境界。好在有了西方的形式逻辑的帮助，我们能够更容易地来教学生。我们可以通过马克思主义理论来汲取这种形式逻辑。所以今天，我能够在此做一个合乎逻辑的演讲而不用随身带着棍子来。

四 马克思主义的三种国外版本

原创的马克思主义是极其革命的理论，强调阶级斗争。所以说到这儿大家就会奇怪，中国又怎么能在世界上通过马克思主义的意识形态来构建一个和谐社会呢？在将外国文化转化为中国文化这个方面，中国有着悠久的传统。历史上中国成功地将印度佛教转化为中国的禅宗，这其中儒家和道家就起到了重要作用。如今中国又把马克思主义发展成了一种能够给世界带来和平的理论。现在让我们回顾一下马克思主义的三种国外版本和中国的相应发展。

（一）原创马克思主义

首先，我们看看原创马克思主义。原创马克思主义是由马克思和恩格斯创建的理论。他们预言在发达资本主义国家将会发生社会革命，无产阶级将使用暴力推翻资本主义的国家政权，建立共产主义社会。因此，若中国坚持采用原创马克思主义作为意识形态，就会鼓舞所有发达资本主义国家的工人进行起义来推翻政权。这样，在发达资本主义国家看来，中国就是麻烦制造者和威胁者，而不是和平使者。

然而，中国发展了原创的马克思主义，认为发达资本主义国家仍具有先进性，仍会对生产力的发展产生巨大的推动作用。所有发展中国家包括中国，都应当以发达资本主义国家为榜样来发展生产力，当然中国的发展要以社会主义为前提。虽然共产主义社会仍然是中国人民的社会理想，但是它只有在非常遥远的未来才能实现，我们仍有很长的路要走。因此，中国目前并不鼓励其他国家用革命的方式来推翻发达资本主义的国家政权。

（二）苏联马克思主义

其次，我们看看苏联对马克思主义的发展。原创马克思主义认为共产主义必须建立在生产力极度发达的基础上，这决定了无产阶级革命将会首先在发达资本主义国家爆发。然而，列宁认为发展中国家也能够发生无产阶级革命，因此鼓励发展中国家进行社会革命，在革命后采用单一的公有制和计划经济体制。

中国吸收了经过苏联发展的马克思主义，并将其作为借鉴。不过在1978年以后，中国开始了改革开放，逐渐放弃苏联的马克思主义的版本，开始在实践中探索中国化的马克思主义形式，即中国特色社会主义。现如今，中国不鼓励发展中国家进行无产阶级革命，主张发展中国家应当向发达资本主义国家学习先进的科技。此外，中国认为，社会主义社会可以利用市场机制来帮助实现资源的有效配置，但是中国在这方面缺乏经验，而美国是发达资本主义国家发展市场经济的典范，是中国最好的借鉴对象。

（三）西方马克思主义

最后，我们看看西方马克思主义。一般而言，西方马克思主义主要关注马克思的早期著作，赞同马克思关于技术进步所带来的种种问题的观点，但并不认同这些问题可以通过建立共产主义社会加以解决。虽然西方马克思主义指出了资本主义的许多弊端，但不能提出合理的解决方案，这就很容易使人感到失望，进而对资本主义制度感觉不满。

中国化的马克思主义既认识到了科技发展的负面影响，又引导人们看到其积极因素。它认为在发展的过程中，我们在享受科技带来的福音的同时，又不得不为它的负面因素付出代价，尽管我们正竭尽所能去避免这些负面影响。现在，中国主张所有国家以科学发展观指导发展，坚持以人为本，高度重视环境保护。

五　中国化马克思主义的特征与和谐世界

总结一下，中国化的马克思主义有如下的主要特征：

首先，中国一直坚持共产主义的社会理想，但既然它只有在遥远的将来才能实现，所以对现实的我们也没有什么影响。你也许会问：既然共产主义只有在遥远的将来才能实现并且对现实的我们也没有影响，那为什么我们还要坚持它？因为中国坚持社会主义的发展道路，而社会主义在马克思主义理论中被定义为共产主义的第一阶段。如果我们放弃共产主义理想，也就意味着放弃了社会主义。

此外，对中国人来讲，树立一个远大的理想太重要了，因为现实中有太多的社会问题，比如两极分化、环保问题。我们需要发展，所以要树立一个目标。多数中国人之所以能接受一个有各种弊端的社会，是因为他们相信未来的社会一定会更美好。

在中国流传着"愚公移山"的传说，这足以说明中国人对理想的执著追求。这个传说讲到，很久以前，有一位愚公试图用锄头挖开挡在自家门前的两座大山。开始的时候，周围的人都嘲笑他，认为他很愚蠢，因为他自己一辈子都干不成这件事。但这位老人讲，他死了，儿子还会接着干；到儿子死了，孙子还能继续……只要一直坚持，总有一天会把大山移走。在我看来，这就是中国人对理想社会执著追求的态度。

其次，中国认为发达资本主义国家拥有先进的生产力和市场经济，包括中国在内的所有发展中国家都应向发达国家学习，特别是向美国学习。

第三，中国将长期处于社会主义初级阶段。在这一阶段，跨国公司和中国的私营企业都将得到保护和鼓励发展。因此，中国特色的社会主义能够在内部与外企共存，也能够在外部与资本主义国家长期和平共处。

基于以上分析，我们可以说，中国化的马克思主义为建立和谐中国提供了理论支撑，这不仅能够带来国内的稳定发展，也不会给国外发达资本主义国家和发展中国家带来任何革命的威胁，从而能够推动和谐世界的建设。

六　马克思主义是哲学吗？

接下来，你们也许会说，马克思主义是一种社会理论而不是哲学。那么哲学是什么呢？在学术界，这是一个富有争议的问题。从我个人看来，哲学是一种由不同哲学家提出来的主张，它可以用来为不同的国家在不同的发展阶段建立社会秩序。当这种主张被某一个政府实际用于构建社会秩序时，它就被看作是意识形态。

因此，中国和其他国家所有伟大的哲学家，无论他们开始谈论什么问题，后面都会归结到什么样的社会秩序才是理想的，而其他的论证都服务于这个目的。柏拉图、亚里士多德、康德等都试图完成这个目标；而孔子、老子等也都试图做同样的努力。这就是为什么一个国家不能没有主导哲学思想，而来自不同国家的主导哲学思想若相互冲突就会带来政治纷争。

基于以上的概念，我认为马克思主义是哲学，中国化的马克思主义是中国的现代哲学。如果把它当作一种学派，我把它定义为中国的共产主义学派或者共家学派。这个学派旨在解决共产主义是什么的问题，以及在遥远的将来如何实现共产主义。

现在，我给出我演讲主题的答案：既然中国化的马克思主义被中国政府用于构建社会秩序，那么它也是一种意识形态。因此，要想了解现代中国，我们就需要从了解中国化的马克思主义开始。

七　来自清华马克思主义学院的邀请

作为清华大学马克思主义学院的教授，我真诚地邀请你们有机会到清华马克思主义学院做客。我相信我们有很多东西可以分享并相互学习。谢谢各位！

这本书不是我们的马原学习的终结，而是马原经典原著学习的开始。希望同学们能够继续阅读《共产党宣言》和《资本论》，相信中国的未来是美好的，世界的未来是美好的。最后，我愿以屈原《离骚》中的话语来与大家共勉："路漫漫其修远兮，吾将上下而求索！"

后　记

相爱的人能够燃烧自己的生命
成全对方的梦想

　　本书是根据我在清华大学给本科生讲授的《马克思主义基本原理概论》这门课的实况录音整理而成的。在本人的研究中，常会发现一些巧合现象。本人提出的"软和平"与国家倡导的"软实力"、本人提出的"全球伦理的圆桌模式构想"与国家倡导的在国际领域中构建"和谐社会"、本人提出的"共家学派"与国家倡导的"中国马克思主义"和"中国模式"、本人提出的"逃离国际经济中的伦理风险"与国家倡导的在全球范围内规避风险都有巧合。在我确立了共产主义信仰，准备用毕生的精力对照汉、德、英、法、俄文版来研究和解读《共产党宣言》和《资本论》时，又正巧赶上国家非常重视马克思和恩格斯经典研读的时候。

　　现在又发生了一个巧合，就是这本书的写作方式，正巧就符合了国家要把教材体系转化为教学体系、把知识体系转化为信仰体系的要求，也符合了要把马克思主义大众化的需求。但是，本人看到，自己的研究成果并没有对国家的决策产生过什么影响，本人的研究也没有受到国家的宣传的影响，所以我们都是独立地通过不同的路径达成了共识。国家从政治考虑的角度提出的观点与我从学术研究中得出的结论是契合的，但因为我们是通过不同的路径走到一起来的，因此理解的方式和论证的过程都是有差异的。也正因为如此，这本书才具有它独特的价值。

　　这本书的语言特征是不僵化、很通俗，但不庸俗。通俗的目的在于说让人能懂的话，所以通俗的一定是易懂的。而庸俗则是通过取笑人的动物性来搞笑，庸俗也可以庸俗得很难懂。希望读者看到这本书的时候，还能有点收获，也就感觉满意了。

一个人的成长，需要很多人的帮助。非常感谢父母！非常感谢在我的生命中出现过的帮助过我的每一个人。清华马克思主义学院是我最后的学术家园，我对她的感激难以言表！非常感谢学院的每位老师，尤其感谢清华大学党委副书记和清华马克思主义学院书记邓卫教授、常务副院长艾四林教授、主管教学的副院长蔡乐苏教授、教学委员会主任吴倬教授、学术委员会主任赵甲明教授！非常感谢肖贵清教授的帮助！非常感谢王贵贤老师在我访美和在中央党校学习期间出色地完成了代课任务！非常感谢陈明凡老师帮我拍摄了封面勒口的照片！非常感谢学院的门卫师傅们经常帮助我这位残疾人！我是一个喜欢创新的人，认准的事情就会去做，不顾自己的得失，但有时会比较莽撞。由于我的研究领域涉猎比较广，因此难免出错。因为有他们的支持、宽容和指导，我才能够自由地飞翔。

非常感谢我教过的学生！我在培养他们的同时，他们也在培养我，使得我能与他们一起成长。我将选拔出100名优秀学生终生义务培养，目前已经入选的有：张志峰、孙昊、赵志刚、刘松琳、杨鹏、刘威、蔺通、张银娜、林正航、舒志彪、黄子舰、付祥、李松林、姚扬、何晓旖、曹成程、宋亦潇、陈旸、王珏、徐佳君、贾志豪、林常帆、李威、姜甦、毛伟光、王中冠、姚昌晟、王子昂、夜毅、沈吟、于辰。本书的目录由张志峰、杨鹏、成笑整理，杨鹏整合；本书的"马克思主义与中国传统哲学的现代化"一文的原版是英文，由孙昊和刘艾翻译成中文。在此表示特别的感谢！

非常感谢中国社会科学出版社的一贯支持，以至于我现在已经把自己看成了这家出版社的一员！特别感谢冯春凤女士和陈彪先生的一贯支持！特别感谢本书的责任编辑李炳青女士！我常为她的言行感动，是她鼓励我把这门课的录音整理出版的。在人间行走，能有这么一个人在很多时候与你心心相印，你是不是会感觉很惬意呢？这就是价值观的同构。她曾说，作为一个母亲，看到不少孩子在学习这门课的时候感觉无比痛苦，最关键的是痛苦后留下的多是反感外，没有太大收获。她特别希望能为孩子们做点事情，因此她花费了大量的心血来修改这本书。为了帮我节省时间，她以极大的耐心把一个很啰嗦又很不连贯的课堂录音变成了现在这个样子。

她说，她从小不爱吃胡萝卜，妈妈说很有营养，对身体有好处，她还是不肯吃，现在想想，如果当时妈妈能把胡萝卜绞成馅或榨成汁，她也许就肯吃了。她说，对那些学生来说，我就是那个能把胡萝卜做成馅、榨成汁的人。听她这么说的时候，快把我笑死啦。但仔细一想，还真是这样。

特别感谢"三美李组合"：李宗坤女士、李炳青女士和李小冰女士，她们读着这本书，热情燃烧地哭着、笑着，完成了这本书的听打、编辑和校订，实现了完美的无缝合作。小冰女士说，她对着她家的小狗狗和小猫猫大声朗读，小狗狗和小猫猫都很专注地听着，似乎也变得有信仰啦。我一听，感觉惨啦，我在书中屡次说到了小狗狗和小猫猫，但从来没有表扬过它们哈。在这里特别表扬一下哈！

本书的马克思主义原理方面的依据主要来源于高等教育出版社出版的马克思主义理论研究和建设工程重点教材《马克思主义基本原理概论》，但是讲法已经完全不一样了，是学生们能听进去，也喜欢听的马克思主义了。

特别感谢我的一位好友！他见证了这本书诞生的全过程。作为一位深知大众疾苦的人，他以独特的视角，不断地加强着我的坚定地为人民服务的立场，不断地帮我克服着时而还会冒出的虚荣心，还对本书的完善提出了很多宝贵的建议。

非常感谢我的丈夫吴烨！他让我感受到了一种生死相随、永不分离的爱情。相爱的人像两颗糖果，一旦相遇，就会融化，从此再也分不清你我。他会常驻在你的心中，只要你的心还在，他就永远住在那里。他的高境界、宇宙心、哲学感一直陪伴着我。

2012年2月15日是我丈夫的50岁生日。我想在这个时刻通过这本书，把他给予我的智慧和爱情送给那些相信爱情的人，这是些面临困境，依然会感觉幸福的人。相爱的人能够燃烧自己的生命成全对方的梦想。人间最浪漫的故事不是发生在花季年华，而是在经历了万般磨难，在岁月的痕迹爬满脸颊，其他人都不愿多看你一眼的时候，他依然会青涩地牵着你的手，捕捉住你的眼神，淡淡地告诉你，你最美！

韦正翔

于清华善斋217室

2011年11月9日